零售学

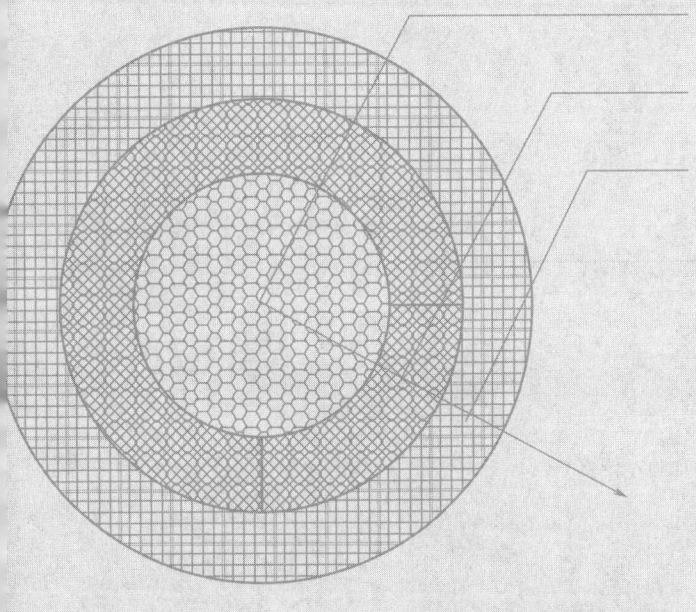

宋不丞 著

首都经济贸易大学出版社
Capital University of Economics and Business Press
·北京·

图书在版编目(CIP)数据

零售学/宋丕丞著. -- 北京：首都经济贸易大学出版社，2020.9
ISBN 978-7-5638-3124-1

Ⅰ.①零… Ⅱ.①宋… Ⅲ.①零售商业-商业经营 Ⅳ.①F713.32

中国版本图书馆 CIP 数据核字(2020)第 159820 号

零售学
宋丕丞　著
Lingshouxue

责任编辑	王　猛
封面设计	风得信·阿东 FondesyDesign
出版发行	首都经济贸易大学出版社
地　　址	北京市朝阳区红庙（邮编 100026）
电　　话	(010)65976483　65065761　65071505(传真)
网　　址	http://www.sjmcb.com
E-mail	publish@cueb.edu.cn
经　　销	全国新华书店
照　　排	北京砚祥志远激光照排技术有限公司
印　　刷	北京玺诚印务有限公司
开　　本	787 毫米×1092 毫米　1/16
字　　数	467 千字
印　　张	18.25
版　　次	2020 年 9 月第 1 版　2020 年 9 月第 1 次印刷
书　　号	ISBN 978-7-5638-3124-1
定　　价	39.00 元

图书印装若有质量问题，本社负责调换
版权所有　侵权必究

序　言

零售是商品分销渠道的终端环节，决定着商品价值的最终实现。零售业是流通产业的重要组成部分，零售业发展的优劣直接影响上游产业运行甚至民生质量。自改革开放以来，我国零售业逐渐同国际接轨，不断吸引零售领域的外资，并逐步引进先进的业态与管理模式，进而带动国内零售业的发展。例如，早期的超市，以及随后专业店、便利店的发展，填充了流通终端的空白，适应了当时的市场需求，并成为国内零售商学习的样本。其后，我国加入世界贸易组织，国内零售市场全面对外开放，诸多国外知名零售商纷纷进入我国市场，零售领域的竞争强度快速提高，消费者需求得到了更好的满足。其间，我国零售企业在学习与模仿中逐步提升创新能力，尤其在网络零售时代，许多内资零售商开创了更为适应国内消费者的零售商业模式。总体来看，我国零售业在经历了改革开放40多年的发展与市场沉淀后，逐渐形成了较为稳定的格局，内外资零售企业在竞争与互补中实现动态均衡，一批内资零售商借助地域与资源优势已跻身国内零售排行榜的前列。这表明我国的零售业已具备较高的成熟度，实现了承担商品社会化流通的职能，各类零售模式可以较好满足不同层次消费群体的需求，并且能够以开放的态度快速对接国际零售发展的新趋势。与此同时，我们也应该看到，零售领域的竞争从未减弱，外资零售商仍然具有明显的特色与竞争优势。例如，2019年8月登陆上海的美国仓储会员店开市客(Costco)在开业首日现场火爆，对于国内消费者有极强的吸引力，其在经营模式、商品列选、会员服务等方面的诸多创新均值得我国零售商借鉴学习。同时，我国零售商也不应只将目光局限在国内市场，应积极探索并开拓海外市场，参与国际零售业竞争，在"一带一路"倡议的指引下积极开展国际化经营。

客观审视零售业的发展变迁，"创新"是永远的主题，零售研究学者在总结过往的基础上还应放眼未来，关注新时期零售业发展的趋势与特征。

首先，"新零售"对于行业运行结构产生了深刻影响。"新零售"意味着零售业与上游产业的融合度将会进一步提升，供应链与商业生态圈将会出现重构，零售端与生产端的联系更为直接、紧密。这一趋势既能改善零售环节的运行效率，又可提升制造环节的盈利能力，并促使供应链更为协调化、扁平化与柔性化。同时，"新零售"还会进一步模糊线上与线下业务的边界，充分挖掘实体零售资源的优势，在信息化、智能化的带动下实现商流、物流、信息流、资金流的高效运作。

其次，零售模式创新更为活跃。我国零售商与零售投资者在经历了长期模仿与借鉴后,已经具备了较强的模式创新能力,尤其体现在零售新物种领域。零售新物种的出现属于业态创新,多以垂直模式作为切入点,能够从需求层面改变传统的零售运营模式,并为消费者提供价廉、便捷的服务。当前我国零售新物种主要活跃在泛生鲜零售、3C零售、服装零售、家居生活零售等领域,许多零售新物种具有鲜明的中国特色,其品质提升、服务提升及体验提升效应更为适合我国消费者的偏好。零售新物种的出现也引发了对线下价值的重估,促使许多零售商回归零售的本质。

最后,技术应用成为零售竞争的核心。无论是发展"新零售"还是进行零售模式创新,均离不开技术的支持。当代零售商如不能很好驾驭各类技术,将会在竞争中处于劣势。零售企业应关注传统技术的升级。例如,传统的业务数据采集与分析在大数据背景下有了新的界定与内涵,零售企业需要从数据驱动业务的视角重新看待数据资源,并通过新的软件与数据管理方式挖掘数据价值,将其转化为业务与现金流。同时,零售企业还应关注新技术与零售的契合。根据加特纳技术发展曲线报告,在未来5~10年内有多种技术类别有可能渗透零售经营领域,包括5G互联、移动计算、虚拟现实体验、AI的商业化应用、区块链与数据安全等,或将对零售经营产生重要影响。

结合当前的零售业发展趋势及零售学教学需求,本教材在吸收前人研究成果的基础上,进行了较好的总结,纵观全书,主要有以下几个方面的特色:

第一,以渠道理论为出发点,从商品流通渠道视角帮助读者认识并理解零售,而非仅关注零售端的业务活动。现代零售出现的一些深刻变革大多涉及渠道结构的调整与再组织,从多年前O2O模式的应用,到现今垂直化零售创新及渠道一体化发展,均体现了这种特点。本教材专门介绍了流通渠道的概念、功能、环节特征、复杂度与成本等内容,并通过分类对比和国别对比讨论了渠道的具体应用。

第二,在阐述经典零售理论基础上,注重理论与实践的结合,通过具体实例说明相关理论。例如在零售战略管理部分,不仅介绍了零售战略选择的一般模型,还通过具体指标测算演示了零售战略制定的流程与参照标准,使读者一目了然。

第三,基于当代技术与零售业务的深度融合,在多个章节中关注了相关技术的应用,向读者介绍了主流的技术载体与软件。例如在零售区位选择中,基于信息技术选址已经成为主要趋势,零售商可以通过GIS系统以及开放数据资源进行多维度的信息筛选与评价,从而快速、精准地获得选址方案。又如在门店管理中,零售商可以使用相关的门店与通道优化技术,通过视频数据分析获得更好的顾客动线管理效果。

第四,搜集整理了大量国内外零售资料与实例,在各章节当中均配有典型企业介绍或案例描述,有的以附文形式呈现供读者参考,有的资料侧重对零售新现象与新问题的讨论,旨在引发读者对零售业发展的思考。

第五,通过丰富的图表进行内容展示,以期建立更为友好、轻松的阅读界面。教材在进行理论介绍与案例说明时,尝试将重点信息提炼为图表的形式,从而便于读者较为直观地掌握内容要点,增强阅读的体验感。

总之,这是一本理论结合实践,阅读感好又十分实用的教材,值得推荐。

首都经济贸易大学
中国流通研究院院长
祝合良
2020 年 2 月

目 录

第一章　零售导论 ··· 1
　第一节　零售的概念与属性 ··· 1
　第二节　零售活动的相关者 ··· 4

第二章　零售渠道理论 ·· 10
　第一节　渠道与零售的关系 ··· 10
　第二节　渠道的分类对比 ·· 19
　第三节　渠道的国别对比 ·· 23

第三章　零售业态理论 ·· 29
　第一节　零售业态类型 ··· 29
　第二节　零售业态的分类与组合 ··· 41
　第三节　零售业态演化理论 ··· 45

第四章　零售空间理论 ·· 53
　第一节　空间区位基本理论 ··· 53
　第二节　零售活动基于空间的演化 ·· 57
　第三节　零售活动与城市发展的结合 ··· 58
　第四节　零售商圈理论与应用 ·· 61

第五章　零售产业分析 ·· 69
　第一节　零售产业结构 ··· 69
　第二节　零售产业行为 ··· 74
　第三节　零售产业绩效 ··· 77
　第四节　零售产业规制 ··· 80

第六章　零售战略管理 ·· 87
　第一节　零售战略目标 ··· 87
　第二节　零售战略制定 ··· 91
　第三节　零售战略实施与评价 ·· 115

第七章　零售区位管理 ·· 124
　第一节　区位分析与选择 ·· 124
　第二节　零售布局策略 ··· 130

第三节　零售选址方法 …………………………………………… 138

第八章　零售商品管理 …………………………………………………… 150
　　第一节　零售商品规划 …………………………………………… 150
　　第二节　零售商品供应 …………………………………………… 165

第九章　零售门店管理 …………………………………………………… 182
　　第一节　零售门店设计 …………………………………………… 182
　　第二节　零售门店运营 …………………………………………… 199

第十章　零售营销管理 …………………………………………………… 209
　　第一节　零售价格管理 …………………………………………… 209
　　第二节　零售促销管理 …………………………………………… 216
　　第三节　零售传播管理 …………………………………………… 222

第十一章　零售组织结构与人力资源 …………………………………… 236
　　第一节　零售组织结构 …………………………………………… 236
　　第二节　零售人力资源管理 ……………………………………… 244

第十二章　零售技术与网络零售管理 …………………………………… 256
　　第一节　零售技术基础 …………………………………………… 256
　　第二节　网络零售管理 …………………………………………… 267

参考文献 …………………………………………………………………… 284

第一章 零售导论

第一节 零售的概念与属性

什么是零售？零售是每个人在日常生活中都频繁接触的事情，以至于人们经常忽视对它的深入观察与思考。人们了解零售，更多是作为消费者，在日常购物活动的经验积累中，逐渐认识并理解零售的。只有零售从业人员以及研究人员才会花费精力与时间在此领域深入研究。

一、零售的概念

在概念界定方面，由于所选择的视角不同，不同的个体会有自己对零售的定义。零售中的许多概念与模式都是来源于实践，即先有某种零售活动，在形成一定规模或成为固定形式后，才会被总结为某种理论，本书从实践角度出发，对零售概念界定如下。

（一）零售的定义

零售是一种面向个人与家庭消费的买卖交易活动，交易标的是商品或服务。这是目前零售领域广为认可的定义，涵盖了零售活动的几个主要特征：第一，这类活动面向的对象是个人与家庭，即最终的消费者，体现了零售活动在分销渠道中的终端位置。第二，这类活动是一种交易活动，需要通过货币或金融工具实现，而非效率较低的物物交换。第三，这类活动的交易品可以是商品，也可以是服务。商品零售与服务零售由于交易标的自身属性的区别，在交易活动的方式与流程上存在明显差异，本书侧重于商品的零售。现实中可观察到的零售活动整体上遵循其经典定义，但是随着时代与环境的变化，零售的表现形式与活动特征也在发生某些变化。为了能够有效地适应这种趋势，需要在传统与经典理论的基础上，结合更多现代零售的内容。

（二）零售的发展

零售属于商品贸易的范畴，也称为零售贸易，是指将商品或劳务直接出售给最终消费者的交易活动。在贸易实践中，零售直接面对最终消费者。通过零售经营，商品离开贸易领域进入消费领域，真正成为消费对象，从而完成社会再生产过程。从这个意义上讲，零售是贸易过程的终点，处于生产与消费之间链条的终端。从贸易发展的历史来看，零售是最古老的贸易方式，最初的一些贸易活动均可以看作零售贸易的雏形。在市场发展的初级阶段，商品生产的小规模化决定了商品供应有限，消费者的自给自足决定了商品需求也十分有限。贸易活动的特征主要是零星的、分散的、小批量的，并集中于有限的区域，主要由非规模化的零售业者来进行。偶然出现的大批量或较大规模的交易活动以及运输活动也都由这些零售角色承担,零买零卖是贸易活动的主要特征。随着商品生产社会化和专业化的发展,商品种类增加及需求扩大,交易规模逐渐增大,产销矛盾日趋尖锐,在生产者和消费者之间,仅有零售贸易已不能适应社会生产的需求,贸易活动逐渐分化为批发与零售。当批发成为贸易领域的一个专业部门时,零售也就成为专门面向最终消费者销售商品的行业。

我国近现代零售同世界接轨从20世纪初算起,已经经历了超过百年时间。在前面的时间,我国零售主要进行模仿与学习,而近40余年则取得了快速发展,在某些领域甚至超越了国外的同行业。一些学者对其的总结如表1-1所示。

表1-1 我国近现代零售发展阶段

时代	名称	时间段	特征描述
传统零售	传统(百货)零售阶段	1900—1949年	以俄国输入性百货为开端,以民族百货资本为主体
零售1.0	计划零售阶段	1949—1980年	主要以国营百货单一渠道为主体,层级化的供销体制为依托
零售2.0	现代多业态阶段	1980—2002年	以"超级市场"进入我国市场为标志,带动了多类型实体店的发展与繁荣
零售3.0	电商与支付阶段	2002—2015年	以电商与支付牌照的出现为标志,促进了网购活动的发展
零售4.0	融合与体验阶段	2015年至今	以线上线下业务相结合为特征,开启了新零售时代

注:根据艾瑞咨询研究整理。

二、零售的属性

现代零售活动虽然是一种典型的经济活动,但是其并不仅限于经济领域,还包括社会与文化属性,了解这些属性有助于全面地了解零售。

中国传统零售的特征

(一)零售的经济属性

从宏观角度看,零售是商品交易的终端,通常以分散、随机的形式出现,但其总的交易规模很大,是全社会商品流转并实现价值的关键节点。零售环节效率的高低直接影响着宏观经济运行中的资金循环与投入再生产的速度,一些零售环节还承担了金融等现代服务功能。一些宏观研究表明,拥有高效的零售行业能够加速资本的社会周转,并减少诸多环节的总成本,节约社会资源。

从微观角度看,零售首先影响生产主体与销售主体自身的赢利,涉及企业对资源的安排与使用。现代零售有显著的促进生产功能,零售商由于直接面向消费者,能够及时、真实地反映消费者的意见及市场商品供求、价格变化的情况,向生产者和批发业者反馈市场信息,协助生产者调整经营结构,生产更多、更好且适销对路的商品以满足消费者需要。现代制造企业非常重视销售业务,需要以较为稳定的速率处理自己的库存,避免对资金的占用以及相关费用的发生。因此,制造企业大多期望与分销商、零售商保持良好的合作关系,一些中小制造企业还可能对大型零售商产生一定程度的依赖。同时,对消费者来说,零售活动有显著的服务功能。由于消费者对商品和服务的需求是广泛、多样、复杂的,为满足这些需求,零售贸易不仅要提供丰富的商品,还需要围绕商品销售提供各种服务,如信息服务、信用服务、售货服务和售后服务等,并以此为手段,扩大商品销售。在发达的市场经济条件下,零售的服务功能尤为重要。此外,适宜的零售活动还能够指导并刺激消费。零售贸易中的商品陈列、广告宣传、现场操作、销售促进等能唤起潜在的消费需求,培养人们新的爱好和需求,引导消费者的消费倾向、方式和时尚,为扩大再生产开拓更为广阔的市场,为消费水平的不断提高创造新的物质条件。

在微观经济决策层面,消费者的行为是现代零售企业关注的重点。消费者在进行购买决策时有五个特征:①购买决策的目的性。消费者进行决策,就是要促使一个或若干个消费目标的实现,这本身就带有目的性。在决策过程中,要围绕目标进行筹划、选择、安排,从而实现相应的目标。②购买决策的过程性。消费者购买决策历经消费者受到内、外部因素刺激—产生需求—形成购买动机—抉择和实施购买方案—购后经验反馈并影响下一次购买决策,从而形成一个完整的循环过程。③决策主体的独立性。由于购买商品行为是消费者主观需求、意愿的外在体现,受许多主观因素的影响。个体消费者的购买决策一般都是由消费者个人单独进行,随着消费者支付水平的提高,购买行为中独立决策特点会越来越明显。④购买决策的复杂性。决策是人大脑复杂思维活动的产物。消费者在做决策时,不仅要开展感觉、知觉、注意、记忆等一系列心理活动,还必须进行分析、推理、判断等一系列思维活动,并且要计算费用支出与可能带来的各种利益。因此,消费者的购买决策过程一般是比较复杂的。⑤购买决策的情景性。由于不同消费者的收入水平、购买传统、消费心理、家庭环境等影响因素存在差异,消费者的决策会随着时间、地点、环境的变化不断发生变化,体现出情景化的差别。

(二) 零售的社会属性

现代零售活动是一种社会化的活动。不同于传统的零售活动,现代零售广泛联结了零售服务、金融服务、财会服务、物流服务、通信与互联网服务、媒体广播服务、(商业)建筑服务、装修装饰服务、法律服务、社区管理服务、交通管理服务、政府行政服务等内容。这些内容交织在一起,以合理的方式与消费者进行交互,一次简单的零售交易活动已经具

消费者购物活动

有大范围社会参与的特征。零售的社会属性还体现在,消费者的购物活动已不仅仅是一项经济行为,还包含了个人生活的特征,社交活动与零售活动往往相伴而生。例如,消费者在零售场所可以进行各种休闲娱乐或聚会聊天,购物有时甚至成为社交活动的副产品。

(三) 零售的心理属性

群体消费增长以及消费结构的变迁促进了个体零售心理的形成与发展。零售心理受到了消费活动中物质生产、精神生产,以及消费环境等因素的影响,体现了消费者需求层次的多样性,而生产商与零售商可以据此对业务进行开拓与创新。现代零售不仅是满足消费者对于商品的单纯物质需求,对精神及周边需求的占比正在快速增加。消费者在购物中表现出的心理活动特征主要包括:①从众心理。在一定程度上模仿(大多数)他人消费行为,而较少结合自身的需求与消费能力,盲目从众是极端化的表现。②攀比心理。以追求同他人消费结果进行比较为目的的消费多体现在消费支出方面,也称为"面子消费"。③求异心理。追求一种与社会大众不同的、个性化的消费倾向。④从俗心理。与从众心理类似,但更多地考虑所属区域、社群的特征,表现为在消费内容与层次上趋同。⑤求实心理。较为理性的消费心理,在消费中从实用性出发,追求较高的性价比,精于比较与计算。消费者心理属性有时会出现异化。消费心理学研究显示,有些人购物会上瘾,其购物的目的不是需要商品的使用属性,而是享受购物这个过程,虽然在结账时可能会有一定的负向心理感受,对于买来的东西也可能会有一种"负罪感",但最终的效果是正向的、积极的。在现代社会,具有这种特点的群体数量还在不断上升。有此种特征的人,如果长时期不购物(无论去实体店还是网购),便会感觉压抑或不愉快,而只有购物才能够缓解这种症状。许多零售商家会有目的地利用消费者的这种特征开展商品宣传或开展某些促销活动。当然,绝大部分个体的这种特质都处于正常范围内,并未发展到病态,可以通过兴趣转移或某些克制方式进行自我调整。

当代消费心理变化趋势

第二节 零售活动的相关者

完整的零售活动需要多种角色的介入,主要相关者包括零售企业、供应商、第三方服务与政府部门。

一、零售企业

贝克(Baker,1998)将零售企业定义为"任何向个人或家庭消费出售商品并提供售后服务的机构"。传统倾向认为,零售主要是指经营有形(物质)产品的销售。然而,同前述概念界定类似,承认零售是一种包含服务的销售是必要的。一项服务可能包含在顾客的购买中,如配送、安装或培训。同时,零售商可以多种状态存在,如邮购和电话订购,到消费者家里或办公室直接推销,互联网及自动售货机皆属于零售业务的范畴。最后,零售活动不一定只有一个"零售商",制造商、进口商、非营利性机构和批发商在把商品或服务销售给最终消费者时,也充当了零售商的角色。零售企业是零售功能的主要承载者,其功能在微观层面涉及从上游渠道(生产商与批发商)选择并采购商品,根据消费群体特征选择适宜的经营地点与经营形式,并在横向层面与金融、物流类企业展开协作。

零售企业是服务业中的重要群体,也是社会服务的主要承载单位。我国零售企业对第三产业的贡献度约在10%左右,对国内生产总值(GDP)增长的贡献度约在5%~6%,而一些发达国家的零售业占GDP的比重大多在10%以上。基于零售业的占比,零售企业对税收的累积贡献也相对明显,其主要特点是税源和增长的稳定性。此外,零售企业有较强的就业吸纳能力,是稳定低技能群体收入的关键。零售企业在招聘方面涉及面广,能够提供丰富的职位,就业门槛较低,且在空间方面较为分散。例如,我国零售企业就业人数占总就业人数的比例保持了多年的稳定增长,有效缓解了城镇就业问题。最后,零售企业还是利用外资的主要群体之一。我国零售企业利用外资在2001年以后呈现快速的增长,无论在获批投资项目数量还是投资规模方面,在服务业领域均居于前列。

代表性零售企业的经营能力、经营规模、品牌影响力等是一个国家零售业发展的标志,典型零售企业的发展不仅能够带动本行业经营水平的提升,还能带动上游及周边行业的发展。典型零售企业也是零售研究关注的焦点。根据德勤2018年度零售全球力量报告(Global Powers of Retailing),前250位零售商中,美国80家,日本32家,德国17家,中国(含港澳台地区)14家,法国12家,英国12家。其中,前十大零售商的营收占全部营收的30.7%。前十位零售商排名如表1-2所示。我国大型零售企业近些年取得了快速的发展,主要受益于国内市场的繁荣、对新技术的吸收,以及政策层面的支持,尤其是在网络零售方面,出现了一批代表性企业,如京东、天猫等。

表1-2 全球十大零售商排序(2018)

排名	外文名称	中文名称	描述
1	Walmart	沃尔玛	美国(综合超市+会员仓储超市)
2	Costco	开市客	美国(会员仓储超市)
3	The Kroger	克罗格	美国(食品连锁超市)
4	Schwarz Gruppe	施瓦茨集团	德国(百货+折扣店)
5	WalgreensBoots	沃尔格林联合	美国(医药保健品零售)
6	Amazon.com	亚马逊	美国(在线综合零售)
7	Home Depot	家得宝	美国(家居建材超市)
8	Aldi	阿尔迪	德国(食品连锁超市)
9	Carrefour	家乐福	法国(综合超市)
10	CVS Health	CVS便利店	美国(药品零售)

二、供应商

供应商是指直接向零售商提供商品及相应服务的企业及其分支机构或个体工商

户,供应商也称为"厂商",即供应商品的个人或法人。供应商一般包括制造商、经销商,或其他中介商。供应商主体可以是农户、生产基地、制造商、代理商、批发商等。除少数零售商具有垂直生产能力外,供应商是零售商采购商品的主要来源,是支持零售业发展的上游与前端。

（一）农户与生产基地

农户与生产基地是各类农产品的供应方,其中,农户是以家庭为单位的农产品生产主体,具有灵活、分散的供应特征。农业生产基地是指在全国或地区农产品经济中占有重要地位并能长期稳定地向区内外提供大量农产品的集中生产地区,如粮食、油料、糖料、蔬菜、牧业、渔业等各种生产基地。农业生产基地的特点包括:①强调生产的专业化和种植区域化,使基地尽可能形成规模。②在基地管理上,重点强调生产技术规程的组织实施,推行农资供应等统一服务。③在运作模式上,积极探索基地建设与管理的运行机制,推广并促进基地生产、管理、经营一体化发展的良性循环。

（二）制造商

制造商是指创造产品的企业,具备自制或外购原料或零组件,并经过规范的生产工序,制成一系列的日常消费用品的能力。制造商也可以通过外包生产方式开展业务。制造商被认为是商品流通渠道的源头和中心。具有规模或品牌优势的供应商除了制造功能外,通常还从事营销或进出口等业务。

（三）代理商

代理商又称商务代理,是在其业务管理范围内接受他人委托,为他人促成或缔结交易的代理主体。其做法是由委托人与代理人签订代理协议,授权代理人在一定范围内代表其向第三者进行商品买卖或处理有关事务(如签订合同及其他与交易有关的事务等)。代理人在委托人授权范围所做出的行为产生的权利和义务直接对委托人发生效力,即代理人是在授权范围内以委托人的名义行事。代理双方属于一种委托和被委托的代销关系,而不是买卖关系。代理商在代理业务中只是代表委托人联络客户、签订合同、处理委托人的货物、收受货款等,并从中赚取佣金,代理商不必动用自有资金购买商品。

（四）批发商

批发商是指向生产企业购进产品,然后转售给零售商、产业用户或各种非营利组织,不直接服务于个人消费者的商业机构。批发商位于商品流通的中间环节。批发商的职能包括:①采购。批发商的采购活动是商品流通的起点,批发商凭借市场经验与预测,先行预判某些商品的需求情况并组织货源。②分销。分销功能用于协调生产者与零售商之间的供需匹配。批发商既可以从生产方批量采购,也可将货源分割并转售给不同的零售商。③储存与运输。一些批发商在采购商品后,还担负产品的储存与运输任务,既可使生产者避免积压,又可使零售商减少库存量。④资金融通。一些资金充裕的批发商可以在商品流通中担任金融服务的角色,例如,为零售商提供信用进货担保或短期周转贷款。⑤综合服务。批发商还可以为上下游企业提供宣传、广告、定价、市场信息反馈等服务。

我国为规范零售商与供应商的交易行为,维护公平、公正的市场交易秩序,促进零售商与供应商平等合作、共同发展,商务部、发展改革委、公安部、税务总局、工商总局五部门联合颁布了《零售商供应商公平交易管理办法》,自 2006 年 11 月 15 日起施行。

三、第三方服务

第三方服务是现代零售业发展的重要保障,能够帮助零售业务更好地融入社会经济体系,提升其运作效率并节约成本。第三方服务的出现是基于行业分工与专业化,能够以更高的性价比支持核心企业的业务。

(一) 物流服务

第三方物流(Third-Party Logistics,TPL)是相对于"第一方"发货人和"第二方"收货人而言,由第三方企业承担物流活动的一种经营形式。第三方物流通过与第一方或第二方的合作来提供专业化的物流服务,它不拥有商品,不参与商品的买卖,而是为客户提供以合同为约束,以结盟为基础的、系列化、个性化、信息化的物流代理服务。服务内容主要包括运输、仓储、存货管理、订单管理、资讯整合及附加价值等。随着信息技术的发展和经济全球化趋势的增强,越来越多的产品在广域范围内流通、生产、销售和消费,物流活动日益庞大和复杂,而第一、二方物流的组织和经营方式已不能完全满足社会需要。同时,企业必须确立核心竞争力,加强供应链管理,降低物流成本,于是把不属于核心业务的物流活动外包出去,第三方物流应运而生。

现代物流服务的特点主要包括:①物流服务的结构性。企业提供的物流服务表现出明确的结构性特征。现代物流服务是由多种物流资源和多种物流功能要素通过合理配置形成的,必然存在某种结构性要求。对于企业来说,生产经营发展导致物流需求呈现特性化、综合化的趋势,与之相适应的物流服务也会随之出现结构性调整。②物流服务的差异性。不同的物流系统提供的服务不可能完全相同,同一个物流系统也不可能始终如一地提供完全相同的服务。物流服务的差异性主要受企业物流系统提供的能力和服务方式的影响,同时也受客户参与物流服务过程、对服务不同的评价和认识的影响。③物流服务的增值性。物流服务能够创造出时间效用和空间效用,通过节省成本费用为供应链提供增值利益,具有显著的增值效应。服务的增值性直接体现了物流服务作为价值创造活动的成果。④物流服务的网络性。任何物流服务都依赖于经营者和消费者的互相协作和共同努力。在物流资源和物流功能要素的组合中,现代网络理念和网络技术促进了物流服务的网络化发展。物流服务的网络性不仅表现为物流组织的网络化、物流服务技术的网络化,而且还表现为物流服务需求的网络化。

(二) 支付服务

第三方支付是指具备一定实力和信誉保障的独立机构,作为支付中介为交易双方提供收付款业务的支持,属于分步支付模式。第三方是买卖双方在缺乏信用保障或法律支持情况下的资金支付"中间平台",买方将货款付给买卖双方之外的第三方,第三方提供安全交易服务,其运作实质是在收付款人之间设立中间过渡账户,使汇转款项实现可控性停顿,只有双方意见达成一致才能决定资金去向。第三方担当中介保管及监督的职能,并不承担什么风险。确切地说,第三方支付是一种支付托管行为,通过支付托管实现支付保证。第三方支付主要应用于网络交易活动中,该服务形式的规范化有效促进了网上消费的发展。有代表性的第三方支付包括:①贝宝(PayPal)。全球众多用户使用的交易支付工具,能够轻松完成境外收付款,接受丰富的付款方式,一个账户全球通用,在欧美极为流行。②支付宝。中国独立的第三方支付平台,是阿里巴巴集团的关联公司,具有简单、安全、快速的特点。③微信支付。集成在微信客户端的支付功能,以绑定银行卡的快捷支付为基础,用户可以通过手机完成快速的支付操作。此外,百度钱包、中汇支付、财付通、融宝、盛付通、腾付通、通联支付等在近些年也发展迅速。

四、政府部门

政府部门及相关机构是对零售市场进行约束与规制的主体,主要负责统计市场数据,监测市场运行状况,制定相关政策法规,维护市场良性发展。我国负责零售业发展政策与管理的政府部门主要是商务部,商务部隶属于中华人民共和国国务院,主要负责国内外贸易和国际经济合作事项。商务部内设机构中,流通发展司、市场建设司、市场运行司、市场秩序司、电子商务司的行政管理内容与零售密切相关。同时,与零售相关的部门还包括直属事业单位流通促进中心与电子商务中心。商务部的(内贸)市场职责主要体现在:①负责推进流通产业结构调整,指导流通企业改革、商贸服务业和社区商业发展,提出促进商贸中小企业发展的政策建议,推动流通标准化和连锁经营、商业特许经营、物流配送、电子商务等现代流通方式的发展。②拟订国内贸易发展规划,促进城乡市场发展,研究提出引导国内外资金投向市场体系建设的政策,指导大宗产品批发市场规划和城市商业网点规划、商业体系建设工作,推进农村市场体系建设,组织实施农村现代流通网络工程。③承担组织实施重要消费品市场调控和重要生产资料流通管理的责任,负责建立健全生活必需品市场供应应急管理机制,监测分析市场运行、商品供求状况,调查分析商品价格信息,进行预测预警和信息引导,按分工负责重要消费品储备管理和市场调控工作,按有关规定对成品油流通进行监督管理。④承担牵头协调整顿和规范市场经济秩序工作的责任,拟订规范市场运行、流通秩序的政策,推动商务领域信用建设,指导商业信用销售,建立市场诚信公共服务平台,按有关规定对特殊流通行业进行监督管理。

《中国人民银行办公厅关于实施支付机构客户备付金集中存管有关事项的通知》

章节练习

一、章节要点

(1)零售的概念界定与定义;(2)零售发展的阶段划分;(3)零售的经济属性、社会属性与心理属性;(4)零售企业在零售活动中的角色与功能;(5)供应商在零售活动中的角色与功能;(6)第三方部门在零售活动中的角色与功能;(7)政府部门在零售活动中的角色与功能。

二、思考题

(1)从消费者视角如何理解零售活动的特征、属性与范畴?

(2)零售活动对社会经济发展有哪些影响?这些影响分别通过何种作用机制实现?

(3)现代零售在哪些方面影响着消费者的生活?

(4)消费者心理特征对零售业发展有何影响?

(5)根据零售企业界定的外延,列举哪些企业属于零售企业。

(6)供应商有哪些类型?不同类型供应商在与零售商交易中具有何种特点?

(7)零售企业在何种情况下需要借助第三方服务?

(8)第三方支付服务在我国的发展趋势如何?在哪些方面促进了零售业整体的发展?

(9)零售业的发展为什么需要政府部门的介入?

三、综合练习

(1)尝试在我国近现代零售阶段划分的基础上进行深度的分析与总结,并搜寻行业具体实例进行佐证。

(2)找到一个我国典型的零售企业,分析其业务领域与具体内容,并辨析其具体业务是否属于零售范畴。

(3)分析一个典型的第三方物流服务企业,了解其业务如何支持零售企业的需求。

(4)分析一个典型的第三方支付服务企业,了解其业务如何在零售商、消费者、金融机构(银行)之间进行衔接。

(5)总结我国与零售业管理有关的行政机构(部门),分析不同机构管理的领域与具体方式是什么。

第二章　零售渠道理论

第一节　渠道与零售的关系

零售活动属于分销渠道中的一个环节,了解零售需要从全面了解渠道开始。根据对现代零售活动的理解,零售是分销活动的最终环节,即与消费者直接进行商品或服务交易的终端。零售活动代行分销渠道的某一项功能,这项功能的存在方式与表现形式需要结合渠道中其他功能的特点而呈现,因此,当渠道的结构与运行方式发生变化时,零售的某些特征也会出现相应的变化,而其最终的效果则是保持渠道整体功能与效率的平衡。基于此,零售活动并不是一成不变的,以往的零售变迁也印证了这一点,未来零售的发展也将遵循这一规律。

一、渠道的基本概念

(一) 分销渠道

分销渠道是商品生产者或服务提供方将自己的标的物通过直接或间接的方式传递到最终消费者的过程总和。该过程包括商品或服务的交易过程、实体物品的运输过程、金融结算及相关服务的过程,以及有可能涉及的信息服务过程。

现代分销渠道的构建目标是以更为直接、高效、低成本的方式将商品或服务传递至终端消费者。这个目标通常很难达到,生产者在选择分销渠道时需要加以权衡,如果中间环节较少,则自己需要付出较多的管理成本;如果中间环节较多,则需要让渡某些利益给中间商。如何进行渠道选择,还需要考虑生产者所在的行业特征,以及上下游环节中各参与方的市场势力及议价能力等因素。

常见的分销渠道模式可以简单划分为以下六种(如图 2-1 所示):①模式 A——生产者自建与消费者关联的销售渠道,直接与消费者进行信息传递与商品交易。这种模式的优点是生产者对渠道环节有全面的掌控能力,不会出现渠道重叠与渠道冲突等问题,便于管理渠道的质量,且商品的中间溢价几乎为零,消费者能够以较低的价格买到商品。其缺点是生产者需要配置自己的销售团队,增加了成本支出,如果消费者数量较多,此项成本将会快速上升。②模式 B——生产者通过代理方经营自己的商品,以较短的渠道环节连接消费者。这种模式在一定程度上可以简化生产者的管理负担,同时也不会损失过多的收益,但是在消费者规模庞大时容易遇到业务增长的瓶颈。③模式 C——生产者直接将商品批量销售给零售商,具体的零售活动由零售商完成,生产者一次性或分批次收回销售货款。这种模式可以有效简化生产者的业务内容,加快资金的周转,同时将一部分商品经营的风险转嫁给零售商。生产者在选择此模式时,需要让渡一部分利益给零售商,让渡的比例视零售商规模而异。有时,零售商分配的利益会占到全部利润的50%乃至更高。此外,当生产者需要较多种类的终端分销类型时,需要与较多数量的零售商建立联系,也会带来一定的管理难度。④模式 D——生产者首先借助批发商将产品进行批量处理,再由批发商经由一个或多个批发环节,最终找到合适的零售商,将产品送入零售终端。这种模式一般适用于分销下游复杂度较高类别的商品,借助批发环节逐级拓宽分销渠道的口径,进而促使商品流向适宜的零售节点。对于生产者来说,此种方式可以大幅度减少对于分销下游的管理事务,节约成本并加快资金回收,同时也会在一定程度上失去对产品的零售定价权,有时终端零售价的偏移会非常显著。⑤模式 E——生产者经由代理方为自己的产品寻找下游零售商。此模式可以省去冗长的批发环节,节约一部分中间交易成本,并使生产者可以保留一定程度的终端定价影响力。这种模式仅适合渠道下游复杂程度不高的商品分销活动。⑥模式 F——生产者需要借助分销渠道中的所有环节,包括代理方、各级批发商及终端零售商。这种模式一般适用于渠道的上下游均较为复杂的产品分销活动,其交易过程需要进行大量的信息搜寻与匹配,增加环节可以有效降低每一个层级的信息处理量与处理难度。这种模式的主要问题在于中间环节较多,服务成本的增加十分明显,同时生产者对下游几乎没有控制能力,如许多农产品的分销具有此类特征。

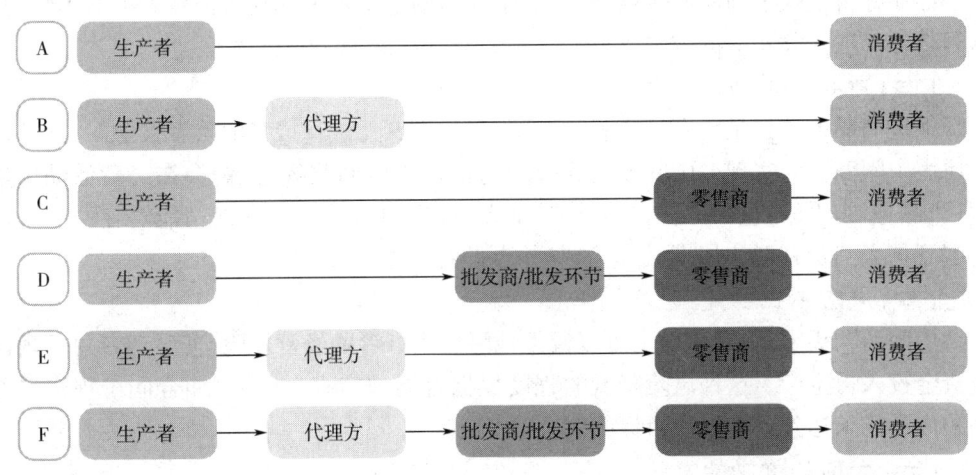

图 2-1 分销渠道模式示意图

借助图 2-1 可以进一步了解零售活动与零售商,可以看到从模式 A 到模式 F 均有零售活动,但是并非都需要借助零售商实现,如模式 A 中,生产者自己扮演了零售商的角色,从事终端销售工作,当前许多消费品的渠道均属于此种类型。因此,零售活动并非仅存在于零售商,许多由厂商主导的直营与直销活动也是研究零售需要关注的地方。

批发业

二、渠道的功能

分销渠道作为中间环节可以有效衔接生产者与消费者,并承载多种服务功能,具体如下。

(一) 商品交易功能

中间环节的各类主体参与商品分销活动的全流程,经过多次交易实现商品所有权向消费者的转移,体现了渠道最基本的职能。一般来说,批发商与零售商是商品所有权转移的直接参与者,而代理方是商品所有权转移的间接参与者。

(二) 接触与议价功能

中间环节代替生产者搜寻并与消费者进行接触,将商品展示给消费者,并与消费者进行价格谈判。交易价格可以表现为固定价格或价格区间两种模式,后者需要在具体交易中视双方的议价能力确定最终价格。

(三) 信息传导功能

中间环节实现了各类信息在生产者与消费者之间的传导,构建了信息持续流动的管道。信息传导可分为主动传导与被动传导两种类型。主动传导是指各类中间商有意识参与的信息传递,如将商品的功能、特点等信息通过多种媒体传播给目标客户,这种传导一般伴随相应的成本支出。被动传导是指中间商无意识参与的信息传递,如中间商的商品标价反映了商品的供给情况,或中间商的采购水平体现了消费者的需求情况,这种传导一般无须相应的成本支出。

(四) 商品促销功能

促进商品的销售是所有生产者的愿望,当生产者无法直接与消费者接触时,该功能需要由中间商代为实现。中间商出于获利与加快资金回收等考虑,会在经营活动中使用适宜的促销手段,包括广告宣传、推广活动、优惠组合等。好的促销能够在一定程度上起到扩大消费者群体规模、加速消费者购买决策的效果。

(五) 风险承担功能

中间商购买了商品所有权,可以极大地降低生产者的经营风险,使生产者短期内回收资金投入再生产。这种风险降低的程度根据合同规定存在差异,如合同可规定退回问题商品或未达到预期销售目标的剩余商品。

(六) 仓储物流功能

仓储物流是分销渠道的基础性功能,包括商品的保管、装卸、搬运、运输、分拣等,其附加值与利润一般较低,生产者通常将其作为周边业务进行外包。这项业务可以由批发商、零售商或者第三方物流服务企业承担。

(七) 相关金融服务功能

商品在分销过程中会伴随许多金融服务,涉及贷款、保险、抵押等活动,中间环节可以衔接金融类企业实现这些功能。这些金融服务如果全部由生产者直接对接,不仅会增加经营管理的复杂度,还会占用大量的流动资金。

渠道的中间环节可以有效保障分销过程的进行,并极大地简化生产者与消费者两端在交易活动中需要处理的事务。前面功能部分虽然主要介绍了渠道对于生产者的影响,其对于消费者同样如此,设想由消费者自行搜寻商品的卖家并参与部分运输过程,消费活动将会变得繁琐。

三、渠道的环节与复杂度

由于分销活动的需要,不同的渠道模式需要借助不同的商业主体实现其功能。参照美国分销渠道资料可以将中间环节分为基础(延伸)型与交易型(详见表2-1)。基础(延伸)型中间环节与上游企业联系紧密,多用于短渠道模式,可分为功能型与辅助型。功能型主要作为企业产品销售活动的延伸,在一定程度上作为其终端渠道的组成部分。辅助型功能主要承担金融类服务与仓储运输服务。交易型中间环节有较强的独立性,与上游企业呈松散联系,多用于长渠道模式,又可分为批发型与零售型。批发型多作为渠道中的连接节点,包括专项批发与综合批发。零售型作为终端销售节点,包括所有类别的实体与虚拟店铺。任何类型的分销渠道,其中间环节均由这些不同类型的主体组成。

表2-1 中间环节分类

中间环节类型			
中间环节类型	基础(延伸)型中间环节	功能型	销售代理
			承销代理
			佣金代理
			拍卖代理
			清仓代理
		辅助型	商业贷款
			商业保险
			代理运输
			代理仓储
	交易型中间环节	批发型	专项批发
			综合批发
		零售型	单体零售店
			连锁零售店
			在线零售店
			邮件销售
			电视销售
			流动商户

渠道结构是指商品从生产方一直传递至消费方的全部路径的综合。渠道结构可以用于描述某个企业具体商品的传递过程,也可以用于描述某一类产品的传递过程。不

同行业或不同企业之间在具体的渠道结构方面总会存在差异,但是基于目前消费型商品的分销特征,可以对其结构类型进行提炼,简单划分为多数生产者对多数消费者(即 $m:n$),少数生产者对多数消费者(即 $1:n$)两种类型(如图 2-2 所示)。一般来说,商品的分销需要经过汇集与分散两个步骤,此结构类型多存在于农产品分销活动中,如图 2-2A 所示。而 B 类渠道结构的复杂程度较低,商品的分销仅需经过逐级分散即可实现,此结构类型多存在于工业消费品分销活动中。

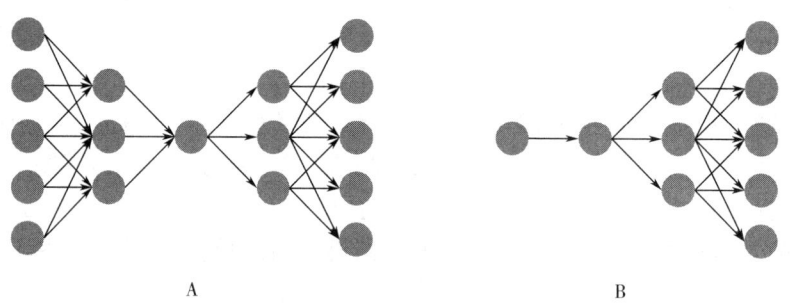

图 2-2 分销渠道结构对比

渠道结构的复杂度对商品分销的影响包括:第一,渠道复杂程度的高低决定了需要参与渠道过程的中间商的数量与类型。简单的渠道结构可能仅需要零售商,而复杂的渠道结构则需要多级批发商的存在。第二,渠道复杂程度决定了商品分销的成本。环节的增加必然导致服务内容的增加,并产生相应的服务费用。某些复杂的分销渠道结构中,商品在传递时可能需要经过多次仓储与转运,累加起来的成本会数倍于一次性完成仓储与配送服务的费用,而这些费用最终会转换成零售价格由消费者承担。第三,渠道复杂程度制约着商品与信息的传递时间。垂直环节较为复杂的渠道结构通常会增加商品与相关需求、价格、质量等信息的传导次数,并相应增加传导的时间。这种延时会使消费者与生产者做出错误的决策,对于生产者尤其明显。第四,渠道复杂程度影响渠道运行的平滑性。渠道复杂程度的提高通常会使得渠道中各成员市场势力出现分化,渠道管理的难度增加,从而影响渠道整体运转的平滑性,甚至可能出现各种类型的渠道冲突,致使生产者的分销活动受到干扰。

从生产者的角度看,简单的渠道结构是分销活动的首选,但过于简单的渠道结构并不意味着低成本与高效率。因此,上游企业需要做出平衡,选择将部分分销环节或渠道功能分包给下游环节。生产企业在账目管理、商品管理、订单管理、分拨与调度管理、仓储管理、现金与票据管理及配送管理等业务方面,可以选择是否外包。如图 2-3 所示,企业直管、一级合同外包、二级合同外包、分销商这四种模式给生产企业提供了不同的业务外包组合。如果使用分销商,企业可以仅保留较为关键的账目(主要是与销售相关的财务核算)与商品管理(主要是综合的营销设计),而将大量的低附加值业务转由其他企业承担。

账目管理	企业直管	一级合同外包	二级合同外包	分销商
	执行部门			
账目管理	财务部门	财务部门	财务部门	财务部门
商品管理	营销部门	营销部门	营销部门	营销部门
订单管理	销售人员	销售人员	销售人员	第三方
分拨/调度管理	调度部门	调度部门	调度部门	第三方
仓储管理	仓储部门	仓储部门	第三方	第三方
现金/票据管理	财务部门	财务部门	第三方	第三方
配送管理	配送部门	第三方	第三方	第三方

图 2-3　不同分销渠道下的企业功能模块

知识拓展

正向与逆向渠道过程的比较

正向与逆向渠道过程的差异主要体现在如下方面。

类别	正向渠道过程	逆向渠道过程
流量预测	相对简单,有历史数据参考	不稳定,难于预测
运输	大批量运输,有较好的规模效应,系统化管理	多品种、小批量运输,无规模效应,额外管理支出
商品质量	统一、标准化的质量控制	质量存在差异,检测与评价成本较高
商品包装	统一、标准化的包装,便于物流与仓储活动	非标准化包装,规格与包装完整度不一
目的地	明确、集中的运送目的地	根据售后情况,需要送至不同类型的节点,如仓库、维修点或生产厂家
会计成本	高透明度,数据翔实	低透明度,记录较为分散,数据易丢失

资料来源:科兰、安德森等《营销渠道》

四、渠道的组合使用

许多商品制造企业(或服务企业)在实践中通常不会依赖某一种渠道类型,这些企业可能会选择渠道组合(Channel Mix),从而保证本企业在面对不同类型的终端顾客时有更好的选择,能够提供最为便捷、舒适的商品交易与递送服务。一般来说,当终端顾客数量较少或单笔交易价值较高时,企业适宜选择短直型渠道,乃至直接与顾客进行交易。而当终端顾客数量较多或单笔交易价值较低时,企业适宜选择长渠道,弱化自身在分销中的功能,减少管理的复杂度。

例如,美国某小规模的制造企业(如图2-4所示)可以同时使用多种渠道,以便更好地适应不同区域的客户群体。对于本地区顾客,可以选择短渠道模式,通过低成本的在线销售或基于邮件的家庭配送,或者使用成本略高的直营店提供面对面服务。对于较远地区的顾客,需要借助批发商的参与,先由批发商统一采购商品,再转售给不同的零售商,如各地区的杂货店、连锁超市或某些折扣店。如果该企业还有海外顾客的话,为避免直接参与复杂的海关管理事务,可以将产品授权某些有资质的海外分销代理,由其代为执行境外渠道的相关活动。本例中,制造企业由于分销地区的差异选择了渠道组合策略。当需要服务不同类别的客户群体或面临某些领域的进入门槛时,企业也会采用渠道组合方式。

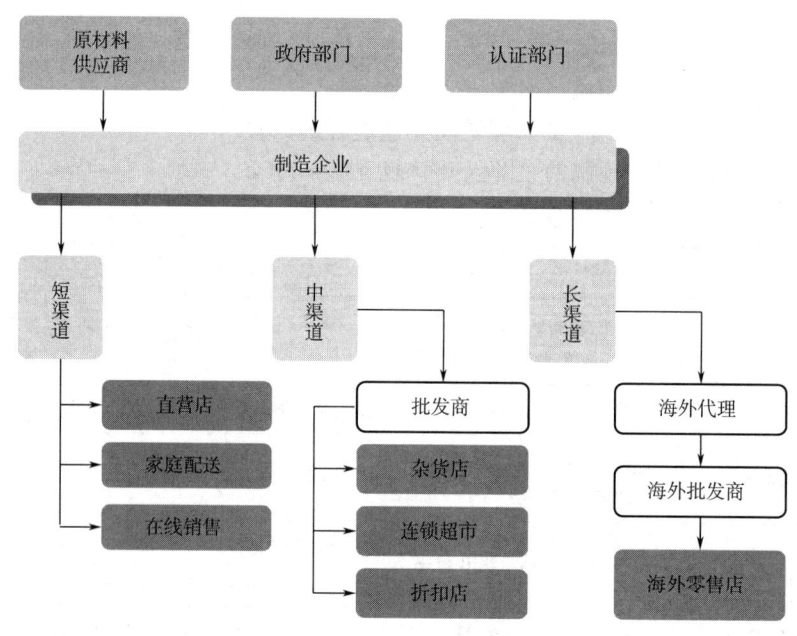

图2-4 制造企业分销渠道组合

渠道组合的使用虽然可以为上游企业提供更多的选择,但如果控制不好,也会存在不同环节之间的利益矛盾,这类问题统称为渠道冲突(Channel Conflict),它是指中间环节的商业主体出于自身利益优化的要求而侵害了其他商业主体的利益。在结构上,渠道冲突的类型可分为水平型与垂直型;在范围上,渠道冲突又可分为个案型与系统型。

（一）水平型渠道冲突

多渠道系统

水平型渠道冲突是指在并行的商品分销渠道之间存在冲突,多出现在使用组合渠道的商品分销过程中。由于并行渠道的不同通路之间长短不一、结构不同,商品向下游分销的速度、成本、效率等方面必然存在差异,容易引起渠道之间对利益的竞争。例如,不同渠道之间为了增加自身的商品流量,可以通过低价方式竞争终端消费者,排挤其他渠道的份额后再变相加价以弥补之前的损失。又如,不同渠道之间可能存在窜货现象,大量商品流向了高零售价的渠道,导致低价渠道出现缺货与断货。

（二）垂直型渠道冲突

垂直型渠道冲突是指在一个渠道通路内的上下游之间存在利益矛盾,多出现于渠道上下游的商业主体实力对比悬殊的情况。由于在垂直的通道中,某些环节中的主体有较高的商品购销量,从而具备较强的议价能力,可以占有上下游主体的部分利润,造成全渠道利益分配不均。例如,在某些农产品的流通渠道中,大型或区域批发商通常拥有较强的分销控制能力,可以压低农产品的收购价,并提高向下游的转售价。

（三）个案型渠道冲突

个案型渠道冲突是指具有一定的偶发性,非频繁重复出现的,与某些中间商的个体行为有关的矛盾或竞争现象。个案型渠道冲突一般由随机性因素导致,例如,终端需求变化带来的商品积压,或短期的信息失衡等,使一些中间商掌握了较高的讨价还价能力,在一次交易或短期交易中获利。渠道依靠充分的竞争及自身的调节能力,可以修复个案型冲突,使其失去获取超额利润的机会。

（四）系统型渠道冲突

系统型渠道冲突是指由于渠道的结构、组织方式或某些政策性因素导致的,频繁出现且难以依靠自身进行修复的冲突。系统型渠道冲突通常使某些环节的中间商具有长期的渠道优势或劣势。例如,过程较长的渠道在中间环节存在瓶颈,并行渠道在终端市场存在重叠,或者存在不同的税收政策与价格补贴等,此类特征均会形成渠道中的竞争诱因。系

渠道冲突的解释

统型渠道冲突的解决需要对其组织、结构或政策进行调整与修正,避免此类冲突是渠道管理活动的重点。

五、渠道环节的成本

渠道成本是指在各环节渠道业务活动中相应的管理与消耗性支出,成本规模与渠道的类型、结构、管理、维护,以及环节间的竞争存在密切关系。根据科兰与安德森等人的研究,渠道环节之间的业务活动与对应的成本包括:①实物所有权转换,对应实体商

品的持有、储存、传递成本。②促销活动,对应各类宣传、推广、媒体,及公共关系成本。③谈判活动,对应各类沟通成本,以及时间与法律成本。④财务活动,对应各类资金与票据管理的成本。⑤风险管理,对应各类质量担保、维修维护成本,以及不可预测的潜在风险损耗。⑥订单与支付管理,对应订单处理以及各类收支活动的成本。不同环节的成本构成有所差异,以零售环节的会计成本为例,其成本主要涉及销售成本(Selling Cost)、一般成本(General Cost)与管理成本(Administrative Cost)(简称 SG&A),在分析时主要关注这些成本与营业额的比率关系,从而确定渠道的效率水平。国外一些典型零售商的 SG&A 与净销售额比率如表 2-2 所示。

渠道活动的成本控制

表 2-2 零售渠道成本比率

零售商	SG&A 支出水平	SG&A 与净销售额比率
Walmart	高	17.9%
Home Depot	高	22.6%
Costco	较高	9.7%
Target	高	21.4%
Lowe's	高	20.7%
Walgreens	较高	21.5%
BestBuy	较高	18.4%
Office Depot	中等	27.3%
Circuit City	中等	23.0%
JC Penny	较高	31.6%
May	较高	20.9%
Kohl's	中等	21.7%
Dillard	中等	27.9%
Nordstrom	中等	28.3%
GAP	较高	26.4%
Limited	较低	19.9%
Ann Taylor	较低	45.5%
Chico	较低	37.3%

资料来源:科兰、安德森等《营销渠道》

第二节　渠道的分类对比

渠道的宽窄、长短与复杂程度在不同类型的商品之间存在较大差别,这种差别是基于自由市场竞争以及各参与方成本收益均衡的结果。市场自发形成的渠道模式,一般来说应该能较好地适应所属商品类别的分销要求,以合理的成本、较快的速度以及可接受的服务质量保证商品向消费者传递。影响渠道类型的因素很多,包括分销商品自身的属性,以及上下游主体数量与市场势力对比等,本节重点比较农产品与工业品分销差异及其渠道的区别。

一、农产品渠道

农产品具有生产分散与消费分散的特点,因此,农产品的分销渠道层级较多,构成较为复杂。对大部分流向终端消费的农产品来说,通常需要借助多道批发环节,实现农产品的空间转移及向分散消费者的趋近。如图2-5所示,农产品最为繁琐的分销过程是,由分散的农户向批发商转移,进入产地批发环节(产地批发市场),中间经过多级批发转向销地批发环节(销地批发市场),再由销地批发商分散至各类型的零售渠道,如社区菜店、各类菜市场、超市或某些个体商户,最终实现与消费者的交易。该过程中涉及的增值服务包括农产品的储存、分拣、简单加工、整理与包装等。这一过程可以适应差异化小且分销量大的农产品,如粮食类的大宗农产品。

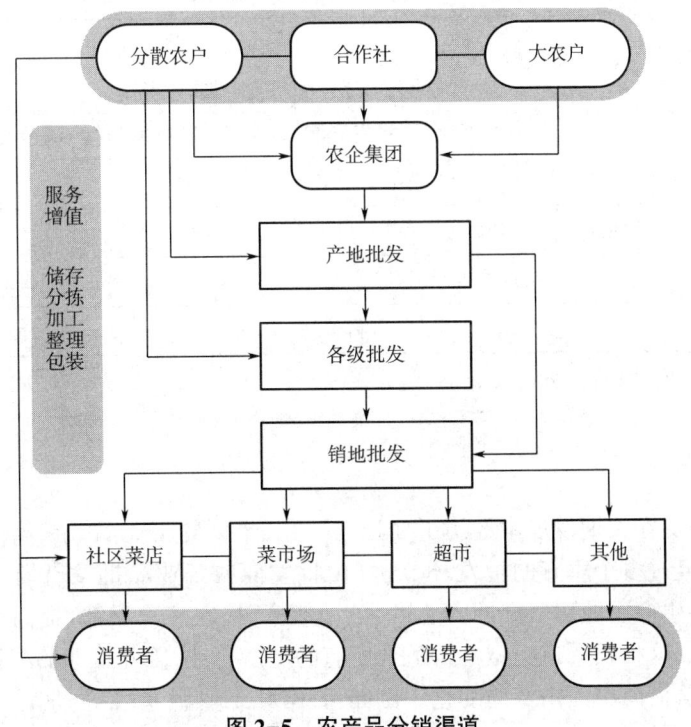

图2-5　农产品分销渠道

随着农产品的品类分化逐渐细致,以及农业生产者类型的多样化,许多农产品选择不同的分销渠道模式。许多分散的小农户由于农产品初级售价过低,选择了加入合作社或挂靠农企集团,再经由这些主体与批发商进行交易,提升议价能力。合作社或农企集团起到了类似代理方的作用。还有些农户可能选择跳过某些批发环节的方式,直接与各类零售商进行交易。例如农超对接,农户可以通过较短的渠道将农产品转移至零售终端,这种模式一般适用于空间距离较近,新鲜程度要求较高,且分销规模适中的农产品,区域性的生鲜蔬菜在条件适宜时可以使用该模式。小农户还可以通过赶集等方式直接将农产品卖给消费者,此传统方式具有灵活、便利的特征,这是农产品渠道的另一极端。

有些农业生产者实现了技术升级,能够培育出差异化的农产品或采用近似工业化的生产方式进行农业生产,其分销渠道有别于前述农产品。具有品牌或可识别差异化的农产品,其渠道构建更接近工业消费品,如采用较为短直的渠道,上游对渠道拥有较强的控制力,可以有效管理农产品的终端零售价等。而传统农产品的分销过程中加入了诸多环节,每一环节提供相应的渠道服务并赚取合理利润(如表2-3所示),当农产品到达终端消费环节,其零售价格一般会显著高于农户的初级售卖价格,某些蔬菜价格可能由最初的几分钱每公斤上涨为几元每公斤,上游完全失去对终端价格的控制力。对差异化较强的农产品,上游农户或农企可以在有限的渠道环节内控制终端零售价。

表2-3 农产品渠道环节价差表

生产环节			渠道(流通)环节					
生产成本	生产利润	其他	产地批发环节		销地批发环节		零售环节	
			流通费用	批发利润	流通费用	批发利润	流通费用	零售利润
农户价格			差价		差价		差价	
产地商业批发价					地区差价		批零差价	
销地商业批发价								
零售价格								

资料来源:王德章《价格学》

二、工业品渠道

工业品渠道在长期发展中经历了变迁与分化,早期的工业品分销渠道模式与农产品近似,也会经过多个垂直的批发环节(经由批发商或工业品批发市场),达到零售终端。随着许多生产企业对资金回收速度、分销效率、接收客户反馈、提高终端服务质量等方面的要求,这种长渠道类型不再适合所有的上游企业,因此工业品分销渠道出现了垂直环节缩短、横向层面拓宽的变化。例如,日本某工业企业(K企业)渠道的演化(如图2-6所示)。在20世纪50年代,K企业采用了单一垂直渠道模式,分销活动交由各级批发商，极大简化了本企业的市场管理活动，但无法有效地与消费者接触、沟通，缺少对商品质量与服务的信息反馈，难以快速改进并应对市场需求的变化。随着市场竞争的加剧，这种模式使得K企业原有客户不断流失。随后，在70至80年代间，K企业自建了销售公司，负责一部分商品的分销活动，直接与零售商联系，可以及时得到消费者反馈，从而进行商品改进或处理问题产品。这一阶段，K企业仍然保留了批发商渠道，但是对批发商的资质进行严格筛选，仅与规模大、信誉好的综合批发商进行商业往来。进入90年代后，K企业树立起了自己的产品品牌，客户群相对稳定，需要加强对终端零售服务的管理。K企业精简了渠道，市场营销活动全部由本企业销售公司负责，直接供给合格的零售商，并有效控制终端零售价。同时，对于一些需要出口的商品，则由特许批发商负责，并签署严格的分销合同，保证商品分销的服务质量。

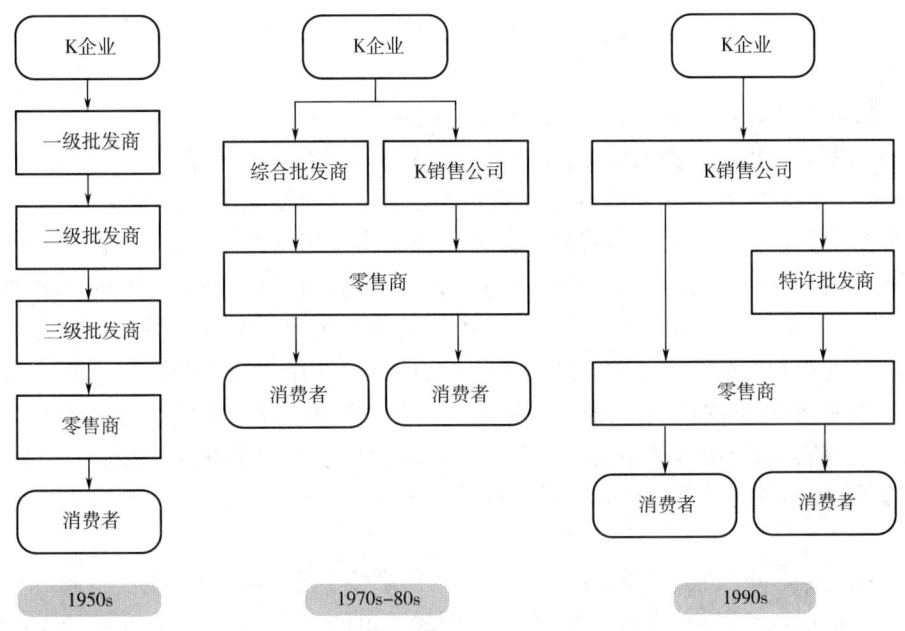

图2-6　日本某工业企业渠道演化过程

资料来源：根据 Dodwell Marketing Consultants：*Retail Distribution in Japan* 整理

并不是所有的工业品渠道都会转向短直模式，而要根据分销商品的特质与分销成本综合考虑。例如，许多钢铁制造企业的产品线很宽，整体可分为差异化程度较低与差异化程度较高两大类。对于差异化程度与利润率较低的商品，如粗钢、线材等，钢铁制造企业一般倾向于选择大批发商渠道，或批发市场渠道；对于差异化程度与利润率较高的商品，如特种钢材、彩钢等，钢铁制造企业一般倾向于选择企业内部的经销公司，通过短渠道到达终端环节。

工业品生产企业针对不同类型的商品可以选择多种分销策略。从技术角度看，常见的分销渠道策略可分为以下三种。

(一)密集型分销策略(Intensive Distribution)

密集型分销是指生产者尽可能多地通过负责任、适当的批发商与零售商销售其产品,只要符合企业最低要求的中间商,均可参与分销活动。密集型分销的特点是尽可能多地使用各类渠道销售其产品或服务,其优点是市场覆盖面大,市场拓展迅速,顾客接触率高,可较快地提升销售业绩,分销的支持度强,能充分利用各类中间商的优势。其缺点是生产者较难控制并行渠道之间的关系,存在水平渠道冲突隐患。

(二)选择型分销策略(Selective Distribution)

选择型分销是指在市场上选择少数符合本企业要求的中间商经营本企业的产品,这是一种介于宽与窄之间的渠道模式,一般适用于消费品中的低频食品,以及专业性强且对售后服务有一定要求的工业产品。选择型分销的优点是生产者可以优选中间商,较好地控制渠道质量,维护本企业产品与服务的声誉,并合理控制渠道的总成本。其缺点是在渠道数量限制下,有可能影响商品的铺货速度,尤其是对于市场占有率快速上升的企业。

(三)排他型分销策略(Exclusive Distribution)

排他型分销也称为独家分销,是指在特定的市场区域选择一家中间商经销其产品,这是一种极端的专营型分销渠道。这种渠道便于强化对终端市场的控制,有利于提高产品零售价并保持较高的渠道管理效率。选择此类分销策略的企业,一般由于产品本身技术性强、使用复杂且独特,需要一系列的售前与售后服务,并与特殊的推销措施相配套,使企业在一个目标市场只选择一个中间商来经销或代销其产品。采用这种渠道的生产企业必须与被选中的独家经销商签订协议,保证作为独家经销商只能经销生产企业的产品,不得同时经销其他厂家的同类产品。排他型分销的优点是生产者拥有较强的渠道控制力,与消费者之间的信息渠道畅通,可为消费者提供优质服务。其缺点是渠道狭窄,中间某一环节出现问题易导致整个渠道运转不畅,也存在垂直渠道冲突的隐患。

商品分销渠道模式,既受商品本身特质与供求关系的影响,也受生产企业对于分销目标与策略选择的影响,因此,分销渠道的模式并不能一概而论,此处仅选择农产品与工业品渠道的普遍特征进行比较(见表2-4)。

表2-4 三种分销策略的比较

分销策略	渠道管理	目标客户	地理区域	价值传递
密集型分销策略	对产品渠道的管理模式较为中庸,注重稳定性与持续性,缺断货情况一般是不允许出现的	普遍适应大部分消费者群体的需求。注重维护现有消费者关系。在低成本条件下可以广泛地向潜在消费者延伸,扩大消费基础	使用多层次、密集度较高的区域市场覆盖,并力求向低价值区域市场扩散	实现普遍的价值传递。主要体现商品本身的价值,以及较好的性价比特征

续表

分销策略	渠道管理	目标客户	地理区域	价值传递
选择型分销策略	对产品渠道管理较为挑剔,需要保障商品分销过程中的质量与服务	定位于部分消费者群体,注重维护好现有消费者的关系,不断提升其服务与消费感受。可以在同层级消费者之间拓展其业务	使用适中的区域市场覆盖模式,并保持覆盖程度与区域市场的级别相适应	实现选择型的价值传递,建立以商品本身价值为基础,结合适度服务的价值增值。同时给予消费者自主选择的余地,对于某些服务价值,消费者可以选择购买或放弃
排他型分销策略	对产品渠道管理极为严格,保障全流程的产品与服务质量,并以高端形象呈现在消费者面前	对客户定位非常精准,产品与服务能够很好适应消费者需求。以较高成本维护与现有消费者之间的关系,并谨慎拓展自己的市场	使用低密度的区域市场覆盖,使销售终端呈现"稀少""高端"的特征	实现高水平的价值传递。优质的设计与服务团队,能够给消费者远高于商品本身价值的感受

第三节 渠道的国别对比

在不同的国家,分销渠道由于受到经济、政策、文化等环境差异的影响,其模式特征也存在差别。例如,经济层面的生产与消费总量,上游与下游的分布和结构,政策层面的支持与限制,文化层面的消费者偏好等,任何因素都会或多或少地影响分销活动。而分销渠道模式的选择依赖于生产厂商、批发商与零售商,这些经济主体会自觉地根据利润最大化原则做出合理的选择,以便更好地适应所在的环境。这里选择较为典型的美国模式与日本模式进行比较。

一、渠道主导权

此处的国别比较主要关注渠道的主导权分布。从渠道环节来看,可以把渠道中的环节分为生产者、批发商与零售商。在不同的渠道环境下,各环节拥有的市场势力可能出现偏移,一旦某个环节掌握了较强的渠道控制力,便可以向其他环节扩展影响力,甚至承担其他环节的功能。如图2-7所示,渠道中存在生产者主导、批发商主导与零售商主导三种模式。

(一)生产者主导(Producer Centered)

在渠道环节中,生产厂商拥有较强的控制力,可以越过批发商乃至零售商,自营终

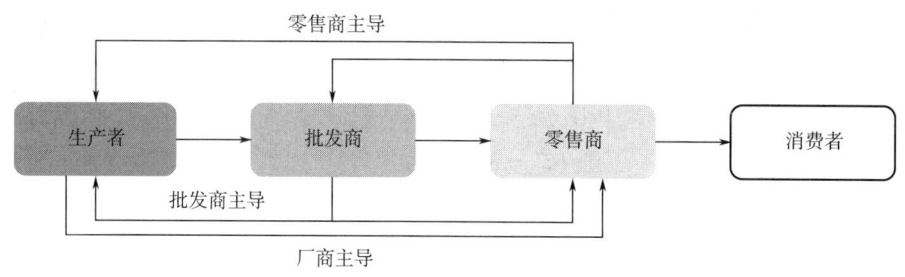

图 2-7 渠道主导权示意图

端渠道。形成生产者主导的原因是,厂商的产品产量少、需求小、差异化显著,或具有较高的技术含量,分销过程较为简单直接,无须过多的渠道服务。纯粹的生产者主导型渠道在总量上并不多,仅限于某些极特殊的商品领域,如手工艺传承或高度定制化商品。例如,某些欧洲的服装与箱包奢侈品品牌,生产方的设计在世界市场拥有绝对的主导优势,其产品生产工艺包含较多的手工环节,致使产量较低,因此可以对下游分销施加严格的渠道控制,包括零售店铺的数量与产品的零售价格等。

(二)批发商主导(Wholesaler Centered)

在渠道环节中,批发商拥有较强的控制力,成为渠道的主宰,向上游可以控制或影响生产者,向下游可以控制或影响零售商。批发商主导型渠道的成因主要是上下游之间存在过多的商品或信息集散需求,占据中间位置的批发商恰好拥有这种自然的优势,可以充分发挥自身的环节势力,并提供相应的服务。批发商主导多存在于产品差异化较小的商品分销活动中,如大宗农产品、工业品原材料、品种繁多的小商品等,这些商品的分销渠道比较容易形成批发商主导的模式。上游的生产企业与终端的零售商仅能够赚取较低限度的利润,批发商掌控着渠道的主要活动与利润。

(三)零售商主导(Retailer Centered)

在渠道环节中,零售商拥有较强的控制力,能够在商品进货过程中对生产者或批发商施加较大的影响力,且具备明显的议价优势。强势的零售商可以越过批发商,直接与生产厂商联系并建立稳固的进货渠道。零售商通常可以借助与消费者近距离接触的机会,与消费者建立起紧密的联系,掌握消费者的偏好变化,为其提供更好的服务,从而使消费者更愿意"信任"零售商。零售商在一定程度上担当了消费者代理人的角色,可以替消费者甄别、筛选商品,并在商品出现问题时优先提供相关的售后服务。零售商主导模式广泛存在于许多商品类别中,诸如食品、饮料等快速消费品,以及日用品与电器等。

对某一种具体商品而言,其渠道主导模式的形成原因是复杂的,包括该商品品类的市场结构,生产厂商的地位,厂商自身的战略定位与经营策略,消费者的偏好选择,外界的经济环境因素,以及政府对该类商品的产业政策与税收政策等。以下介绍美国与日本的渠道模式普遍呈现的特点。

二、美国渠道模式

美国的渠道模式可以简单总结为"小批发、大零售"。其特征是,在大部分商品(包括农产品与工业品)的分销活动中,零售商发挥的作用更为显著,零售环节的活动更为活跃。

(一)美国渠道模式(Retail stronger than Wholesale)的特点

在美国市场上,许多品类商品的分销活动呈现出向零售商倾斜的特征,主要表现为零售商在分销渠道终端的权重很高,使上游厂商与批发商对其形成一定程度的依赖,自身的谈判议价能力较强,可以占据渠道中较多的利润。在渠道结构方面,厂商有三种选择。第一种,厂商选择与为数不多的批发商建立销售联系,经由批发商将商品输送至零售商。选择此种模式的厂商一般属于规模较小,产品差异化不明显,或新创立的企业(如农产品、加工食品,及某些单价低于10美元的小商品等),在市场上的竞争力不强,需要借助社会化的分销渠道网络。在美国市场上,即便借助批发商,也不需要过多的分销环节,一般经一至两次分销即可以到达零售终端,渠道呈现窄与短的特点。第二种,厂商直接与零售商建立销售联系,按照零售商网点的分布构建配送网络,分销活动在理论上呈现直线特征,具体的商品运送则由物流实体完成。厂商可以自建物流体系,也可以通过第三方物流外包完成。厂商与零售商直接联系的模式适用于双方规模与体量相匹配的情况,如日用化工行业的宝洁与联合利华,拥有丰富的产品系列及较高的产量,产品生产线在世界范围分布,可以保证大量、快速的补货服务,因此可以与沃尔玛这样的企业建立合作关系。同时,这种模式对于厂商与零售商都是一种节约成本的选项。第三种,厂商自建零售终端并进行运营与管理,提供商品售前与售后的各种服务。其优势在于,厂商可以严格控制分销网络的规模与质量,避免本企业商品在渠道中出现窜货与溢价等冲突,并减少消费者在选择该品牌时的风险。此种模式主要分布在一些高端的服装、汽车及电子消费品中。在美国市场上,可以见到的趋势是中间批发环节的作用逐渐弱化,而零售活动(包括独立零售与厂商所拥有的零售)越发活跃,零售层面的竞争不断升级。

(二)美国渠道模式的成因

美国渠道模式普遍呈现的特征主要归因于充分自由的市场竞争。第一,对于厂商,充分的竞争使得厂商可以根据产品特征自由选择各类分销渠道,不受任何政策与地域限制,仅需要考虑自己的分销目标与成本情况。在权衡不同的渠道模式时,必然会倾向于自身收益较大的选项。第二,对于零售商,虽然占据终端这一有利位置,但该行业的市场准

美国渠道模式的简化

入门槛很低,新的竞争者会不断加入,导致厂商的选项不断增加。因此,零售环节权重的提升并没有形成该环节的垄断,未显著影响厂商与消费者的利益。第三,对于消费者,自由竞争使消费者在零售终端拥有丰富的选项,对商品的设计、功能、质量、价格、服务等因素进行综合比较,不合格、不理想的商品很容易被消费者剔除。消费者不仅选择

商品,还可以选择从哪里购买商品,零售商同样面临着考验。消费者会根据其购物的便利性、可靠性、服务水平等因素进行筛选。

三、日本渠道模式

日本的渠道模式可以简单总结为"大批发、小零售"。其特征是,在许多商品的分销活动中,批发商占据主导地位,对生产厂商与零售商均能够施加较强的影响。

(一)日本渠道模式(Wholesale stronger than Retail)的特点

在日本市场上,批发活动一直拥有较强的影响力。此处需要说明的是,虽然日本模式被称为"大批发、小零售",但许多日本零售商同样具有较强的竞争能力,能够为消费者提供全面且精细的服务。日本模式整体呈现为,处于中间环节的批发商对于多类商品的集散起到了关键作用,向上游有效减少了各生产厂商的销货压力,向下游可以为零售商提供高效的供货服务。日本部分商品领域的典型批发商如表2-5所示。具有一定规模的日本批发商通常称为大型窗口批发商,其在大宗商品的分销中处于枢纽地位,此类批发商通常不直接与生产厂商及零售商联系,而是与上游的特约经销商(属于批发商的一种),及下游的分类批发商联系。大型窗口批发商的特征包括:①进行大宗的商品中间交易,单次购销量一般较高,拥有较强的价格谈判优势。②经营商品的种类繁多,跨越的品类范围较广,从农产品至各类工业品,只要是批量分销的商品,都可能经由大型窗口批发完成。③经营活动的地域范围宽广,不仅覆盖了日本全国市场,而且许多大型窗口批发商的业务范围还可以扩展至海外,其渠道向下游的延伸能力较强。除大型窗口批发商外,许多行业还存在系统批发商。系统批发商主要服务某一种或相关种类商品的中转批发活动,如汽车与电子产品领域。此类型批发商的服务领域相对集中,且存在一定的地域限制,规模与影响力要弱于大型窗口批发商。大型窗口批发商与系统批发商构成了日本商品分销活动的主体框架,同时还存在诸多小型的批发商与特约经销商,其功能是填补大型批发商难以覆盖的分销领域,同诸多小型生产厂商及小零售商建立分销关系,能够弥补许多低密度人口区域的渠道缺陷。

表2-5 日本部分商品领域的批发企业

编号	商品类别	典型企业
1	食品	明治屋、国分、菱食、小纲、加藤产业、岛屋贸易、UCC、日本酒类贩卖、松下铃木
2	文具、纸张、办公设备	日本纸商务、大永纸商务、SANMIKKU贸易、大仓纸商务、大冢商会、冈本、内田洋行
3	玩具、娱乐	任天堂、世嘉
4	医药用品	SUZUKEN、KURAYA药品、三星堂
5	体育用品	美津浓

续表

编号	商品类别	典型企业
6	书籍与音像制品	TOHAN、日本出版贩卖
7	纤维制品	RENOWN、ONWARD、丰岛、日本合成纤维、YAGI

资料来源:保田芳昭《日本现代流通论》

(二)日本渠道模式的成因

日本渠道模式的成因主要包括三个部分:第一,传统计划流通模式的影响。根据保田芳昭等日本学者的研究,日本在推行市场化改革的阶段施行的是由上而下的模式,存在明显的行政性影响特征,因此早期的市场自由化程度并不高。其主要运作模式是,在政府的供需管制或指导下,由流通企业(包括批发与零售)与生产企业进行协作,保障国内商品物资的供应。在市场化程度逐渐放宽的过程中,行政性管理的角色逐步弱化,转由各行业的商会团体进行生产与流通的协调,并构成了系统批发商的基础。第二,企业之间的利益关联。日本的财团与综合商社是社会经济活动的重要组成部分,这些商业主体在许多行业中都有投资,形成了一定程度的内部控制。当大量生产企业与下游零售企业均在利益上附属于某财团或商社时,其商品的分销一般会由财团或商社的直属批发企业承担,这是形成大型窗口批发商的主要原因。尽管有时批发环节的冗余会导致成本的增加,但出于内部协调与利益关联,这种中转批发仍然被保留了下来。第三,商业政策的约束。日本商业领域的行政化管理特征显著,在市场化转型后仍存在对批发零售活动的政策约束,其中既有支持也有限制,相对于美国市场环境,其自由度较低,致使在某些分销环节并未形成充分的竞争。前述三类因素的存在使得批发活动在日本的分销渠道中一直保留了自己的位置。

日本综合商社

日本批发业的多层次性

章节练习

一、章节要点

(1)分销渠道的概念;(2)分销渠道的环节分类;(3)分销渠道的结构与复杂度;(4)分销渠道的组合使用;(5)分销渠道冲突;(6)分销渠道的成本;(7)农产品分销渠道环节;(8)工业品分销渠道环节;(9)美国渠道模式;(10)日本渠道模式;(11)分销渠道的主导权。

二、思考题

(1)根据分销渠道的概念如何理解零售及零售活动。
(2)分销渠道的六种模式是什么?分别有何特征及优缺点?

(3)分销渠道的功能有哪些？如何体现在实际应用中？对于生产方与消费方有何益处？

(4)分销渠道选择与企业功能模块之间有何对应关系？

(5)企业在何种情况下需要使用渠道组合？

(6)分销渠道冲突有哪些类型？请分析其各自的特点与实际的表现。

(7)渠道冲突能否避免？如何将渠道冲突控制在合理限度内？

(8)分析农产品渠道结构的特征，并结合具体实例解释其成因。

(9)分析工业品渠道结构的特征，并结合具体实例解释其成因。

(10)比较分析美国渠道模式与日本渠道模式的差异与成因。

(11)比较分析美国渠道模式与日本渠道模式在效率方面的差别。

三、综合练习

(1)分销渠道的结构越简单，是否意味着其承载商品流通的效率越高？请进行判断，说明原因，并通过实例进行深入分析。

(2)选择某一种消费品，绘制渠道结构流程图，并分析其渠道环节的成本构成。基于此分析，判断其渠道成本是否有压缩的空间？具体应如何改善？请给出方案说明。

(3)结合具体实例比较密集型分销策略、选择型分销策略、排他型分销策略的差异，及各自的适用领域。

(4)结合具体实例比较生产者主导渠道、批发商主导渠道、零售商主导渠道的特点与成因。根据当前发展趋势，判断零售商主导渠道是否是一种趋势，并说明原因。

(5)结合美国渠道模式与日本渠道模式的研究结论，分析我国典型商品领域的渠道模式现状、优缺点与演变趋势。

第三章 零售业态理论

第一节 零售业态类型

零售业态(Retail Type)是指零售企业的经营形态,涉及企业选择的组织形式与经营模式,是了解零售活动的基础。零售业发展至今,其经营形态的种类不断增加,一些能够在发展中逐渐定型并长期存在的经营形态便称为业态。零售业态具有普遍适应性特征,并非仅为少数零售企业可以使用的模式,而是可以被多数企业所复制的模式。对零售业态的界定与命名依据主要包括:①零售企业经营商品的品种与结构;②零售企业的规模与区位;③商品的销售方式;④零售企业的组织与管理模式。同时,零售业态具有分层的特征,在某一类业态下还可以划分为不同的子业态。

一、百货店

百货店(Department Store)是零售活动中最早固化下来的一种大型业态模式,距今已有逾百年的历史。传统百货店是指一家独立的零售企业同时经营若干品类商品,实行统一管理及分区销售,满足顾客的商品多样化选择需求的零售业态。其特征一般包括:①经营的商品品类多,涉及消费者日常生活的方方面面。②商品的质量与价格水平普遍高于小规模零售商。③多存在于一个封闭建筑物内,其选址多倾向于城市的中心区域。百货店在长期发展过程中不断受到新型业态的挑战,进行升级与转型。当今的百货店在概念上具有了诸多新的特征,在商品品类方面有所缩减,更加专注高端化、品牌化的商品,在高价位的前提下提供贵宾化的服务。同时,在建筑与装修方面进行全面的升级。

在百货店出现以前,零售业一直处于小规模发展状态,多以杂货店(Grocery Store,杂货店也被认为是一种业态类型)的形式存在,单店的面积小且营业人员数量少,销售的商品类别有限,难以满足消费者一次性购买的要求。百货店的出现改变了这一状况,大幅度地扩充了单店的商品种类与数量,丰富了消费者的选择,并提升了所售商品的层次。大部分文献研究认为,1852年在法国开业的邦马尔谢(Le Bon Marche)商店是百货店的原型,它首次以大店铺的形式集中销售多品类的商品。邦马尔谢具备百货商店的主要要素,如丰富的种类、精致的陈列、优雅的服务、标准的定价模式和多样的促销组合等。此种模式在当时能够极大地吸引消费者,尤其是消费能力较高

中国早期的百货店

的群体,因此许多零售企业竞相模仿。同时期在英国也出现了一些经典的百货店,如哈罗德(Harrods)百货。在美国,稍晚一些建立的梅西百货(Macy's)同样发展迅速,而且梅西百货今天仍在零售领域扮演着重要角色。

从渠道角度看,百货店是一种宽渠道的零售终端,可以有效服务于上游生产企业及下游消费者,减少了他们的选择与搜寻成本,极大地提升了商品分销的速度与效率。尤其是对消费者而言,百货店的出现完全改变了购物活动的性质,使购物逐渐成了一种生活方式。百货店这种业态类型出现的原因有很多:①更多的商品需要销售渠道。工业革命带来

梅西百货

了生产能力的极大提升,丰富了零售市场上的商品,商品的销售渠道成为有价值的资源。百货店模式可以适应生产企业对渠道的需求,使大量的消费者可以便捷地接触到这些商品,避免了繁琐与低效的市场搜寻。②商品销售效率的提升。百货店在单店内汇集大量的商品,商品线的宽度与深度在当时是革命性的,显著提升了单位面积的销售额,使零售活动具备了规模效益的优势。商品销售毛利率的增加也使百货零售商获得了可观的利润。③零售领域的自由竞争促进了优胜劣汰。许多知名百货店都是从小的杂货店发展起来的,这些店善于经营管理,积累了一定资本的零售商,有实力扩大自己的经营规模,引导零售领域的发展。④规范化的经营管理模式迎合了消费者的需求。早期杂货店的销售并不规范,消费者很难清晰了解商品的质量与价格,很多时候依赖店主的个人品行。而百货店具备规范的营业模式,明码标价的商品展示方式,以及分品类的销售人员为消费者提供咨询服务,可以减少消费者的诸多顾虑。

各国对百货店的界定大都有自己的标准,分类一般服务于统计工作的需要。根据美国政府零售贸易普查的描述,百货店至少要有25名雇员,是一种能够提供多种商品,包括服装、纺织品、布类产品、家具和装饰品及器皿等商品的商店。该界定方式适用于传统的百货店。又如,美国市场营销专家科特勒认为,百货店一般要销售多条产品线的产品,尤其是服装、家具和家庭用品等。每一条产品线都作为一个独立的部门由专门采购员和营业员管理。法国对百货店的界定是,拥有较大的营业面积,消费者可以自由进入,能提供几乎所有消费品的商店。英国的界定是,拥有多个商品部门的商店。中国零售业态分类标准(2000年以后)对百货店的界定是,选址在市区级商业中心或历史形成的商业集聚地,商品以综合性高、品类齐全为特征,客户定位于追求时尚与品位的消费群体,采用柜台销售或开架面售的方式,营业面积一般在6 000~20 000平方米的大型零售主体。中国对百货业态的描述更贴近现代意义上的百货店。此外,中国还对百货店的规模进行了分类,见表3-1。

表3-1 百货店规模分类

规模分类	营业面积	员工数量	经营商品规模
小型百货店	200平方米	数十人	数十种至几百种
中型百货店	1 000~2 000平方米	200~400人	1万种左右
大型百货店	5 000~10 000平方米	500人以上	1.5万~4万种

二、超级市场

超级市场(Supermarket)是继百货店后出现的另一大型零售业态。超级市场(简称超市)是以顾客自选方式经营,提供多品类商品的综合性零售商场,早期又称自选商场。超级市场于20世纪30年代初最先出现在美国东部地区,20世纪五六十年代在世界范围内得到快速发展。超级市场的主要特征包括:①以开架销售的方式为消费者提供自行挑选商品的机会,使购物环境更为轻松自由。②商品以高密度的方式陈列于标准货架上,有效增加了店铺的空间利用率。③批量进货以及少量的销售人员使超市能够以低廉的价格销售商品,具有显著的价格优势。④统一的结账收银管理,为一次性购买大量商品的消费者带来便利。超市在随后的发展中不断采用新的零售技术,如电子收银与自动化库存管理等,以及连锁化的经营方式,使得其运营成本不断降低。因此,超市这一业态类型至今仍在零售市场保持较高活力。典型的超市零售商包括美国的沃尔玛,法国的家乐福等。

一些文献认为,1930年8月,美国人迈克尔·库仑(Michael Cullen)在美国纽约州开设了第一家超级市场——金库仑联合商店,该店是超市的原型,具备了许多现代超市的特征,尤其是低价销售的特点。金库仑联合商店的成功使许多零售商仿照这种方式经营,并在商品数量、单店规模及连锁化方面不断升级。早期的超市主要以销售各类食品为主,包括主食、肉蛋、蔬菜、水果,以及加工食品(如饮料、罐头)。随后的超市不断扩充商品品类,增加了服装、厨房用品、电器、小商品等,不论商品类别如何变化,超市这种经营模式得到了零售商与消费者的认可。根据渠道理论,超市是一种短渠道终端。由于超市具有低售价、低成本特征,其上游的供应渠道应尽量简化,甚至直接从厂商进货。同时,超市属于宽终端渠道,其商品品类数量及相应的品种数量丰富,采购与库存管理相对复杂。

在典型的超市销售模式的基础上,衍生出了许多不同的类型,可以将其看作超市的子业态。超市的子业态可分为专业超市与综合超市。专业超市销售单一类别或关联性较强的商品,如专注于某一类别的食品超市与生鲜超市,其销售的商品品类较窄,但拥有商品周转速度快的优势。又如近些年在欧美流行的家装DIY、户外垂钓、宠物用品等专业超市。综合超市一般按照规模进行划分,包括普通超市(Supermarket)、大型超市(Hypermarket)、仓储超市(Warehouse)、会员仓储超市(Warehouse Club)四种类型。根据中国对超市营业面积的划分,可分为A类卖场(5 000平方米及以上)、B类综合超市(1 000~5 000平方米)、C类标准超市(200~1 000平方米)、D类便民店(200平方米及以下)。结合超市的规模与商品范围,还可以进一步对其定位进行详细划分,具体见表3-2。

沃尔玛的发展历程

会员仓储超市

表 3-2 超市的规模与功能定位

规模级别	面积	商品范围	功能定位说明
微型	小于 100 平方米	食品、小商品、日杂	涉及日常消费的小商品,具有"小而全"特点,但商品品种并不丰富,适应消费者日常生活所需。突出便利性,但零售价格不具优势
小型	100~200 平方米	单品类、泛单品类(如包含主副食的食品大类)	一般为服务社区区民生活的超市,布局临近居住区或位于社区内,提供日常生活消费商品,多以食品为主。在亚洲国家(如中国),主要提供多类生鲜蔬菜
小型	100~200 平方米	小规模综合(包含多品类商品,如食品、日杂等)	一般为服务社区区民生活的超市,布局临近居住区或位于社区内,提供日常生活消费商品,多以食品为主。在亚洲国家(如中国),主要提供多类生鲜蔬菜
中型	200~1 000 平方米	单品类(仅提供某一类商品,但包含的品种与单品数量较为丰富)	即专业超市,具有较好的产品深度,消费者在单一品类方面拥有较多选择余地
中型	200~1 000 平方米	窄品类综合(包含以食品大类为主的多类商品,可以提供较为全面的居家生活消费所需)	倾向于食品类消费的综合超市,提供丰富的食品选择空间,包含主副食、生熟食、时令生鲜、地方特色等。兼具日用品生活消费功能
中型	200~1 000 平方米	宽品类综合(包含多品类商品,各类别之间分布较为均衡)	以服务综合的生活消费为主要定位,食品类别丰富,基本能够满足消费者一站式消费需求
大型	1 00~5 000 平方米	综合品类商品销售(可包含食品、日用品、电器、家居、非处方药品等)	商品种类丰富,典型的一站式购物终端,兼具社区型与区域型选址特点,辐射范围较广
大型	1 00~5 000 平方米	综合品类商品销售,并结合多种生活服务项目(如食品加工、商品维修、信息咨询等)	商品与服务种类丰富,具有明显的区域式服务特征,多位于交通便利的位置

续表

规模级别	面积	商品范围	功能定位说明
超大型	大于5 000平方米	综合商品,基于多种包装规格销售(非仓储式)	商品品类与品种极为丰富,覆盖了绝大部分消费需求,并基于自身的规模优势提供极具竞争力的零售价格
		综合商品,基于大包装规格销售(仓储式)	在商品品类与品种极为丰富的基础上精选商品,商品质量水平较高,并多以收费会员方式进行管理,会员可获得相关的超值服务(如在商品保修及退换货方面有较好保障)

三、便利店

便利店(Convenience Store)是以销售包装食品、即食食品、日用小商品为主的零售店,采用同超市类似的开架销售模式。便利店在内部构造上与超市相似,只是规模很小,也称为迷你超市。便利店的特点包括:①店铺面积小,常在100~200平方米,内部空间利用率极高,商品呈高密度陈列。②服务范围小,一般在消费者步行15分钟以内为宜。③选址灵活,一般布局在人口密度或流量较高的区域,如居民区、车站、医院、学校、加油站等。④营业时间一般较长,许多便利店营业时间超过12小时,甚至24小时营业。⑤商品零售价相比一般零售店偏高。

从渠道角度看,便利店并不是商品销售的主要终端。便利店得以发展的原因在于其方便性。对于零售商,便利店商品容量有限,可以自由组合并配套服务,如商品陈列占据70%~80%的空间,剩余区域提供食品加工、娱乐设施(游戏机)、理发美甲等。零售商可以根据所在区域消费者的需求对服务功能进行合理组合。同时,便利店占用空间小,很容易在居民社区与公共场所找到立身之处。对于消费者,便利

7-11便利店

店的位置与营业时间优势可以解决某些应急消费的要求,如一些便利店提供快餐与非处方药销售。便利店在定位上与一些大型业态存在明显差异,因此可以与这些业态形成互补并和谐共生,弥补大型业态的不足。便利店可以单店经营也可以连锁化经营,但由于规模限制,其成本控制难以同大型业态相比,因此价格偏高是其主要劣势。

四、专业店

专业店(Specialty Store)也称为品类店,是专营一种或几种有密切关联品类商品的零售业态。专业店的特点包括:①以某品类商品销售为主,注重品类的深度与商品品种的丰富性,消费者可以对多种商品进行横向比较。②专业店属于相对低成本的零售渠

道,商品零售价普遍较低。③一般需配备一定数量的专业导购员工,具备相关商品领域的专业知识,能够为消费者提供耐心的咨询服务。同时,专业店也具有一定灵活性,如销售方式可以采用开架销售,也可以采用分品牌的柜台销售。在位置选择方面,可以选择城市中心地段,也可以选择城乡接合部;可以独立建店,也可以附着于其他商业建筑。

专业店按照其经营领域可分为不同的类别,如家电专业店、办公用品专业店、家具专业店、图书专业店、玩具专业店、户外用品专业店等。专业店品类的选择需要结合市场情况,如热点消费领域或单价较高、消费者需要了解较多信息的商品。专业店可以按照规模划分,如普通专业店与大型专业店。一些专业店经营效益良好,逐渐扩大规模,吸纳更多的品牌与商品品种,成为某品类商品销售的主要渠道,具有了某种渠道垄断的特征,被称为"品类杀手"(Category Killer)。当今许多知名的专业店均在各自品类领域扮演着"品类杀手"角色。

百思买(BestBuy)

五、专卖店

专卖店(Exclusive Store)也称为品牌专营店,是一种排他性的专属零售渠道,只服务于一个品牌的商品。有些专卖店即使属于一个品牌(或厂商),也可能分别销售不同子品牌的商品,呈现明显的渠道聚焦性。专卖店的特点包括:①单品牌渠道占用空间有限,存在形式多样,如临街店、店中店等。②店铺布局注重品牌展示,强调与商品主题相关的陈列设计,不追求过高的内部空间使用率。③专卖店多以连锁方式经营,各店铺保持高度相似的设计与规范的管理。④专卖店一般呈现为高档次终端,配备专业的品牌销售人员,可以提供深度服务。⑤专卖店属于高利润率终端,商品的零售价一般偏高,表现为原价或少量的折扣。

专卖店从渠道角度看,属于短直渠道类型,受到上游生产商较强的控制。品牌差异明显的行业一般适宜使用此类渠道,如服装、珠宝、电子产品等。专卖店对生产商来说是一种高成本的渠道,尤其在专卖店连锁规模较大时,管理难度与成本上升较快。专卖店的优势在于:①生产商可以较好地控制零售终端,保证商品在输送至消费者的过程中不出现窜货等问题,维护品牌形象。②生产商通过专卖店可以直接为消费者提供多种服务,并以较快的速度进行反馈。③通过短直渠道获取消费者需求信息,为新产品研发设计提供可靠的依据。实践中,不同生产商在使用专卖店时存在差异,如强势的品牌一般自建专卖店,而一般品牌多采用自建与授权加盟相结合的方式。

盖璞(GAP)

六、工厂直营店

工厂直营店(Outlets)也称奥特莱斯,其概念源于欧美国家,采用从工厂直接到消费者的销售模式,摒弃了分级批发商、分级代理等中间繁冗环节,以较低的价格销售。奥特莱斯(Outlets)本意为(销售)出口,原用于处理生产商的过季、断码货品,从仓库直接销售。由于许多大品牌商品的样式翻新较快,总有需要处理的过季商品,因此这种直营店模式逐渐成为一种业态。现代的奥特莱斯不再借助厂商的仓库作为销售平台,建立起了档次较高的零售门店,并以多品牌集聚在一起的方式存在(说明:单店使用Outlet,多店使用Outlets)。工厂直营店的特点包括:①各单店由厂商直接管理,类似于专卖店模式,保持品牌风格的一致。②工厂直营店属于辅助型渠道,用于处理尾货,在商品的款式方面与同品牌的专卖店保持差异。③工厂直营店以一定的折扣销售商品,折扣行为常态化。④工厂直营店选址一般在低成本地区,如城乡接合部或临近高速的便利位置。

工厂直营店属于快速的短直渠道,用于需要经常翻新的商品销售。这些商品的库存成本一般较高,而生产企业为了维护品牌的形象,不愿轻易在专卖店降价,因此借助直营店进行处理。直营店的折扣率由厂商控制(有些直营店并非厂商直接管理,而由经销商经营,也称为直营店),折扣水平的选择依赖销售速度。工厂直营店一般不设定利润标准,其重要指标往往是清货速度。例如,某些名牌服装的某一种款

工厂直营店的发展历史

式,只要按照原价销售20%~30%的库存量即可实现该款式的盈利要求,其余部分可按照阶梯折扣销售。因此,工厂直营店的折扣率与折扣方式(如多买多优惠)可自由调整,视尾货的销售速度而定。

七、折扣店

折扣店(Discount Store)是指店铺内全部或绝大部分商品均以一定程度的折扣进行销售的零售业态。折扣店的特征一般包括:①商品定价有较显著的折扣比例,对消费者有足够的吸引力。②商品陈列呈现高密度的特点,充分利用店铺内的空间。③店铺装修与运营成本偏低,不设置较多的销售人员。④选址在地租低廉的位置,以最大限度压缩成本。折扣店在类型上可分为品类折扣与综合折扣两种类型。品类折扣是指店铺仅经营某一类商品,或有较强关联性的几类商品。综合折扣是指店铺经营多种类关联性较弱或无关联商品。从现有发展情况看,品类折扣店较多,原因是集中的品类管理便于在采购环节压缩成本,并简化商品的销售管理活动。

折扣店属于低成本、低价格渠道,主要承担清理库存的功能,多为季节性商品与周期性商品。在欧美国家,折扣店的零售价普遍低于工厂直营店,其利润来源主要依靠较低的商品进货价格与快速销售带来的低库存成本。折扣店常用的折扣方式包括单次数量或金额折扣、累积购买折扣、会员折上折、特别折扣(Special Discount)等多种方式,在具体使用中可以加以组合。典型的折扣店如美国的 TJ Maxx 和

罗斯折扣店(Ross Stores)

Ross,其商品主要集中在服装服饰及少量的家居用品,以较高的折扣率及累积折扣的方式提高清货速度。

八、购物中心

购物中心(Shopping Mall/Shopping Center)是多种零售功能与生活服务功能的组合体,能够在一个集中的区域提供较为全面且高质量的商品与服务。标准的购物中心一般由一家商业企业有计划地开发、管理与运营。但从实践来看,许多开发商受到资金限制或经营风险影响,通常采取合作开发、租赁等灵活的管理形式。购物中心的特征一般包括:①占地面积大,拥有充足的商业空间,可容纳大量消费者,属于大型商业业态。②交通便利,并提供大量低价或免费的停车位,适宜家庭消费出行。③包含多种零售与服务功能,如高档百货、精品超市、品牌专卖店,以及餐饮与诸多娱乐功能。④内部商业空间的使用不追求高密度,而是以营造符合其定位的某种主题氛围为主,关注顾客全流程的消费体验。购物中心是一种组合型零售业态,其存在形式多样,自购物中心出现以来,不断演化出多种规模与类型,分类方式详见表3-3。

表3-3 购物中心分类

分类标准	类型	说明
规模	小型购物中心(小于6万平方米) 中型购物中心(6~12万平方米) 大型购物中心(12~24万平方米) 超大型(Super)购物中心(大于24万平方米)	依据营业面积划分是最传统的方式,不同国家在划分标准方面略有差异。同时,由于商业空间利用率方面存在差别,单依靠此项指标进行比较并不全面
选址	社区型购物中心 市区型购物中心 城郊型购物中心 交通枢纽型购物中心	依据购物中心的选址位置,可反映出空间定位的差异。一般来说,城郊型购物中心属于传统模式,其他选址模式随后逐渐兴起
经营管理方式	自营模式/物业模式 单店模式/连锁模式	经营管理模式的差异体现了购物中心在扩张与后期运营方面的不同选择
主题风格	简洁风格 奢华风格 乐园风格 生态风格 (等)	购物中心主题风格化是差异化经营的表现,反映了购物中心对不同消费群体的定位与迎合,使其能够在细分市场中获得明显的优势

续表

分类标准	类　　型	说　　明
服务项目	购物型 餐饮型 娱乐型	购物中心在内部经营项目的比例配置方面拥有较多灵活选择。基于不同的规模、选址、定位等因素的考虑，服务项目方面可有所侧重
国别	北美模式 欧洲模式 日本模式 中国模式 （等）	一些研究资料依据国别对购物中心进行划分，主要体现了不同购物中心在商业文化与消费文化方面的差别

购物中心是一种综合型渠道，兼具宽度渠道与深度渠道的优势，可以为消费者营造丰富的选择空间（见图3-1）。同时，购物中心兼具多种休闲娱乐服务功能，为消费者提供了以购物为中心的生活服务体验，可以长时间滞留消费者并不断创造各种附加消费，是社会消费升级的必然趋势，因此，购物中心在发达国家较为流行。近些年，购物中心在中国的发展保持了稳定的态势，各大中城市都兴起了购物中心建设热潮，已建成购物中心的经营业绩也普遍好于其他零售业态，较好地适应了我国居民消费升级的需求。

美国购物中心
（Mall of America）

图3-1　购物中心（内部）示意图

九、无店铺业态

伴随实体零售成本的不断提升,以及消费者需求多样化的趋势,出现了许多无店铺(非实体,Non store-Based Type)零售业态类型,这些业态类型很好地弥补了实体零售在诸多方面的不足,提供了更加快速与便捷的零售服务。

(一) 目录销售(Catalog Selling)

目录销售最早出现在欧美国家,属于早期直销(Direct Selling)的主要形式。目录销售是将商品目录作为信息传播的载体,并通过邮件等渠道向目标消费者群体发布,便利消费者购买的一种营销活动。目录销售涉及的产品品类繁多,包括服装、饰品、家庭用具、食品、日用品等,大多数消费品都可以通过目录进行销售。目录销售的特点有:①目录的编制非常讲究,需要精选商品、编排合理,并且信息量适中,确保所传递的信息绝大部分对消费者有吸引力。从商品目录的形式看,可分为专项目录与综合目录。专项目录指仅包括单一品类,乃至单一品牌的商品目录,如仅提供女性服装或罐装食品的食品目录。综合目录是指包括多品类、多品种的商品目录,如既包括食品也包括服装与电器的商品目录。②目录列选的商品具有明显的价格优势。作为直销,可以省去诸多中间环节,使目录销售的平均成本要低于大部分零售业态。③目录的投放需要有一定的针对性。早期目录投放主要通过邮件的方式,向消费者大范围邮寄,属于粗放型投放。后来随着市场调研技术的进步,投放的针对性越来越强,面向不同类型的消费者群体或社区投放不同的商品目录,具备了市场细分特征。后又发展出一些逆向投放的方式,如将目录置于公共场所由消费者根据兴趣自取。④基于目录的购买方式灵活多样,早期消费者可以选择回寄订单的方式,后来逐渐扩展至电子邮件、电话回拨,及到指定店铺购买等。⑤商品结算与发货不同于传统实体零售。消费者可以通过邮寄现金、支票,或电子汇款等多种方式付款。企业通过邮寄方式送货上门,这种方式受到了工作较忙及出行不便群体的欢迎。

(二) 广播/电视/电话购物

广播、电视与电话购物虽然借用的媒介不同,但其销售方式基本类似,均通过某种高效的信息传递途径向消费者传达商品信息,便于消费者购买。广播、电视与电话购物的特点有:①借助传统传播媒介与消费者沟通,在大部分国家或地区受众基数较大,不做过于精细的市场细分便可取得较好的信息传递效果。②销售信息的传递更为丰富,涉及声音、图像,并可以使用影音对商品的诸多效果进行展示,这是早期现场销售难以实现的。需要指出的是,此处所说的广播与电视购物并不是简单的广告,而是时长更长,信息传递更为全面的销售短片或现场互动片(如可以现场接入电话进行商品购买)。而电话销售可以实时获得消费者的反馈。③相比投资实体店,这些销售方式的成本较容易控制。例如,可以根据企业资金情况选择便宜的电话或广播途径,也可以选择成本略高的电视途径(如在低成本电视频道的低价位时段播放)。同时,企业也便于根据销售情况随时进行调整,增加或减少销售费用。最早使用该形式进行销售的主要是一些新创业的中小企业,由于缺少营销支出,难以同大型零售商建立渠道联系,只能使用低成本的直销方式;一些企业推出的新概念产品也往往乐于选用此种渠道。④结算与发货方式与目录销售类似,可采用多种灵活的形式。

(三) 自动售货机(Selling Machine)

自动售货机是一种便捷型零售模式(见图3-2),虽然属于非实体零售,但也需要占据销售空间。自动售货机采用自助购买方式,消费者付款后自取商品,其特点包括:①无需柜员,可以长时间连续提供服务,多位于人流密度较高、消费随机性较强的地点。需要指出的是,虽然没有销售人员,但自动售货机的维护需要工作人员完成,包括定期查补商品与例行设备维护,其成本并不像看上去那样低,这也导致其商品零售价偏高。②自动售货机容纳商品的种类与数量有限,因此需要精选销售频率较高的商品,一般以罐装饮料与包装食品为主。自动售货机可以仅销售单一品种商品(如饮料),也可以进行适当的商品组合(饮料+小食品)。近些年也出现了销售服装,及现场加工食品的售货机(如加热的盒饭与比萨等快餐)。③自动售货机占用空间小,设置自由,可以在一定程度上弥补杂货店、便利店等小型业态覆盖区域的不足。④自动售货机的技术升级空间较大,早期的自动售货机为单机模式,只能使用现金付款且需要人员定期检查;随着互联网技术的发展,自动售货机可以接入网络,使用信用卡、购物卡、支付软件(网络零售出现后)等方式付款,并实时传回销售数据供后台分析。

(四) 网络零售

网络零售属于电子商务(e-Commerce)范畴,电子商务主要包括B2B(企业对企业)、B2C(企业对个人)、C2C(个人对个人)三种模式。根据渠道与零售的关系,B2C与C2C属于网络零售。从网络零售的发展历程看,20世纪90年代美国便具备了技术条件,但尚未被企业及消费者广泛接受。2000年以后,随着电脑设备成本下降、互联网的普及,以及消费者认可程度的提升,以亚马逊(Amazon.com)、e-Bay等为代表的企业将网络零售业务规模逐级推高,并被欧洲国家、日本、中国等新兴零售企业采用,获得了快速的发展。当前网络零售已成为零售活动的重要渠道,也是零售研究的新热点。网络零售的特点有:①基于Web网页页面制作并发布商品信息,商品陈列与展示空间远大于任何传统零售业态,理论上为无限大。同时,商品品类、品种的划分可以细致入微,具有清晰的结构,便于消费者查询与浏览。②通过计算机网络传递商品销售信息,超越了传统地域限制,具备极高的效率优势。③消费者可以在网络上搜寻大量关于目标商品的信息与反馈,进行跨平台比较,有效减少了买卖双方的信息不对称,一定程度上保障了消费者的权益。④网络零售商无需许多传统零售活动的成本,可以直接同上游的厂商建立联系,并借助第三方物流进行配送,具有明显的价格优势。⑤网络零售为消费者创造了轻松便利的购物环境,实现了"足不出户"的购物模式。移动互联网的普及进一步促进了网络零售的发展,消费者获得了极大的便利,可以"随时随地"逛

图3-2 自动售货机示意图

网店,得到多年龄段消费者的青睐。需要指出的是,随着信息技术升级与商业模式的创新,网络零售尚处于成长期,还会不断变化革新。

无店铺类型在使用中具有较高的灵活性,通常可以进行各种组合,甚至与实体零售业态结合在一起。近些年在亚马逊成功经验的启示下,许多国家的在线零售商也尝试建立自己的实体店,这些实体店可以是与线上业务同步的零售终端,也可以作为在线业务的互补终端。例如,有些实体店以自助提货点的形式出现,有些成为在线商品的现场展示空间。

亚马逊公司的转型发展

十、其他类型

除了典型的零售业态外,在零售领域还存在许多小巧灵活的交易载体,这些载体虽然难以成为固定的业态,但是在商品交易活动中同样发挥了优势,起到了促进商品流通的作用。

(一)杂货店(Grocery Store)

杂货店是一种较早的零售模式,在百货业态出现前即存在,并且在各类商品的零售活动中发挥了重要作用。杂货店一般单体规模较小,多由个体经营者管理,具有明显的家庭作坊特征。杂货店的商品选择非常灵活,可以结合店主的进货关系(甚至销售自家产出的农产品与手工制品等)、当地居民的消费偏好、合理的价位级别等因素,没有固定的商品分类,而且在经营中可以随时调整,或呈现季节变化等。由于杂货店进销规模偏小,很难获得价格优势。当前,在各类型零售业态竞相发展的背景下,杂货店很难在城市中找到生存空间,却可以适应人口密度较低的城镇或农村地区。如我国的一些偏远地区,杂货店的存在,一方面可以解决商品流通与销售的难点,另一方面也可以解决一些人的自主就业问题,应正视其存在的价值。

(二)跳蚤市场(Flea Market)

跳蚤市场是一种二手商品销售与流转的平台,是欧美等国家对旧货地摊市场的别称,出现于19世纪。跳蚤市场(或交换会)以集市的形式,出租或提供空间给想要出售或易货的人,通常是季节性的,主要交易二手货、廉价物品、收藏品和古董等商品。许多跳蚤市场还提供自制饮料、新鲜农产品或烘焙食品,大多来自附近的农户。跳蚤市场可以安排在室

跳蚤市场

内,如在仓库或学校体育馆;或在户外,如在田野、停车场或帐篷下。跳蚤市场可以每年或半年举行,也可以在每月、周末或每天进行,时间非常灵活。近些年欧美等国对跳蚤市场加强了管理,既保证市场不造成严重的垃圾问题,同时又禁止贩卖违禁与仿冒的商品。

(三)"后备箱"与"庭院"销售

这类销售模式最早出现在欧美国家,一些有工作或兼职工作的人在业余时间作为

一项副业创收，多使用私人汽车或自家的庭院作为销售点。"后备箱"与"庭院"可以销售新品，也可以销售二手商品，在商品流转的功能方面与跳蚤市场相似。由于个人销售规模较小，政府一般不对其征税。

第二节 零售业态的分类与组合

前面分别介绍了当前市场上各类型的零售业态，既包括主导型业态，也包括了小型灵活业态。主导型业态是零售研究的重点，本节将对业态分类的标准与结构进行介绍。关于业态的分类，不同的国家有不同的标准，中国常见的标准主要参考了日本与美国模式，并且在一定程度上结合中国零售业的发展情况。日本对零售业态的命名与分类较为细致，是中国学界主要的参考样本，尤其是在一些小型业态方面。而美国在零售实践方面的创新处于世界领先地位，命名了许多大型业态模式。

一、业态结构划分

在了解各型业态的基础上可以对其进行分类与细分，形成较为严谨清晰的结构，便于学习以及相关的研究。常见的零售划分标准包括存在形式、经营形式、所有权形式等。我国零售研究在参照多国分类标准的基础上，较多地使用了基于业态存在形式的划分方式。这种方式的优点是标准简单、明确，便于进行系统的分类梳理，且易于消费者理解（在做一些基于消费者的调研工作时不易产生歧义）。我国对零售业态结构的划分与前述零售业态分类介绍的结构近似，详细的分类结构如图3-3所示。由于当前零售业的发展进入了市场深度细分阶段，许多零售业态衍生出了诸多子业态（Sub-Type）形式，如对于超市来说，可进一步分为食品超市、综合超市、仓储超市、会员仓储超市等（图3-3中并未完全列出各种子业态）。许多传统业态的发展遇到瓶颈时需要转型升级，找到新的模式或商品品类组合，该形式显著区别于传统并逐渐成为一种趋势，适宜命名为一种子业态。同业态命名类似，有些子业态发展较好，成为一种稳定的模式，有些则属于一种短期现象，难以长久地存续，因此对许多子业态的确认还需要长时间的观察，从而进行判断。

有些国家在零售统计中可能采用与销售商品类别相关的统计方式，而不是单纯依据业态方式进行核算。如美国在零售统计方面分为综合型超市、服装服饰店、家居建材店、电子产品店、（加油站）便利店、无店铺销售，以及汽车与零配件、酒类、（非处方）药品、食品、饮料等。这种统计方式虽然将业态口径与商品口径结合在一起，但从实用角度看可以有效地与当地情况及零售环境联系起来，避免重复或遗漏统计，具有应用方面的优势。因此，业态结构的合理划分利于对零售业的

日本传统零售业态
与典型企业

发展进行理论方面的研究，可以呈现出清晰的层次结构。但具体的统计与零售市场研究工作有时难以按照单一标准进行，还需要在业态分类的基础上结合一些灵活的方式。

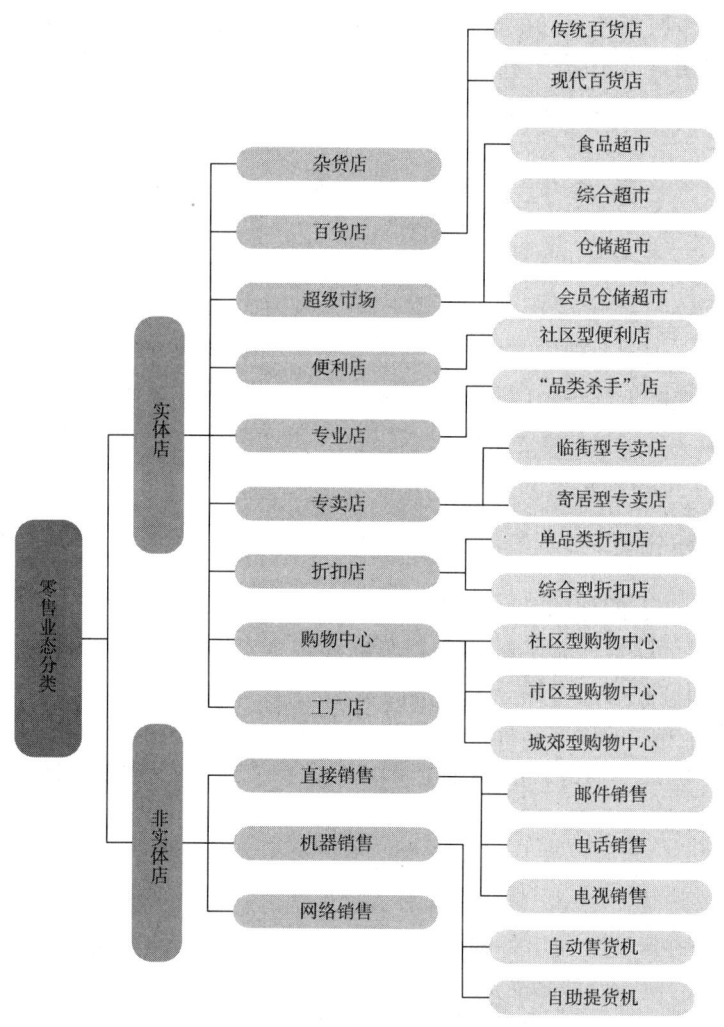

图 3-3 零售业态分类图

> **知识拓展**
>
> **美国零售业态划分**
>
> 巴里博曼对零售业态的划分有两种。第一种是按照所有权模式，可以把零售企业分为独立（单店）模式、连锁模式、特许经营模式、租借模式、消费者合作模式等。第二种是按照实体店（Store-based）与非实体店（Non store-based）进行区分。实体店又分为食品类与一般商品类。食品类别下包括：食品便利店、传统食品超市、大型食品超市、联合食品店、仓储食品商店。一般商品类别下包括：传统百货店、专业店、多品类店、全线折扣店、工厂直营店（奥特莱斯）、会员店、二手商品店（跳蚤市场）。非实体店包括：邮件或电话的直接销售、自动售货机、互联网销售，及许多正在兴起的新模式。

现代零售业在单体业态基础上还出现了诸多组合形式,表现为几种业态的搭配集中或服务功能的结合,其形式主要包括商业街、商业综合体与商业集聚区,以下分别进行介绍。

二、商业街

商业街是一种较为简单的商业组合形式,一般由众多的零售店、餐饮店、休闲与服务店铺组成,具有综合商业服务功能。商业街是最早的一种商业组合形式,其出现时间早于百货业态,主要由个人经营的多种零售与服务店铺组成,集中体现了区域商业繁荣的程度。早期的商业街多为露天街道的形式,临街为1~3层的店铺(当前多为2~3层),可以是单一街道,也可以是多街道交叉,能够为顾客提供充足的消费选择及舒适的休闲空间。现代商业街形式更为多样化,出现了半封闭商业街与全封闭商业街,空中商业街与地下商业街。许多商业街在设计时注重人车的分流,设置景观节点,关注消费者的心理感受,结合景观与主题元素,利用空间的点线面为消费者营造优美的商业环境。从商业组合的规模与程度看,商业街的容纳量比组合体与集聚区要小,业态与功能的搭配较为灵活松散,因此不同的商业街会呈现出风格迥异的特征,这也是商业街的特色所在。

苏州李公堤特色商业街

三、商业综合体

商业综合体也称为商业组合体,是将城市的零售、办公、居住、酒店、会议、展览、餐饮、文娱等生活功能进行组合,并在各部分间建立一种相互依存、相互裨益的能动关系,从而形成一个多功能、高效率、复杂而统一的整体。商业综合体组合了多种城市服务功能,包括零售及相关的服务,是多种零售业态寄居的优质场所。其特点有:①商业综合体是一种复合型商业地产,在提供各类服务的同时,本身就具备了一定的需求,尤其是集中了商业办公场所与各型商业住宅的综合体。这些空间内办公与居住人员具有就近消费、高频消费的特征,需要配套相关的餐饮、零售等服务。②商业综合体一般处于交通便利地段,具有较为稳定的潜在客流,如能够提供适宜、便利的零售服务,也能够将其转化为实际的消费者。现代商业综合体一般多处于城市立体交通网格中,通勤方式便利快捷,符合多种零售业态的选址要求。③商业综合体具备多种商业服务与生活功能,具有较强的集聚优势及吸引能力,而零售商业通常可以借助集中化带来一定的规模效益与关联效益。本书界定的商业综合体存在于单一建筑内,或临近关联建筑群,而非关联建筑所形成的商业区域属于随后介绍的商业集聚区。典型的商业综合体如北京的东方新天地,其所处地段优越,集中了购物、旅游、餐饮、各型娱乐功能,是众多国际国内名牌商品的销售首选地。其内部包含了六个主题购物区,缤纷新天地、都市新天地、庭苑新天地、寰宇新天地、活力新天地及天空大道,六个区域有不同的商品功能定位,并配合适宜的装修风格,构成了多种类、多层

犹他州盐湖城 City Creek

次的商业环境。

四、商业集聚区

商业集聚区是指大量相互关联密切的商业企业在空间上的集聚,从而形成一定区域内商业网点密度和专业化程度很高的商业经营区域。商业集聚区具有开放性特征,在形成了核心集聚效应后,边界可逐渐延伸,加入更多的商业主体,并演化为多种模式。例如,基于街道集聚的线条模式,基于街区分布的散点模式,以及集聚效应显著的组团模式等。从功能方面看,商业集聚区包含基本的零售、餐饮、住宿、会展等商业服务,以及金融、保险、法律乃至医疗、健康等高端现代服务,能够形成一个全面系统的工作、生活、休闲区域。商业集聚区的效应包括:

(一)消费关联效应

当多种服务立体式关联在一起时,可以使消费者在单一空间内快速实现多种基本需求及引致需求。当商业集聚规模、专业程度达到一定水平时,还会引起周围人的思想和消费观念的变化,甚至带来消费结构的改变,从而促进消费环境和商业经营的进一步提升。

(二)品牌集聚效应

商业区位品牌是商业集群内企业一种重要的无形资产,商业集聚区往往容易形成一定的区位品牌效应。商业企业通过集中的广告宣传,既减少了单个企业的广告宣传费用,又借助广告效应形成整体品牌优势和区位商业优势,使单体企业获得稳定乃至不断增长的顾客流以及整体的商誉。

(三)成本节约效应

对于消费者来说,由于商户集中,消费者在商品搜寻过程中节约了时间成本,使消费者成为商业集聚效应的受益者。对生产者来说,可以迅速准确地掌握市场信息,减少盲目性,并获得较多消费者的关注。同时,从政府及有关管理部门来说,便于积累许多专业性管理知识和技能,从而有利于规范并促进商业集聚区内企业的发展。

(四)知识转移与外溢效应

商业集聚使地理上邻近的企业易于建立协调与信息沟通机制,这种联系有利于通过模仿和学习改进管理。同时,由于集聚区内专业人才集中,降低了雇员和企业之间相互搜寻的成本,使区内人员流动更趋便利。人员的流动导致专业知识与技术转移普遍存在,使得该区域的技术、管理知识和经验得到共享,知识外溢能够营造一个协同创新的商业环境。商业集聚区依据其所属位置及层级属性可以分为多种模式,我国对其的划分如表3-4所示。

法国拉德芳斯商务区

表 3-4　商业集聚区分类模式

位置	重点区域	次级区域	边缘区域
城市中心点	位于都市中心商业区的商业组团	位于都市商业中心的主要商业大街	位于都市商业中心的一般商业街道
城市中间区域	城市内地区级或社区级团块型的商业形态	城市内专营商业街或街道群	散布在城市中的商业街道
城市外围	卫星城市的商业中心或郊区购物中心	城市边缘地带的各类综合市场	郊区的零星小店

第三节　零售业态演化理论

基于对各类零售业态特征与模式的了解，本节尝试用相关理论对零售业态的不断创新进行解释，同时一些理论也能够对业态内的创新进行说明。通过掌握这些理论，可以对零售业的变迁与革新有更为深刻的认识，并可以对未来零售业态的发展趋势进行判断与预测。

一、零售转轮理论

零售转轮理论（Wheel of Retailing）由学者麦克奈尔（M. P. McNair）于1958年提出，其主要观点是零售经营活动总是围绕"成本、价格、毛利"这条主线向前延伸。当一些新的零售主体进入市场时，为取得竞争优势，必然设法压缩成本，降低零售价格以吸引消费者，当该方法被竞争者仿效，难以锁定原有优势时，不得不进一步采取一些非价格的竞争方式，如改进店铺环境、增加服务项目等，这必然会增加成本，最终导致价格的上升。在下一轮的竞争中，又会出现新的零售主体采用低成本的模式，从而使零售业的发展像车轮一样向前推进。后续一些学者进一步深化对零售转轮的解释，加入了商品品类的组合，以"商品+服务"解释零售成本与价格。直观的零售转轮理论如图3-4所示。该理论对百货店、超市、专业店、折扣店等业态的发展有较好的解释，对新时期零售业态的创新也有一定的解释力。

二、核心市场理论

核心市场理论（Center Market）由学者埃尔德森（W. Alderson）于1957年提出，该理论尝试从空间角度对零售市场的多样化进行解释（见图3-5）。该理论的主要观点是，早期进入零售领域的商业主体会率先占据较好的位置（此处的位置并非单纯的空间概念，泛指各种利于其经营的资源），其经营活动中的管理无须精细化便可以获得可观的利润。零售领域的新进入者如果准备进入同样区域，需要具备显著的价格优势，或者选择资源情况略差些的周边区域。根据核心市场理论，周边区域虽然属于低密度区域，但

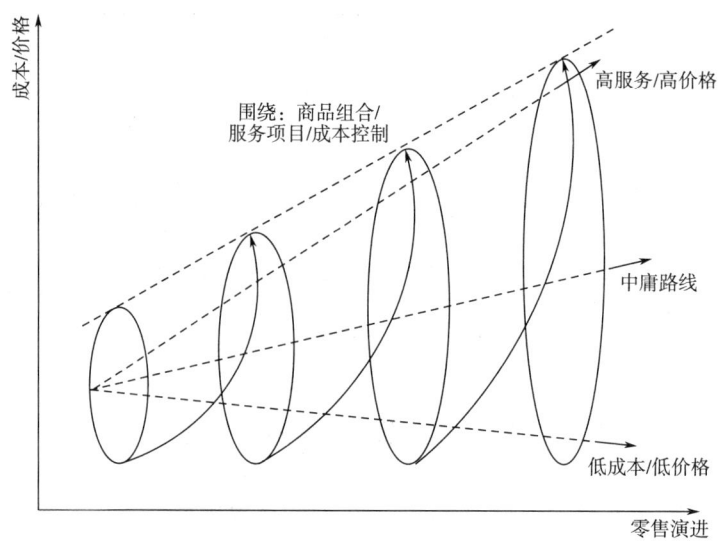

图 3-4 零售转轮理论示意图

是仍然具备一定的吸引力,零售企业只要正确选择自己的定位并制定合理的策略,同样可以获得理想的经营效果。一些零售业态下的子业态的出现可以用该理论解释。例如,当综合超市竞争占据超市领域的核心区域后,一些零售商可以缩小品类范围,以专业超市的形式竞争低密度市场区域。

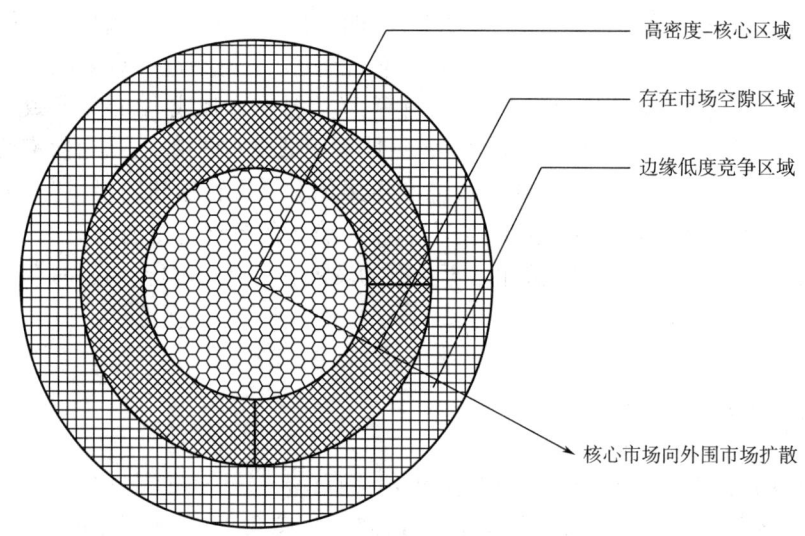

图 3-5 核心市场理论示意图

三、真空地带理论

真空地带理论也称为真空地带假说(Vacuum Hypothesis),由学者尼尔森(O. Nielsen)于1966年提出,该理论通过消费者偏好分布情况对零售业态更新进行解释(见图3-6)。该理论认为,消费者中既有偏好廉价商品与较少服务的群体,也有偏好高档商品与优质服务的群体,总体上呈现"中间大、两头小"的分布特征,大部分消费者的偏好集中在中间区域。基于这个特点,早期进入零售领域的零售商会优先选择迎合中间消费者群体的商品与服务水平,因为该区域市场的潜力最大。当中间区域的竞争趋于饱和时,新的零售商可以选择两侧的真空市场作为进入区域,这些零售商可以一直占据这些区域,也可以在获得足够优势时向中间区域蔓延,挤占传统零售商的位置。真空地带理论与核心市场理论有一定的相似性,但在解释时更为具体,并且通过动态的方式观察零售市场的变化。例如,当传统书店占据中间消费者区域后出现了折扣书店,逐渐占据低价图书市场,其后又出现了网络书店,价格折扣更具优势。而当网络书店占据大部分图书市场后,又尝试经营自己的实体书店,逐渐向传统市场靠拢。

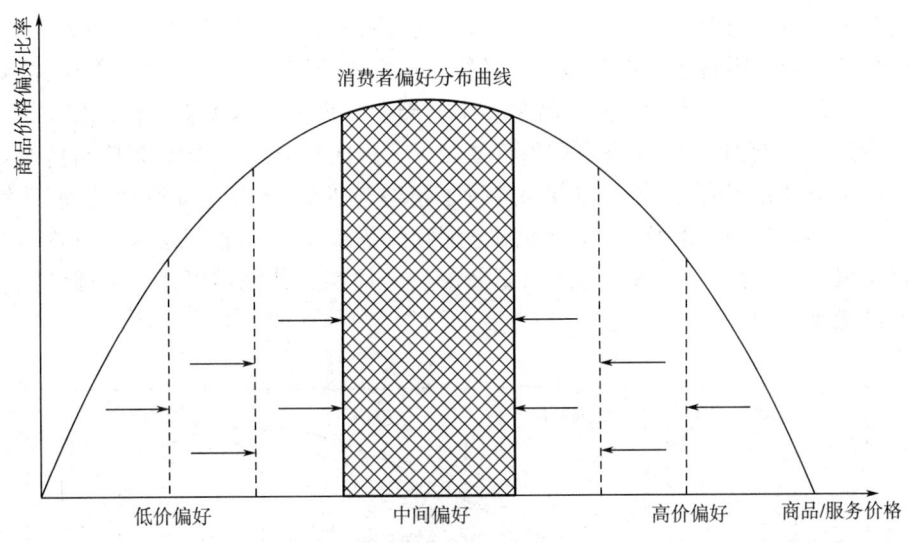

图3-6 真空地带理论示意图

四、生命周期理论

生命周期理论(Life Cycle)属于借用理论,最早的生命周期理论源自产品领域,由学者雷蒙德·弗农在1966年提出,用于描述产品经历的形成、成长、成熟、衰退这一过程(见图3-7)。1976年,戴维森、伯茨和巴斯(Davidson, Bates & Bass)将该理论用于解释零售业的发展变迁。该理论认为,零售业态模式的发展与一般产品类似,有自己的生命周期,包括四个阶段。在不同阶段,零售活动面临的环境、销售与利润情况存在差异,零售商应针对不同的情况采取有差别的经营策略。这四个阶段分别是:

(一) 导入阶段

新的零售模式刚刚出现,行业中的竞争者较少,有显著的差异化趋势。但该阶段消费者对新模式认知不够,潜在消费转化为现实消费的比率不高。因此,该阶段零售企业的销售与利润情况一般不理想,需要通过营销方式深化消费者认知,并通过有力度的促销增加销售额。

(二) 成长阶段

经过导入期的铺垫,新的模式被一些零售企业模仿,消费者对其的认知有所增加,潜在消费逐渐转化为现实消费。采用新模式的零售企业在此阶段面临的竞争尚不激烈,业务量也在快速增加,可以获得较高的营业收入与利润。

(三) 成熟阶段

此阶段行业内的竞争者趋于饱和,消费者的认知与选择更为理性,潜在消费已完全转化为现实消费。各零售商进入了激烈竞争阶段,行业表现出的整体特征是具有较高的营业额,但利润水平趋于平均化,一些具备资源或技术优势的零售商在此阶段酝酿转型升级。

(四) 衰退阶段

此阶段原有零售模式受到新兴模式的挑战,失去了对众多消费者的吸引力,现实消费规模快速下降。零售企业需要做的就是快速退出该领域,寻找新的业务领域,或者在原有模式基础上进行较大的改进与转型。生命周期一般用于描述某一类业态在某一阶段的兴衰过程。例如,百货业态自出现以来经历了多次升级,现今的百货店与传统百货店有了显著的变化,如在商品品类方面进行了精选与压缩,商品的品牌化管理,店铺面积增加与店铺装修档次提升,以及相关服务配套的革新等。因此,虽然传统百货店进入了衰退阶段,但转型后的百货业态进入了新的发展周期。其他零售业态也都已经经历或正在经历类似的过程。

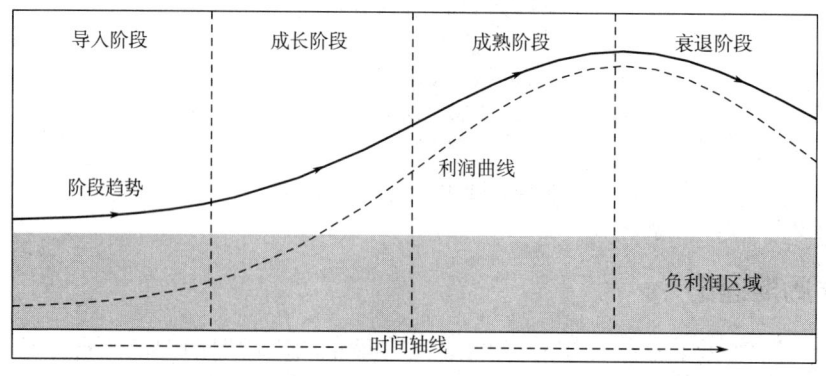

图 3-7　生命周期理论示意图

五、手风琴理论

手风琴理论由学者霍兰德(C.Hollander)在 1966 年提出,主要从销售商品的品类宽度与品种深度解释零售业态的变化。根据手风琴理论,零售业态的演进总是依照"大宽度-小深度,小宽度-大深度"的模式交替更迭,不断升级,其交替变化类似手风琴的演奏。如果以早期杂货店为起点,其后出现的百货店、小型/专业超市、商业街、折扣店、专业店等业态与商业组合确实呈现了明显的宽度与深度的交替变化。手风琴理论在解释零售业态的发展时,涉及实体店发展的瓶颈,即零售空间的有限性,零售业态在选择商品时只能在一个维度强化自身的优势,同时需要放弃另一维度的优势。从图3-8可以看出,也有一些业态呈现出"小宽度-小深度"及"大宽度-大深度"的特征,如专卖店、(大型)综合超市与购物中心等。因此,一些学者认为交替变化并非零售业态单一的演进方向,扩散模式更符合现代零售业的发展特征。

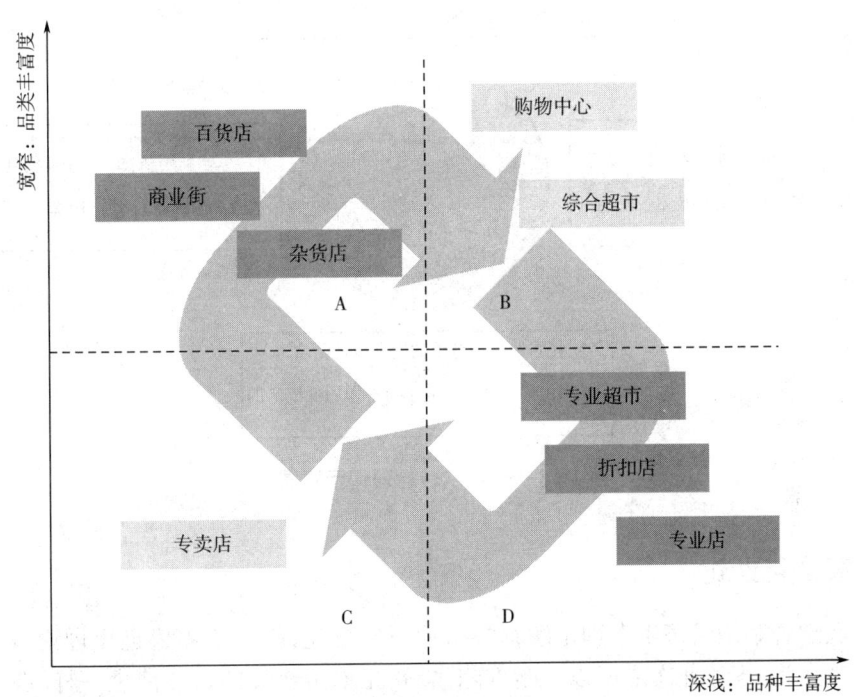

图 3-8 手风琴理论示意图

六、技术转轮理论

技术转轮理论由日本学者中西正雄于 1996 年提出,由于其解释零售业变迁的模式与传统零售转轮理论类似,因此也称为新零售转轮理论。中西正雄从技术边界线的角度动态解释零售业的变化,认为在任何时期,受当时管理技术水平、信息技术水平及物流技术水平等因素的限制,零售服务水平与零售价格水平的组合都有一个限度,即可达的技术边界线。新业态由于行业内竞争的压力,如果要提高服务水平(或降低价格),只能在这一曲线上移动。新业态如果想要成长为主力业态,最有效的做法就是突破原有技术边界线,在物流、信息流、管理等技术方面进行革新,使技术边界线向右移动,形成新的价格与服务组合,以赢得对传统业态的竞争优势。详见图3-9。该理论还提出:①如果技术边界线一直保持原有状态,达不到边界线水平的零售企业(或业态模式)将获得微薄利润,乃至负利润,会被市场淘汰。②处于技术边界线上的零售企业(或业态模式)有较强的动力尝试新技术与新方法,以期获得高于平均水平的利润。③较高利润的吸引力与示范效应会使许多零售企业(或业态模式)竞相采用新技术。技术转轮理论在解释新时期零售业态的更新,以及诸多传统业态纷纷进行技术升级(如采用信息化管理,通过互联网发布销售信息等)方面有较好的效果。

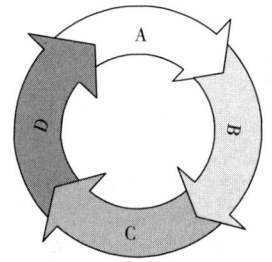

A:技术革新拓展了原有的技术边界,零售企业有更多的技术选择与模式创新空间,并且可以有效地降低经营成本,提供优质低价的服务

B:早期利用新技术的企业得到了高收益,许多企业竞相仿效,总体上使得技术边界内的收益水平下降

C:技术边界内竞争的饱和以及新技术的普遍使用使行业的利润趋于一般化,失去技术优势的许多企业不得不采用低成本的竞争方式

D:外部技术出现新的变化,以及竞争压力下,行业内企业推进新技术的研发与应用,促进了新一轮的技术创新

图3-9 技术转轮理论示意图

七、零售进化理论

有些学者利用经济生态理论解释零售业态的变化,提出了零售进化理论。该理论的主要观点是,零售业态之所以不断推陈出新,正如生物界的自然演进一样,在受到外界环境变化的压力以及内在求生动力的引导下,需要不断探索适宜的经营模式,获得足够的营业额与利润。零售进化理论并未直接关注具体零售业态出现的原因,而是尝试从长期动态发展的角度对业态变化现象进行分析。该理论有两个关注方向,一个是自然选择论,一个是辩证过程论。自然选择论认为,各种零售业在面对消费者、供应商、政策、法律、技术等诸多影响因素时,会自发地出现多种模式(类似自然界中的物种),其中较好适应所处环境的模式可以留存下来,成为经典的业态。而在长期的市场发展过程中,经典业态也需要不断适应新的环境变化与挑战。辩证过程论从哲学视角解释零售业态发展,基于正、反、合的思维方式,认为新业态能够对原有业态进行扬弃,吸取模式中的合理要素,否定模式中过时的要素,进而形成"合"的整体。

章节练习

一、章节要点

(1)零售业态的概念;(2)主要零售业态的类型与特征,包括百货店、超级市场、便利店、专业店、专卖店、工厂直营店、折扣店、购物中心、无店铺业态,以及其他类型;(3)零售业态的结构划分;(4)零售业态组合形式;(5)商业街的形式与特征;(6)商业综合体的形式与特征;(7)商业集聚区的形式与特征;(8)主要业态演化理论的内容,包括零售转轮理论、核心市场理论、真空地带理论、生命周期理论、手风琴理论、技术转轮理论、零售进化理论。

二、思考题

(1)传统百货业态有何特征?
(2)超级市场有哪些划分方式?并分析不同类型超市的特点与适用的消费群体。
(3)便利店如何与其他大型业态共生?
(4)专业店在哪些品类商品的销售方面具有优势?
(5)试分析专卖店与制造商品牌的依附关系。
(6)工厂直营店在渠道结构方面有何特征?
(7)折扣店如何控制商品采购成本?
(8)现代购物中心有哪些分类?分别有何特征?
(9)请分析无店铺类型业态在成本方面的优势。
(10)试分析各种小型零售业态如何弥补零售市场的空缺。
(11)各种典型零售业态分别有哪些子业态类型?
(12)商业街在与现代城市结合时,需要如何进行定位调整?
(13)商业综合体如何发挥业态与功能组合的优势?分析典型的商业综合体搭配方式。
(14)商业集聚区如何发挥规模与协同效应?请结合具体实例进行分析。
(15)各种零售演化理论在对零售业态发展的解释视角方面有何特点?请进行比较分析。

三、综合练习

(1)在现今激烈的市场竞争下,百货店这种经典业态出现了购物中心化、超市化等倾向。尝试分析百货业态是否还有生命力,应如何挖掘业态优势并进行调整,未来发展趋势如何。
(2)当前一些国外超市出现了小型化、主题化、专业化的特征,尝试进行相关资料的搜集并分析其成因。
(3)工厂直营店(奥特莱斯)近些年在我国发展迅速,请结合具体实例分析其经营模式与特征,并与国外典型奥特莱斯模式进行比较。
(4)国外(如美国)的一些购物中心出现了经营困境或倒闭转型,而我国购物中心则发展迅速。请结合不同国别的情况进行对照分析,总结影响购物中心发展的要素。

(5)请结合具体商业地产实例,分析我国商业综合体的开发与运作模式。

(6)结合近些年国内外零售业发展历程,尝试用技术转轮理论解释各类网络零售形式出现的动因。

第四章 零售空间理论

第一节 空间区位基本理论

任何实体经济活动都具有空间的属性,由于原材料、供应商、工厂、仓库、零售店、消费者各自所处的位置不同,其相互之间形成的经济联系必然与距离、交通等因素有关,这些因素影响着生产、流通与消费的效率、价格、利润等。因此,如何选择适宜的位置,对各类经济主体经济活动的成败起着重要作用,总体来看,其目标是选择地租与各类运输成本最低的区域,该目标的实现通常需要在动态过程中找到均衡点。零售活动作为商品渠道中的最后环节,如何分析经营区域以及确定自己的位置至关重要。经济学分支经济地理学关于空间部分的理论已经对此类问题进行了系统的分析,本节内容将借用相关理论从空间视角解释零售活动的特点。

一、农业区位与布局

农业领域的区位问题最早受到关注,成为区位研究的起点。农业区位研究的代表人物是德国农业经济学家约翰·冯·杜能(Johan Heinrich von Thunnen)。杜能在1826年出版了《孤立国同农业和国民经济之关系》一书,首次系统地阐述了农业区位理论的思想,奠定了农业区位理论的基础。杜能对农业生产的分布建立了一个简单模型,其基本假设包括:①农业生产位于一个平坦开阔地域,该地域有一个中心点,即独立的城市,所有商品(包括农产品与农业工具)交易活动需要在城市进行。根据本条假设,可以看出城市周边的地租随着距离增加而下降。②农业生产用地均质化,各区域土地肥沃情况一致,对各类农作物的种植无差异。③该区域内的道路平坦(无江河山川阻碍),交通方式单一(按照当时情况只存在马车运输,效率相对较低)。④农产品运费同农产品重量及运输距离成正比。⑤农户生产决策以个体利润最大化为原则。基于相关假设,各类农业活动能够支付的地租均呈现由中心向外围下降的特征。农作物地租可表示为:

单位地租=(农产品市场价-农产品生产成本-距离×运费率)×单位面积产量

由于不同作物间的地租曲线斜率不同,在不同区间总会出现租金最高的作物,进而呈现出作物圈层分布的模式。即农业生产方式的空间配置,一般在城市近处种植相对于其价格而言笨重而体积大的作物,或者是生产易于腐烂或必须在新鲜时消费的农产品;伴随距城市中心距离的增加,种植相

杜能农业生产圈层

对于农产品的价格而言运费小的作物;随着种植作物的不同,农业的全部形态随之变化,将能在各圈层中观察到各种各样的农业组织形式。以当时的农业生产情况来看,由中心点向外依次为自由式农业、林业、轮作式农业、谷草式农业、三圃式农业、畜牧业。

二、工业区位与布局

在农业区位理论提出后,一些学者开始关注工业区位问题。德国经济学家韦伯(A. Weber)于1909年出版《工业区位论》,从而创立了工业区位理论。韦伯提出工业区位论的时代背景是,在德国产业革命之后,近代工业有了较快发展,形成了大规模的地域人口移动,尤其是产业与人口向大城市集中的现象极为显著。在这一背景下,韦伯从经济区位的角度选择了生产、流通、消费三大经济活动基本环节的工业生产活动作为研究对象,通过探索工业生产活动的区位原理,试图说明与解释人口的地域间大规模移动以及城市的人口与产业集聚机制。同农业区位理论相似,韦伯的工业区位理论同样列出了一系列假设条件:①工业生产位于单一均质化区域,各方向交通运输条件无差异。②仅经济因素对工业企业选址有影响,而不考虑其他因素,如政府政策限制等。③考虑企业单一产品的生产与销售问题。④企业的生产需要考虑原材料或上游供应商(可能涉及多种原材料)、劳动力供给、销售市场这三类主要因素。其中,原材料地点已知且不变;劳动力供给为已知,劳动力不能流动,且在工资率固定的情况下,劳动力的供给是充裕的;工业产品的消费地点和范围为已知,且需求量不变。⑤各类资源与成品的运费是重量与距离的函数,成正比关系。基于前述假设,可以对工业区位选择构建如下模型(参见图4-1)。其中,企业生产涉及两种原材料(分别为A、B,其运费为T_a、T_b);劳动力居住在C位置,通勤费用为T_c;产品销售地为D,运费为T_d;企业需要依此选择位置W。

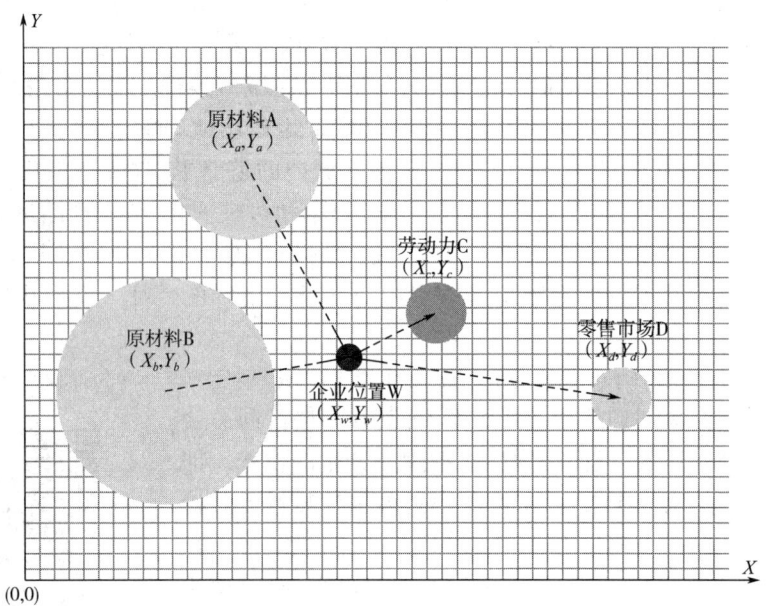

图4-1 工业布局示意图

当不考虑劳动力因素,仅考虑运输问题时,需要运输成本最小化,即:
$T_a\sqrt{(x_w-x_a)^2+(y_w-y_a)^2}+T_b\sqrt{(x_w-x_b)^2+(y_w-y_b)^2}+T_d\sqrt{(x_w-x_d)^2+(y_w-y_d)^2}$
取得最小值。

在考虑劳动力因素时,还要加入劳动力的通勤费用,即 $T_c\sqrt{(x_w-x_c)^2+(y_w-y_c)^2}$,假定该费用由企业承担。当原材料等因素的数量发生变化时,该模型还可以继续在二维空间进行拓展,并进行参数方面的调整。

在韦伯理论基础上可演化出三类区位法则,即运输区位法则、劳动区位法则、集聚区位法则。①运输区位法则以运输成本节省为导向,选择合理的企业位置。韦伯研究了原料指数(即限地性原料重量与制品单位重量之比)与运费的关系,指数越小运费越低,从而得出运输区位法则的一般规律。当原料指数>1时,生产地多接近原料产地(如伐木、水泥、造纸、面粉等行业);当原料指数<1时,生产地多接近消费区(如啤酒、饮料等行业);当原料指数近似为1时,生产地接近原料地或消费地皆可(如电子产品、医疗器械等行业)。②劳动区位法则以靠近劳动力密集区域为导向,对劳动密集型行业尤为重要。例如,某地区由于劳动力密集度高,劳动费用相对低廉(工业的劳动费是指特定生产过程中,单位制品中工资的数量),可以将企业从运费最低的地点吸引到劳动费用最低的地点。③集聚区位法则以追求行业之间的关联度、缩小信息搜寻成本为导向,是现代企业区位选择的重要条件。集聚可以为企业带来诸多的益处,如减少企业之间(横向与纵向)的联系障碍,提升区域内企业群的规模效应,快速获得共有信息等。当这方面带来的效果大于运费等因素时,企业便会把集聚区位作为选择考虑的首要因素。

> **知识拓展**
>
> **韦伯工业区位理论的意义**
>
> 如同农业区位论的杜能一样,韦伯是第一个系统建立工业区位理论体系的经济学者。他的区位论是经济区位论的重要基石之一,不仅在理论研究方面有深刻创新,对现实工业布局也具有实践指导意义。其突出特点主要包括:①首次将抽象和演绎的方法运用于工业区位研究中,建立了完善的工业区位理论体系,为之后的区位论学者提供了研究工业区位的方法论和理论基础。②韦伯区位论的最大特点或贡献之一是最小费用原则,即费用最小点就是最佳区位点。他之后的许多学者的理论仍然脱离不开这一经典法则,仅仅是在他的理论基础上的修补而已。③韦伯的理论不仅限于工业布局,对其他产业布局也具有指导意义,特别是他的区位理论已超越了原本的工业区位范畴,而发展成为经济区位布局的一般化理论。
>
> 资料来源:李小建《经济地理学》

三、商业区位与布局

关于商业与服务业区位的研究,经典的中心地理论给出了明确说明,该理论对现代商业的发展仍具有指导意义。中心地理论由德国城市地理学家克里斯塔勒（W. Christaller）于1933年在其著作《德国南部的中心地原理》中进行了介绍。中心地理论是克里斯塔勒在大量实地调查的基础上提出的，他在德国南部诸多城市和市镇进行调研，积累了大量的基础数据和详细资料。该理论的中心内容是论述一定区域内城镇等级、规模与职能之间的关系，及其空间结构的规律，并用六边形图式对城镇等级与规模关系加以概括。中心地理论的基本假设包括：①各类商业活动的开展存在于均质化的平原区域，该假设与前述农业与工业区位理论类似。②地域内拥有充裕的资源（主要指企业经营所需的各类资源，如原材料、员工、相关配套等），且均匀分布。③区域内各位置、方向的交通条件与交通成本一致，即不存在地形地貌方面的影响。④区域内的消费者均匀分布，且具有相同的购买能力。⑤消费者的移动基于合理的空间范围，即需要考虑交通的费用与时间等因素。所谓合理的空间范围，需要与诸多因素联系起来考虑，包括商品的单价、对消费者的重要程度等因素，例如，消费者购买价值百元左右的商品与购买千元左右商品的出行范围存在显著差别，一般的规律是为购买高价的商品愿意付出更长的出行距离与时间。从中心地的特性看，除了提供丰富的零售商品外，还能够提供多种类的服务业，包括金融、保险、行政、文化娱乐等。

基于克里斯塔勒中心地理论的多中心竞争与均衡

依据克里斯塔勒的经典假设，规模相同的多个中心地相互在空间竞争中可以达到稳定均衡状态，即如图4-2所示呈现为正六边形的模式。稳定的状态保证了各个中心地之间最优化自己的市场范围，在边界重叠部分平分市场。

克里斯塔勒中心地理论的意义

中心地有等级的差异。高级中心地的特点是：数量少，服务范围广，提供的商品和服务种类多。低级中心地的特点是：数量多，分布广，服务范围小，提供的商品和服务档次低，种类少。在二者之间还存在一些中级中心地，其供应的商品和服务范围介于两者之间。居民的日常生活用品基本在低级中心地就可以满足，但要购买高级商品或高档次服务，必须到中级或高级中心地才能满足。不同规模等级的中心地之间的分布秩序和空间结构是中心地理论研究的重点。在同一个生活空间范围，一般会交织分布着诸多不同等级的中心地，相互之间形成结构错落的格局，如图4-3所示。

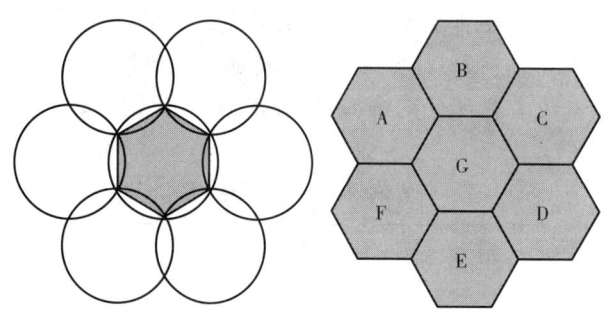

图4-2　克里斯塔勒六边形模型

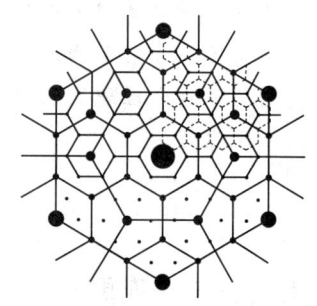

图4-3　克里斯塔勒六边形网格图

基于克里斯塔勒的基本理论,还产生了诸多演化的解释。这些解释对克氏原有的基本假设进行了更为贴近实际市场情况的调整,使得模型变得更具应用价值。例如,廖什对中心地理论的改进主要包括:①认为市场资源的分布并不均匀,存在疏密交互的状态,不同位置对企业的价值并不一样。②消费者不能够在空间内完全自由移动,因为不同位置,道路资源与通行条件有差异。③低等级中心地并不是在各个方面均落后于高等级中心地,商品与服务存在由低等级向高等级逆向流动的可能(克氏理论假定商品与服务只存在由高等级区域向低等级区域的单向流动)。④行政管理等因素会对资源分布产生重要影响,如设置用地属性、限定规划建设区域、主导公共设施(道路、市场)的建设。根据廖什的理论,中心地的形态出现了变

廖什中心地模式

中心地群落的异化

化,呈现非均匀分布的特征,称为"廖什景观"。廖什景观将克里斯塔勒的正六边形等分为 12 个扇形区域,其中 6 个为资源密集区域,6 个为资源贫乏区域,密集与贫乏区域交互分布。

第二节　零售活动基于空间的演化

零售活动依据空间特性存在由动态向静态演化的过程。早期的零售活动由于主体规模小、零售行为分散,多采用灵活移动的方式。随着零售主体规模的增长,以及消费群体的集中化,逐渐出现了固定的零售形式。根据空间经济的基本理论,任何商业主体的市场覆盖都有一定的限度,原因是消费者的空间移动需要在合理的成本范围内。这种成本既包括实际的费用支出,也包括时间的消耗。因此,商业主体的服务呈现圈层的特征,距离近的消费者到访的频率较高,而距离远的消费者到访的频率低。商业主体的辐射范围可划分为多个圈层,常见的是三圈层划分(如图 4-4 所示),分别是阈值圈层、有效圈层、最大圈层:①阈值圈层是

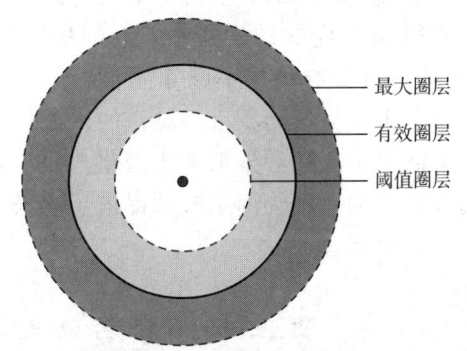

图 4-4　商业主体圈层划分

指符合商业主体盈亏平衡点的最小范围。即市场范围需要大于此边界,商业主体才可以盈利,并以固定的方式进行经营,否则需要以移动的方式经营。②有效圈层是指对于商业主体业务贡献量较大的范围区域。该部分没有严格的界定,可以是营业额贡献中的 60%~80%。③最大圈层是指理论上存在到访消费者的最远边界。此区域内的消费

者只有极低的到访频率。

一、动态零售活动

动态零售活动主要是指零售主体在某一固定位置无法达到阈值边界,只有通过自身的移动以扩大市场范围,进而跨越盈亏平衡点。动态零售形式出现于工业社会以前,当时的环境特征包括:①农业生产是社会生产的主要组成部分,手工业品的生产仅处于次要地位。社会产品的总量与需求规模不大,没有对系统零售服务的需求。②未形成大规模的人口密集居住,单位面积内的零售与各种商业需求水平较低。绝大部分零售商户难以依靠固定区域内的消费需求获利。③社会分工细化程度较低,许多商品购买需求由居民自行解决,如自制手工业品,或自己到较远地区购货。总体来看,动态零售是零售活动的低级阶段,能够满足零售需求不发达阶段的要求,具有"散、小、灵"的特点。但是,动态零售作为终端渠道,其效率很低,服务质量与水平的提升有限,难以适应现代商业社会的需求。

当前存在的动态零售(商业)活动

二、静态零售活动

静态零售活动主要是指零售主体可以找到达到其阈值范围的区域从事商业活动,无须以自身移动的方式扩大市场范围。静态零售形式同样出现在工业社会之前,由于受到需求方面的限制,其发展过程非常缓慢,且多由个体经营者组成,规模方面没有显著变化。进入工业社会后,静态零售得到了良好的发展机遇:①工业生产能力快速提升,工业品数量与种类不断丰富,对渠道资源的依赖逐渐增加。②工业化带动城市与城镇的发展,集中了大量的人口,产生了密集度较高的商品零售需求。③社会分工逐步深化,生产与流通相分离,流通内部也分化为专职的批发与零售活动。这些因素共同促进了静态零售的发展与升级,演化出了多种零售业态与经营形式。

免费超市班车

第三节 零售活动与城市发展的结合

现代零售活动的形成与发展离不开城市这一载体,城市的规模化促进了零售业的繁荣。早期城市的发展主要受到工业的影响,而现代城市的发展主要基于商业与服务业,零售也是组成部分之一,承担了服务城市居民基本生活需求的职能。同时,零售功能的多样化与升级能够提升消费者的生活品质,在满足基本购物需求的基础上扩展出生活体验功能,带动了城市功能的发展。

一、单中心城市产业布局

从产业布局的角度看,前述农业、工业与商业的区位理论对城市产业的分布给出了合理的解释。以单中心城市发展为例,各类产业或行业的分布主要依据租金曲线的分布进行选择。商业(服务业)整体上给出的租金最高,一般占据中心位置,工业给出的租金次之,分布在城市外围区域,而农业给出的租金最低,只能排在城市边缘乃至城市之外。各行业租金曲线如图 4-5 所示,其中还包括商业职员与工业职员的房租曲线。结合各类曲线的分布可以看出单中心城市的布局,即城市中心与外围部分区域为功能区,分别由服务业与工业占据,具有明显的产业职能,是城市中的经济产出部门。其间交互存在着居民住宅区,这些居民主要是城市产业的从业人员。商业活动由于需要频繁的人员接触,对于距离的敏感性极强,其租金曲线随着距中心位置的增加而快速下降。工业活动由于受到运输成本以及城市管理政策的限制,最佳位置存在于离中心点一定距离的地方,租金曲线呈现向两侧下降的趋势。在现代交通条件下,农业在城市临近区域的租金分布几乎无差异,接近一条水平直线,分布在工业职员居住区以外的区域。

单中心城市租金分布的立体模型

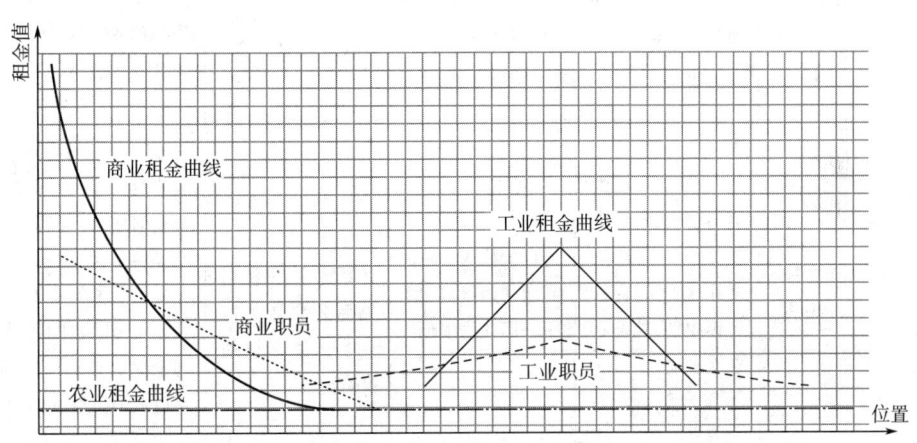

图 4-5 城市各行业租金分布

二、城市演变对零售业的影响

现代城市的发展需要多种商业服务功能与之配套,以实现其产业与生活的综合职能。城市的发展存在不同的模式以及不同的阶段,其对应的城市特征和居民居住、交通方式存在差异,这些因素均会直接或间接地影响零售业的布局与发展。从城市规模来看可分为三大类,包括单中心模式、多

城市郊区化对零售的影响

中心模式、城市群模式。其中,单中心模式又可分为小规模与大规模;多中心模式分为主副模式与平级模式;城市群模式分为小规模城市群与城市群落。不同的规模类型影响着城市产业的结构与分布,以及居民居住区域的选择,进而影响零售业态组合、功能配套及选址位置。详细对应关系如表4-1所示。

表4-1 城市模式与零售的关系

编号	城市模式	阶段	特征描述	居民居住	交通方式	零售业发展
1	单中心	小规模	仅存在一个城市中心,商业与行政功能集中于一个位置,城市功能相对简单	人口规模较小,围绕中心区域居住,人口密度低	难以支撑公共交通体系,以私家车交通为主	具备满足基本需求的零售服务,零售功能结构相对简单,主要资源集中分布在中心区域
		大规模	有一个城市中心,但城市整体规模较大,城市功能相对较多	人口规模较大,中心区域人口密度较高。外围区域居住密度低	可以支撑公共交通体系,包含路面公交、出租,以及小规模轨道交通、私家车交通并存	零售功能结构相对复杂,且适合多层级的消费需求,包含中高端零售与社区零售功能
2	多中心	主副模式	城市规模较大,需要多个中心支撑,多中心之间存在等级差别,功能存在互补	人口规模大,主中心居住密度高,副中心居住密度低	可以支撑公共交通体系,轨道交通体系为主,出租与路面公交作为配套。私家车交通并存	零售体系较为完整,配套多种零售业态,支持全品类商品的销售与服务功能,并配备有少量大型业态,如购物中心与仓储会员店。空间布局以人口密度导向为主
		平级模式	城市规模较大,形成多个级别相近的中心,各中心功能相对全面且独立	人口规模大,各中心居住密度相似,居民基本生活功能能够在一个中心实现	可以支撑公共交通体系,公共交通体系完善。私家车交通占有一定比例	完整的零售体系,业态种类全面,大型业态有较好的发展空间。空间布局较为分散,人口密度导向与交通导向相结合

续表

编号	城市模式	阶段	特征描述	居民居住	交通方式	零售业发展
3	城市群	小规模城市群	属于多中心规模的扩大化,或多个临近城市外延的扩张。城市之间有一定的功能互补	人口规模与城市等级一致,居住分散特征明显,城市群整体规模较大,人员通勤流动性较高	城市间存在干线交通体系,包括高速公路与轨道交通。各城市内有与之配套的支线公共交通。私家车交通占比较高	零售体系完整,并有较高的冗余度,适合各类层级的消费需求。中心区域以中小型零售业态为主,大型业态逐渐向低密度区域扩散,以低成本与交通便利性为主要导向
		城市群落化	多个城市在产业与服务功能方面形成有机结合,各类要素在城市之间的流动需求较高	整体群落的人口规模庞大,居住呈现疏密交互的模式,中心区域并非最优选择,人员通勤流动性极高	城市间存在干线交通体系,且以高速交通为主,如高速铁路与小型飞机。各城市内有与之配套的支线公共交通。私家车交通占比较高	

第四节 零售商圈理论与应用

商圈(Trading Area)是指商店(商业集聚区)以其所在地点为中心,沿着一定的方向和距离扩展,能够吸引顾客的覆盖区域,即来店顾客所居住的区域范围。对于实体零售店铺,无论大小,其销售活动总是受到一定的空间限制,商圈便是用来表示其活动范围的。该模式与前述零售主体圈层相对应,商圈的概念更多用于实际零售活动的分析。对商圈的描述一般使用分层的方式,常见的是三层划分方式,包括核心商圈、次级商圈、边缘商圈(参见表4-2)。商圈的分层可以依照消费比例确定,也可以依照距离确定。比例方式可以适用于各种规模商业主体的商圈测量,如参照60%、30%、10%的比例关系(该比例关系可以根据调查的商圈样本进行调整)。而距离方式对于不同规模的商业主体来说则有较大差异。如一些大型零售业态或零售集聚区的商圈分布在几公里至十几公里的范围,而一些小型零售业态的商圈仅在一至两公里的范围。

表4-2 商圈划分与特征

层级	消费贡献	到店与消费频率	消费者通勤	经营目标
核心商圈	50%以上	较高	多种可选的交通方式,通勤时间较短	重点顾客所在区域,功能与服务主要面向该区域
次级商圈	20%~30%	一般	少量可选的交通方式,通勤时间较长	功能与服务设置的非重点区域,兼顾该区域顾客
边缘商圈	10%或以下	较低	较少的交通方式,通勤时间极长	边缘顾客群体,仅使用现有的功能与服务

一、商圈大小的影响因素

对商圈进行分层便于零售经营方更好地了解自己所面向的客户,集中优势资源服务这些群体,从而获得较高的收益。零售店或零售集聚区总是期望能够获得尽可能大的覆盖区域,可以在客流量与消费频率方面占有优势。影响商圈大小的因素可以分为内外两个部分。内部因素主要是指零售店或零售集聚区的资源品质,包括:零售店铺的业态类型、零售店铺的营业面积、销售商品的品牌档次与种类丰富度、相关服务的配套与组合情况。内部因素主要描述的是零售资源对消费者的吸引能力。外部因素主要是指零售店或零售集聚区以外的相关资源属性,包括:临近竞争对手的资源与能力、交通是否便利、消费者的居住分布与消费能力等。外部因素主要描述的是与现有零售主体构成竞争与需求关系的状况。一般认为,内部因素是影响商圈大小的主要因素,零售经营要扩大自己的商圈,需要将自身资源配置好,强化对消费者的吸引力。零售经营需要密切结合消费者的关注点,例如,在现有的消费条件下,消费者的关注点更加细化,一个相关市场调查的结果如表4-3所示。从表4-3可以看出,消费者优先关注的是与销售商品密切相关的因素,如商品的价格、品牌、种类与款式之类的内容。其次关注的是与销售过程相关的因素,如环境、服务、交通等内容。最后,一些配套项目也会对消费者产生影响,如餐饮与上网等内容。

表4-3 消费者对零售店铺的关注点

排序	关注点	排序	关注点	排序	关注点	排序	关注点	排序	关注点
1	商品价格(是否打折)	6	是否有进口商品	11	导购员服务水平	16	充足的免费停车位	21	是否拥有高品质餐馆
2	店铺总面积(场所宽敞)	7	店铺设计风格	12	店内服务内容	17	店铺清洁度	22	餐饮选择余地大
3	拥有品牌专卖店	8	支付方式便利性	13	有保障的售后服务	18	安静的休息区	23	免费Wifi
4	商品丰富度(种类、款式等)	9	购物安全性	14	公共交通可达	19	是否拥有娱乐设施	24	有自己的网站或App
5	商品时尚性	10	单店的规模与档次	15	周边交通是否拥堵	20	是否拥有咖啡店或茶吧	25	可以线上下单现场提货

二、商圈环境分析

基于商圈大小的影响因素,可以对商圈环境进行详细的分析,从而对商圈进行评价。评价结果可以帮助零售企业改善经营管理,或根据环境因素进行相关调整。商圈环境一般包括客观环境、消费者群体、竞争者群体三个部分。

（一）客观环境分析

客观环境一般是指无法轻易改变的因素，具体又分为自然因素与社会因素：①在自然因素中，地理位置是影响商圈最基本的因素，如零售店铺所在区域的地形特征，是否有山川河流的阻碍等，均会对商圈的范围乃至形态造成影响。例如，在排除其他因素干扰后，同等规模的零售店在平原地区的商圈要明显大于在丘陵与山区地貌的零售店。与地理位置关系紧密的便是当地的气候特征，气候会影响消费者的出行频率与时间，如温暖地区的零售店普遍拥有更长的营业时间，降水的多少影响着店铺建筑的设计与结构。②社会因素中，经济发展水平是最重要的，该因素影响着区域内供给与需求的均衡等级。诸如地区总产值与人均产值、人均可支配收入、产业结构特征等变量直接或间接地影响着零售业态的类型与等级。较高的经济发展水平必然需要更为多样与高端的零售设施与之配套。政策因素是一种人为的规制，可以体现鼓励与限制零售活动的效果。例如，税收的优惠条款能够激励零售企业的投资，建设规模更大的零售设施。而商业用地的规划与限制则可能使零售商无法按照最优原则进行选址。此外，商业文化因素也会形成某种软约束，对零售商与消费者行为产生影响。例如，诚信文化建设较好的区域更容易形成高等级的顾客忠诚度，使零售商锁定顾客。

（二）消费者群体分析

消费者群体分析的范围应该宽一些，不应仅限于目前到访零售店的群体，当零售店策略调整后，有可能吸引潜在的消费者。对于消费者应考察的因素主要包括：①消费者总量。这是商圈环境中的需求基数，决定了商圈的体量规模。②消费者居住分布。该因素影响着商圈区域内消费资源的疏密分布，也是许多零售业态选址策略中的重要权重项目。③消费者性别与年龄分布。该因素是描述消费者群体结构的基本信息，对不同零售业态的经营有直接或间接的影响。④消费者职业与收入水平。该因素影响着消费者的需求潜力，包括消费的层级与消费的总量。该变量一般与消费者总量相乘，得到商圈区域内的总需求规模。⑤消费者家庭结构与生活方式。该变量影响消费者的消费方式，例如，习惯去多远的地方消费、消费出行的习惯、消费频率的高低、购买商品的类别等诸多方面。描述消费者群体的角度还有很多，在具体的调查研究中可根据需求适当地增减。

（三）竞争者群体分析

竞争者群体应考虑到现有竞争者与潜在竞争者。对于竞争者应考察的因素主要包括：①竞争者的总量。该因素对竞争情况进行总体考察，包括竞争者的数量以及商业面积。以计算面积的方式测量零售供给能力是一种常用的方法。②竞争者的结构。竞争者结构可以从业态类型、所属投资方、所有制、是否连锁等多方面展开，用于识别竞争者与本企业竞争的重合程度。例如，超市与百货存在竞争关系，但在某些品类的销售方面形成互补，两者可以在同一区域共生。③竞争者的优劣势。该项因素主要考察单个的竞争者，一般用于环境分析中的重点竞争者分析部分。此处被挑选出的竞争者一般是与本企业竞争重合度较高，且最具竞争威胁的典型企业。对竞争者优劣势的分析主要从单店的规模、品牌、环境、服务以及经营策略方面展开。

> **知识拓展**
>
> **区域饱和度指标**
>
> 描述区域内零售竞争的激烈程度可以使用饱和度量化指标，在进行决策分析时进行细致的参照与比较，使决策依据更为可靠。常用的商圈饱和度计算公式如下：
>
> $$IRS = C \times RE / RF$$
>
> 式中：IRS，商圈的零售饱和度指数；C，商圈的潜在顾客数目；RE，商圈内消费者人均零售支出；RF，商圈内商店的总营业面积。该指标数值越大，表明区域饱和度越低；反之，则表示区域饱和度越高。该指标为总评的指标，此外还有一些指标可以参照使用，包括：零售店铺数量/人口数，零售店铺面积/人口数，零售额/人口数，零售额/家庭数，零售额/零售面积，零售从业人员/人口数等。零售企业可以根据此类指标决定进入或退出某一区域。

三、商圈范围的测量

了解商圈范围是商圈研究的重要内容，便于从空间角度进行准确的分析。测量商圈范围的方法包括理论测量法与实践测量法。理论测量法又包括雷利法则与哈夫法则。实践测量法主要基于现场调查与问卷等方式的综合，注重研究真实的商圈样本，调查消费者的实际出行范围。理论测量法则注重基于固定形式的公式推导算出商圈的范围。

（一）雷利法则

雷利法则也称为零售引力法则，由学者威廉·雷利（Willian J. Reilly）提出，他借鉴了引力计算的形式，通过"质心"之间的比值考察不同区域的零售吸引力范围。其假设条件包括：两区域之间的道路通行条件无差异，零售资源的数量与人口规模成正比。雷利最早将此方法用于测量两城市之间基于人口规模的商业边界。具体计算公式如下：

$$D_{ab} = \frac{d}{1 + \sqrt{\frac{P_b}{P_a}}}$$

其中，D_{ab} 表示 A 点的吸引力，即零售商圈的距离。d 表示 A、B 两点之间的距离。P_a 与 P_b 分别表示 A、B 点的人口规模。该公式中使用人口规模表示两点的"质心"，"质心"的实质是网点的零售资源。此处用人口规模代替（默认人口规模越大，配置的零售资源越丰富），是一种较为简洁的处理方式。在实际使用时，可以对"质心"变量进行替换，如零售供给面积、业态种类结构等参数。雷利法则计算的商圈是一

雷利法则的局限性

种相对商圈，即两个网点（或城镇）竞争之下的相对距离，当任意一个网点的等级发生变化时，均会影响自己与竞争对手的商圈范围。雷利法则适用于对大型网点或商业区域之间的商圈边界划分进行大致的测量。

(二)哈夫法则

哈夫法则是一种出行概率法则,由学者戴维·哈夫(David L. Huff)提出。该法则同样基于引力理论,认为购物场所的各种条件能够影响消费者的到访概率,消费者更愿意去营业场所面积大、设施齐备先进、商品品牌知名度高、商品种类选择余地大、交通便利的零售网点。具有此类特征的商业网点其商圈范围一般较大,反之则较小。具体计算公式如下:

$$P_{ij} = \frac{\dfrac{S_j}{T_{ij}^\lambda}}{\sum_{j=1}^{n} \dfrac{S_j}{T_{ij}^\lambda}}$$

其中,P_{ij}表示i地区消费者到达j商业区的出行概率。S_j表示j商业区资源的吸引能力,综合了零售网点的面积、品牌、质量、服务等多方面的能力。T_{ij}表示消费者从i地区到达j商业区的阻力,一般用空间距离或出行时间衡量。n表示合理空间范围内参与竞争的零售网点数量。λ为变化调整系数,多基于实际数据的测量得出。根据哈夫法则,消费者是否到访某一个零售网点并不是固定的(单次考察并无显著意义),而会体现在多次购物的概率选择上。选择主要依据零售网点的资源与品质,并受到通行等客观因素的阻碍。同时,区域内其他网点数量的增加会稀释消费者选择某一网点的概率。哈夫法则在具体使用中需要注意两点:①该公式在计算时通常用零售店铺的面积表示S_j,作为同类型业态较为可行,但进行跨业态比较或多业态综合运算时则不一定准确,需要进行权重的调整。②获得符合实际的λ值并不容易,需要进行大量的基础数据计算,可借助计算机等信息工具采集数据并进行辅助运算。

(三)实践测量法

实践测量法是以实际调查为基础的测量方法,没有严格的变量与公式限制,使用较为灵活,且可以根据实际需求自由调整各项指标。实践测量法由于各类数据来源于真实市场调研,基于此方法描述的商圈并不一定是标准的圆形,这与理论测量法相异。实践测量法主要根据消费者的行为进行测定,考察信息包括消费者居住位置,以及是否到访某一商业网点,基于这两个基本信息便可以获得商圈的大致范围。

获取上述信息有两种方法:①覆盖调查法。由调查人员从商业网点核心位置逐渐向外围扩展,以普查或抽样的方式了解周边社区居民到访某一网点的情况,根据数据采集情况绘制图谱。这种方法的特点是获取的信息较为全面,覆盖比率高,但调查过程成本较高且耗时较长。②网点现场取样法。由调查人员在网点现场随机调查来店消费者的信息,包括消费者的居住位置、来店频率、消费额、通行方式等信息。这种方法的特点是可以缩小调查范围,群体锁定较为准确,但在访问中消费者有可能隐瞒真实信息(如居住位置、消费额),导致调查结果有一定偏误。此外,还可以根据消费者消费额度、出行距离与交通情况对商圈范围进行大致的推测。表4-4所列出的组合仅为示例,在不同的区域或环境下存在差异,需要根据具体的调查项目进行调整。

表 4-4 消费者出行距离与方式的匹配

出行方式	支出额			频率	合理距离	消耗时间
	较少	中等	较大			
	百元及以下	千元左右	千元以上			
步行	★★★	★	-	较高	小于1公里	小于30分钟
	★	★★	★	较低	1~2公里	30分钟~1小时
	-	★	★	极低	大于2公里	大于1小时
驾车	★	★	★★	极低	小于5公里	小于30分钟
	-	★★★	★★★	一般	5~10公里	30分钟~1小时
	-	★★	★★★	较高	大于10公里	大于1小时
公交	★★	★★	★★★	一般	小于3公里	小于30分钟
	★	★★	★★	较高	3~5公里	30分钟~1小时
	★	★★★	★★★	较高	大于5公里	大于1小时
轨道交通	★	★	★	极低	小于3公里	小于30分钟
	-	★★★	★★★	较高	3~5公里	30分钟~1小时
	-	★★★	★★★	较高	大于5公里	大于1小时

注：★的多少表示使用的可能性。

知识拓展

某综合超市商圈调查示例

根据某综合超市市场调查结果整理，主要包括了商圈内消费者到店方式、平均往返时间、到店频率、主要消费商品类别、单次消费者购物支出金额，以及对门店的综合评价。

一、商圈内消费者到店方式

方式	私家车	公交车	地铁	出租车	摩托	自行车	步行
比例	51%	21%	9%	7%	5%	4%	3%
平均成本	15~20元	5元	10元	30~40元	6元	0元	0元

二、消费者往返平均时间

时间（往返）	<0.5小时	0.5~1小时	1~2小时	2~3小时	>3小时
比例	12%	39%	37%	8%	4%

三、消费者到店频率

次数(每月)	1~3次	4~6次	7~9次	10次及以上
比例	32%	47%	13%	8%

四、主要消费商品类别

类别	主副食	肉类水产	蔬菜水果	各型饮料	日用品	小电器	其他
比例	18%	29%	21%	13%	8%	6%	5%

五、消费者购物支出

单次支出金额	100以下	100~300元	300~500元	500~1 000元	1 000元以上
比例	13%	34%	38%	12%	3%

六、对门店的评价

评价内容	好	较好	一般	较差	差
商品多样性	18%	47%	14%	11%	10%
商品质量	12%	28%	32%	18%	10%
价格合理	27%	34%	25%	13%	1%
结账速度	9%	19%	39%	21%	12%
导购咨询	8%	27%	29%	31%	5%
店内环境	13%	26%	35%	18%	8%
售后服务	11%	24%	37%	15%	13%

(注：各比例数值进行了取整)

章节练习

一、章节要点

(1)空间区位的概念；(2)农业区位的特征；(3)工业区位的特征；(4)商业(服务业)区位的特征；(5)动态零售活动的形式与特征；(6)静态零售活动的形式与特征；(7)单中心城市布局特征；(8)多中心城市布局特征；(9)城市群的概念；(10)零售商圈的概念；(11)零售商圈环境；(12)零售商圈的测量。

二、思考题

(1)杜能农业区位理论的基本假设与结论是什么？
(2)韦伯工业区位理论的基本假设与结论是什么？
(3)克里斯塔勒中心地理论的基本假设与结论是什么？

(4) 如何理解中心地的等级差异,它对商业布局有何影响?

(5) 基于克里斯塔勒中心地理论,之后的学者进行了哪些拓展?

(6) 零售活动为什么具有空间属性特征?具体体现在哪些方面?

(7) 动态零售活动存在的基本条件是什么?

(8) 静态零售活动存在的基本条件是什么?

(9) 单中心城市包含哪些租金曲线?这些租金曲线对产业布局有何影响?

(10) 零售商圈的各级圈层具有什么特征?

(11) 哪些因素会影响零售商圈的大小?

(12) 请比较雷利法则与哈夫法则使用条件的差异。

三、综合练习

(1) 在现代城市的发展与建设中,运输区位法则、劳动区位法则、集聚区位法则如何体现?请结合具体实例进行分析。

(2) 结合现代居民生活与消费特征,比较静态零售与动态零售各自的优缺点及适用领域,并找到具体实例进行佐证。思考静态零售与动态零售之间是否存在相互转化的可能。

(3) 通过网络信息搜寻,尝试绘制某大型城市的产业布局图,并基于此分析其城市结构及(零售)商业的分布特征。

(4) 基于供给与需求视角详细分析某商圈环境,并通过数据表等方式呈现研究结果。

(5) 自行设计一个邻近地区的商圈范围测量方案,其中需要涉及研究标的、主测量方式、修正测量方式、指标体系、采集方式、数据处理方式、精度水平等内容。以团队方式进行实地数据采集,并撰写研究报告。

第五章 零售产业分析

第一节 零售产业结构

对零售产业进行整体分析可以较为全面地掌握零售业的发展情况,识别产品与服务、市场规模与占有率、竞争激励程度、行业的绩效等指标,为政府管理部门制定合理的规制政策以及零售企业选择适宜的战略决策提供依据。

一、零售产业结构分析框架

SCP(Structure-Conduct-Performance)分析框架即结构-行为-绩效分析,是哈佛学派经典的产业分析框架。该框架提供了一套完整且逻辑关系紧密的分析工具,包括四个部分:①外部冲击(Shock),主要指产业面临的诸多外部影响因素,如经济、政治、技术、社会环境与文化等。②产业结构(Structure),主要指产业内各种变量的比例关系,如企业数量、市场占有率、产业集中度、资源使用密度、行业壁垒等。③产业(竞争)行为(Conduct),主要指产业内企业的竞争行为与模式选择,如价格竞争与多种非价格竞争的方式。④产业绩效(Performance),主要指产业整体的产出与运行效果,如利润率水平、平均成本、产品与服务的价格水平、创新能力等。SCP分析框架的逻辑是,产业的外部影响因素会直接或间接地作用于产业的运行,影响产业的出生点与成长路径,并较为显著地体现在产业结构特征方面,产业结构的各项特征会影响企业的竞争行为选择,不同的竞争行为会形成不同的绩效产出,影响上下游环节的福利水平。而政府部门往往会根据行业的绩效进行评价与政策调整,修改外部冲击中的某些变量,形成闭环的影响结构(参见图5-1)。

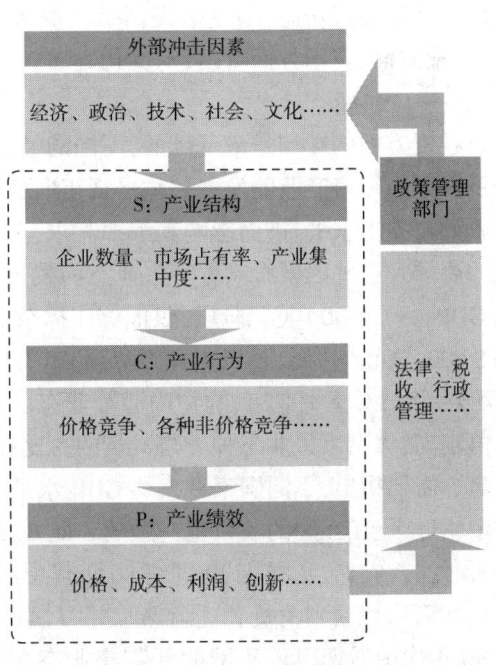

图 5-1 SCP 分析框架示意图

> **知识拓展**
>
> **SCP 范式的特点与局限**
>
> 早期的 SCP 研究范式侧重观察截面数据,基于大量的实际市场信息推导出产业结构、行为与绩效之间的关系,是一种经验研究模式,无须严格的理论公式推演。贝恩(Bain)最早建立了 SCP 分析框架,并引入了产业结构的测量方法。谢勒(Scherer)随后对 SCP 各环节建立了更为系统的联系,增加了反馈效应,使该分析模式逐渐完善。根据 SCP 范式,产业集中度的高低直接影响着行业的平均价格水平与利润。主导企业总是期望不断提升行业的集中度,强化自身的垄断地位,进而可以设置更高的行业壁垒,阻碍竞争与技术创新。这种判断在观察传统产业的运行时较为适用,但是在分析一些新兴产业时存在问题。因此,许多学者对该范式不断修正完善,如马丁(Martin)认为,SCP 并不是一种简单的单因素因果关系,在分析时应综合考虑多种因素的作用。例如,SCP 范式过分强调结构特征对行为与绩效的影响,缺少对信息交互与交易费用方面的考察,在分析企业的策略选择时难以给出清晰的逻辑描述。同时,SCP 范式的分析优势在于静态层面,对解释产业的动态演进略显不足。

二、零售产业结构影响因素

对不同类型的产业来说,各类外部影响因素的作用程度与效果不尽相同。零售产业承载基础经济功能,满足居民消费与服务方面的需求,受到影响的来源包括经济方面、政策方面、技术方面、社会与文化方面。

(一)经济方面

经济方面的影响是最基础的,不同的经济发展水平要求适宜的渠道功能与之匹配,经济因素与零售产业的发展整体呈现正向的影响关系。经济的发展水平直接影响居民的收入与支出水平,进而影响其消费需求,其中涉及对购物场所、条件、服务、价格等方面的要求。这些因素影响着零售业态的发展与比例结构的变化。一些研究显示,在人均 GDP 小于 1 000 美元阶段,仅能够支撑杂货店模式的小型零售店铺。当人均 GDP 达到 5 000 美元阶段时,可以支撑百货、超市等传统零售业态的经营。而当人均 GDP 超过 1 万美元时,对专业店、购物中心等业态的需求将会快速增长。一般来看,人均 GDP 数值越高,大型零售业态种类与数量的占比较高,这些业态的营业额与利润水平也相对较高。需要指出,不同国家在人均 GDP 水平与零售业态的丰富程度方面的对应数值不一定相近,但相互间的关系是一致的。此外,经济的增长速度影响着新零售业态类型的导入时间。例如,我国在 20 世纪 80 年代中期开始引入国外先进的零售业态(如传统超市),从新店建立到消费者逐渐熟悉并习惯在新业态消费,大致需经过 3~5 年的时间,而 90 年代中后期引入我国的新零售业态(如仓储超市、专业店)的导入期越来越短,2000 年以后,购物中心、网店的消费者基数增速更是超过了许多发达国家。

(二)政策方面

不同国家与地区的不同政策会影响甚至决定零售业的发展与零售结构特征。许多国家都会制定产业政策,以支持产业发展、促进产业竞争、优化产业结构。对于零售产业来说,以社会资本自发配置为主要手段,一般无需专门的支持或限制政策。但是当面临市场开放的环境且本国产业竞争力与外资存在差距时,也会有政策的介入。从促进零售产业发展的角度看,有许多支持性政策,如给予零售商在用地、税收、贷款等方面的优惠。例如,日本在20世纪六七十年代逐步开放国内的零售领域,但由于在某些业态方面缺少与美国零售商竞争的能力,从而制定了支持本国零售商且限制外资零售投资与连锁规模方面的政策,保护本国新生零售业态顺利成长。同时,为了促进零售产业的规范竞争,维持多种业态的格局,行政部门也可以推出一些限制性政策。例如,一些国家对于不同规模零售业态的营业时间进行了区分,限制大型零售业态的营业时间,目的在于保护中小零售业态的发展,使零售服务的种类更加丰富。此外,在某些相关领域的政策也会间接影响到零售业,如对于交通、物流、批发等领域的政策,会通过成本形态传导至零售经营活动中。

(三)技术方面

技术是推动零售业态演进与零售产业发展的重要因素,这种影响从多次零售业态变革中可以看出,且在当前的环境下越发显著。技术对零售业的影响可以说是多方面的,包括:促进新零售业态的出现、提升现有业态的经营效率、改变现有业态的管理流程与模式、改变信息传导的途径与速度、改变消费者的行为模式等。当零售业领域出现深刻技术变革时,能够对原有结构格局造成明显的影响,如电子商务与互联网的发展使在线零售的占比快速增长,并挤压了许多传统业态的生存空间。从技术进步的速度看,只有经过很长时间才会出现深刻性变革,颠覆性变化不会频繁出现,但微小的技术进步随时都在发生,企业需要保持对技术变化较高的敏感性。例如,沃尔玛公司在新技术应用方面一直较为积极,从早期的条码、进销存管理、GPS定位,一直到大数据、商业智能等领域,都走在了超市零售商的前列。这些技术在超市领域的普遍应用使现今的超市在成本控制与经营效率方面有了极大的提升,但是,零售领域使用的技术大多是其他行业的研发成果,原创型技术较少,因此要关注零售领域技术的发展趋势,不能只将焦点放在本领域。

(四)社会与文化方面

社会与文化领域包含的因素较多,对于零售活动的影响十分广泛。社会层面对于消费的观念与态度在一定程度上引导着消费群体的行为选择,进而使零售商做出相应的改变与调整,甚至促进零售业态的演进。例如,美国在20世纪60年代婴儿潮时期,家庭结构与规模出现了普遍变化,低频率的家庭购物出行逐渐成为一种趋势,仓储超市与购物中心在此阶段很好地迎合了消费需求,得到了快速发展。又如,日本大城市工薪阶层的工作节奏与压力带来了对快捷消费的需求,使得便利店获得了较好发展。此外,消费者的态度与倾向能够促进零售服务的提升。如21世纪的消费者对食品消费安全非常重视,一些零售商建立了完善的食品信息追溯体系,有效保障了消费者利益。可以看出,许多社会与文化层面的影响并不一定直接作用于零售领域,但仍然存在向零售环节传导的可能性。

三、零售产业结构测度方法

产业结构测度是使用量化的方法描述某一产业内厂商生产与服务能力的分布,通常使用市场集中度(Market Concentration Rate)这一指标,其测量方法是考察某行业内前几家大企业所占有的某项指标的份额总和,如产量、销售额、资产额等,其中销售额指标最常用。

(一)集中度指数

集中度指数(CR_n)的使用最为方便,只需要统计行业内前 N 家企业的市场份额即可,N 的数值可根据需要调整。假设第 i 家企业的市场份额为 S_i,则 $CR_n = \sum_{i=1}^{n} S_i$。对传统行业,经常使用 CR_4 与 CR_8 进行衡量,该指标能够较为清晰地显示行业内企业的规模差异分布,以及市场势力的情况,指标数值高则表示规模差异大,且大企业的市场势力较强。CR_n 指数可以用来衡量市场自由竞争水平,便于管理部门调整行业规制政策。CR_n 指标有一些经验划分标准,例如,贝恩的市场结构分类如表5-1所示。

表5-1 贝恩市场结构分类

市场类型	CR_4(%)	CR_8(%)
寡占Ⅰ型	$CR_4 \geq 85$	—
寡占Ⅱ型	$75 \leq CR_4 < 85$	$CR_8 \geq 85$
寡占Ⅲ型	$50 \leq CR_4 < 75$	$75 \leq CR_8 < 85$
寡占Ⅳ型	$35 \leq CR_4 < 50$	$45 \leq CR_8 < 75$
寡占Ⅴ型	$30 \leq CR_4 < 35$	$40 \leq CR_8 < 45$
竞争型	$CR_4 < 30$	$CR_8 < 40$

对于零售产业来说,整体市场的集中度数值一般偏低,如我国零售业 CR_4 与 CR_8 数值较低,一些调查报告使用 CR_{50} 与 CR_{100} 进行测量。其原因一方面是零售领域包含多种业态,业态之间的差异较大,如连锁专业店的集中度明显高于百货店与便利店;另一方面是零售市场的竞争性特征明显,且受到地域空间的限制,较难出现典型(全国或大范围)的垄断模式。因此,在零售产业集中度研究中通常会进行一定

我国零售业集中度

的调整:①以业态为边界进行划分。在现代商业社会,不同业态在模式与经营方式方面存在较大差异,分化特征明显,统一计算集中度并不合适。单独考察某业态市场的方式较为多见,如一些亚洲国家(我国与日本);而一些欧美国家也会使用品类划分方式。②以地域范围进行划分。由于不同区域在经济环境、消费需求、居民习惯等方面的

差别,零售服务的竞争特点不尽相同,按照有限区域进行集中度测量有较好的针对性,有利于识别地区的零售竞争态势。

(二)赫芬达尔指数

赫芬达尔-赫希曼指数(Herfindahl-Hirschman Index,HHI,简称赫芬达尔指数),理论上需要计算全行业企业的市场分布情况,指标反映了厂商规模的离散程度。其计算公式为:

$$HHI = \sum_{i=1}^{n} \left(\frac{X_i}{X}\right)^2$$

其中,X表示全行业市场容量,X_i表示第i家厂商的产量或销售额,n表示参与计算的厂商数量。赫芬达尔指数的取值范围介于1与$\frac{1}{n}$之间,接近于1表示市场集中度较高,排位靠前的企业市场势力明显;接近于$\frac{1}{n}$则表示各企业规模基本一致,市场势力较平均。赫芬达尔指数一般用于测量企业数量较少的行业,实际计算中多在50家企业以内(有时可以忽略规模极小的企业)。该指数的优点是计算中结合了企业规模权重因素,对于企业间微小差异的识别较为敏感,但是计算对数据要求较高,且计算结果的含义随着企业数量不同而有所变化(如n为5与50有较大差别)。

(三)熵指数

熵指数(Entropy Index)借用了信息论中熵的概念,以信息量的方式测量行业集中度水平。其计算公式为:

$$EI = \sum_{i=1}^{n} S_i \log \frac{1}{S_i}$$

零售业集中度影响因素

其中,S_i表示第i家企业的市场份额,n表示参与计算的厂商数量。熵指数与赫芬达尔指数类似,需要考察全行业的市场分布情况。其差别在于权重分布,熵指数赋予小规模企业较高的权重,如对于市场份额小于1%的企业在赫芬达尔指数中的影响可以不计,但在熵指数中有一定的影响。

除了集中度测量外,零售产业还有其他的结构指标,如业态结构、投资结构、技术结构、地域结构、人员结构、商品销售结构等。在全面考察零售产业时,需要对多个结构指标进行综合评价。同时,零售作为大类产业,其包含的不同业态或行业的特征差异较大,在具体分析时需要考虑行业差异带来的影响。在数据采集方面,也应该考虑可得性与可靠性问题,不同国别在研究时应结合本国行业划分与统计口径的设计,以便使相关的产业(行业)基础数据采集更为高效。

北美零售行业分类标准(NAICS)

第二节 零售产业行为

零售产业行为是指在结构特征的影响下行业内企业的竞争方式。在微观层面,企业的竞争行为必然存在差别,例如,规模大的企业比规模小的企业有更多的行为选择,而研究关注的焦点一般集中在大企业群体。根据SCP范式,行业竞争行为受到行业结构影响,可分为价格竞争与非价格竞争。价格竞争在多种情况下都会存在,差别主要存在于非价格竞争方面,以下分别介绍。

一、零售产业价格竞争

零售产业价格竞争是指零售企业运用价格手段,通过价格的提高、维持或降低参与竞争的一种方式。零售企业由于直接与消费者接触,价格的变化能够快速起效并收到反馈,因此,在使用价格策略时需要非常谨慎。同时,同其他竞争策略相比,价格竞争带来的效果最显著,使用也最为普遍。从微观层面看,企业实施价格竞争,一方面需要结合自身的资源与优势,同时要根据竞争对手的定价策略适当调整,适时选择提价、维持与降价策略。从产业层面看,低集中度结构易出现较多的价格竞争现象,拉低行业的利润水平,不利于位居前列企业垄断势力的形成。三类价格竞争策略对应的条件、效果与对行业的影响参见表5-2。

表5-2 价格竞争策略

价格竞争策略	条件	效果	对行业影响
提价	在集中度较高的行业中,行业领先者具有一定的市场势力,具有自己明显的商品或服务特色	在价格层面降低行业的竞争水平,提价企业可以获得短期或长期的利润增值,并为下一轮次的竞争储备资金	在一定程度上提升行业集中度水平,促进大规模企业的形成,并稳固其市场地位
维持	在多种类型的市场结构中,不具有明显市场势力,需要采取跟随策略的企业	有利于维持行业现状与已有的规则,使竞争维持在相对均衡的状态,在位企业无须进行大的战略调整	维持行业的市场结构现状,大部分企业的运行较为稳定
降价	在多种类型市场结构中,需要迅速扩大市场份额的企业,一般需具备短期流动资金优势	随降价的幅度提升行业的竞争水平,降价企业如能够明显改变自身市场份额与排序,有可能刺激其他企业使用同样的策略	在一定程度上降低行业集中度水平,促进中游企业规模与数量的提升,强化行业竞争程度

从零售行业的整体变化来看,根据前述业态演化理论,许多业态的出现都是以低价策略进入市场的。但低价策略的选择是建立在低成本基础上,而不是恶性的价格战。新业态通常以更好的进销存操作、优化的供应链管理或新的商业模式显著地降低成本,

进而将这种优势转化为低售价,提升自己的市场占有率。零售产业的价格竞争主要是此种模式的价格竞争。虽然零售领域不乏体验与服务方面的创新,以较高的零售价销售商品,但零售行业不断降低渠道成本,为消费者提供更为便捷有效的服务,这是零售产业演进的大趋势。例如,超市、专业店、网店的出现以及连锁化的经营模式均体现了这一特点。

二、零售产业非价格竞争

非价格竞争主要是指通过合理利用企业资源,进行准确的市场细分与定位,构建某种使消费者对价格不甚敏感的差异化优势。在此优势基础上,企业可以对其商品或服务索取更高的价格而不会流失过多消费者,进而提升其销售额与利润。对于使用差异化策略的企业,并不排除其使用价格竞争的方式。差异化竞争方式一般多出现在集中度水平偏高的行业中,行业结构属于垄断竞争或寡头垄断。零售行业中大部分业态领域属于垄断竞争状态,参与的零售企业较多,企业进出该行业门槛较低,销售的产品与服务相近但并不完全一样,消费者对价格的敏感性较高。因此,具备资源与优势的零售企业在进行价格竞争的同时也可以配合非价格竞争的方式,营造自身的差异化特点,提高其锁定消费者的能力。

(一) 零售差异化

零售属于渠道终端服务,其差异化模式有自身的特点。零售的差异化首先体现在整体定位方面,即销售哪些商品,向哪些顾客群体销售,以及通过何种方式销售。定位的差异直接影响零售商的业态选择与空间位置选择,并间接影响其销售商品与服务的差异。零售差异化分解如图5-2所示。

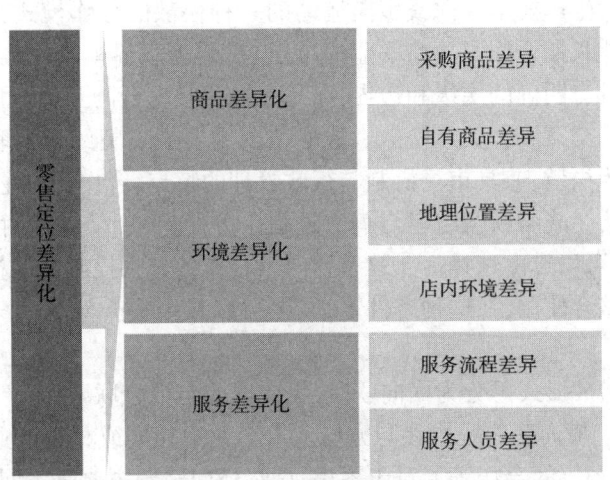

图 5-2 零售差异化分解

1. 商品差异化。商品差异化是最容易被消费者识别的差异,包括商品的生产商、品牌、档次、价位、产地、是否代工等方面。零售商在进货渠道方面可以有所选择,优化自己的货架管理,使其不同于其他同行业竞争者。但是依靠进货渠道建立自己的差异化较容易被竞争对手仿效,其锁定能力不强。因此,有些零售商采用收购上游厂商,或建立特供合同等方式独占某些商品的进货渠道。

2. 环境差异化。零售商经营环境的差别体现了其服务的质量档次,零售活动的环境因素主要包括地理位置与店内环境两部分。地理位置对零售竞争的影响显著,包括接近哪些消费群体、是否易于被消费者识别、交通是否便利等。地理位置差异在某些情况下可以决定零售企业经营的成败。店内环境差异影响消费者体验,包括店内空间布局、商品分区、装修装饰、通道设计等。例如,购物中心、主题专业店通常在此方面投入较多的资源,达到吸引消费者的效果。

3. 服务差异化。零售服务的差异化在销售成本中占有一定比例,如不同业态在销售同样的商品时会给出不同的零售价,其中便包含了服务的差异因素。零售服务差异可分为服务流程差异与服务人员差异。服务流程差异是指在销售活动的事前、事中与事后零售商提供的服务程序安排。例如,免费的商品信息咨询、商品试用期政策、消费信贷担保、快速的退换货程序等,均属于流程方面的差异。服务人员差异是指零售商使用的服务人员队伍,既包括前台服务人员(如销售导购)也包括后台服务人员(如信息分析员)。优秀的服务团队能够给消费者带来优质的购买体验,提供商品介绍、示范使用、问题解答、售后纠纷处理等多方面的服务。零售企业在差异化方面并不需要面面俱到,只要在某些方面具备消费者可识别优势,即可使企业获得差异化优势。

(二)战略联盟

战略联盟是指由两个或两个以上有着共同战略利益和对等经营实力的企业,为达到共同拥有市场、共同使用资源等战略目标,通过各种协议与契约结成的优势互补或优势相长、风险共担、生产要素双向或多向流动的一种松散的合作模式,这种模式可以是短期合作也可以是长期合作。战略联盟的特点包括:①边界模糊。战略联盟并不像传统的一体化企业具有明确的层级和边界,而是一种相互融合的互惠合作,业务与人员可以存在一定程度的交叉。②关系松散。战略联盟主要通过契约形式联结起来,参与各方之间的关系较为松散,兼具市场机制与行政管理的特点,合作各方主要通过协商解决问题。③机动灵活。战略联盟组建与解散过程十分简单,无须大量附加投资与苛刻条件,而且合作程度可以自由选择。④效率导向。合作各方将核心资源投入到联盟中来,实现优势资源的整合使用,在这种条件下,联盟可以显著提升效率,完成单一企业难以胜任的任务。

战略联盟的组成形式可分为横向联盟、纵向联盟与混合联盟。

1. 横向联盟。横向联盟是指参与方均从事产业中相同或相近的业务,如物流与物流的合作、销售与销售的合作等。对于零售行业,横向联盟主要是不同零售商之间的合作,可以是相同业态内部合作,也可以是不同业态之间的合作。例如,商品与功能互补的零售商之间进行合作,在选址、营业时间、促销等活动中统一筹划协调。但是考虑到竞争关系,零售领域实施横向联盟的比例极低。

2. 纵向联盟。纵向联盟是指参与方从事产业中存在上下游关联关系的业务,如物流与仓储的合作、生产与销售的合作等。现代零售业实施纵向联盟的需求较强,零售商作为渠道终端需要强化商品进货的优势,简化进货流程,不断控制渠道的成本,纵向联盟是一种可行的选择。因此,许多零售商都在加强与生产商、批发商、物流服务商之间的联系与合作,并看到了相应的效果。但是,一般层面的合作并不是战略联盟,战略联盟需要各个参与方进行较为深入的业务对接与信息互通,减少企业之间的衔接成本,并建立一定程度的互信。

3. 混合联盟。混合联盟是对横向联盟与纵向联盟的组合使用。一些大型零售企业在面临激烈竞争环境时有可能采用此种方式。例如,零售企业进行海外业务拓展初期,存在不熟悉东道国的竞争状况,缺少进货的渠道资源,急需较大规模的资金贷款等问题,此时可以通过混合联盟快速地度过市场进入困难期,实现自己的战略目标。

沃尔玛与宝洁的联盟合作

第三节 零售产业绩效

零售产业绩效是指在一定的市场结构与外部环境条件下,众多零售企业经营行为带来的结果,涉及商品与服务的总供给、价格、成本、利润、创新与社会福利等方面的表现。产业绩效指标是考察一个行业对资源配置与利用是否合理的重要标准,也是政策部门对行业进行干预的重要依据。产业绩效可分为经济绩效与非经济绩效,经济绩效是指具有明显经济效果的产出,非经济绩效是指不具有明显经济效果或难以通过经济指标进行衡量的相关影响。

一、零售产业经济绩效

零售产业的经济绩效主要体现在商品供给渠道方面,涉及渠道的服务与商品输送效率,具体包括服务的种类与质量、商品丰富度、渠道成本、零售价格、平均利润等指标。由于零售行业整体属于偏竞争型,平均集中度不高,行业进入壁垒较低,因此行业整体不具有垄断特性,零售商福利与消费者福利兼顾,服务种类较为全面,行业运营成本可控,商品的零售价格与利润处于合理范围。

(一)绩效表现与指标

行业绩效主要包括供给(商品+服务)效果与成本水平。

1. 在商品方面,零售渠道经营商品的种类多少直接体现了其整体经营能力。良性竞争下的零售市场作为商品终端,其宽度应逐渐扩大以适应生产与消费的需求。零售商的种类与形式在不断扩充的趋势下,能够承载各种类型商品与服务的销售,可以通过零售终端经营的商品品类与品种数量对行业发展进行考察,同时还可以结合商品本身的品牌、质量等附加信息。例如,我国在 2017 年增长较快的几个商品板块分别是个人居住类商品、智能消费电子商品、健康休闲商品与绿色环保类商品,在需求促进下必然带动这些商品渠道资源的增长。

2. 在服务方面,零售商围绕商品销售提供的各种服务也是行业供给能力的体现。完善的零售市场上应存在多层次的零售服务,以供不同需求消费者群体的选择,可以从业态种类、经营模式、购物流程等方面考察。例如,我国近些年零售支付方式不断增加,除传统的现金与信用卡外,各种移动支付终端快速崛起,提升了消费活动的便利性。

3. 在成本、价格与利润方面,零售商运营效率的高低均体现在此类指标中。理想状态的零售市场发展在保障服务水平前提下应不断降低渠道成本,零售定价适应消费者的需求,并保证自己有较好的收益与利润。零售企业的销售指标一般包括总销售额、单店销售额、单位面积销售额、(营业员)人均销售额等。零售企业利润指标一般包括总销售利润、单位面积销售利润、毛利润率、净利润率等。在实际应用中,可以对各项指标进行组合使用。

我国零售行业发展绩效

(二) 绩效指标关联

零售产业的各项经济绩效指标之间存在紧密关联,零售商经营的商品种类与提供的服务内容越丰富,能够给消费者带来的便利性与体验越好,但同时也会带来成本的上升。一般来说,平均成本随着零售品类与品种经营数量的增加,上升的幅度逐渐减小;而平均成本随着服务内容的增加,上升的幅度保持不变甚至有所增加。前一种现象可归因为商品经营的规模效应,后一种现象可归因为业务与管理程序复杂性的提升。例如,某市场调查项目将零售商品结构分为五种模式,包括单品种、单品类、相关多品类、无关多品类、综合型,其复杂性逐级上升;并将服务内容分为四种组合,包括"销售""信息+销售""信息+销售+现场""信息+销售+现场+配送",服务内容逐级增加。其相互组合对应的平均面积销售活动的堆积成本如图5-3所示。

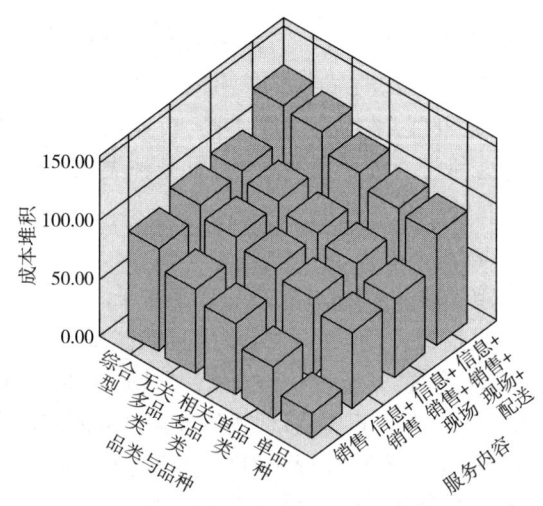

图5-3 零售渠道成本对照

二、零售产业非经济绩效

零售产业的非经济绩效主要包括各类创新与社会福利影响。非经济绩效一般是产业发展的副产品,具有一定的外部属性,利益相关群体期望正外部性能够大于负外部性,这有赖于产业合理的发展以及外部条件(如政策)的制约。

(一)产业创新

广义的产业创新是指改变原有的产业运行模式,建立新的有活力的结构模式,如零售业态的更新。狭义的产业创新主要是指技术创新(Technological Innovation),即通过新的技术理论、模式、方法改变原有的生产与服务,带来效率的提升与成本的节约,并为客户带来新的体验。创新效果是考察一个行业发展绩效的重要指标,反映了行业内竞争与发展的活力水平。

零售行业技术创新与应用趋势

零售领域大部分活动属于服务性质,本身不具备原创型科技研发能力,其技术创新多属于应用型、改进型创新,将已有技术更好地匹配到零售服务过程中。零售活动的主要技术类型包括标准化与信息化技术、销售技术、运输技术、仓储管理技术、数据采集技术、信息系统技术、商业智能技术等。这些技术大部分是在相关领域技术基础上,由零售企业进行局部创新实现的,包含了零售企业与从业人员的智力付出。零售技术创新的成果应用于商品进销存管理全流程之中,能够更好地支撑各阶段的服务活动,一方面可以提升零售运营的效率,带来可见的成本节约,另一方面可以极大改善消费者的购物体验,使其更为方便、快捷、安全。从当前零售业技术创新的趋势看,其应用技术的种类与范畴不断拓展,许多看似与零售活动无关的技术经过转化也可以形成与零售的交集,并引起流程与模式的革新。

(二)社会福利

社会福利是指企业在经营过程中产生的正负外部效应总和,其影响范围涉及消费者、企业员工、供应商、合作企业、周边社区等,衡量产业绩效可以从企业社会福利的范围与程度进行考察。零售行业在运行中会产生诸多外部效应,可通过政策规制与行业自律使正效应得到强化,负效应受到抑制。零售行业的福利影响主要包括:①关联企业。零售企业对关联企业的影响主要体现在供应链上下游环节,尤其是商品生产厂商。上游厂商需要借助零售渠道快速销售存货,实现资金周转进而开展再生产。良性的零供关系应具有较高的供应与回款效率,并能够保障双方的合理利益。但是在实际市场运行中,由于零售商谈判议价能力较强,一定程度上会挤占生产商的利益,如设置进店费、货架费、节日费、延长回款周期,或质押资金作为商品售后担保等行为。②就业群体。零售业由于种类繁多、规模庞大,且就业门槛极低,是吸纳社会就业的重要领域,对经济发展和社会稳定具有重要作用。据商务部典型零售企业统计数据测算,截至2016年底,我国零售业从业人员共有5 709.72万人,就业人数增加259.98万人,比上年同期增长4.8%。其中法人企业单位从业人员为1 736.17万人,同比增长7.9%,占行业总就业人数比重为30.4%,比上年增加0.9个百分点。个体工商户数量3 973.55万人,同比增长3.5%。而2016年末全国就业人员共有7.76亿人,零售业就业人数占全国总就业人数的比重为7.4%。③消费者与社区。消费者与社区是零售企业生存与发展的载体,零售企业的各类行为需要照顾到这些群体的关切才能够稳固企业的销售。许多大型零售商通过一些公益或准公益活动,满足消费者与社区相关利益。例如,沃尔玛一直致力于成为优秀的企业公民,并希望通过企业社会责任和可持续发展活动帮助消费者生活得更美好。当前,沃尔玛社会责任重点体现在女性经济自立、儿童食品安全及营养与可持续发展及社区服务三个领域。自进入中国市场以来,沃尔玛(中国)在全国范围内累计向各种慈善公益事业捐献超过1.4亿元人民币的资金和物品,沃尔玛员工在社会公益事业方面投入累计超过24万小时。

沃尔玛的可持续发展行动

第四节　零售产业规制

产业规制是政府或社会为实现某些社会、经济目标而对市场经济中的经济主体做出的各种直接和间接的具有法律约束力或准法律约束力的限制、约束与规范,以及由此引出的政府或社会为督促产业经济主体活动符合这些限制、约束与规范而采取的行动和措施。产业规制应对的主要是市场失灵问题,即由于垄断、外部性、信息不完全等因素,仅仅依靠市场自发行为无法实现资源配置的最优效率,需要通过外部干预纠正各种市场失灵现象。

一、零售产业规制依据

零售产业的(全行业)产业结构属于偏竞争型,一般不会形成典型的寡头市场,也不易出现市场占有率较高(大于50%)的垄断企业,在行业能够正常自行运转的情况下可以不施加过多的产业规制。但同其他产业的运行与发展类似,零售产业也存在竞争导致的资源集中、信息不对称、负外部效应等诸多问题,对于这些局部问题可以适当辅以规制政策,使零售产业保持良性发展,并使其运行能够符合利益相关者的需求。零售产业属于国民经济运转的基础产业,在商品分销渠道中扮演重要作用,同时与大量消费者直接接触,其利益相关群体数量庞大,详见图5-4。因此,对零售产业的规制需要从多种角度加以考虑。

(一)公平竞争

零售产业保持一定的竞争水平,可以有效遏制资源出现垄断性集中,导致行业的运行出现惰性以及效率的下降,有效保障以消费者群体为主的多方利益。从法律权能角度看主要包括以下部分:①自由参加权。该项权能是自愿原则在公平竞争权中的体现,企业自愿参与或退出市场竞争是公平竞争最基本的要求。②自由竞争权。竞争者可以在法律许可的范围内发挥自己的最大潜能,使用各种竞争方式,更好地为自身利益与社会利益服务。③机会平等权。机会平等讲究的是实质公平而不是形式公平,规制方不

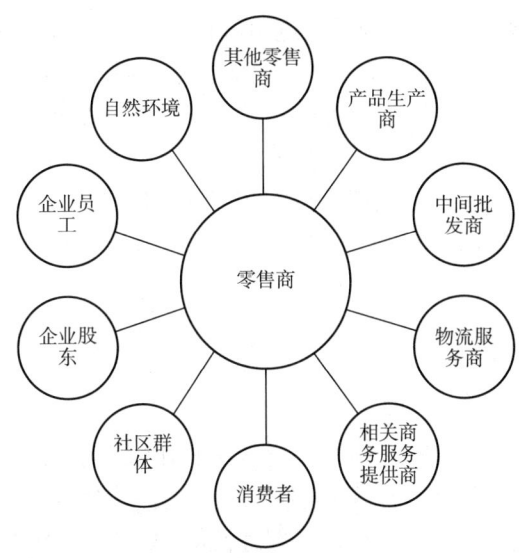

图 5-4 零售商利益相关群体

能忽视竞争者在起点、实力、条件等方面的差别。政策与法律应当在正视这种不平等的基础上给予实力弱的中小企业以特殊保护,为中小企业的生存和发展提供竞争机会。④请求保障权。参与竞争的主体当发现公平竞争权益受到侵害时,有权要求政府部门对"市场失灵"进行干预,保护自身及同类型群体的利益。⑤失败救济权。企业经营失败或面临破产时,为避免对行业或利益相关群体造成过度冲击,可以要求政府部门权衡整体得失,给出救济政策。在实际应用中,并不是所有企业的救济要求都得到支持。保持公平竞争的规制主要指向同行业竞争群体,对于零售产业来说,主要涉及不同的零售业态、不同级别的竞争者,以及潜在竞争者。

(二)产业发展

促进零售产业发展关系上游制造业与民生问题,其目标带有较强的综合性,包括经济目标与社会目标。经济目标包含行业的销售额与利润增长、对上游产业的带动、技术创新与应用、投资与税收贡献、国际收支平衡(涉及进出口问题)等。社会目标包含就业率增长、物价稳定、社区和谐、环境保护等。产业发展政策一般需要具体的产业结构目标、产业竞争指引、产业绩效导向作为辅助,同时产业发展政策具有一定的识别性和规范约束性。对于零售产业的发展来说,可依据产业结构-行为-绩效的逻辑关系梳理出合理可行的目标与发展框架,使零售产业的发展能够与国民经济的运行相适应或适度超前,较好地发挥其基础产业的作用。产业发展与规制政策的涉及领域主要包括以下部分:①产业定位。对产业的定位应遵循统筹规划、发挥优势、分工合作、协调发展的原则,确立本产业与其他产业之间的地位关系,建立产业之间的合理经济联系,通过鼓励与限制的方式使本产业的发展融入整体经济发展格局。产业在不同历史时期的定位有可能出现变化。②产业布局。产业布局是从区域角度出发,结合不同地区资源禀赋、市场容量、产业分布等特征,合理搭配组合产业内资源,使其更加符合地区需求。③产业金融与财税。其主要涉及产业资金的进出管道,财税与金融分别通过政策与市场的方式影响产业整体的运行成本与收益。④产业技术发展。产业技术发展反映了产业自身以及管理部门对于产业技术应用的态度,可细分为技术结构、技术升级、技术开发、技术引进、技术人才几个方面。⑤产业国际竞争。产业国际竞争政策使本国产业在面临外资流入或拓展海外市场过程中,能够得到相应的支持,从而获得国际竞争优势。⑥产业环境保护。产业环境保护政策用于约束本产业及相关产业的行为,使其能够减少对环境的负面影响。

二、零售产业规制政策

(一) 零售产业的规制类型

零售产业的规制类型包括:政府规制、行业(自律性)规制、社会(监督)规制。

1. 政府规制。由政府管理部门通过制定相关的法律法规,或行政指令对零售行业进行整体的规范与指引,这些措施可以是普适性的,如涉及规范竞争的法律或企业标识的法律;也可以是明确针对零售领域的,如零售选址与开店的法律或说明。

2. 行业规制。行业自律规制又可称为行业管理,其强制性低于政府规制,主要是指行业协会或企业自发联盟对本行业企业的规划与协调,是一种综合性的自组织规制。行业规制的相关标准一般由行业内组织共同讨论决策,能够很好地结合行业发展的实践,并照顾到行业内多数企业的需求。同时,行业规制的约束力有限,某些约束标准难以有效实施,部分企业可以选择退出自组织群体。

3. 社会规制。社会规制指社会组织与公众依据成文与不成文规定对企业行为进行监督,并通过舆论影响约束企业行为。社会规制属于软约束,对企业利益的直接作用不显著,但是对企业声望以及消费者选择会产生深层次影响。

(二) 零售产业的规制模式

1. 准入规制。对零售企业或零售投资方进入某一行业施加限制性措施,设置较为严格的标准,通过审批流程发放许可证。市场准入可以对行业内的企业数量、企业规模、企业性质、业务领域等内容进行约束,以达到产业规制的效果。零售产业的准入条件可根据产业发展目标灵活调整。例如,为鼓励零售产业向着高端化、规模化发展,可以制定准入下限门槛;为促进零售产业自由竞争的程度,可以制定准入的上限门槛;为促进零售行业整体的技术水平,可制定专项的技术门槛。

2. 供给量规制。依据机会平等原则,供给量规制一般用于限制大型零售企业,保障中小零售企业的生存空间。基于零售的服务属性,其供给量主要用供给(营业)面积与供给(营业)时间衡量,供给量=营业面积×营业时间×调整系数。例如,日本对于大型零售企业建店的商业使用面积以及营业时间需经过一系列的审批。

3. 费率规制。这是指对于零售企业的商品销售与服务的费率进行干预,包括费率水平规制与费率结构规制。为保障消费者权益与社会稳定,有可能设置费率的上限。而为了防止过度价格竞争,有可能设置费率的下限。

4. 产品与服务质量规制。监管部门为促进零售市场运行,可以对零售商的产品与服务质量进行监督,这种监督的成本较高,一般只针对少量与消费者关系密切的商品与服务,对于大部分商品与服务采用事后惩罚机制。

(三)零售商的规制维度

零售商的规制维度包括规制范围与法制化程度两个方面。

1. 规制范围。其主要是指规制所指向的具体内容,涉及面较为广泛,从硬件设施建设(包括占地面积、建筑设计、周边设施等),到经营管理活动(包括经营内容、营业时间等),均可列入规制的范围。

2. 法制化程度。其是指规制活动是否依靠相关法律与法规,以及该体系的完备程度。依据以上维度,可以将零售商规制分为四种模式(如图5-5左所示)。区域A:此时规制的法制化程度较低,主要依靠私人治理模式、社区管理,或一定程度的政府管制;同时,由于零售活动问题暴露较少,规制范围较窄。区域B:规制的法制化程度较低,但随着零售经营问题的出现,规制内容不断扩展与深化。区域C:规制范围较窄,但针对现有问题的法制化规制发展较快,法制体系完善的国家较易达到这一区域。区域D:规制覆盖的问题比较全面,能够实现多维的目标体系,同时针对各类问题建立了相应的法律规制模式,且规制过程较为规范。不同国家基于零售产业发展程度与产业竞争态势的差别,可以选择适宜本国的零售规制模式,例如,对日本、法国、西班牙、英国、美国的零售商规制模式定位如图5-5右所示,各国代表性的规制法律法规、规制对象、规制范围、规制方式与规制目标详见表5-3。从各国在零售领域的规制政策来看,基本上都将规制对象指向了大型零售业态或企业,通过对大型零售主体的约束,可以使行业内的竞争更为规范有序,同时给诸多中小零售商提供了生存空间,形成大小零售主体交互存在的局面,使社会零售服务的层次性更加丰富。从规制的手段来看,大部分以法律作为硬性约束并配合一些非硬性约束,形成全方位的综合约束结构。在非法律约束方面,有些国家使用社区居民团体参与的方式,对大型零售项目的建设与开发使用听证与公共审议,并形成最终意见。

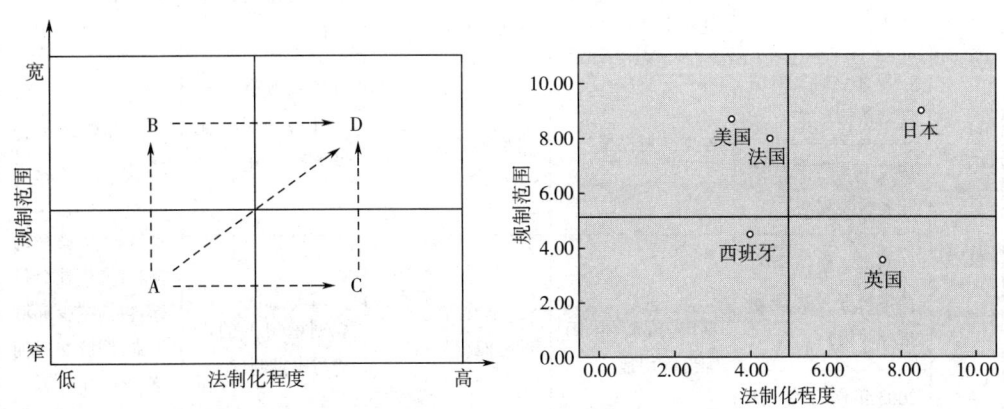

图5-5 零售商规制维度

表 5-3 国外零售业规制政策对比

国别	规制法律、法规与政策	主要规制对象	规制范围	规制方式	规制目标
日本	1937年《百货店法》	百货店	营业时间、分店设置、面积调整、外送经营	以许可证与直接管制的形式限制大店的经营活动	保护日本国内中小零售商的发展
	1955年第二部《百货店法》	百货店	侧重管制店铺的营业时间与面积扩展	以许可证为主,各类工商团体监督	促进流通现代化,保护消费者利益
	1973年《大店法》	百货店、超市、购物中心	以经营面积为基准进行控制	政府、工商团体、消费团体共同参与	以保护中小零售企业为主,维护多种群体利益
	2000年《大店立地法》	百货店、超市、购物中心及各种新兴业态	经营面积及商户周边的停车、交通、环境污染等项目	以申请形式进行公开听证,政府、工商团体、消费团体、当地社区共同参与	保护中小零售企业、消费者及相关利益群体
法国	1974年《鲁瓦耶法》	以大型超市为主的各型大体量零售设施	销售面积(部分涉及店铺设计)	依据城市规划及商业规划,进行立项审批与听证;须获得商业设施许可及建筑许可	综合考虑多项因素:竞争因素、就业因素、土地管制因素、环境因素、消费者因素
	1997年《拉法兰法》	以手工业为主的各类服务业设施	零售设施与营业面积		
西班牙	全国性法律:1996年《关于零售商业的法律框架》	大中型商业设施	零售设施与营业面积	法律框架下的项目审批制度;税收调节制度;同时,对中小零售企业给予技术与政策支持	提高竞争效率、促进市场透明、推动商业技术的发展与进步
	自治区地方性法律法规	对大型商业设施进行定义	营业面积及相关自定义项目		
英国	1909年《住宅、城镇规划条例》	各型商业设施	建筑规格、形式等	以结构规划与地方性规划对商业设施施工进行管理	从公共资源管理的角度,维护城镇的协调发展;促进零售行业效率的提升;多项社会目标:包括减少环境污染、缓解交通拥堵、保护耕地等
	1947年《英国城镇和乡村规划法》				
	1993年《城镇中心及零售业发展规划指导政策》	零售、旅游、休闲等设施用地	设施面积与布局	规划框架下的申请与审批制度	
	2003年修订为《城镇中心规划政策》				

续表

国别	规制法律、法规与政策	主要规制对象	规制范围	规制方式	规制目标
美国	《宪法》框架下的土地规划与使用法规	各型商业设施	占地、建筑外观、经营面积、配套设施、绿化等	规划体系下审批制度与听证制度相结合(不同州存在差异)	综合目标:土地高效使用、便利居民、改善交通、促进商业竞争

(四)日本对大型零售店的规制

日本较早发现了大型零售店对于产业竞争与社会发展的影响,主要包括:①迫使中小零售商倒闭,形成区域垄断,影响消费者权益,乃至伤害区域经济发展。②诱发地价高涨,商业用地的增加挤占了住宅用地,减少了住宅的供应。③大型店周边易发交通拥堵、改变街道风貌以及噪音、垃圾等问题。针对这些问题,日本通产省开始研究制定关于

日本大型零售店的界定

大型零售店的立地与经营约束政策,相关文件根据实践反馈多次修改完善。日本对大型零售店的建设审批流程主要包括:开店声明、建设申报、零售业从业申报、听取商工会所专家意见、大型连锁店铺的公共审议、通产省建议与最终指令。具体过程如图5-6所示。

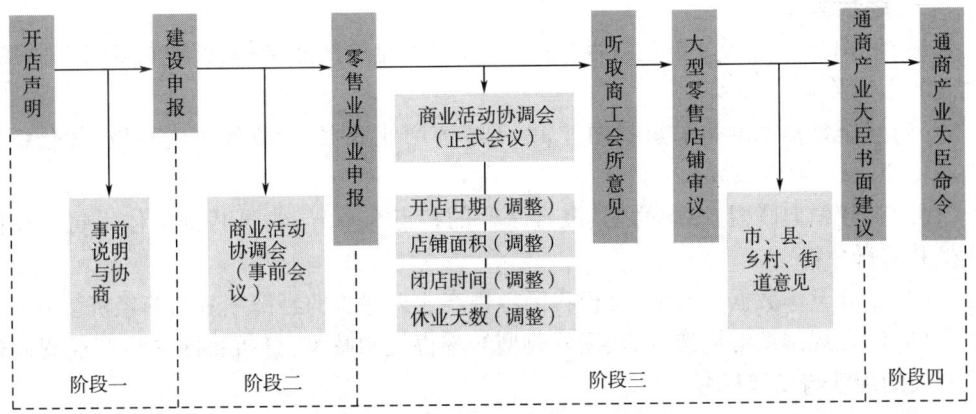

图 5-6 日本大型零售店铺审批流程

资料来源:保田芳昭《日本现代流通论》

章节练习

一、章节要点

(1)零售产业分析的 SCP 框架;(2)零售产业结构;(3)零售产业行为;(4)零售产

业绩效;(5)零售产业结构测度方法,包括集中度指数、赫芬达尔指数、熵指数;(6)零售产业价格竞争;(7)零售产业非价格竞争;(8)零售战略联盟的概念;(9)零售产业的经济绩效;(10)零售产业的非经济绩效;(11)零售产业规制的概念;(12)零售产业政策。

二、思考题

(1)思考零售产业结构、产业行为、产业绩效的内在关联逻辑。

(2)零售产业结构易受到哪些外部冲击因素的影响?

(3)集中度指数的测量特点与适用条件是什么?

(4)赫芬达尔指数的测量特点与适用条件是什么?

(5)熵指数的测量特点与适用条件是什么?

(6)经典市场结构分类标准对于零售产业是否适用?请说明原因。

(7)零售产业价格竞争有哪些方式?其对于行业绩效有何影响?

(8)零售差异化竞争有哪些方式?不同竞争方式是否有适用条件?请分别说明。

(9)零售战略联盟有哪些形式?

(10)零售产业绩效描述有哪些常用指标?

(11)零售产业创新主要体现在哪些领域?

(12)零售产业对社会福利有哪些影响?

(13)零售产业为什么需要规制?

(14)零售产业规制包含哪些类型与模式?

(15)日本对大型零售店的规制政策有何特点?

三、综合练习

(1)使用 SCP 框架分析我国零售产业,并详细讨论产业结构、产业行为、产业绩效之间的影响关系。

(2)从统计信息网站采集我国近 10 年零售产业数据,计算集中度指数,并分析我国零售产业结构变动趋势。

(3)比较横向联盟、纵向联盟、混合联盟的特点与差异,尝试找到具体零售企业的实例并进行分析。

(4)结合具体数据与案例,分析我国零售产业近些年的经济绩效与非经济绩效。

(5)结合规制维度框架,以及国外典型的零售规制政策,分析我国零售产业规制体系建设的现状与发展目标。

第六章 零售战略管理

第一节 零售战略目标

企业在现代商业社会从事经营管理,需要完整的战略体系支撑并实施战略管理。战略管理(Strategic Management)是指对一个企业或组织在一定时期内,设计全局与长远的发展方向、目标、任务和政策,并进行资源调配的决策和管理艺术。零售企业无论从事何种业态,销售哪些商品,都需要先明确战略目标,进行战略分析,并制定适宜的战略框架,实施系统的战略管理。

一、零售战略目标描述

企业在制定战略规划时,需要首先明确战略目标并对其进行描述。战略目标描述一般分为企业远景与使命陈述。企业远景(Vision)又称为企业愿景,是企业未来希望达到的状态,概括了企业的发展目标、使命及核心价值,具有清晰、持久的特点。企业远景描述的是企业发展的宏观方向。企业使命陈述(Mission Statement)是指企业为达到远景目标,应在哪些业务领域完成哪些任务,具有具体、可操作的特点。企业使命陈述描述了企业如何向目标方向发展,包含了较为具体的内容,涉及产品、服务、顾客、雇员、供应商、技术等业务层面的信息。企业在具体目标描述中可以将远景与使命陈述结合起来。许多知名零售企业都进行了目标描述(包含远景与企业使命),对于消费者的利益均有所涉及,同时还需要兼顾员工、股东及社区环境等方面的利益(参见表6-1)。基于诸多零售企业的目标描述,总结其一般的逻辑思路是:指向对象、对象目标、实现途径(可选项)。指向对象较为明确,如全部消费者,或某一部分消费者;对象目标带有一定预期属性,可以通过抽象方式表述,也可通过具象方式表述;实现途径通常带有经营哲学的特色。

表6-1 零售企业目标描述示例

编号	企业名称	描述内容	备注
1	家乐福	全部努力都围绕顾客这一核心主题。 对顾客:选择最好的商品,提供最优的价格。 对员工:提供一份有前景的工作和激励性的报酬,使员工在相互信任的氛围中充分发挥自我能力,提升自我。 对股东:提供持续的投资回报,并保证我们多元化及全球化的成长前景。 对供应商:提供市场与顾客信息,并在平等与互惠的关系中为完善产品进行合作。 对社区:作为有责任感的经济成员和企业公民,积极参与社区公益活动	(法国)大型综合超市零售商

续表

编号	企业名称	描述内容	备注
2	沃尔玛	核心价值观:尊重顾客、尊重雇员、追求卓越。坚持以人为本、公仆式经理、上下层级沟通、资源分享。 真诚回馈社会:积极参与公益事业、关心教育事业、注重环境保护	(美国)大型综合超市与仓储会员店零售商
3	J.C Penny	尽可能使公众满意,竭尽所能使顾客的消费物有所值、满意而归。 在我们的经营中时刻注重提高员工素质,坚持多向培训,不断提升知识性服务水平。 "公正与否"是检测所有行动决策的标准	(美国)百货零售商
4	Fred Meyer	顾客就是上帝,没有顾客我们就没有一切,顾客只会到最能满足其需求的地方购物。 合理的利润是必要的,没有利润我们的业务将无法发展壮大,也不能满足顾客、员工、股东、厂商、社区的需要。 兼具技能与敬业的员工是我们必需的,因为所有成功都取决于他们的集思广益与努力工作	(美国)综合品类零售商
5	Office Depot	致力于成为世界上最成功的办公用品公司,并坚信成功来源于坚定不移的承诺。 顾客满意度高于一切是全公司的共识。以低廉价格提供优质产品,为顾客创造选择、价值与服务的完美均衡。 员工是宝贵的资源,企业致力于营造兼具认同、创新、交流与企业家精神的良好氛围。 为股东创造高投资回报率	(美国)经营办公用品与办公服务的零售商
6	Staples (史泰博)	重视每一位顾客,努力超越顾客对我们的预期,营造舒适高效的购物环境。一旦需要,便按照顾客的意愿决策,并以此让我们的员工更好地为顾客服务	(美国)经营办公用品、办公家具、办公技术的零售商
7	Kmart (凯马特)	致力于成为有孩子的中产阶层购买打折商品的最佳去处,并在竞争中更好地满足消费者的日常与季节性购物需求	(美国)经营超市与折扣连锁店的零售商
8	Lowe's (劳氏)	我们的业务是提供产品,帮助我们的顾客创造、改进和享受他们的家居生活。 我们的目标是提供优质的服务,以在竞争中成为顾客购买同类产品的第一选择	(美国)经营DIY、装修、五金工具等产品的零售商

资料来源:杰弗瑞·亚伯拉罕斯《公司使命陈述》

二、零售战略规划

零售企业在确定发展与经营目标后,可将其作为坐标进行零售战略规划。战略规划帮助企业与组织设计实现发展目标的框架图,并需要考虑实现过程中的路径、策略与方法等问题。零售企业的战略规划主要围绕企业的目标与使命,进行明确的定位,选择适宜的业务,配置合理的资源,从而支持其战略目标的达成。零售战略框架如图6-1所示,整体包括三个阶段:阶段一:战略目标的确定(找到方向);阶段二:具体战略的形成(找到方案);阶段三:战略的实施与评价(使用方案)。

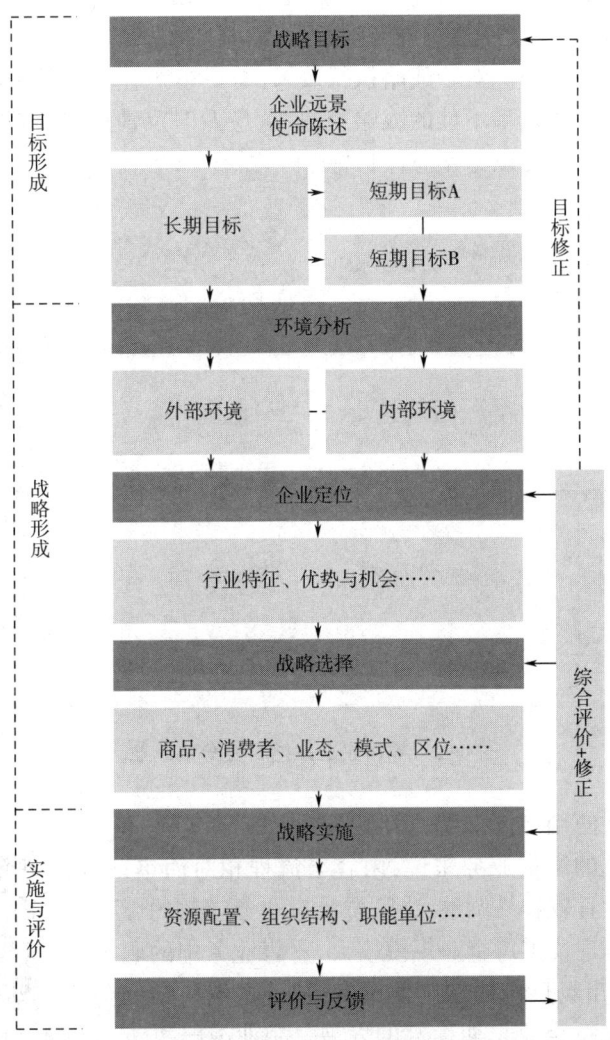

图6-1 零售企业战略框架

阶段一的任务是确定零售企业的战略目标。企业在完成远景与使命描述后,可以进一步将目标具体化,如确立一个长期目标,并将其分解为多个短期目标。有时,在企业使命与具体战略目标之间存在一定的跨度,需要保证这些具体目标能够有效支持企业的战略方向,且便于通过量化指标进行测量,零售企业战略目标分解示例如图6-2所示(目标如何拆分,细化到何种程度根据企业需求调整)。阶段二的任务是通过系统的分析过程为零售企业确定战略方案,本部分包括企业环境分析、企业定位与企业战略选择。环境分析部分需要考察企业内外部多项环境要素,尤其应重点分析与企业当前经营与未来战略实施密切相关的要素。企业定位部分通过分析框架与相关指标帮助企业较好地识别自身在行业中的竞争状况,以及与竞争对手之间的关系。战略选择部分为零售企业指出可行的方案或方案集,诸如经营何种业态、面向哪些顾客、采用何种模式等。阶段三的任务是实施战略并及时进行评价、反馈与修正。零售战略实施是执行前一阶段确定的方案,需要在执行前与执行过程中有效地配置企业资源,合理组织企业的核心业务与支持性业务。对于战略执行效果,需要建立适宜的评价体系,并及时采集相关资料与数据。针对效果不佳的战略或决策,应及时反馈调整,可以修正战略实施、战略选择、企业定位,也可以修正总体目标。

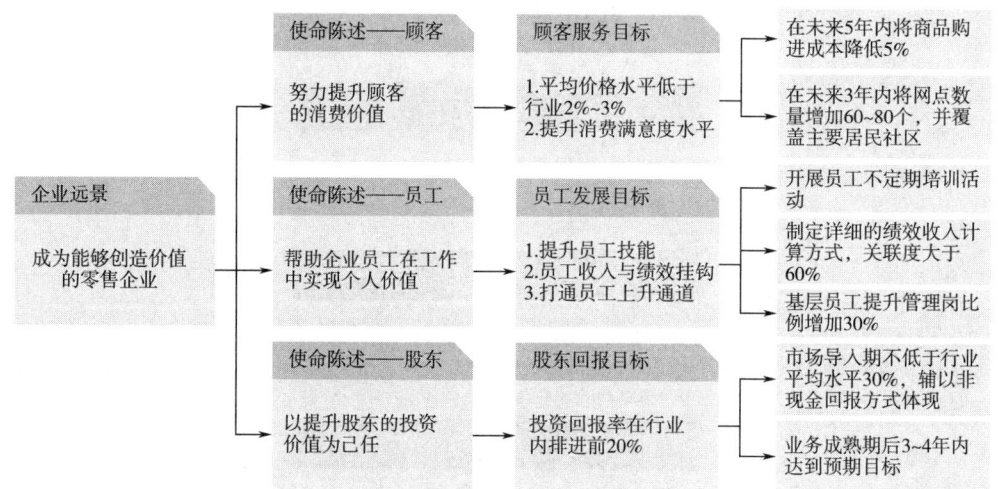

图 6-2 零售企业战略目标分解示意

零售企业战略的制定需要综合运用多种决策理论及相关信息。对于传统的零售业务来说,内容与流程相对简单,决策的随意性较大且较容易调整,决策质量对业务绩效的影响不甚显著。但是现代零售企业规模较大,零售业务中的职能细分程度极高,市场反应的敏感性提升,缺乏系统科学的战略指引将难以支持企业长期稳健的发展。企业战略决策理论经历了一个发展演变过程。早期的企业战略决策制定

企业战略理论体系

强调过程的严谨性与决策的客观性,尽量避免个人因素对决策的干扰,例如,设计理论、计划理论与定位理论都有这种特点。随后的企业战略决策制定开始注重企业"差异化"与"特性",充分挖掘基于个人或群体思维的创新,如创意理论、认知理论与学习理论均有这种特点。其后,系统思维逐渐被引入企业战略决策过程中,战略的制定更加注重系统的开放性、企业与外部环境的关联以及影响决策的诸多软要素,如文化理论、环境理论与结构理论均有此类特征。现代企业战略制定一般会综合运用多种思维与方

法,不注重决策形式而更加注重决策的质量与实用性。

第二节 零售战略制定

零售企业战略制定一般遵循由外而内的顺序,即先了解外部环境,再了解内部环境;先了解竞争对手,再根据对手的特征确定自己的策略。零售战略制定的原则主要包括:①目标解释明确。对于企业战略目标解读准确,并且对其进行一定程度的分解,使其具备可量化、可评价、可实现的特征。②操作执行清晰。给出明确的执行内容与步骤,使战略任务可以被部门与业务单位理解,转化并融入日常工作流程中。③有配套的资源支持。战略设计需要考虑是否有足够的人财物,战略选择应量力而行。④保持适度的弹性。虽然战略的设计与执行应严谨严格,但由于企业面临的环境与竞争者存在变化,战略应具有一定的灵活性,以应对某些未知与突发情况。

一、零售企业外部环境分析

零售企业外部环境分析可使用PEST分析框架,即政治与法律环境(Politics)、经济环境(Economics)、社会文化环境(Society)、技术环境(Technology)。

(一)政治与法律环境(P)

政治与法律环境是指对组织经营活动具有实际与潜在影响的政治力量和有关的法律、法规等因素,该因素对于企业行为有较强的约束力。当政策导向或法律法规对企业所经营业务的态度发生变化时,企业的经营战略需要随之做出调整。零售企业需要详细了解本国或目标国(如进行跨国投资)政府的政策与法律体系。在政策方面需要关注政府对于零售及相关产业的宏观政策、政府行政部门与企业之间的关系、行政管理的流程与特点等。同时,企业应认真学习政府制定的法律法规,如反不正当竞争法、税法、环境保护法以及外贸法规、知识产权法规、劳动保护和社会保障法规等。这些相关的政策和法律直接影响着企业的经营与利润。

(二)经济环境(E)

经济环境包括一个国家的经济制度、经济结构、产业布局、资源状况、经济发展水平以及未来的经济走势等。构成经济环境的关键要素包括GDP的变化发展趋势、利率水平、通货膨胀程度及趋势、失业率、居民可支配收入水平、汇率水平、能源供给成本等。零售企业由于直接服务广泛的居民消费群体,受到基础性经济因素的影响最为显著,因此需要时刻关注各项经济要素的变化。企业在战略决策过程中要搜集、监测、预测并评估本国市场以及他国市场的宏观经济状况,从而对企业的战略方向进行整体的把握。

(三)社会文化环境(S)

社会文化环境的覆盖面极为广泛,一般包括企业所在区域内的社会与民族特征、文化传统、价值观念、语言文字、宗教信仰、教育水平以及风俗习惯等诸多因素。社会要素是一种对企业经营活动的软约束,能够带来间接但深远的影响。企业如果不能使业务活动符合社会要素的规范,触犯某些禁忌与红线,将会严重影响自身的经营,乃至引发某些社会问题。在本国市场从事经营的企业一般对社会要素的理解与应对较好,进行国外市场经营的企业对于此类问题应尤其关注。

(四)技术环境(T)

技术环境是指与本企业有关的科学技术现有水平、发展趋势和发展速度,以及所在区域的科技体制、科技政策等。在知识经济兴起和科技迅速发展的背景下,技术环境对企业的影响可能是创造性的,也可能是破坏性的,企业必须预见这些新技术带来的变革,采取相应的措施予以应对。零售企业应关注与渠道活动相关的科技研究领域、科技成果的门类分布及先进程度、科技转化与应用的方向等。现代零售活动吸纳新技术成果的能力越来越强,许多新技术能够极大提升商品进销存的效率,简化渠道流程,并且带来零售经营模式的变革。

我国零售业绿色发展的政策导向

零售企业在进行战略制定与业务决策时需要综合考虑上述四类环境要素,并与具体的决策内容联系起来,具体示例如表6-2所示。

表6-2 某零售企业经营业务影响因素示例

业务决策	政治法律环境	经济环境	社会文化环境	技术环境
某零售企业准备经营进口食品业务以扩展自己的业务范围	1. 所在市场的食品产业政策,是否支持进口食品销售。 2. (食品类)商品的进出口法律法规。 3. 食品安全的检验检疫标准。 4. 进口商品的税收标准与计量方法。 5. 经营进口食品的许可证制度	1. 所在市场的宏观经济发展状况。 2. 消费者收入水平与增长趋势。能否接受进口食的零售品价格。 3. 平均消费支出额与支出比例。食品与非食品支出比例。 4. 人口结构特征。进口食品的消费群体细分。 5. 进口食品(产业)与本国食品(产业)比较的差异或优势	1. (某些)进口食品是否符合本国消费者的民族与文化特征。 2. 进口食品是否与本国顾客的消费价值观相符。 3. 哪些群体(受教育水平、性别、职业、居住区域)有可能成为进口食品的目标消费者。 4. 进口食品相关说明如何翻译为本国文字	1. 现有物流与仓储技术能否支持进口食品的保鲜要求。 2. 可以通过哪些信息平台辅助进口食品的宣传与销售工作。 3. 进口食品需要何种售后服务与保障体系

二、零售企业内部环境分析

零售企业内部环境分析主要考察企业资源与企业能力现状,通过对内部要素多维度的汇总与比较,进而确定企业可以胜任何种类型的战略与发展方向。企业资源属于静态要素,是企业现有的各类软硬要素集合。企业能力属于动态要素,是企业综合运用各类要素的能力与效果。

（一）企业资源

企业资源是指能够给企业带来竞争优势的各类要素，是企业参与市场竞争的基本条件，包括有形资产、无形资产与人力资源。①有形资产。有形资产是指企业内各类物质资源与财务资源的总和。有形资产属于容易确认且易于评估的资产，可以通过清点与查账方式获得较为精确的(货币)结果。零售企业的物质资源包括以下几个部分。首先是企业的不动产部分，如零售企业自有的总部、总店与分店、仓库等建筑，以及未开发土地资源，该部分通常占据物质资源中较高的比例。其次是企业自有的一些生产与服务设施、设备，如配送车辆、成套的仓储与店面销售(设备)系统等价值较高的设施。最后还包括一些零散的办公设施与数据存储设备等。零售企业的财务资源主要是指财务账目上的贷款、应收付款、未分配利润、股票、质押资产等项目的汇总。②无形资产。无形资产主要是指企业各类无法通过货币值进行汇总合计的软要素资源，一般包括企业技术、企业商誉及企业文化。零售企业的技术是指企业掌握或通过授权方式获得的，涉及商品的采购、仓储、物流、销售及售后等多环节的技术、技能与方法。由于零售业务的特点，零售企业的技术多是关于商品进销存以及服务内容的，大部分技术是在其他领域技术基础上，通过自主二次开发、联合开发、委托开发、使用权购买等方式获得。零售企业商誉是指由企业的经营特色、高效管理、商品质量及商业诚信等，为企业带来的顾客忠诚以及超出预期的获利能力。零售企业商誉是零售企业的重要资源，尤其对价格敏感的消费者群体能够产生一定的锁定能力，稳固企业的销售业务。零售企业商誉可分解为经营能力商誉、企业品牌商誉与商业诚信商誉三个部分。零售企业文化是指企业内管理人员与业务人员所共有的各种理念、期望、价值观的集合，是组织业务活动的润滑剂，能够提升组织系统运行的稳定性。良好的企业文化建设能够给企业在团队建设、员工激励、业务创新等诸多方面带来益处。③人力资源。人力资源是指企业内全体员工团队及其带来的工作效能总和。人力资源以员工队伍(包括各层管理人员与业务人员)为基础，以挖掘其知识、技能、推理、决策能力为导向。零售企业

企业商誉

人力资源建设一方面强调中高层管理人员的分析判断与商业创新能力，另一方面强调基层员工的业务素质与服务能力。

（二）企业能力（Ability）

企业能力是指企业开发与运用资源，推动企业业务运转，并带来竞争效果的能动性。企业能力体现在企业组织使用、开发、配置企业资源的动态过程中，只有将多种能力作用在企业资源上，才会带来产出效果。对于零售企业，其能力考察主要包括以下方面：①商品采购能力。商品是零售企业业务的核心，优质合理的商品线组合能够更好地吸引消费者，为企业的经营带来优势。商品的采购管理水平直接影响零售企业的市场地位、收益状态、利润水平，以及成长趋势。商品采购能力受到采购经理(团队)、商品部门规划、仓储与物流管理、供应商关系管理、资金流管理等多方面因素影响。②市场

营销能力。市场营销能力是帮助并促进商品销售的关键能力,涉及营销组织机构、营销人员业务分工与责任、营销平台与渠道、市场信息采集与调研、营销支出水平等因素。③技术应用能力。零售企业对业务相关技术的掌握与应用水平影响着企业的经营效率。企业如果能够高水平应用商品进销、物流配送、信息发布、数据采集与分析等相关技术,则可以带来显著的成本削减以及相关环节业务时间的压缩,进而将其转化为较低的零售价或更为优质的顾客服务。技术应用能力与中高层技术管理意识、员工知识背景与技能、技术管理部门、技术应用资金等多种因素相关。④市场决策能力。市场决策能力基于对行业、市场、资源、竞争者等多重因素的调查,是对企业未来经营方针与策略进行判断与设计的能力。良好的市场决策能力能够成为企业资源及多项能力的放大器,使企业获得更好的竞争效果,反之则会使企业浪费诸多市场机会。市场决策能力的核心体现在企业决策管理层,但并不限于此,还包括企业内部信息传递的速度与准确性、企业分析信息的团队建设、企业的决策机制与流程、外聘咨询组织的质量等方面。

零售企业商品采购能力

不同业态与类型的零售企业在分析企业资源与能力时必然存在差别,常见的关注点涉及企业的商品零售与竞争地位,营销资源与能力,设备、设施与技术,财务状况,组织与人力资源几个方面,常见的关注问题如表6-3所示。

表6-3 零售企业资源与能力关注点

序号	资源与能力领域	关注问题
1	商品零售与竞争地位	1. 门店销售商品的品类组合与配套服务有哪些特点?在同类型业态中有哪些优势与劣势? 2. 门店商品销售与哪些因素相关?例如,门店位置、商品品牌、具体款式或型号、零售价格、导购服务等。 3. 商品销售在同业态或区域内的市场占有率如何?消费者到店频率?单次消费金额?销售是否稳定以及有何变化趋势? 4. 哪些商品的销售易受到季节与经济周期的影响? 5. 现有顾客对现有门店销售与服务如何评价?潜在顾客是否关注现有门店? 6. 门店是否需要调整商品线?例如,更换商品品类与品种、更换销售商品的品牌、更换供应商列表等
2	营销资源与能力	1. 门店导购队伍建设如何?是否开展了销售与客户服务的相关培训? 2. 营销策划与执行人员是否充足?是否适合现有及未来的营销任务? 3. 市场调研的能力与技术如何?能否准确获取市场信息? 4. 是否建立了消费者与市场信息的日常采集机制?能否取得一定效果? 5. 是否准备了市场开拓的计划?预计按照什么样的步骤开展和实施? 6. 现有的广告与促销活动是否有效?通过哪些指标进行评价? 7. 营销活动的支出是否充足?分别用于哪些营销业务

续表

序号	资源与能力领域	关注问题
3	设备、设施与技术	1. 前台销售设施与系统使用情况如何？是否存在瓶颈点？ 2. 仓储与物流设施与系统使用情况如何？是否存在瓶颈点？ 3. 是否具备信息采集、存储、分析方面的技术与能力？技术人员的数量、构成与知识结构如何？ 4. 各类技术与主营业务的融合程度如何？能否形成有效的支持？ 5. 各类软硬件设施设备投入是否充足？是否需要追加一定比例的投入
4	财务状况	1. 主要财务指标反映出了哪些优势与劣势？当前指标显示企业处于什么样的财务境况？ 2. 企业利润的来源与分布如何？提高投资收益率应如何规划？ 3. 企业是否有筹措短期资金与长期资金的能力？可以从何种渠道获得？使用成本如何？ 4. 财务部门是否设计了完善的资产负债表与损益表。 5. 各门店是否有高效的现金管理流程？企业是否有严谨的现金管理系统？ 6. 企业是否建立了成本核算体系？是否采用了成本控制管理
5	组织与人力资源	1. 现有组织结构设计是否完善？各层级岗位说明与权责分配是否清晰？ 2. 各层级员工的群体构成、知识背景、工作经验、年龄结构如何？能否适应企业当前及未来发展的需要？ 3. 各层级管理部门的控制与影响力如何？其管理模式与管理风格是否适应企业现状？ 4. 各层级员工的工作状态如何？是否使用了有效的激励机制？薪酬体系是否得到大多数员工认可？ 5. 员工的入职、培训、升迁体系是否完备

三、零售企业竞争定位

零售企业竞争定位主要通过对零售企业核心竞争优势的识别以及所处行业的特征分析，准确找到企业所处位置，并最大限度发挥企业的竞争优势，为具体的战略选择奠定基础。对企业竞争优势的识别有四个标准：①价值性，即企业的某种资源与能力能够给业务活动带来实际价值。例如，提升商品与服务质量、改进服务流程、降低业务时间成本、增加顾客体验与效用、改善综合效率等。②稀缺性，即仅有少数企业所拥有的资源与能力。③难以模仿性，即相关资源与能力不易于被其他企业所掌握，或需要付出相对较高的成本才能够获得。④不可替代性，即不能通过其他资源与方式代替某种企业独有的能力。此四类标准的组合识别如表6-4所示。

表 6-4 竞争优势组合识别

组合类型	价值性	稀缺性	难以模仿	不可替代	优势识别	业绩表现
1	○	○	○	○	劣势	低于平均水平
2	●	○	○	○	劣势	低于或等于平均水平
3	●	●	○	○	均势	等于平均水平
4	●	●	●	○	短期优势	等于或高于平均水平
5	●	●	○	●	长期优势	高于平均水平
6	●	●	●	●	永久优势	显著高于平均水平

零售企业竞争优势的识别主要关注企业内部环境,即对企业资源与企业能力的现状与组合进行整体测评。具体识别过程是:①确定多个资源与能力描述项目,视不同企业资源差异可多可少,主要以突出企业优势特征为主,同时兼具与同行业竞争者的可比性。②确定四类特性的指标权重,此处选用的是均等分配方式,各占25%。也有些测评增加难以模仿性与不可替代性权重。③对四类特性逐条进行识别,此步骤可采用主客观相结合的方法。④进行分值核算与汇总,包括横向和纵向的总分与平均分。例如,对某区域型连锁超市的竞争优势组合识别如表 6-5 所示(其中,资源与能力项还可进一步扩展)。假设基于权重均等划分的方式,最后平均分为 0.5,处于中间位置,可判断该企业处于均等竞争态势。

表 6-5 某超市竞争优势组合识别

编号	资源与能力描述	价值性 0.25	稀缺性 0.25	难以模仿 0.25	不可替代 0.25	分值
1	区域内门店数量超过30家	●	●	●	○	0.75
2	区域内配有一个中等规模仓库	●	○	○	○	0.25
3	40%门店位于较好商业地段	●	●	○	○	0.50
4	各门店配备了现代化销售系统	●	○	○	○	0.25
5	自有配送车辆8台	●	●	○	○	0.50
6	商品采购多选择本地区消费者认可品牌	●	○	○	○	0.25
7	商品销售在本地区有较好口碑	●	○	●	●	0.75
8	营销费用高出本地区平均水平15%	●	●	○	○	0.50
9	拥有少量自有品牌商品	●	○	○	●	0.75
	合计	2.25	1.25	0.50	0.50	4.50
	平均分	0.25	≈0.14	≈0.06	≈0.06	0.50

零售企业在识别竞争优势基础上还应结合所处行业或区域的特征与竞争情况。此处的行业分析主要关注微观层面的特点,行业特征可划分为三种,包括同质化竞争、异质化竞争以及离散化竞争。①同质化竞争,是指行业内大多数企业所销售的商品,销售商品的方式与服务基本类似或接近,消费者很难识别出明显的差异,价格竞争被普遍使用。②异质化竞争,是指行业内多数企业在商品或销售方式方面存在一定差别,消费者的价格敏感性比同质化竞争市场略低,企业的竞争方式与途径较为多样化。③离散化竞争,是指行业内企业填充尚不饱和,存在竞争的真空区域,企业有较多的模式与策略选择,整体竞争呈现多角化发展趋势。对于此三种行业格局特征的比较见表6-6。

表6-6 零售行业特征与竞争

市场格局	特征描述	集中度情况	竞争领域	平均利润	导向	企业基本策略	示例
同质化竞争	商品与服务差异较低	前50%区域集中度较高	1. 区位 2. 零售价格 3. 基本服务	较低	快速进入市场形成稳健的市场占有率	1. 优化选址 2. 综合成本控制 3. 促销计划	杂货店 传统百货店 传统服装店
异质化竞争	商品与服务差异较显著	前30%区域集中度较高	1. 区位 2. 商品 3. 零售价格 4. 各类服务	中等	市场细分基础上进行精确的定位	1. 优化选址 2. 商品列选 3. 成本控制 4. 综合营销策略	连锁超市 现代百货店 连锁便利店 购物中心
离散化竞争	商品与服务差异较高	整体集中度较低	1. 区位 2. 商品 3. 零售价格 4. 各类服务 5. 价值延伸	较高	市场横向扩张与深度挖掘相结合	1. 优化选址 2. 一定的成本控制 3. 商品列选 4. 服务设计与组合 5. 其他战略选项	专业店 品牌体验店 品牌专卖店 各类主题、概念店

SWOT分析法即态势分析法,就是将与企业密切相关的各种主要内部优势、劣势和外部的机会和威胁等因素通过调查列举出来,并依照矩阵形式排列,然后用系统分析的思想,把各种因素相互匹配起来加以分析,从中得出一系列相应的结论,而且结论通常带有一定的决策性。运用这种方法可以对企业所处的情景进行全面、系统、准确的研究,从而根据研究结果制定相应的发展战略、计划以及对策等。SWOT分析框架包括:企业的优势(S:Strengths)、劣势(W:Weaknesses)、机会(O:Opportunities)和威胁(T:Threats)。优劣势分析主要着眼于企业自身的实力及其与竞争对手的比较,而机会和威胁分析将注意力放在外部环境的变化及对企业的影响上。SWOT分析在使用中包括三种模式,即基础SWOT分析、SWOT分析组合、高级SWOT分析、CLPV-SWOT分析。①基础SWOT分析。仅详细列出企业的优势与劣势、机会与威胁四项信息。②SWOT分析组合。基于基础SWOT信息项目,在矩阵中辨识企业的状态与发展方向。③高级

SWOT 分析。在 SWOT 分析基础上增加影响因素以及量化指标,为企业找到更为精准的定位。④CLPV-SWOT 分析。对优势、劣势与机会、威胁进行诸项交叉比对,从而获得精准的分析结论。

1. 基础 SWOT 分析。基础 SWOT 分析重在详细辨识企业当前及未来的诸项影响因素,在使用时需要对各类相关信息进行考察,进行一定的筛选与归纳,使其最符合企业定位的需要。沃尔玛的简要分析示例如图 6-3 所示。

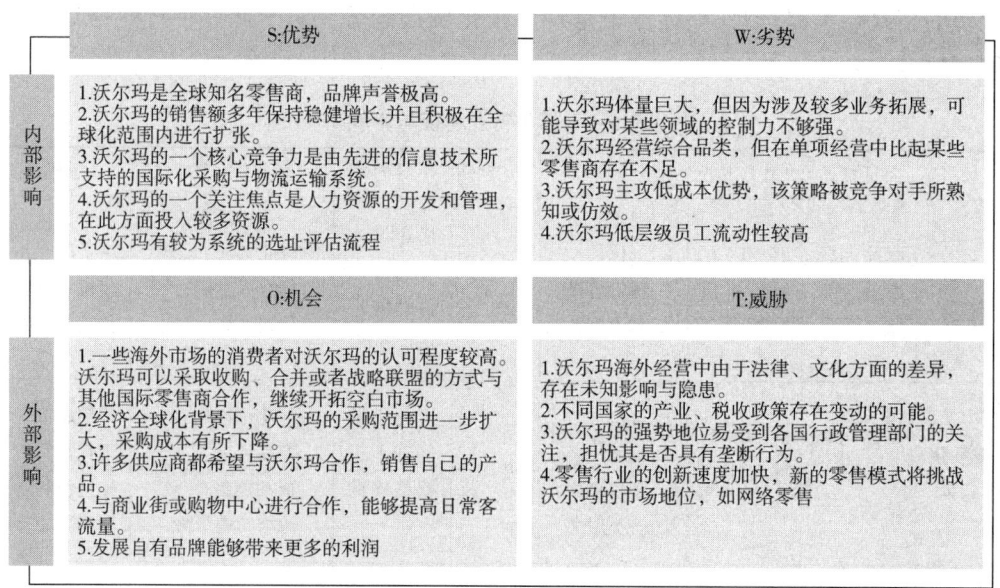

图 6-3 沃尔玛基础 SWOT 分析

2. SWOT 分析组合。SWOT 分析组合重在考察优势、劣势与机会、威胁的交叉情况,并在交叉区域中找到企业的定位信息。SWOT 分析组合需要将各象限的信息对应考虑,将影响程度较显著的因素对应在一起,并找到适宜的应对策略。某电脑零售店的 SWOT 分析组合示例如图 6-4 所示。

某女士时装店 SWOT 分析应用

3. 高级 SWOT 分析。高级 SWOT 分析也称为 POWER SWOT 分析。POWER 是个人经验(Personal experience)、规则(Order)、加权(Weighting)、重视细节(Emphasize detail)、等级与优先(Rank and prioritize)的首字母缩写,这就是所谓的高级 SWOT 分析法。高级 SWOT 分析通常将本企业与主要竞争者放在一起比较分析,并结合相关的量化指标,可以解决基础 SWOT 分析难以处理的细节问题,适宜在差异较小或辨识度不高的情况下使用。①个人经验(P)。在进行 SWOT 分析时需要用到主观判断,将经验、技巧、知识、态度、观念与具体行业信息结合起来,体现分析者对行业与企业的洞察力。②规则(O)。在使用 SWOT 分析时确定哪些属于优势或劣势,哪些属于机会或威胁,需要有一

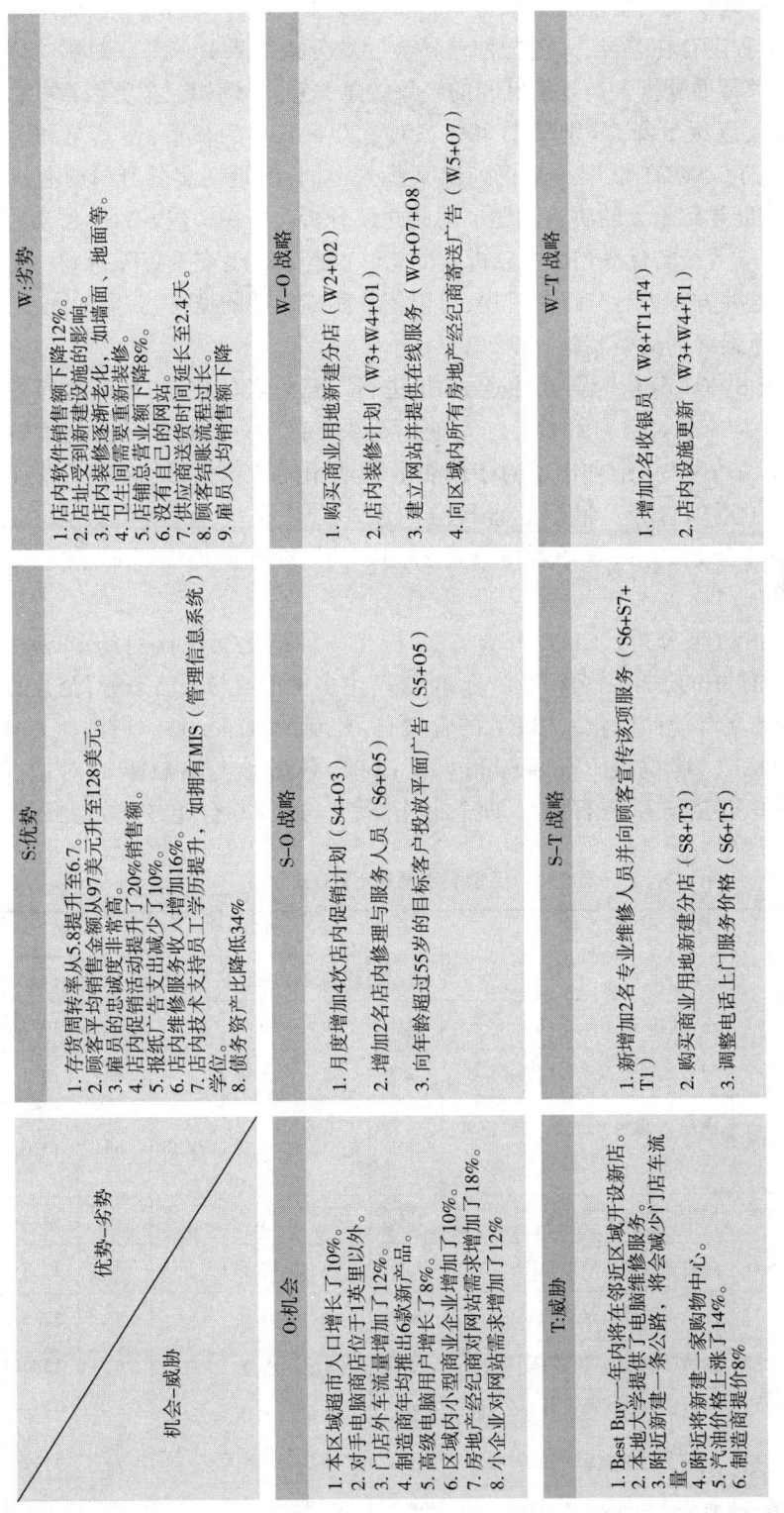

图 6-4 某电脑零售店 SWOT 分析组合

资料来源：F. David 战略管理案例

定的规则标准,缺少规则可能会导致分析混乱。③加权(W)。SWOT框架中列出的诸项因素的影响程度存在差异,无视这种差异会导致分析结果有偏差。对影响因素进行加权处理,能够帮助分析人员理清其间的轻重缓急关系。例如,某类因素共包含四项条目,影响程度逐级下降,分别赋予40%、30%、20%、10%的权重,使其总和为100%。④重视细节(E)。SWOT框架一般仅列出某些关键词,但是在实际分析时忽视一些微小细节信息可能导致重大的决策问题。因此建议分析人员在构建SWOT框架时需要更加谨慎细致。⑤等级与优先(R)。分析人员能够根据SWOT交叉矩阵得到一系列策略方案,需要对这些方案进行分级与排序,可以依从实施成功的概率、获益的大小、成本支出等指标,便于最终的战略实施决策。

使用高级SWOT分析时需要注意,如果进行与竞争者的比较,那么所列各项目应对于每家企业均有意义且可评价。一个使用高级SWOT评价连锁超市竞争的示例如表6-7所示。表6-7详细列出了对于两企业均适用的评价条目,确定了适宜的权重比例,并进行了逐项打分。最后综合得分的使用方法是:(优势-劣势)+(机会-威胁)。本企业得分是27.9,竞争者得分是27.4。两家企业所处境况非常接近,本企业略有优势。

4. CLPV-SWOT分析。CLPV-SWOT分析是一种细化交叉比对的SWOT分析方法。由于SWOT中的逐条因素相互组合,能够产生多种情境与战略态势,企业需要趋利避害,以适应市场环境的变化。CLPV的含义是:控制性(Control)、杠杆性(Leverage)、问题性(Problem)、脆弱性(Vulnerability)。CLPV各属性与SWOT的对应关系是:①S(优势)+O(机会)=L(杠杆性),即企业内部优势与外部机会能够很好地契合,只要将

表6-7 连锁超市高级SWOT分析

因素	SWOT	编号	评价内容	权重	本企业			竞争者		
					评价分	得分	综合	评价分	得分	综合
内部因素	优势	S-1	连锁门店数量是否较多	25%	76	19.0	80.0	65	16.3	76.4
		S-2	门店地理位置是否优越	22%	85	18.7		88	19.4	
		S-3	商品采购与列选是否适应社区需求	20%	70	14.0		68	13.6	
		S-4	同供应商关系是否良好	18%	82	14.8		80	14.4	
		S-5	是否拥有高素质的员工团队	15%	90	13.5		85	12.8	
	劣势	W-1	商品采购成本是否较高	30%	80	24.0	73.1	75	22.5	68.0
		W-2	商品补货与配货时间是否较长	25%	78	19.5		60	15.0	
		W-3	高峰消费时段服务质量下降	20%	60	12.0		58	11.6	
		W-4	门店促销成本是否较高	15%	74	11.1		79	11.9	
		W-5	售后服务成本是否较高	10%	65	6.5		70	7.0	

续表

因素	SWOT	编号	评价内容	权重	本企业			竞争者		
					评价分	得分	综合	评价分	得分	综合
外部因素	机会	O-1	所在地区人均消费能力稳步增长	33%	87	28.7	75.8	87	28.7	76.8
		O-2	消费者到超市的出行频率提升	21%	60	12.6		60	12.6	
		O-3	与当地社区保持良好关系	20%	75	15.0		80	16.0	
		O-4	融资环境宽松有利	15%	70	10.5		70	10.5	
		O-5	区域内道路运输条件良好	11%	82	9.0		82	9.0	
	威胁	T-1	区域内是否有其他规模较大的超市	25%	78	19.5	54.8	78	19.5	57.8
		T-2	所在区域业务是否被电商渗透	25%	60	15.0		60	15.0	
		T-3	区域规划使仓库搬迁到较远位置	20%	30	6.0		45	9.0	
		T-4	消费者权益保护更加严格	15%	50	7.5		50	7.5	
		T-5	行政管制与税收环境的变化	15%	45	6.8		45	6.8	

资源与能力运用得当,便能发挥显著的竞争效能。②S(优势)+T(威胁)=V(脆弱性),即企业尽管具备一定的优势,但是由于外界环境的不利影响,外部威胁侵蚀内部优势,导致企业竞争能力受到抑制,使之脆弱无力的状态。③W(劣势)+O(机会)=C(控制性),即当外部环境有利,或提供了较好的商机,但由于企业内部资源与能力不足难以胜任的境况,面对此种状态,企业可通过资源调整改变现有劣势,使之与市场机会相匹配。④W(劣势)+T(威胁)=P(问题性),即企业内部缺乏竞争能力,加之外部环境恶化,这是企业面临的最坏的一种境况,表明当前经营有可能遇到了严重的问题。此时如果对战略调整不当,有可能严重威胁企业的发展。

例如,一家连锁型零售企业准备进入某国外市场,进行了 CLPV-SWOT 分析评价。首先对SWOT诸项整理如下。

优势:①零售企业有从事海外投资经营的成功经验。②同某些国外供应商有合作关系,供应渠道较为有保障。③商品采购与营销的成本控制体系完善。④员工队伍整体素质与技能较好。⑤企业财务状况良好,现金流较为稳定,贷款能力较强。

劣势:①零售企业在本国主营中档次、消费量大的商品类别,缺乏经营高档次商品的经验与模式。②目前准备派驻海外的核心员工队伍对东道国经济与文化情况不甚了解。③预期投资在哪些零售业态领域还在讨论中。④客户关系管理一直是公司的弱项。⑤企业在海外的知名度不高,市场调查显示许多顾客不知道本企业主营零售业务。

机会：①国际经济形势整体向好发展，提供了海外业务的基础保障。②目标东道国市场尚有较大开发潜力，近些年居民消费能力增长迅速，且多类零售业态领域的竞争尚不激烈。③本国与东道国在相互投资方面有多项互惠条款，零售业务存在于列表中。④本企业与东道国某些供应商有合作关系。⑤东道国近期欢迎单笔大规模投资，力求建设一些高档次商业项目。

威胁：①东道国对于进口外国商品有一定的标准或限制，尤其是在居民消费领域。②东道国消费者对于商品与服务的档次与品味要求逐渐提升，喜欢追逐国际知名品牌的商品。③由于文化方面的差异，东道国消费者对于零售服务较为挑剔，其满意度提升较为困难。④东道国国内零售商在近些年快速崛起，虽然规模水平一般，但普遍占据了较好的商业地段。⑤消息显示一些国际知名零售企业也准备进入该国市场。

使用 SWOT 方法的注意事项

该企业对应的 CLPV-SWOT 评价如表 6-8 所示。综合来看，该企业对于机会的把握能力以及威胁的抑制能力略强。

表 6-8　CLPV-SWOT 分析评价表

交叉矩阵		机会(O)					威胁(T)				
		1	2	3	4	5	1	2	3	4	5
优势(S)	1	L	L	L	—	L	V	—	V	—	—
	2	L	—	—	L	—	—	V	—	V	—
	3	—	L	L	L	—	V	—	—	V	V
	4	L	—	L	—	—	—	—	—	V	—
	5	L	L	—	L	L	—	—	—	V	V
劣势(W)	1	C	C	—	—	—	P	—	—	—	—
	2	—	C	—	C	—	P	P	—	—	—
	3	—	C	—	—	C	—	—	—	P	P
	4	C	—	—	—	—	—	—	P	—	—
	5	—	C	—	—	C	—	P	P	—	P
小计		4L	2L	4L	2L	2L	2V	1V	2V	3V	2V
		1C	5C	0C	1C	2C	0P	2P	3P	1P	2P
合计		14L					10V				
		9C					8P				

四、零售企业战略选择

(一)零售战略方向

零售企业在内外部环境分析以及对自身定位的基础上,能够进行适宜的战略设计与选择。整体层面的零售战略包括三个方向,即成本领先战略(Cost Leadership)、差异化战略(Differentiation)与市场聚焦战略(Focus)。根据迈克尔·波特对战略类型的分类,三种战略方向在使用时还需要结合市场的范围与规模,可进一步分解为五种战略类型,其划分方式如图6-5所示。

		整体战略		
		成本领先	差异化	市场聚焦
市场规模	大	类型1:低成本 类型2:最优价值	类型3:差异化	--
	小	--	类型3:差异化	类型4:低成本 类型5:最优价值

图6-5 零售整体战略分类

1. 成本领先战略。该战略适用于市场范围与规模较大的情况,企业无须做过多定制化的调整,面对的是数量较多且无明显差异的消费者。该部分包括类型1与类型2战略。类型1为低成本战略。该战略强调向众多价格敏感性较强的消费者提供低价格的零售商品与服务,商品与服务呈现标准化特征。沃尔玛、家乐福使用的就是面向广泛消费群体的低成本、低价格策略。类型2为最优价值战略。该战略强调向广泛的消费者提供最优性价比的零售商品与服务,而非单一强调最低价格。Costco会员店使用的就是此种策略,其会员商品经过优选,品牌、性能与质量在同类商品中属于中高档次,但零售价格水平在同类型中最低。

成本领先战略适用于如下市场情况:①价格竞争在该市场范围内较为流行,竞争者普遍倾向于低价策略。②同行业零售商提供的商品种类及服务极为相似。③缺少建立使消费者可感知差异化特征的途径与方式。④众多消费者的消费模式及特征极为相似。⑤消费者价格敏感度极高,极容易因为微小价格变化而转移到其他零售店。⑥消费者群体具有较强的群体性议价能力。⑦潜在进入者倾向于通过低价策略快速扩大市场占有率。

2. 差异化战略。该战略适用于各种规模的市场,一般面向的是对价格不甚敏感的消费群体,对应的战略是类型3。类型3为差异化战略。该战略强调某种经营方面的差别,使之不同于大部分竞争对手,但商品与服务的价格并不具有显著优势。在大规模市场使用差异化战略的实例,如美国一些连锁加油站便利店,这些便利店在选址与商品提供方面(商品数量更少)不同于城市便利店,价格水平有时还会略高于城市便利店,但同样拥有稳定的客流。在小规模市场使用差异化战略的实例,如美国户外用品店孟菲斯金字塔,该商店主打垂钓与狩猎相关的户外用品,并将店内装修成典型的户外风格,使顾客产生身临其境的感觉,但商品售价与服务价格相对较高。

差异化战略适用于如下市场情况:①较容易使消费者感觉到差异化特征,并因此改变其购买行为习惯。②有较多的方式构建差异化的零售服务。③消费者的消费模式及特征存在差别。④许多竞争者未采用相似的策略或模式。⑤部分消费者群体价格敏感度较低。⑥行业内技术更新较快,且能够显著影响企业运营效率。

3. **市场聚焦战略**。该战略适用于某市场细分群体,企业仅需集中资源迎合"小众化"需求。该部分包括类型4与类型5战略。类型4为市场聚焦下的低成本战略。该战略强调在面向价格敏感的市场细分群体时,零售企业应尽量控制综合成本,以提供具有价格优势的商品与服务。例如美国折扣零售商Ross,面向的主要是服装、服饰领域的低消费群体,该店通过专业买手以及简化店内运营成本,向消费者提供极低价格的商品。类型5为市场聚焦下的最优价值战略。该战略强调为市场细分群体提供较高性价比的商品与服务。例如一些奢侈服装品牌专卖店,虽然零售价格高昂,但能够提供由专业导购参与的全方位销售服务以及优质的店内购物环境,让许多高消费顾客产生"物有所值"的感觉。

市场聚焦战略适用于如下市场情况:①目标市场存在某些真空区域,一些消费需求未被满足。②目标市场整体成长速度较快且利润可观。③目标市场内的领导型企业忽视了某些空白市场,认为服务该市场分散核心资源或无利可图。④目标市场消费者差异明显,细分后不同群体间的关联性较弱。⑤一些竞争者倾向于使用市场聚焦战略,获得了较好的业绩。

孟菲斯金字塔户外用品店

(二)零售战略取向

零售战略取向可分为三种,即进取型战略、稳定型战略、收缩型战略(见表6-9)。

表6-9 零售战略取向

战略类型		描述	特征	操作
进取型	一体化战略	后向一体化	占有商品供应商,或增强对商品供应商的控制力	优点:供应渠道稳定性增强,商品采购成本降低。 缺点:增加管理难度	零售企业通过合作、收购等方式控制批发商或商品厂商
		横向一体化	同竞争零售企业合作,或增强对竞争零售企业的控制力	优点:扩大市场占有率,达到规模经济,挤压竞争对手。 缺点:经营风险增加,横向协调成本增加,且存在部门臃肿的可能性	零售企业并购竞争者,或与之建立战略联盟,扩大生产占有率及影响力。横向一体化可存在于同类型业态,也可存在于不同类型业态

续表

战略类型			描述	特征	操作
进取型	市场渗透战略	整体市场渗透	增加在现有零售市场中的占有率	优点:提升销售额,增强在市场中的影响力。 缺点:牺牲短期利润,成本代价较高	零售企业通过连锁形式快速扩张,增加市场覆盖,并配合积极的营销策略组合
		局部市场渗透	增加在现有某一市场细分领域的占有率	优点:专注细分市场,成本可控。 缺点:预期业绩提升空间有限	零售企业针对特定市场开展密集的营销活动
	开发战略	市场开发	将零售服务拓展到新的市场领域	优点:获取先入优势,避免激烈竞争。 缺点:风险程度未知,有可能付出较高沉没成本	零售企业通过自建、合作、加盟等方式进入新市场
		服务开发	将新的服务模式引入现有或新的市场领域	优点:形成某种差异化优势,提升服务附加值。 缺点:存在一定的成本付出,以及是否被消费者认可的风险	零售企业通过商业模式创新,改进现有销售流程,改进相关服务项目
		商品开发	为现有市场或新市场开发自有的零售商品	优点:拥有商品所有权与零售定价权,具有独占优势。 缺点:周期长、成本高,存在销售风险	零售企业收购制造商,或与之建立深度合作,提出专供商品的设计说明,由制造企业代为开发
	多元化战略	相关多元化	增加与零售相关的业务	优点:延伸核心业务领域,共享某些资源与能力。 缺点:增加管理与协调成本	零售企业增加与零售活动相关的业务,如物流、仓储、广告、售后服务等
		无关多元化	增加与零售无关的业务	优点:拓宽业务领域,充分利用闲置资金。 缺点:增加管理成本,存在非专业领域市场风险	零售企业增加与零售活动无关的业务,如餐饮、娱乐、地产、金融等

续表

战略类型		描述	特征	操作
稳定型		通过技术层面的调整与操作维持现有经营状态	优点:稳定销售额与利润,对现有资源无须过大调整,市场风险较小。 缺点:可能错失某些市场机会	零售企业在现有业务框架内仅进行战术层面的调整,如调整商品品类、供应商结构、营销策略与方向等
收缩型	改组战略	对部门与资源进行重组,应对业绩下滑	优点:改变资源与能力的配置结构,减少竞争劣势。 缺点:整体业务量缩减	零售企业对资源配置结构进行较大的调整,如改组管理层,改变经营业态,调整市场范围等
	剥离战略	出售业绩不理想部门及相应资产	优点:快速调整不良业务部门,集中资源的使用。 缺点:部门缩减导致竞争被动的状态	零售企业关闭某些部门或业务单元,如停用自营的物流业务,转为外包
	清理战略	出售企业资产退出市场	优点:针对不理想状态的唯一选择。 缺点:表明企业经营失败	零售企业出售资产清算,包括主动清算与被动清算

1. 进取型战略。进取型战略也称为进攻型战略。当零售企业面临较好的市场环境,同时拥有的资源较充足时,可以根据企业优势定位选择某种形式的扩张,使企业的市场地位得到进一步稳固。进取型战略可分为一体化战略、市场渗透战略、开发战略、多元化战略。一体化战略适用于控制力较强的企业,这类企业可通过后向一体化或横向一体化获得产业内的资源,在某一领域中取得一定的垄断能力与市场控制力。市场渗透战略适用于发展成熟的消费市场,此类市场消费总量较大,消费者支出与购买习惯稳定,有条件的零售企业只要扩大市场占有率,就能得到理想的销售与利润业绩。使用市场渗透战略时,前期需要相对较高的投入,企业需要具备良好的财务资源支持。开发战略适用于存在市场空白或不饱和区域的情况,此时零售企业可以将现有部分资源导入新的市场领域,取得先入为主的优势。开发战略的层次依次是市场开发、服务开发、商品开发,其相应的成本与风险逐级增加。对于商品开发,一般只有具备规模优势的零售企业才适宜使用,如大型连锁超市开发自有品牌商品。多元化战略适用于资源占有且具备相关领域业务经验的企业。使用多元化战略的企业主要是为了获得其他业务领域的边际利润并分散主营业务的风险,同时可以获得行业内乃至跨行业的垄断势力。

多元化战略分为相关多元化与无关多元化。使用多元化战略的零售企业大部分选择相关多元化,这可以使企业为主营业务构建起更好的支持体系,并在邻近业务领域共享资源与管理能力。例如,企业进销存管理体系在服务商品采购与销售的同时,还可以用于仓储与物流配送业务。

2. 稳定型战略。稳定型战略也称为保守型战略。当零售企业所处的市场已经发展成熟,增长趋势放缓,以及本企业资源与能力已经充分开发时,企业可以选择较为稳妥的战略,维持已有市场份额的业务,获得平稳的销售额与现金流。稳定型战略是慎重的战略选择,适用于行业内排位靠前的企业。尤其对于集中度水平偏高的行业,优势企业可以避免激起竞争者的过度反应,引发价格战之类的不利局面,保持行业内的良好生态环境。采取稳定型战略并不意味着企业无所事事,各级管理层同样需要根据市场行情与竞争者的行为做出调整,并不断进行成本控制。使用稳定型战略的问题是,有可能使企业形成竞争惰性,对市场变化与预期的敏感性下降,忽视了潜在竞争者带来的威胁。例如,电商出现时主营的是图书、服装、电器等品类,业务流程非常成熟的超市并未将其视作威胁,但随后电商开始侵占生鲜食品等领域的业务,这些业务本是超市的优势项目。

3. 收缩型战略。收缩型战略也称为防御型战略。当零售企业所处行业处于下滑阶段,或自身经营陷入某种困境时,需要做出收缩的战略选择。收缩型战略可使企业重新调配资源,并将其集中用于业绩最优的领域,是企业处于逆境时的次优选择。依据收缩程度,收缩型战略可分为改组战略、剥离战略、清理战略。改组战略侧重对资源结构的重新调配,而不对业务内容做重大调整,但有可能需要缩小原有业务的范围。剥离战略主要从成本收益角度出发,削减某些利润不佳的部门以及非核心业务。清理战略意味着企业在此领域业务经营失败,需要清理撤资并寻找新的投资方向。

(三) 战略选择分析工具

SPACE 评价矩阵(Strategic Position and Action Evaluation Matrix)是一种基于四项指标辅助企业战略选择的分析工具,四项指标分为两类,内部指标与外部指标。内部指标包括企业财务能力定位(FP: Financial Position)与企业竞争能力定位(CP: Competitive Position)。外部指标包括稳定性定位(SP: Stability Position)与行业发展定位(IP: Industry Position)。①企业财务能力定位(FP)主要关注企业的现金流、利润水平、投资回报率、流动性水平、存货周转率、融资成本、金融杠杆水平等指标。②企业竞争能力定位(CP)主要关注企业销售商品的质量、整体服务水平、市场占有率、顾客忠诚度、采购渠道的稳定性、技术应用能力等指标。③稳定性定位(SP)主要关注企业所处的宏观经济背景,包括通货膨胀率、居民收入水平、需求变动性、市场利率、综合风险等因素。④行业发展定位(IP)主要关注企业所处的行业背景,包括行业增长速度与潜力、行业技术更新速度、消费者价格敏感程度、行业进出壁垒、行业相关规制政策等因素。

SPACE 评价矩阵的使用步骤如下:①针对某一企业的评价需求,为其选定企业财务能力定位(FP)、企业竞争能力定位(CP)、稳定性定位(SP)、行业发展定位(IP)四项内容的解释变量。如零售企业进行评价,指标选择应更多体现出零售行业及具体业态的特点。②确定各项指标的取值范围,使用 7 等级划分。对于 FP 与 IP 项,由 1 至 7 表示状态逐渐改善;对于 CP 与 SP 项,由 -7 至 -1 表示状态逐渐改善,并据此绘制四象限坐标图。FP 与 CP 轴用于比较本企业与竞争者的差异;IP 与 SP 轴用于比较本行业与其他行业的差异。③计算 FP、IP、CP、SP 各项指标的得分,并计算平均分(取整或不取整)。关于各项得分的计算,使用无量纲化处理,一般使用取值范围内的评价分方式,评价过程体现了主客观因素的综合。④将共轴指标的最终得分相加,得到一个二维坐标,将其标注在坐标图中。⑤从坐标原点向标注点绘制连线,该线段指向表明企业适宜的战略选择方向。战略选择方向包括四类,即 CP-FP 区域的保守型战略、IP-FP 区域的进取型战略、CP-SP 区域的防御型战略、IP-SP 区域的竞争型战略。SPACE 评价矩阵各战略方向选择如图 6-6 所示。

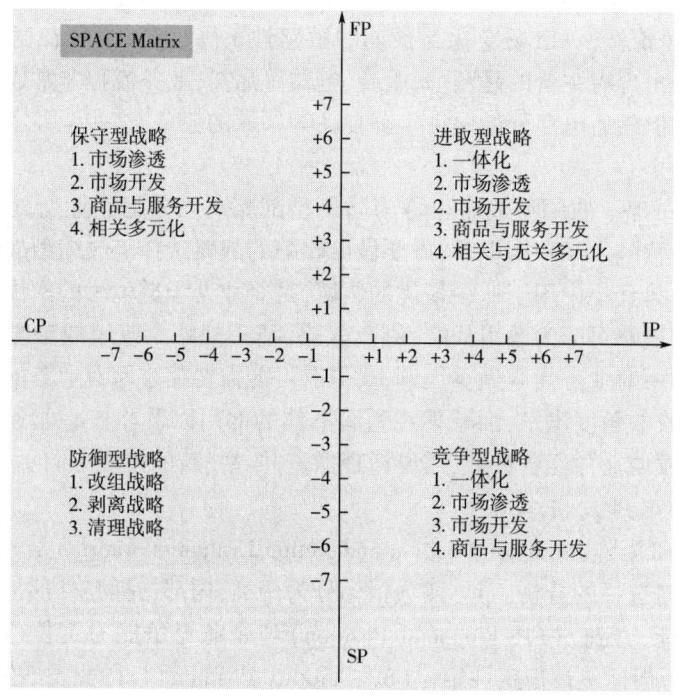

图 6-6　SPACE 评价矩阵与战略选择

基于 SPACE 评价矩阵,零售企业具体战略方向的选择如图 6-7 所示。

(四)零售业态选择工具

零售企业在确定整体战略后,需要选择具体的业态与经营业务。业态选择对于零售企业的发展至关重要,适宜的业态意味着高效的经营模式与较为稳定的客流资源。战略层面讨论的零售业态比前述章节的理论零售业态更为具体、细致,此处涉及的零售业态大多属于子业态以及子业态的细分,一般需说明店铺的具体类型,以便于零售企业进行相关的业务准备与操作。

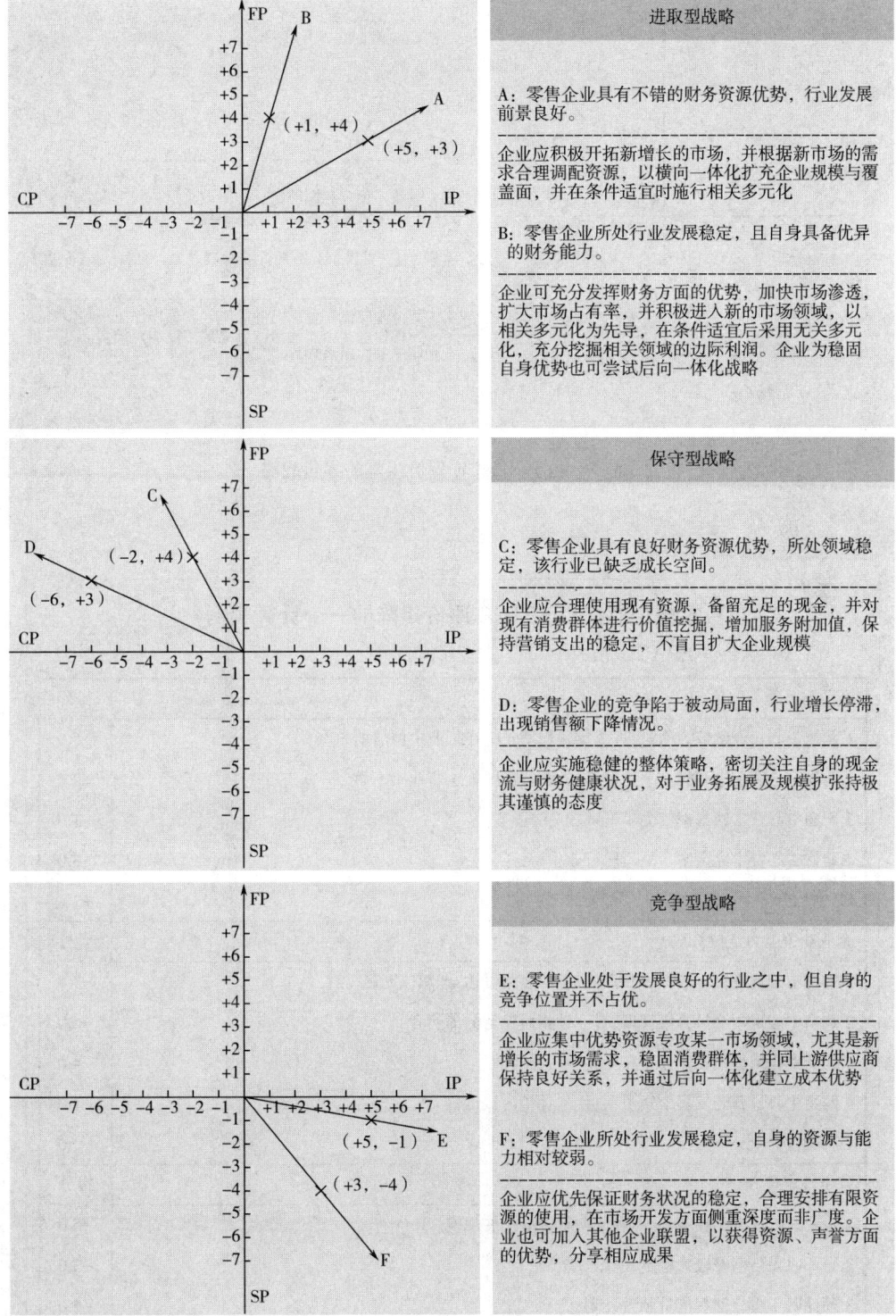

图 6-7

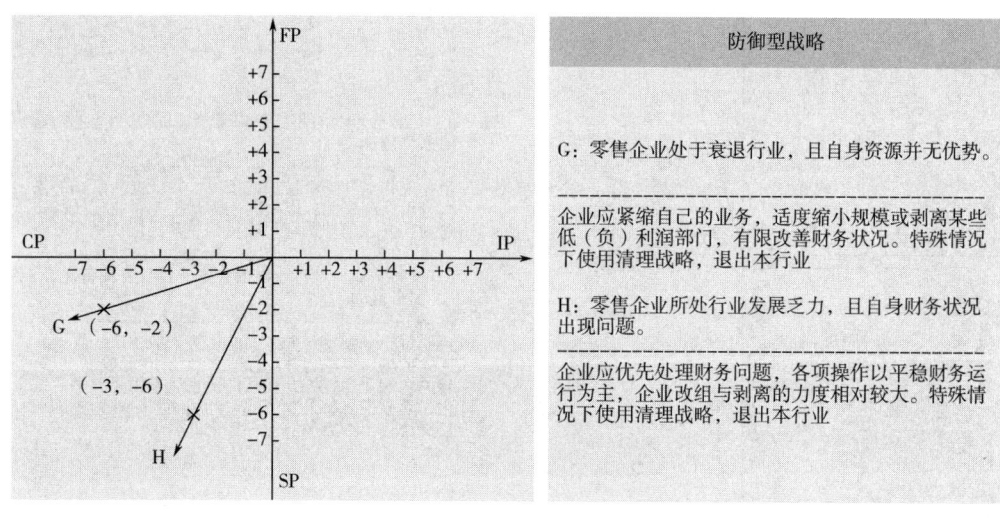

防御型战略
G：零售企业处于衰退行业，且自身资源并无优势。
企业应紧缩自己的业务，适度缩小规模或剥离某些低（负）利润部门，有限改善财务状况。特殊情况下使用清理战略，退出本行业
H：零售企业所处行业发展乏力，且自身财务状况出现问题。
企业应优先处理财务问题，各项操作以平稳财务运行为主，企业改组与剥离的力度相对较大。特殊情况下使用清理战略，退出本行业

图 6-7 基于 SPACE 评价矩阵的零售战略

知识拓展

零售企业使用 SPACE 评价矩阵的一个计算实例

某购物中心 SPACE 指标：

企业财务能力定位 FP	得分
1.购物中心营业额较为稳定，近3年平均增长率在行业中位居前30%。	+5.0
2.购物中心营业净利润水平稳定但利润率较低，处于行业中下游。	+2.0
3.购物中心资本回报率较去年下降3.5%。	+1.0
4.购物中心资本充足率水平位居行业中游	+3.0
FP 平均分	+2.8
企业竞争能力定位 CP	得分
1.购物中心地理位置较好，周边有2条快速路可达，停车位充足。	-1.0
2.购物中心采用会员分级管理，有一批相对稳定的消费者。	-2.0
3.购物中心某些销售业务正在受到网店的侵蚀。	-4.0
4.购物中心筹备开发多个娱乐项目，预计年内试运营	-1.0
CP 平均分	-2.0
稳定性定位 SP	得分
1.企业贷款成本正在上升，不利于购物中心扩展规模。	-5.0
2.居民收入与消费较为稳定，但增长缓慢。	-3.0
3.预计明年出台消费信贷刺激计划	-2.0
SP 平均分	-3.3

续表

行业发展定位 IP	得分
1.大型零售业态的竞争越发激烈,价格战在未来不可避免。	+2.0
2.购物中心与当地社区关系良好,经常参与或举办公益活动。	+4.0
3.所在区域内新建大型零售设施的审批流程更加严格。	+5.0
IP 平均分	+3.7
汇总	
横轴=IP+CP=+3.7-2.0=+1.7;纵轴=FP+SP=+2.8-3.3=-0.5	

结论:该购物中心(+1.7,-0.5)位于竞争型战略区域。

1. 基于生命周期法的零售业态选择。此处生命周期法采用五阶段划分分析,同业态演进理论中的生命周期法类似,在生命周期四阶段基础上增加业态的酝酿期。酝酿期主要是指尚未得到市场普遍认可,但已经有少数企业进行相关经营尝试的阶段。阶段划分完成后,对当前市场上普遍存在的各型业态与经营类型进行归纳,然后根据本企业资源与能力优势以及对未来发展的预期进行业态选择。各阶段企业策略选择如下:①酝酿期。对于竞争能力较强的零售企业,可以进行业务与市场的开拓,力求获得市场先入优势,并打造自己的品牌。对于竞争能力一般的零售企业,可以采用稳步跟随策略,资源投入方面持谨慎态度,并关注新型业务增长的速度。对于竞争能力较弱的零售企业,可以采取静观市场走向的策略,在行业利润达不到预期水平时不轻易投入资源。新的业态模式被消费者认可有时需要较长的过程,因此,酝酿期有可能经历较长时间。②导入期。对于竞争能力较强的零售企业,可以为成长期进行资源铺垫,快速占领该业态的基础市场,此阶段有可能需付出相对较高的成本。对于竞争能力一般的零售企业,可以明确自身的定位,如跟随主导企业或建立一些差异化特点,为下一阶段发展做好准备。对于竞争能力较弱的零售企业,可以持保守态度或尝试探索市场空白,资源使用方面需要谨慎。③成长期。对于竞争能力较强的零售企业,可以争取在本阶段建立自己的优势地位,如占领较高的市场份额,进行运营方面的创新,并控制业务的综合成本。对于竞争能力一般的零售企业,可以采取积极的跟随策略,使价格和成本与主导型企业看齐,合理安排资源的使用。对于竞争能力较弱的零售企业,可以集中资源,专注于某一方向的业务发展,并获得随行业自然发展的利益。④成熟期。对于竞争能力较强的零售企业,在具备优势后可以采用防御型策略,通过营销手段稳固现有顾客,保持销售额与利润的平稳,最大限度收获前阶段的经营成果。对于竞争能力一般的零售企业,可以在跟随主导企业的基础上探索市场的深度挖掘,以利润为主要经营目标。对于竞争能力较弱的零售企业,可以在适度收获前提下紧缩或转移资源使用,提前避免衰落期风险。⑤衰落期。对于竞争能力较强的零售企业,可以凭借前期建立的优势地位挖掘市场剩余资源,同时转移资源,寻找新的业务领域。对于竞争能力一般的零售企业,可以在充分利用固有市场基础上逐步缩减业务并寻找新的发展方向。对于竞争能力较弱的零售企业,由于财务风险承受能力有限,可以选择快速撤离的策略。具体零售业态生命周期分布如图6-8所示。

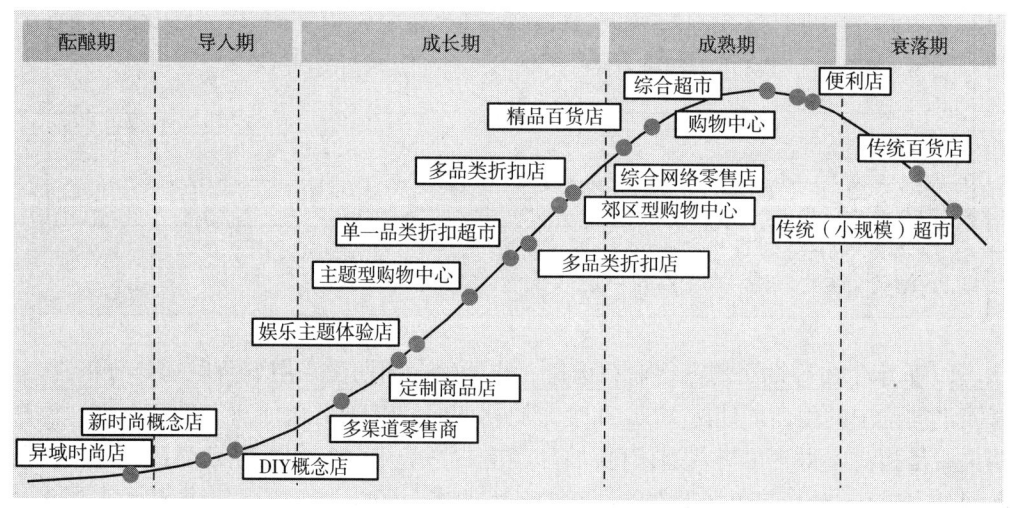

图6-8 生命周期曲线业态分布

2. 基于波士顿(BCG)矩阵的业务选择。波士顿分析矩阵主要依据企业业务的增长率与相对市场份额两项指标对业务进行定位与取舍,零售企业可以据此分析业务情况。波士顿矩阵共分四个区域,分别是明星业务(Star)、现金牛业务(Cash Cow)、瘦狗业务(Dog)、问题业务(Question Mark),对应位置如图6-9所示。①明星业务,是指处于高增长率、高市场占有率象限内的业务群。这类业务可能成为企业的现金牛业务,需要加大投资以支持其迅速发展。企业一般采用的发展策略是,积极扩大经济规模和市场机会,以长远利益为目标,提高市场占有率并强化竞争地位。②现金牛业务,已进入成熟期的业务,又称厚利业务,是指处于低增长率、高市场占有率象限内的业务群,其财务特点是销售量大,销售利润率高,负债比率低,可以为企业提供稳定的资金。同时由于增长率低,对该区域业务无须增加投资,因而成为企业回收资金、支持其他业务的保障。③瘦狗业务,属于衰退类业务或酝酿期业务,是指处在低增长率、低市场占有率象限内的业务群,其财务特点是利润率低、处于保本或亏损状态,负债比率高,无法为企业带来收益。对于衰退类业务,应采用撤退战略,将剩余资源向其他业务转移。而对于酝酿期业务,应保持审慎理性的运营,如果能够向其他象限转移则继续支持,如果长期停留在本区域则可以剥离。④问题业务,是指处于高增长率、低市场占有率象限内的业务群。前者说明市场机会大、前景好,而后者则说明在市场操作中存在问题。其财务特点是利润率较低,所需资金不足,负债比率高。企业可采取选择性发展策略,综合评价该业务群特征,优先支持有望发展为明星业务的项目。

波士顿分析矩阵在使用时可根据企业需求调整相关参数的取值范围。相对市场份

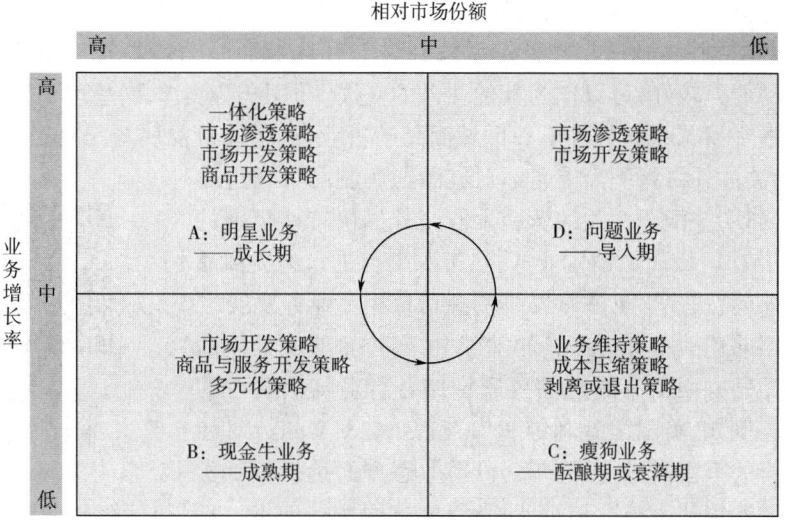

图 6-9 波士顿分析矩阵

额的区间一般为 0 至 100%，但对于小规模企业也可调整为 0 至 80% 或更少，计算方法是本企业与主要竞争对手(行业主导企业)市场份额比。相对市场份额也可以使用相对市场竞争地位替换，综合使用多种表示竞争能力的指标。业务增长率习惯使用±20%的区间，也可使用 0 至 40% 或其他。同时，在分析时还应结合具体业务的盈利能力加以考虑。例如，某社区型综合超市对店内食品大类进行了市场份额与业务增长率定位，分布如图 6-10 所示，其中饼图白色区域表示利润贡献比例。对于 A 区域商品销售业务，

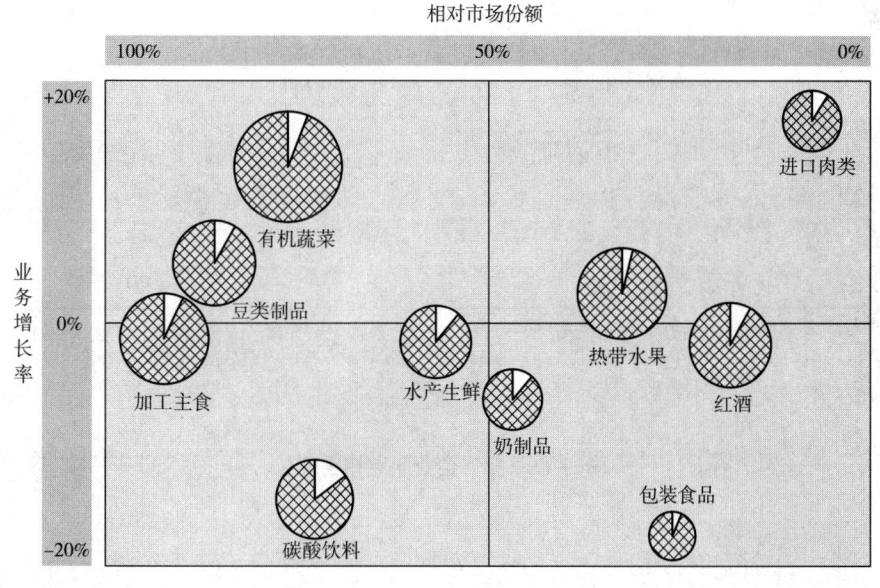

图 6-10 波士顿矩阵分析示例

有机蔬菜与豆类制品存在较大发展空间,尤其应支持有机蔬菜的发展,如进一步增加采购品种与数量,并结合适宜的营销手段。对于 B 区域商品销售业务,碳酸饮料与水产生鲜的获利能力较好,可以作为其他业务的支撑。但由于碳酸饮料呈现下滑迹象,应尽快获益并逐步缩减业务。对于 C 区域商品销售业务,包装食品明显呈现被市场淘汰特征,应密切关注并做好剥离准备。对红酒与奶制品可通过品牌或品种调整,并配合相关的营销手段使其尽快转移至别的区域。对于 D 区域商品销售业务,热带水果与进口肉类商品体现了当前消费趋势,可适度安排资源培育相关业务发展。

一些零售企业战略
制定的误区

在应用前述战略分析工具的基础上,零售企业在具体商品品类与品种方面的策略还需要紧密结合行业与消费者的偏好特征。例如,美国学者利维和韦茨(Levy & Weitz)对涉及服装销售的零售商进行了交叉分区,业态方面选择了专卖店、百货店、连锁超市与折扣店,时尚程度方面按照前沿、中等与传统划分,各主要零售商的分布如图 6-11 所示。

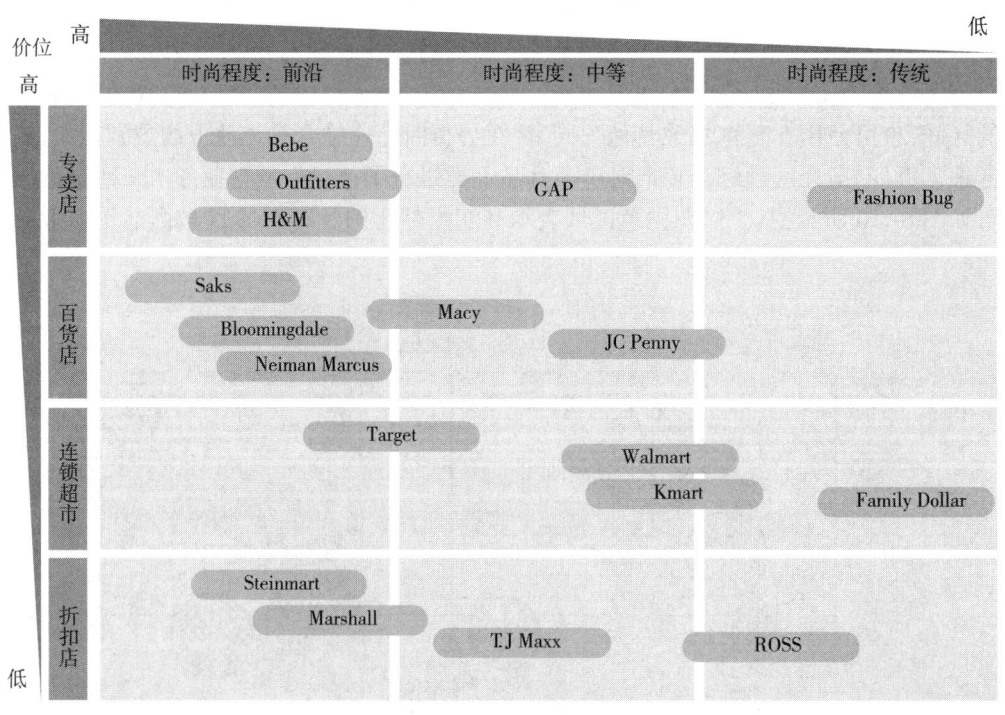

图 6-11　零售企业服装销售定位

第三节 零售战略实施与评价

零售企业在做出适宜的战略选择后需要通过一系列管理活动将其付诸实行并进行反馈,战略实施与评价的质量很大程度上影响着战略效果。以下分别介绍零售战略实施与零售战略评价的相关内容。

一、零售战略实施

零售企业战略实施应首先进行实施类型的选择。由于不同零售企业在业务领域、企业规模、人员结构、企业文化方面存在诸多差异,因此在实施类型方面需要因地制宜。例如,一家新成立的基于网络平台的零售商可能并不适合选择传统的战略管理与实施方式。

(一)零售战略实施类型

零售战略实施类型包括五种:①指挥型。该模式采用自上而下的管理方式,由企业高层管理者(总经理)制定战略的方案与细则,然后下发至各个职能部门。在战略制定中,需要各部门与基层制定单位进行配合,提交相关的战略与策略资料、报告等文件供高层管理决策参考。②变革型。该模式中企业高层对战略进行总体设计,并在战略层面进行相应的设置,如变革组织结构与人力资源,调整原有不匹配的设置,并设计战略实施的控制手段,在此基础上充分调动各个职能部门与员工的积极性,使其各自发挥相应的作用。③合作型。该模式的特点是企业的高层管理者考虑如何让部门管理人员从战略实施一开始就承担有关的战略责任,发挥集体的智慧。企业总经理要和部门管理人员一起对企业战略设计进行充分的讨论,形成较为一致的意见并制定出战略实施方案。④文化型。该模式的特点是企业高层管理者考虑的是如何动员全体员工参与战略实施活动。即运用企业文化手段,不断向企业全体成员灌输战略思想,建立共同的价值观和行为准则,使所有成员在共同的文化基础上参与战略的实施活动。由于这种模式打破了战略制定者与执行者的界限,力图使每一个员工都参与实施企业战略,使企业各部分人员在共同的战略目标下工作,企业战略实施迅速且风险可控。⑤增长型。该模式的特点是企业中高层管理者考虑的是如何激励下层管理人员制定实施战略的积极性及主动性,主动参与企业效益的增长。即总经理要认真对待下层管理人员提出的一切有利于企业发展的方案,只要方案可行且符合企业战略发展方向,在与相关人员探讨解决方案中的具体问题及措施后,应及时批准这些方案,以鼓励员工的首创精神。采用这种模式,企业战略不是自上而下地推行,而是自下而上地产生。这五种战略实施类型的适用条件与特点如表6-10所示。

围绕企业战略活动的7S体系

表 6-10 零售战略实施类型

编号	类型	适用条件	特点	企业类型
1	指挥型	1. 高层管理者有较高的权威与威望。 2. 战略目标与当前组织结构与资源相对匹配，或差异不大。 3. 企业高层信息收集全面且准确。 4. 企业高层拥有较好的决策支持团队	优点：战略执行力度较大，能够对市场变化快速做出反应。 缺点：单纯自上而下的管理模式缺乏激励效果，且存在盲目决策或决策偏误	较为传统的大型零售企业多偏向于这种方式，其固有结构与科层模式与指令型管理方式较为匹配，如传统大型综合连锁超市
2	变革型	1. 企业遇到了需要变革的机遇或挑战。 2. 企业具备相关变革的资源优势。 3. 管理层具有战略意识、变革能力与执行力度	优点：使企业能够较好地应对市场挑战，乃至行业遇到的危机。 缺点：存在变革风险，如内部阻力、不适应性、变革失败等	当行业内的许多企业都在进行战略转型，或遇到了潜在竞争者的挑战时，企业需要尽快做出变化，如传统百货店遇到行业发展的瓶颈
3	合作型	1. 企业没有过大的上下层级差别，沟通较为便利。 2. 企业战略层较为开明，能够接纳多方意见。 3. 战略实施方案选择有较宽裕的时间	优点：企业内部有较好的信息沟通，以及良好的协作氛围。 缺点：不同目标、不同思路之间存在相互抵消的效果。最终的战略实施方案有可能是一个折中产品	中小规模的零售企业（单店企业）适宜采用此种方式，如一些主题店、单品类店等
4	文化型	1. 企业拥有典型且稳定的企业文化氛围。 2. 企业业务型员工有较好的知识与技能储备。 3. 企业组织结构有较好的弹性	优点：企业信息获取全面、准确，决策依据更为翔实。员工积极性调动充分。 缺点：时间消耗过长，战略实施较缓慢。存在流于形式的风险	新兴的、处于成长或探索发展阶段的零售企业适宜使用此种方式，如基于新零售模式的网店
5	增长型	1. 企业具有上下层分权的管理模式，各岗位职责清晰明确。 2. 各层级员工知识水平普遍较高。 3. 企业日常管理活动中存在由下而上的信息反馈渠道	优点：方案制定具有较好的层次性，是一种优中选优的模式，且更具操作价值。 缺点：存在诸多差异性建议，决策者容易游移不定	体系结构发展较成熟的零售企业可以使用此种方式，如一些中等规模的专业店

(二) 零售企业业务活动

零售企业战略实施的关键内容是保障资源匹配（关于零售战略实施中的有关内容

还会在随后章节详细介绍),即根据企业的战略选择为其合理配置资源,保证各项业务活动能够有效支撑企业的总体战略。对于企业资源分配可以根据具体的业务内容进行安排,因此需要对零售企业的业务活动有较为清晰的了解。

1. 基于价值链视角的业务分解。价值链(Value Chain)表达了企业商业活动的结构,用来详细描述企业运营或功能行为的顺序。价值链中的每一个环节都为企业战略目标增加价值,各项活动之间是相互合作关系,只有完成了价值链中的各个环节,企业的经营活动才是完整的。同时,企业价值链中的每一个环节都可能拥有自己潜在的价值链,而且任何一个单独环节都可以同前面或后面的环节联合以创造更多价值。价值链业务活动可分为核心业务活动与支持业务活动。

(1)核心业务活动。即企业的本职经营活动,围绕产品或服务并将其转化为顾客价值。零售企业的核心业务活动是从供应商采购商品,并通过一系列业务活动将商品转移至消费者手中,包括店铺管理、仓储物流、市场营销、客户服务等。

(2)支持业务活动。即辅助企业本职经营的相关业务活动,这些活动一般不直接与顾客接触,而是服务于企业内部的活动,如零售企业的行政管理、人力资源管理、财务管理、技术管理等。对于不同业态或不同类型的零售企业,其具体的价值链构成可能存在差别。典型的传统零售企业价值链构成如图6-12所示。

支持业务活动	基础架构	组织结构、部门管理、分区管理、管理监督、行政职能、公共关系	基础能力
	人力资源	招聘计划、薪酬体系、考核体系、激励机制、员工培训、职业规划	
	财务管理	财务活动、预算管理、成本控制、内部控制、审计职能、企业融资	
	技术应用	商品信息化、信息平台、管理系统、办公系统、数据仓库、ERP	
核心业务活动	商品品类管理 供应商资源 自有品牌建设 自动补货系统	区位选址 店面布局设计 购物通道设计 磁石点设置	配送中心建设 物流路线优化 自动仓库 仓储信息化管理	单品与商品组合 价格管理 促销管理 广告与信息发布	信息平台 会员制 导购服务 售后管理	利润
	商品采购	店铺管理	仓储物流	市场营销	客户服务	

图6-12 零售企业价值链构成

2. 零售核心业务活动。零售核心业务是企业战略实施的关键,也是创造企业价值与利润的核心,零售企业只有把核心业务做好,才能体现出自身的竞争优势。零售核心业务相互之间存在紧密的关联,在日常管理活动中需要构建顺畅的连接机制,保证商品能够高效率地自采购起点传递至顾客手中。对于一般零售企业来说,其核心业务活动主要包括五个部分:①商品采购管理,具体业务内容涉及商品品类的整体筹划,商品采购供应商的选择与关系维持,是否采用自有品牌的策略(外包定制商品生产),以及自动化的供应系统建设等。②零售店铺管理,涉及实体店的环境分析与具体的区位选择,店面的建筑设计、布局规划与内部装修,顾客购物通道的设计,通道磁石点的设置与选择等。网络零售店在该业务方面与实体店不同,活动内容主要集中在网店页面设计与数据平台的组织方面。③仓储物流管理,涉及仓储配送中心的建设与运营,物流网络与路线的优化,自动化与立体仓库的使用,以及仓储与物流活动的信息化管理等。④市场营销管理,涉及销售活动中的商品组合设计,商品价格与促销管理,广告与相关信息的发布等。⑤客户服务管理,涉及服务信息平台的建设,会员制管理方式,导购服务设计,以及售后服务管理等。

零售核心业务创造价值主要体现在两个方面,即服务时间与服务质量。①服务时间是指各业务环节通过有效衔接与流程优化,能够减少商品在本企业业务活动期间的时间消耗,进而为顾客创造价值。例如,食品零售商通过优化核心业务价值活动,能够更快速地为消费者提供新鲜的果蔬商品,并获得更高的利润水平。②服务质量是指不同业务环节与顾客存在互动关联时,带给顾客的消费体验。服务质量的提升是零售企业获竞争优势,以及差别定价的关键。零售企业在多项核心业务活动中都可以改善服务质量。例如,零售企业在店铺管理中通过更好的店面设计与购物通道规划,提升顾客的店内体验;或通过搭建优质的售后服务平台使顾客消费无忧。

3. 零售支持业务活动。零售支持业务活动是企业战略实施的重要保障,构成了企业运营的基础能力。支持业务活动虽然对于顾客可见性不高,但是其相关活动的质量与效率能够影响核心业务活动的开展。零售支持业务的结构与组合应围绕核心业务进行设计,尤其是核心业务中的重点环节与项目将成为核心业务能力的放大器,强化企业在某领域的竞争优势。对于一般零售企业来说,其支持业务活动主要包括四个层面:①企业基础架构,涉及企业组织结构的设计,部门划分与管理,业务分区管理,各类管理活动的监督,企业行政职能,公共关系管理等。②人力资源管理,涉及员工的招聘计划、各级人员的薪酬体系建设、员工考核体系设计、激励机制的设计、员工培训活动的组织、员工职业规划发展等。③财务管理,涉及企业的日常财务活动、企业预算管理、企业成本控制、企业内部控制、企业审计职能,以及多类企业融资活动。④技术应用管理,涉及商品的信息化、企业信息平台建设、管理信息系统的使用、办公系统的使用、数据仓库的开发,以及企业整体资源规划(ERP)。

从结构关联来看,各类零售支持业务活动构成了企业运营的基础,渗透到零售核心业务的各个环节,两方面内容呈现交叉的关系。例如,零售企业进行商品采购与仓储物流活动,均涉及人力资源的安排,不同部门需要不同规模与结构的员工队伍,采购业务更倾向外向型队伍的建设,而仓储物流活动更倾向技术型队伍的建设。

零售支持业务活动与核心业务活动的匹配

二、零售战略评价

零售战略评价是指在战略开始实施之后,企业对经营活动所处的内外部要素是否发生变化,以及对目前战略实施效果进行综合的考查与评定,进而决定是否继续当前的战略,或进行战略方面的调整。战略评价是检测战略实施进展,评价战略执行业绩,不断修正战略决策,以期达到预期目标的一系列过程,可以分阶段实施。战略评价既是当前战略执行的阶段性终点,也是下一战略执行期的起点。战略评价主要包括三个部分,即对战略制定后内外部环境的变化进行分析,对目前战略的实施结果进行评估,根据需要对战略做相应的修正,其执行框架如图6-13所示。

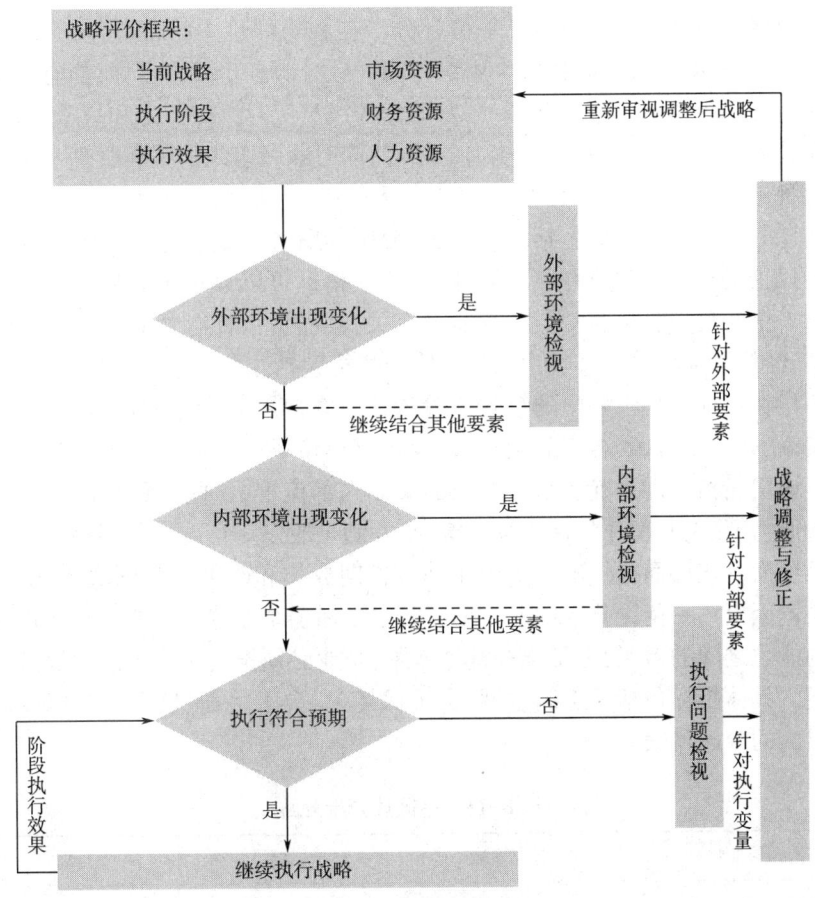

图6-13 零售企业战略评价框架

进行战略评价应把握的基本原则包括:①一致性原则。即评价内容与评价节点的选择与战略执行中的关键活动相一致,优先关注最重要的战略变量,使之与战略主导方向相匹配。②可行性原则。即评价设计与具体指标的确定较容易获取,且具有量化或非量化可比较性,能够进行评价操作。③标准性原则。即对于评价结果有明确的衡量标准,能够清晰说明何种状态属于战略实施有效,何种状态属于战略实施无效,进而做出调整。

零售企业进行战略评价依据如下:①对企业经营的外部环境进行评估,观测外部环境是否与战略制定时发生了变化,对于显著的变化应进一步加以检视,并将其列入战略调整的影响因素列表。②对企业的内部环境进行评估,观测相关的资源与能力是否出现了变化,并依据竞争能力的增强或减弱对企业的战略进行重新定位。③依据系统化的评价标准对当前阶段的战略实施进行综合评定,根据评定结果做出是否调整战略的选择。内外部环境评估已在前文叙述,以下主要介绍战略评价的方法——平衡计分卡。

平衡计分卡(Balanced Score Card)是一种基于实现战略导向的绩效管理体系,目的是保证企业战略得到有效的执行。平衡计分卡在战略评价中的特点包括:能够克服传统财务评估方法的短期倾向,使整个组织行动一致且服务于战略目标;能有效地将组织战略转化为各层级的绩效指标和行动,有助于各级员工对组织目标和战略的理解,有利于组织和员工的学习、成长和核心能力的培养,同时兼顾组织的整体管理水平及实现组织的长远目标。

平衡计分卡的评价主要包括四个层面,分别是财务层面、客户层面、内部经营流程层面、学习与成长层面。①财务层面。财务业绩指标可以显示企业战略实施和执行的直接效果。企业财务表现通常与获利能力有关,其衡量指标有营业收入、利润水平、资本报酬率、经济增加值等。②客户层面。客户指标包括企业竞争的客户和市场情况,以及业务单位在目标客户市场中的绩效衡量指标。客户层面指标通常包括客户满意度、客户保持率、客户获得率、客户盈利率,以及在目标市场中所占份额等。③内部经营流程层面。该层面指标需要确认组织擅长的关键内部流程,这些流程帮助业务单位提升价值创造能力,吸引并留住目标市场的客户,并满足股东对卓越财务回报的期望。④学习与成长层面。该层面指标确立了企业创造长期成长和改善的基础框架,明确了未来成功的关键因素。平衡记分卡的前三个层面主要揭示企业的实际能力与实现业绩突破所必需的能力之间的差距,为了弥补这个差距,企业必须投资于员工能力提升与技术改进等方面。具体指标包括员工满意度、员工保持率、员工培训、技术与技能改进等。四个指标层面的分解见表6-11。

表6-11 平衡计分卡分解

指标层面	对应领域	指标要点	具体指标示例
外部维度	财务层面	如何服务股东利益? 1. 企业业绩增速 2. 企业业绩稳定性	销售额与增长率 利润额与利润率 资产负债率 存货周转率 资产收益率 …

续表

指标层面		对应领域	指标要点	具体指标示例
外部维度	客户层面	如何服务客户利益?	1. 客户服务概念 2. 客户服务关系 3. 客户价值属性	市场占有率 客户满意度 客户保持率 客户获得率 客户盈利率 …
内部维度	内部经营流程层面	企业的优势是什么?	1. 运营流程 2. 创新流程 3. 服务流程	商品库存充足率 物流配送准时率 货架周转率 售前信息覆盖比率 售后处理平均时间 …
	学习与成长层面	企业如何创造价值?	1. 员工能力 2. 技术应用 3. 企业文化	员工培训比率 员工满意度 员工保持率 员工晋升周期 技术转化率 研发投入比率 团队合作能力 部门协调能力 …

平衡计分卡在使用中需要注意以下相关问题:①平衡计分卡的实施要求企业有明确的组织战略,高层管理者应当具备分解和沟通战略的能力和途径,中高层管理者应当具有指标创新的知识和能力。因此,管理基础差的企业不适合引入平衡计分卡,实施难度较高。②如何建立非财务指标体系,如何确立非财务指标的标准以及如何评价非财务指标,都需要企业长期的探索和总结,且不同的企业面临着不同的竞争环境,需要不同的战略评价设定。③平衡计分卡侧重指标的分解,而不是具体的管理流程。平衡计分卡的评价结果只能显示企业在战略实施中出现了哪些问题,缺少具体的应对方案。企业需要根据评价结果找到问题节点,并重新审视战略设定与实施的流程,找到可行的解决方案。

平衡计分卡的平衡性

章节练习

一、章节要点

(1)零售企业战略的概念;(2)零售企业远景描述;(3)零售企业使命陈述;(4)零售企业长期目标与短期目标;(5)零售企业战略目标的分解;(6)零售企业外部环境分析,包括政治与法律环境、经济环境、社会文化环境、技术环境;(7)零售企业内部环境分析,包括企业资源与企业能力;(8)零售企业竞争定位;(9)零售企业竞争优势识别;(10)零售企业高级 SWOT 分析与 CLPV-SWOT 分析;(11)零售企业战略选择;(12)零售企业整体战略分类;(13)零售企业战略取向;(14)零售企业战略的 SPACE 评价矩阵;(15)基于生命周期法的零售业态选择模式;(16)基于波士顿矩阵的零售业务选择模式;(17)零售企业战略实施;(18)基于价值链视角的零售业务分解;(19)零售企业战略评价;(20)平衡记分卡评价方法。

二、思考题

(1)零售企业远景与企业使命有何异同?

(2)零售企业在设定战略目标时有何关键点?如何把握长期目标与短期目标的关系?

(3)零售企业战略规划包含哪几个阶段?

(4)零售企业战略目标如何进行分解?请通过具体实例说明。

(5)零售企业在跨国经营时应关注哪些政治与法律因素?

(6)对影响零售企业经营的不同经济因素进行排序,并给出具体说明。

(7)哪些社会与文化因素会直接影响零售企业的经营?它们通过何种方式体现出来?

(8)技术环境的变化对现代零售企业的经营有何影响?

(9)零售企业如何识别并发挥自身无形资产的价值?

(10)不同业态的零售企业核心能力是否存在差别?请详细说明。

(11)零售企业竞争优势识别的标准有哪些?

(12)通过具体实例比较零售同质化竞争、异质化竞争、离散化竞争的差异。

(13)比较不同类型零售战略实施的特点与适用条件。

(14)以矩阵方式比较 S-O 战略、W-O 战略、S-T 战略、W-T 战略的特征及相应的资源准备。

(15)实施成本领先战略,零售企业需要具备哪些条件与优势?

(16)在现有市场条件下,市场聚焦战略是否是中小零售企业的最佳选择?请说明理由。

(17)零售企业采用进取型战略、稳定型战略、收缩型战略分别应具备何种条件?

(18)一体化战略能否给零售企业带来显著的垄断优势?

(19)具备何种条件的零售企业适宜采用多元化战略?请通过具体实例说明。

(20)零售企业应如何应对问题型业务？可通过哪些方式促进问题型业务的转化？
(21)变革型战略实施适用于哪些类型的零售企业？
(22)零售企业使用平衡记分卡应如何进行维度分解？

三、综合练习

(1)搜集我国零售企业关于远景描述与使命陈述的资料，并与国外同类型企业进行对照分析。结合不同企业的成长路径，对企业远景、使命同企业发展的匹配度进行讨论。

(2)选择两家国内零售企业，一家实体店，一家网店，经营同样或近似的商品品类，详细分析其外部环境与内部环境，通过表格形式进行整理与对照。并对两家企业在市场竞争中的特点及优劣势进行讨论。

(3)基于资源与能力视角，尝试量化识别某零售企业的竞争优势，计算方法与权重可根据企业特征自行设计。

(4)使用高级 SWOT 方法或 CLPV-SWOT 方法分析某购物中心的竞争态势，并基于分析结论对其经营战略进行设计。

(5)使用 SPACE 评价矩阵分析某大型综合超市的竞争战略。

(6)通过信息搜集与整理，绘制当前的业态生命周期曲线分布图。

(7)基于量化的波士顿矩阵方法分析某专业店的业务，并给出商品经营的调整或优化方案。

(8)分析某大型零售企业的价值链构成，并基于价值链特征识别其现有战略的可行性。

第七章 零售区位管理

第一节 区位分析与选择

零售区位管理对零售企业的经营活动至关重要,拥有优质的区位通常意味着零售经营成功了一半。零售区位管理是指围绕零售店铺所在区域以及具体经营地点的一系列策划与管理活动,而非单一的选址活动。当然,选址活动是零售区位管理中的关键环节,正如零售管理原则所强调的:"地点,地点,还是地点。"关于选址,目前已经发展出了较为成熟的方法体系。本部分将全面介绍零售区位管理理论与方法。

一、区位

区分(Location)主要是指某事物占有的场所,但也含有位置、布局、分布、位置关系等方面的意义,范围限定在人类活动所占有的空间。基于此,零售区位一方面指零售店铺的位置,另一方面指该店铺与其他经济主体(供应商、竞争者、消费者等)的空间联系。零售区位管理包含三个原则:

(一)因地制宜原则

零售区位管理的基础理论是空间经济理论(第四章),但零售企业在具体应用时不应被理论所限制,而应根据具体的环境特征与业务活动要求,密切结合所处区域的自然因素与社会因素,使区位管理能够更好地符合当地需求以及企业优势。例如,根据空间理论,商业活动的最优位置是中心地区,但对于不同类型的零售业态或企业来说,由于其经营成本方面的限制,并不一定倾向于地租极高的中心点,周边区域可能是更好的选择。

(二)动态平衡原则

影响区位选择的因素可以划分为静态因素和动态因素。静态因素如土地、地形、气候、自然资源等,主要为自然因素;动态因素如市场、交通、政策、人口等,主要为社会经济因素。在各类因素中,由于动态因素总是不断发展变化,因而企业需要更多考虑其对区位选择所产生的影响。以辩证的观点看待影响区位选择的诸项因素,有助于零售企业应对区域环境的变化。例如,城市中心区密度增加引发的扩散与外溢效应,必然要求各类零售服务的资源配置进行调整并与之匹配。

(三)统一性原则

经济区域是一种开放的、复杂的、动态的环境子系统,要求企业在进行区位选择(也就是建立区位系统)时,不仅要保持系统内各部门的协调统一,同时也要保持系统

(区位系统与相关系统,如地理系统、文化系统)之间的协调与统一。企业在区位活动中不仅关注经济效益,同时要保持经济效益、社会效益和环境效益的统一。例如,零售企业的各类活动都要与所在区域相统一,零售店铺的建筑风格要与当地文化特征相协调,零售经营时间要与当地消费习惯相一致,零售经营活动要与当地环境标准相适应。

二、区位选择的层次

零售企业开展经营活动首先需要进行区位选择,系统化的区位选择具有清晰的层次性,如图7-1所示。

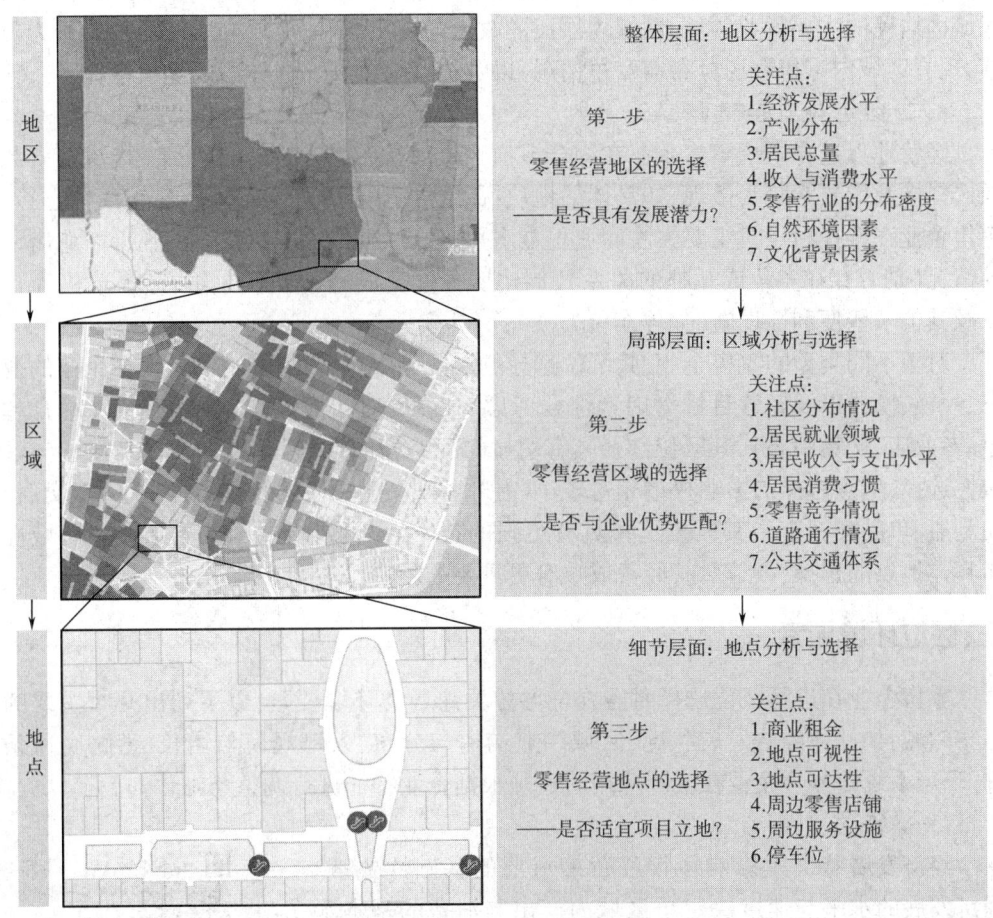

图7-1 零售区位选择的层次

(一)经营地区的选择

经营地区选择是零售企业在宏观战略层面需要详细考察的,是企业能否取得长期发展的关键。所谓经营地区,一般是在某国范围内相对较大的一个地理范围,例如,美国许多零售企业将"州(State)—市(City)"作为地区概念。此处需要指出,对于不同规模的零售(业态)企业,地区的概念可以存在一定的弹性。零售企业进行经营地区选择主要考虑是否符合企业长期发展战略的需要,以及是否有较好的发展空间与潜力。因此,主要关注点涉及地区的整体经济发展水平,地区产业结构与分布,人口总量与结构,人均收入水平与支出能力,该地区已有的零售行业现状,以及与零售活动相关的自然与文化因素等。

（二）经营区域的选择

经营区域选择是指零售企业在某地区范围内挑选适宜的片区作为业务经营的主攻方向。经营区域的范围一般限定在零售单店的商业辐射边界内,也可以是某种行政管理单位,如区(District)或郡(County)。以辐射范围为例,美国大型综合超市的经营区域半径一般在30~50英里。零售企业选择经营区域时主要关注居民社区的总量与分布,区域内居民的主要就业领域,区域内居民的收入与支出水平,区域内居民的消费行为习惯,现有区域内零售资源分布与竞争情况,以及道路与公共交通体系的建设情况。

（三）经营地点的选择

经营地点选择是指零售企业在综合多项区位因素后最终做出的项目立地决策。此项选择涉及的要素较为微观,如具体的地块、街道、商业建筑乃至楼层与店铺商位选择。零售企业在选择地点时主要关注商业租金水平,地点的可视性与可达性,临近商业店铺的情况(是否存在竞争或互补的关系),周边服务配套设施(如餐馆、银行、提款机等),以及其他一些便利性设施(如停车位)。

对于不同类型的零售企业,其区位选择的层次侧重点不尽相同,需要根据企业的业态、规模、模式以及经营目标等因素综合考虑。例如,对于大型连锁零售业态(综合超市、专业店、购物中心),其区位选择具有明显的战略指向性,因此更加关注地区性与区域性选择,地点选择的影响权重相对较小(并非不重要)。对于小型零售业态(专卖店、便利店、单品类超市),其区位选择具有更强的技术性与操作性,因此更加关注区域性与具体地点的选择,细节对其经营成败有更重要的影响。

三、区位环境要素

零售企业在进行区位选择时需要全方位关注各类环境要素,以下列出几个主要的考察领域,如整体经济发展状况、区域产业结构与分布、人口规模与增长、道路交通条件、环境系统。零售企业在实际应用时还须根据企业特征进行调整与细化。

（一）经济发展

经济发展状况是影响零售经营最重要的基础性要素。经济发展的水平与速度决定了区域内产出与消费的基本水平,任何类型的零售企业都需要给予优先关注。对于区域经济发展,可以从经济发展的质量、效益、潜力以及外联性方面加以考察,主要指标涉及地区GDP总值与结构、GDP增速、人均GDP、居民收入与可支配收入、居民消费水平、就业结构

GDP对零售业态的影响

与就业率、恩格尔系数、各类消费价格指数、投资以及区域贸易的相关指标等。零售企业应重点关注同居民收入与消费相关的各类具体指标。例如,我国在统计中将居民收

入划分为四个部分,包括工资性收入、经营净收入、财产净收入、转移净收入,不同属性收入的边际消费倾向不同。我国对居民消费结构的统计口径包含八个类别,分别是食品烟酒、衣着、居住、生活用品及服务、交通通信、教育文化娱乐、医疗保健、其他用品及服务。这些指标均影响零售企业在零售业态、经营规模、商品品类方面的决策。

(二)产业特征

产业特征是对整体经济发展的细化,可将其视作区域经济的子系统,较为细致地分解区域各产业(行业)的产出能力与运行状况。具体指标包括三次产业增加值的总值与比例、各产业(行业)的产值与利润、各产业(行业)投资增长率、各产业(行业)的空间分布与关联度、各产业(行业)的就业吸纳能力,以及各产业(行业)每百万元产值的耗电量与碳排放等指标。地区产业特征在一定程度上影响零售企业的采购活动,尤其对于一些大型的零售业态,经营的商品种类与数量繁多,本地区采购比率相对较高(便于成本控制),因此需要与地区内从事消费品生产的企业建立联系。同时,一些服务领域的行业有可能同本企业形成竞争或合作互补的关系,零售企业也需要给予关注。

(三)人口特征

地区居民是零售业的主要服务对象,人口的基本特征反映了目标群体的总体特征。具体指标包括人口总数与性别比例、种族与民族结构、人口自然增长率、人口年龄结构与分布、人口分布密度、人口城镇化率、家庭结构与平均规模、平均受教育水平、社会保障覆盖率、就业领域与分布等。地区人口特征影响着不同消费群体的购物行为特征,各项因素以及因素的交叉组合能够产生多组不同的消费行为,这关系着零售企业的定位与经营。例如,美国某中部地区消费行为调查结果如表7-1所示,其中,分类标准包括性别、种族与家庭结构,主要调查点包括每周购物频率、单次平均消费金额以及主要到访的零售店铺类型。此外,某些零售企业结合销售商品的品类,还需要关注更为细节的指标,如人均摄入卡路里、人均奶制品消费量、人均汽车保有量、人均电脑设备保有量等。

表7-1 人口特征与消费行为

行为	性别		种族				家庭结构		
	男性	女性	白人	黑人	拉美裔	其他	1人	2~3人	3人以上
购物频率	0.79次/周	1.61次/周	0.83次/周	1.12次/周	2.33次/周	3.31次/周	2.81次/周	1.10次/周	0.54次/周
单次消费金额均值	18.9美元	23.6美元	32.7美元	16.5美元	11.8美元	11.7美元	12.3美元	31.5美元	47.6美元
主要到访零售店排序	1.综合超市 2.便利店 3.购物中心 4.折扣店	1.综合超市 2.购物中心 3.便利店 4.折扣店	1.综合超市 2.购物中心 3.便利店 4.折扣店	1.食品超市 2.百货店 3.折扣店 4.食品超市	1.食品超市 2.折扣店 3.便利店 4.综合超市	1.食品超市 2.折扣店 3.便利店 4.综合超市	1.食品超市 2.综合超市 3.会员超市 4.折扣店	1.综合超市 2.折扣店 3.会员超市 4.便利店	1.综合超市 2.会员超市 3.折扣店 4.食品超市

(四) 交通资源

道路交通资源涉及区域内消费者的流动性以及零售店铺商品配送的效率，零售企业需要对整体道路交通状况进行评价，并重点关注拟选址的具体区域。对于道路交通要素，零售企业应关注以下方面。①交通政策与行政管理。目标区域的交通政策对企业经营是否有影响，如是否对配送车辆的型号、排放有特殊的限定。区域内是否施行新的交通规划，其规划目标与实施周期的长短。②交通资源存量。主要涉及区域内道路的总长度与平均车道数，道路建设的质量(材质与施工标准)，主次道路的比例，区域路网的结构等。③交通管理的实施。涉及目标区域内交通管理的主体、交通信号设置、交通流量的控制方式等。④公共交通资源。主要包括路面公交的覆盖率与运营时间，出租车数量与费用，以及轨道交通的发展等。⑤交通辅助设施。涉及各类区域(商业区、居住区)的停车资源与使用成本。同时，零售企业还需要关注与交通相关的主要能源与服务的价格，该项是企业运营成本之一。关于交通路网结构的分类及其同零售布局的关系如表7-2所示。

表7-2 路网结构分类

编号	类型	特征	零售适用性
1	规则模式("井"字型、网格型)	路网呈现规则整齐特征，横纵方向的道路资源分布平均，流速与流量容纳基本一致	适宜成为分布密集的零售商业中心区，以及诸多小型门店(专卖店)的选址目标
2	环状模式	以环线为主干道，构成单圈层或多圈层形式，环线与支线的流速与流量容纳差别显著	基于干线的快速通行能力，外围区域适合一些大型业态选址，如购物中心
3	树状模式	多层级的道路结构，包括干线与多个级别的支线，流速与流量容纳逐级递减	干线与支线分别适应不同规模的零售业态，交叉点与连接点具有较强的吸引力
4	放射模式	以中心点(中心区域)向外围存在多条辐射状交通干线，其间存在支线的连接，流速与流量容纳与树状结构类似	放射状干线适合大中型零售业态，但是价值低于环状模式的环线。当存在环状与放射状的组合时，环线级别更高
5	自由模式	与地区道路发展历史或特殊地貌特征相关，路网呈现非规则特征	适合追求个性化风格的中小型业态

(五) 环境系统

地区环境系统的健康状况同商业活动存在相关性，现代零售业在经营的同时也强调同环境相协调。区域环境系统指标包括可用土地资源与属性、地区年平均降水量、季节空气质量、绿地面积(总值与人均)与变化率、水土流失率、主要自然灾害与发生频率、三废排放率与循环利用率，以及污染治理占财政支出比例等。零售企业在建设项目选址、项目建设以及具体经营活动的开展中,需要考虑到相关因素可能存在的影响。

四、区域类型识别

零售企业区位管理需要将企业提供的零售服务与目标区域有机结合在一起,因此需要对目标区域进行准确的识别。区域识别需要鉴别哪些区域适宜开展零售业务,以及不同类型的区域分别需要什么类型的零售服务。

(一) 规划商业区与非规划商业区

根据区域建设指引,可分为规划商业区与非规划商业区。

1. 规划商业区,是指在行政管理或区域规划的限制下,专门用于(各类)商业使用的区域。规划内容一般涉及具体的用地性质、行业分布与比例、招租指引及具体招租标准。对于规划商业区,零售企业的自主调整空间有限,只能根据规划指引选择接受或放弃。例如,某规划商业区的零售招租意向是,经营大型综合超市,提供1.8万平方米室内场地,国内零售行业排名前10位,一期投资额到账率不低于60%等。有意向的零售企业只能接受该条件,而不能转换业态或分割区域从事其他的经营内容。

2. 非规划商业区,是指区域整体没有严格的建设与发展限制,用地属性中包含商业(零售)用地比例的区域。零售企业在此类区域中有较多的自主调整空间。非规划商业区主要由市场自发形成,区域内的零售企业属于自由竞争的关系,区域能否发展升级取决于区域内资源状况以及企业间竞争是否有序。例如,我国的零售研究习惯上将非规划商业区按等级分为四类:①中心商业区,即地理位置优越,交通便利,客流量大,商业娱乐设施集中的高档次商业区域。②次级商业区,即地理位置容易识别,交通相对便利,有一定商业集聚能力的综合商业区域。③邻里商业区,即面向住宅社区,以生活型服务为主,建设规模有限的商业区域。④商业街道,即建设规模较小,各项运营成本低廉的商业区域。

(二) 区域功能定位

区域功能定位是指某区域在规划指引下或自发形成的具有一定功能倾向的特征。区域功能的形成主要由其中已有的各类设施决定,常见的功能定位有为商业区、住宅区、文教区、办公区、综合区。①商业区。以商业服务业为主,区域一般有系统的产业规划与空间结构划分,商业活动相关的市政与设施配套较完善,现代化的商业区能够适应大多数零售业态类型的入驻。②住宅区。以居住及社区生活为主,区域内配置一定比例的商业空间,与社区居民基本需求相匹配,与住宅共享某些配套设施。③文教区。以文化教育功能为主,商业空间比例较低,且一般单体的规模相对较小,适宜中小型零售业态。④办公区。以商务综合办公功能为主,有相对固定且规格化的商业空间,商业功能定位相对集中,面向稳定的消费群体。⑤综合区。多种功能的复合区域,零售商业的定位需要视区域内不同功能的结构与比例而定。依据区域功能定位进行区位选择,对于零售企业来说是一种可行的操作方式,企业可以根据该区域现有功能的特征,对自己的经营方向进行筛选与匹配。主要功能区定位与零售的关系如表7-3所示。

表 7-3　功能区定位与零售的关联

编号	区域类型	区域功能	区域特征	消费特征	零售定位
1	商业区	以商业服务功能为主,集中零售、餐饮、娱乐等设施	大中型商业设施集中分布,商业配套完善,商业氛围良好	各类消费者群聚,整体消费流量较大,消费峰值与消费均值差异较大。消费滞留时间长,单次消费金额较高	以大中型零售(业态)实体为主,如精品百货、购物中心、专业店、专卖店等。面向品牌化、高端化、娱乐化消费活动
2	住宅区	以居民居住为主的住宅区,兼具日常服务功能	住宅区集中分布,非主干道路,部分为社区私有道路,商业经营活动受一定的限制	以生活型消费为主,消费频率与金额相对平稳,消费品类相对集中(以食品类为主)	以符合居民日常消费需求为主的零售实体,如综合超市、食品超市、便利店等。面向生活型消费
3	文教区	以教育功能为主,兼具商业服务功能	分布有各型(单一或多所)学校,校内分布少量商业设施。社会商业活动受限制	以各类学生消费群体为主,消费周期(学期)特征明显。消费普遍追求较高的性价比	以中小型零售实体为主,如小型超市、便利店等。面向学生群体生活型、朴素型消费
4	办公区	以企业办公为主,兼具商业服务功能	写字楼与商住公寓集中分布,商业配套结构合理	企业职员与行政办公人员为主要消费群体。消费时间稳定、集中,消费分类特征明显	符合职场人员消费所需,以中小型零售实体为主,如精品超市、专卖店、便利店等。面向小而精、偶发型消费
5	综合区	复合功能区域,属于多种功能区的组合	依据复合功能分布有相应的设施,特征多样	多元化消费者特征。需要根据区域功能组合具体分析	依据区域内功能组合,上述定位的复合

第二节　零售布局策略

　　零售企业在区位管理中需要拥有明确的布局策略。布局策略不是简单的具体选址策略,而是立足零售企业的整体战略,综合多项外部因素与企业资源,对企业在空间层面的分布进行总体的谋划。适宜的布局策略能够助力企业实现战略发展目标,并取得较好的规模经济优势,这对于大型连锁零售企业尤为重要。零售企业布局策略涉及的层次较为丰富,内容包括企业总部、各类门店、服务中心、仓储中心、配送节点等。零售企业进行总体布局设计的目标有二:①最大化经营业务量。零售企业为了不断提升销售业绩,各类门店需要在空间上最大限度接近消费群体,因此各个业务单位的选址都要首先遵循该原则。②控制综合成本。在各类门店接近消费群体基础上,各类配套单位需要将成本控制在合理水平,如仓储物流设施占地面积一般较大,需要选择地价较低的区域。连锁型零售企业总体布局指引如图 7-2 所示。

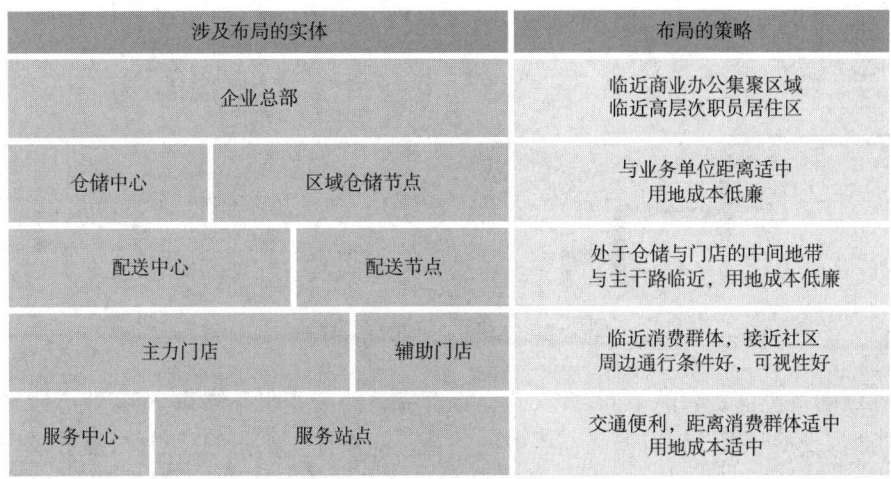

图 7-2　零售企业总体布局策略

一、广度扩张与深度扩张

对于许多大型连锁零售企业,区位管理更多地关注"面"的问题,而非"点"的问题。连锁零售企业只有在门店数量达到一定级别后才能够获得规模优势,即在企业总部设定的一套管理体系下经营所有的连锁门店,统一安排资源的配置与商品的采购,并共享客户、信息、技术、广告营销等方面的优势,不断降低平均运营成本,从而获得较高的利润空间。连锁零售企业在空间扩张策略上可分为广度优先扩张策略与深度优先扩张策略,选择何种发展策略需要视企业的资源与优势而定。

(一) 广度优先扩张策略

广度优先扩张是指零售企业追求在地理范围上的扩张,率先识别符合企业扩张标准的所有区域,并设立自己的网点(门店)以及配套设施(仓储物流),使业务区域最大化。广度优先扩张的优点是,能够增加企业在全区域范围(如某一国)内的市场覆盖率与占有率,较好地获得规模优势,使企业的品牌效能快速传播。广度优先扩张的缺点是,先期资源消耗量较高,有一定的经营风险,物流网络的成本效应在短期难以体现出来。因此,广度优先扩张策略一般适合具有品牌优势、资金优势的大型连锁零售企业。例如,沃尔玛在美国市场的总体布局是典型的广度优先扩张,其主要门店(包括综合超市与山姆会员店)分布如图 7-3 所示。

(二) 深度优先扩张策略

深度优先扩张是指零售企业追求对某一区域范围内市场的深入挖掘,最大限度地

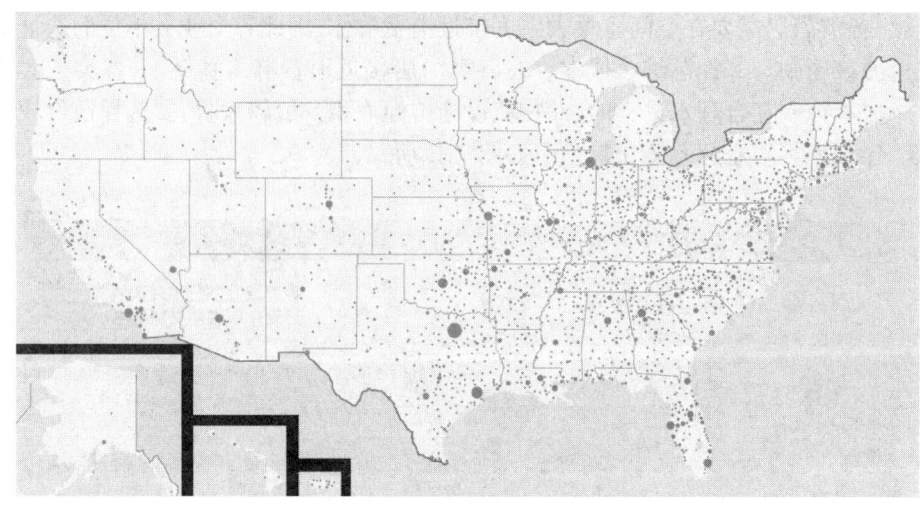

图 7-3 沃尔玛(美国)门店分布

迎合区域内多类消费者的不同需求,建立综合完善的商业服务体系,充实业态或经营模式的类型,或不断提升现有商品与服务的质量。深度优先扩张的优点是,能够较好发挥企业在某一区域的集中优势,充分利用现有的体系架构(如区域物流配送),对消费资源进行深耕,区域范围内建立牢固的消费基础与市场影响力,并且扩张过程的经营风险可控。深度优先扩张的缺点是,零售企业在扩充商品线的过程中获取的边际利润逐渐下降,对于固定群体的消费潜力挖掘有限。例如,大连商业集团在多类业态的发展中优先使用深度扩张策略,将其在东北地区的市场做稳固后再逐步向外围扩张。大商集团业务拓展的路径是,先利用连锁百货的品牌与声誉优势,逐渐向其他大型业态扩散,先后开拓了高端化的购物中心、大众化的连锁超市、品类化的专业店,以及电子商务平台,并在零售领域竞争相对饱和后,依次开发上游与周边资源。大商集团业务构成如图7-4所示。

对于单店规模较小的连锁型零售(服务)企业,有时也倾向于使用深度优先扩张策略,最大限度地接近区域内饱和度,从而获得充足的营业额与稳定的现金流水。例如,以连锁咖啡星巴克为代表的一些服务企业在某区域内的网点布局数量会略多于理论数值,部分店铺之间的距离要小于服务半径。这种布局带来的效果是,尽管企业内部连锁门店之间的竞争有所增加,但是总体的销售量要高于"合理"布局,正

大连商业集团发展历程

如一些连锁经理人所说,两家店面75%的使用率要优于一家店面95%的使用率。这对于连锁型企业建立规模优势、限制消费流失有显著的效果。

二、竞争与共存关系

零售商业在布局时应考虑到与相同及相近业态之间的竞争与共存关系。现代商业

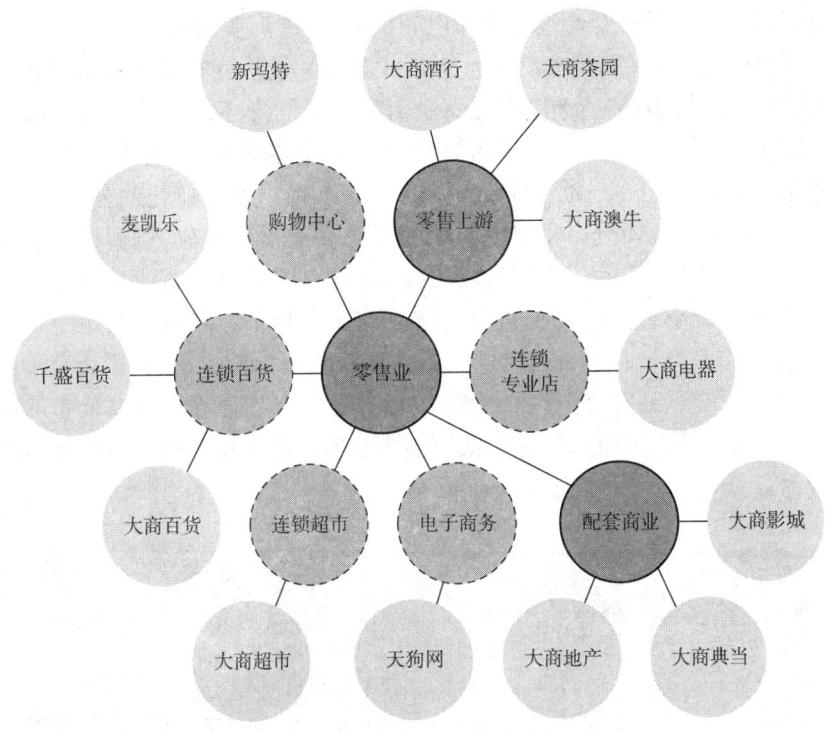

图 7-4 大商集团业务分布

在发展时会分析竞争因素,但更多时候需要关注互补与共存带来的效益,以下分别介绍几种涉及竞争与共存的布局策略。

(一) 商业集聚布局

商业集聚本质上属于产业集聚,遵从产业空间分布方面的普遍规律。商业集聚是指大量关联密切的商业企业在空间上的集中,从而形成一定区域内商业网点密度较高、分工与专业化程度很深的商业经营区域(场所)。商业(零售)活动的集聚有显著的消费带动效应。例如,一个商业集聚区往往是百货店、专卖店、多种精品店,以及餐饮、休闲、酒吧、文化、旅游、娱乐、健身等多元素的集聚地,各种类型商业企业在空间上的联合会产生综合的经济效应,并强化区域的吸引力。对消费者而言,他们的各种消费活动会在这个区域实现,而且在该地区的消费量通常超过在一般地区的消费,因而产生消费带动效应。此外,商业集聚布局通过集中化、大规模的商业活动和提供相关服务,会带动所在地区金融、房地产、建筑、广告、装饰装修及交通运输的发展,促进该区域商业的规模化和专业化。而当商业集聚规模以及专业程度达到一定水平,还会引起周边消费群体消费观念的变化,甚至消费结构的升级,从而促进消费环境和商业经营水平的进一步提升。最后,商业集聚能有效节约综合成本。从消费者的角度看,由于商户的集中,使其在商品搜寻过程中节约了搜寻成本,并享受集聚区内商品价格方面的优势;从商户的角度看,可以使其迅速、准确地掌握市场信息,减少市场盲目性;从政府及有关公共机构角度看,他们提供的专业基础设施及相关公共服务项目能被商业集聚区的企业所共享,同时政府部门也能够积累专业性管理知识和技能,促进商业集聚区的发展。

商业集聚区的形式主要包括三种:①带状分布。带状分布是一种较为传统的集聚分布方式,以沿街道(道路)分布为主,商业街是主要的形态。带状分布一般来说容易由市场自发形成,设施方面的要求较为简单,但是其容纳量有限,若带状区域过长,其两侧的集聚能力将快速下降。②组团分布。组团分布是一种规模化的分布方式,在体量上要高于带状分布。组团分布主要由横纵交互的多条街道组成,以街区或街区群的方式存在。组团分布的特征除了容纳量高之外,更重要的是存在商业功能之间的层次性与关联性,该特点能够使其商业吸引力倍增。③多点分布。多点分布是一种在空间范围上较为宽阔、带有离散化特征的分布模式。多点分布的特点是,在区域范围内并不仅仅有商业功能的集聚,还存在其他类型的功能,如居住、教育等。多点分布的商业集聚能力容易被广阔地域范围所稀释,因此其延伸范围不宜过大。一个多点分布的实例如图 7-5 所示。

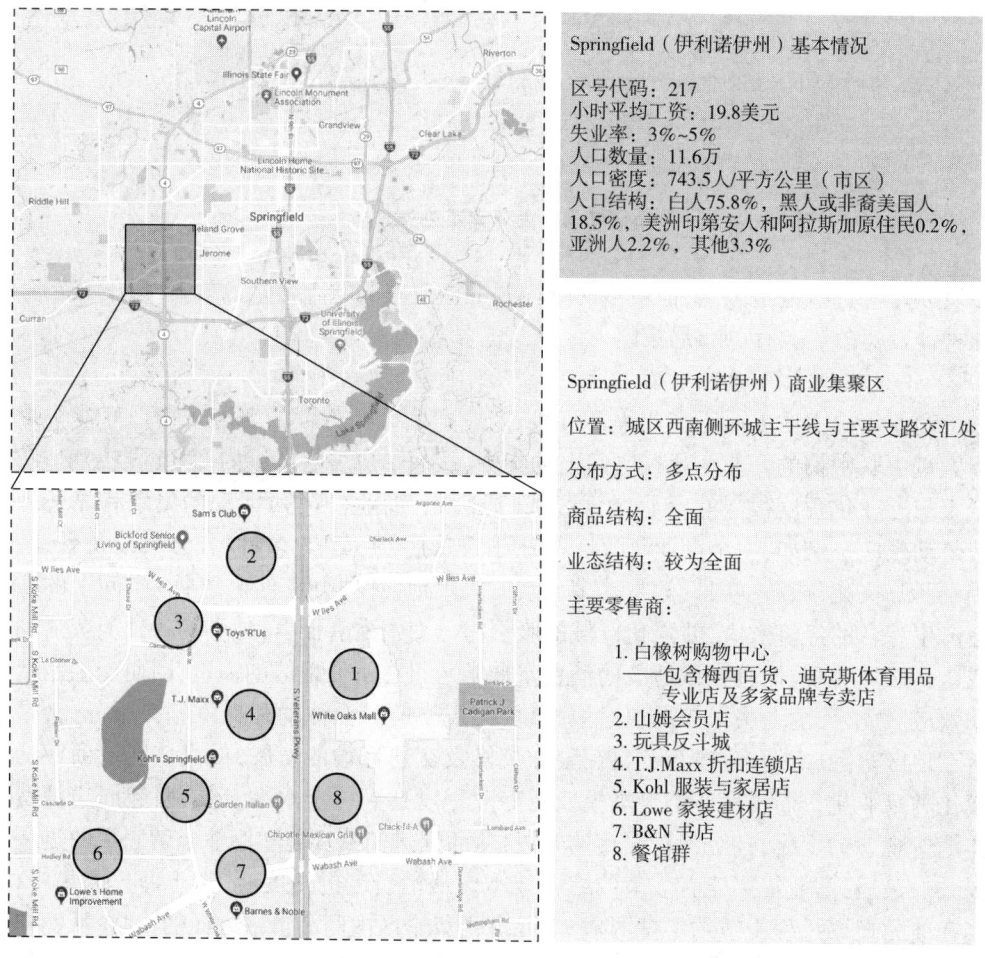

图 7-5　伊利诺伊州 Springfield 市商业集聚

集聚布局策略是许多零售业态及零售企业的首选,其特点除了前述的相关经济效应外还有操作层面的便利性,主要体现为区位管理以及选址流程的简化。由于商业集聚区经过了诸多商业(零售)企业系统的区位分析,相关的要素与信息必然符合基本的选址要求。同时,(成形的)商业集聚区经历了长时间的经营培育,实践证明了选址的适宜与可行。因此,选择商业集聚区或商业集中密度较高的区域对零

商业集聚区区位品牌

售企业来说市场的不确定性相对较低。但这并不意味着企业不用承担经营风险,由于区域(尤其是成熟集聚区)内商业服务结构相对完善,商业企业分布密度较高,必然存在激烈的竞争,商业企业能否在区域内立足还要依靠自身的战略定位与经营优势的发挥。

(二)梯度布局

梯度布局模式主要是指各型(零售)商业的分布在空间层面呈现阶梯状的分布,各个企业应根据明确的自身定位选择适宜的位置。梯度布局的理论基础是点轴模式的产业发展,即一些优势企业首先占据较好的地理位置并获得快速发展,在其周边逐渐形成相关配套与互补的企业群落,各点之间呈现轴线的连接,这些连接包括实物与资源的流动,以及信息与内在经济层面的联系。对于零售商业活动来说,不同业态与店铺的经营规模与盈利能力不同,在地价支付能力方面存在差异,竞争力强的企业必然占据较好地理位置,其他企业只能选择相对外围的区域从而避开自身的劣势,同时也可以在一定程度上借助轴线资源,如仓储、物流配送及其他商业配套服务。典型的单中心城市商业结构分布具有梯度布局的特点,由内("高海拔"区域)向外("低海拔"区域)一般分布着高档百货、综合超市、专业店、购物中心、仓储会员店、折扣店、外围(加油站)便利店等。梯度布局有时是一种规避直接竞争的方式,例如,许多便利店在商品种类与价格方面的优势远不及超市等大型业态,因此在布局时刻意回避超市的竞争,位置选择一般都距超市步行15~20分钟以上,且不倾向于同其他业态的临近或集聚。需要指出的是,随着城市规模与结构的变化,以及居民居住分布的转移,处于"低海拔"区域的零售企业在营业额与利润水平方面有可能优于"高海拔"区域,企业的最佳位置选择要结合所选业态以及竞争优势而定。

(三)中小型零售店布局

在现代商业竞争环境下,中小型零售店由于受到可视性与客流量的限制,除非极具经营特色,否则独立分布并不是最佳的选择。因此,许多中小型零售店选择依靠大型载体的"寄居"模式,这种布局方式有利于其生存与发展。经验数据显示,同等类型与规模的小型零售店在大型业态中经营,获得的客流量至少比独立分布时高出40%~50%,且顾客消费比率还有所增加。主要原因是处于"大店"中的"小店"能够给顾客一种更为可靠的感觉,认为其商品质量及售后服务更有保障。依据零售地产类型划分,中小型零售店可选择的"寄居"目标包括临街商铺、专业市场、购物中心、社区商业中心、商住办公楼与写字楼,其主要特征与零售适用性如表7-4所示。中小型零售店在入驻目标

选择时应关注以下几点:①入驻载体现有的商品、业态与服务结构及其具备的辐射能力。②本企业经营定位与特色同该载体所在市场的匹配程度。③本企业同载体内其他企业之间的竞争或互补关系,并对竞争程度进行准确的评价。

表7-4 中小型零售店铺入驻选择

地产分类	特征		零售适用性
	优势	劣势	
临街商铺	位置便利,租金及综合使用成本低,分布广泛	使用空间有限,商业服务覆盖范围小	适宜小微型零售店铺,如食品店、便利店、杂货店
专业市场	同类型商铺汇集,有一定的集聚优势,提供基本管理服务,租金低廉	地理位置一般较偏(非城市中心地区),辅助设施简单	适宜个人投资商铺,涉及的商品类别十分广泛,如农产品、小商品等
购物中心(Mall)	地理位置优越,设施现代化,场地选择余地大,能够获得"人气"优势	定位限制在一定档次与规模以上,使用成本极高	适宜销售中高档次商品的店铺,如品牌专卖店、连锁店、专业店
社区商业中心	地理位置较好,客流量相对稳定,综合使用成本适中	面向的客户群体固定、有限,辐射范围小	适宜提供各类社区生活所需商品(食品为主)与服务的店铺
商住办公楼	楼宇模式,提供相对完善的物业管理	使用场地与经营时间受限,综合使用成本较高	适宜兼具生活服务与商业服务的小型商铺
写字楼	楼宇办公模式,提供完善的物业管理	综合使用成本较高	适宜面向商户职员的小型商铺,以便利性商品销售为主

三、对区域的培育与经营

前面主要分析了区域要素的现状与存量,全面的零售区位管理不仅应详细分析区域现有状况,还应从发展变化的角度审视区域的动态变迁,为零售企业的长远经营做好准备。区域的发展受到多方面因素的影响,包括行政指引政策、人口居住的迁移、区域产业结构的调整等,零售企业可以通过行业内经营以及行业之间的关联带动某些要素的变化,从而影响区域的发展,对区域进行培育与经营。在零售区位管理中,由于零售企业的选址并不能保证一劳永逸的效果,许多因素都处于变化之中,而企业一旦落地,再寻求迁移的成本非常高昂,因此,零售企业在日常经营活动中还需要对所在区域进行维护与优化,这种管理思维被许多大型零售企业所采用。例如,英国知名百货公司 Selfridges 在 1909 年建店选址时为了获得较大的使用面积，选择了伦敦市牛津街，该街道当时并不属于商业繁荣区域，因此并不被外界看好，后经过 Selfridges 的多年经营，该区域逐渐成为伦敦的高档商业区。

零售企业对区域的培育与经营可采用多角化竞争的方式。多角化竞争是指企业采用综合的竞争方式，在多个维度（变量）层面展开竞争，而非专注于价格竞争。对于零售企业，价格竞争通常是最普遍，也最容易使用的一种竞争方式。如果某一商业区域内大部分（同类型或相近类型）零售企业仅使用价格竞争的方式，有可能带来短期的经营繁荣，但是长期的低利润只能使大部分零售企业保持生存而无法成长发展，这必然导致区域整体竞争力与吸引力的下降，难以使区域保持向好的发展。因此，除价格竞争外零售企业还可以展开其他方面的竞争。①优化商品选择。零售经营活动主要围绕商品展开，包括商品的品牌、品种、款式、质量、销售组合等，拥有好的商品列选组合能够为企业带来一定的差异化优势。在同一商业区域内，即使经营同类型店铺，也可以通过商品差别营造差异化，如许多服装品牌专卖店在同一区域内有 2~3 家店铺，但将商品单品的重复率控制在 70%~80%，可以有效避免品牌内部竞争。②完善经营要素。零售经营要素是其基本业务活动的支撑，完善的经营要素也能够帮助企业塑造差异化。例如，对经营场所的设计、经营设施与设备的选择、经营环境的调控等。③综合服务竞争。现代零售活动更加注重综合服务能力，（实体）零售企业可以借助自身与消费者面对面接触的优势，提供高质量与差异化的零售服务。例如，一些零售专业店能够提供许多关于商品选择与使用的咨询建议，并为消费者量身定制某些商品与服务流程。零售企业采用多角化竞争是维持区域内竞争和谐并保证获得合理利润水平的有效方式，也是维系区域良性发展的关键。

零售企业在多角化竞争格局下应注重培育区域商业品牌。区域商业除自身的位置优势外，其品牌的建立主要靠各个商业企业的经营与声誉积累，在商业区域内的每一家商业（零售）企业的行为都会对商业区域的品牌产生影响，因此，企业的行为自律至关重要。同时，一些发展较好的商业集聚区还可以建立区域商业协会或类似的行业组织，以自我管理的方式约定某些行为标准并加以监督，共同维护商业区域的品牌形象。可采用的行为标准包括：企业合理定价行为（避免价格战），商户商品非假冒伪劣及质量保证，涉及食品销售商户的相关检验标准，商户现金交易非假币保证，商户售后服务标准，商户公共环境清洁维护标准，等等。此外，类似企业还应积极融入区域发展，使区域内形成良性的经济循环，共同维护区域社会与生态多方面的协调。零售企业与区域发展的关系如图 7-6 所示。例如，美国的某些州会定期评选优质雇主，一些大型零售企业经常当选，因为这些企业能够提供较多的就业岗位（包括全职岗与临时岗），税收贡献稳定，并且能够积极参与诸多社区活动（如捐赠与环境保护），促进区域协调发展。

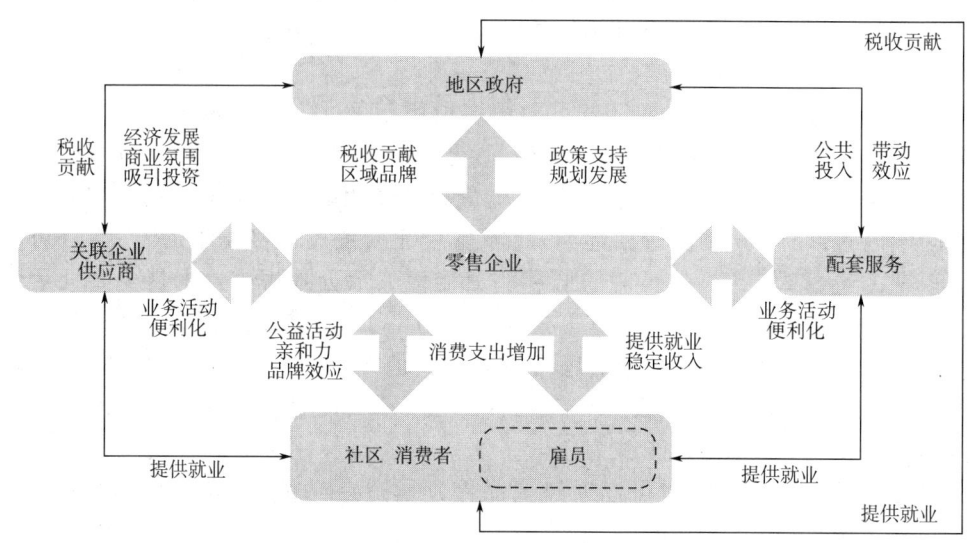

图 7-6 零售企业与区域关联发展

第三节 零售选址方法

零售选址是一项兼具技术性与系统性的工作,需要对区域环境的诸多要素进行详细考察,并与企业落地的实际需求结合起来。对于不同类型的零售业态及不同竞争特点的零售企业,调研的重点与方向必然存在差异,以下主要对零售选址的一般流程与方法进行介绍。

一、零售选址调研

零售企业的具体选址需要从区域性宏观信息逐渐聚焦到地点的微观信息,选址流程的主要内容如图 7-7 所示。零售企业选址流程包括,目标区域的初选、目标区域基本信息的获取与分析、目标区域商业信息的获取与分析,以及目标地点的微观信息获取。图 7-7 显示了各个阶段的主要分析内容、相关信息的获取途径,以及信息获取的执行单位。

零售选址调研是指通过多种调研方式获取可靠的信息,这是零售选址的关键,缺乏对信息全面、真实的掌握必然影响选址的有效性。零售选址调研涉及的信息面较宽,既需要一手信息也需要二手信息。一手信息是指企业根据需求直接从研究客体获得的信息,可通过多种市场调查方式获取。一手信息的优点是真实可靠,信息的格式与层次更符合企业的需求,获取的信息量可控。其缺点是成本支出与时间消耗较高,采集领域有限。因此,对于一手信息的采集,企业一般会在缺乏有效二手信息,聚焦微观的选址阶段使用,并通过一手信息解决选址中的关键问题。二手信息是指由其他机构或部门通

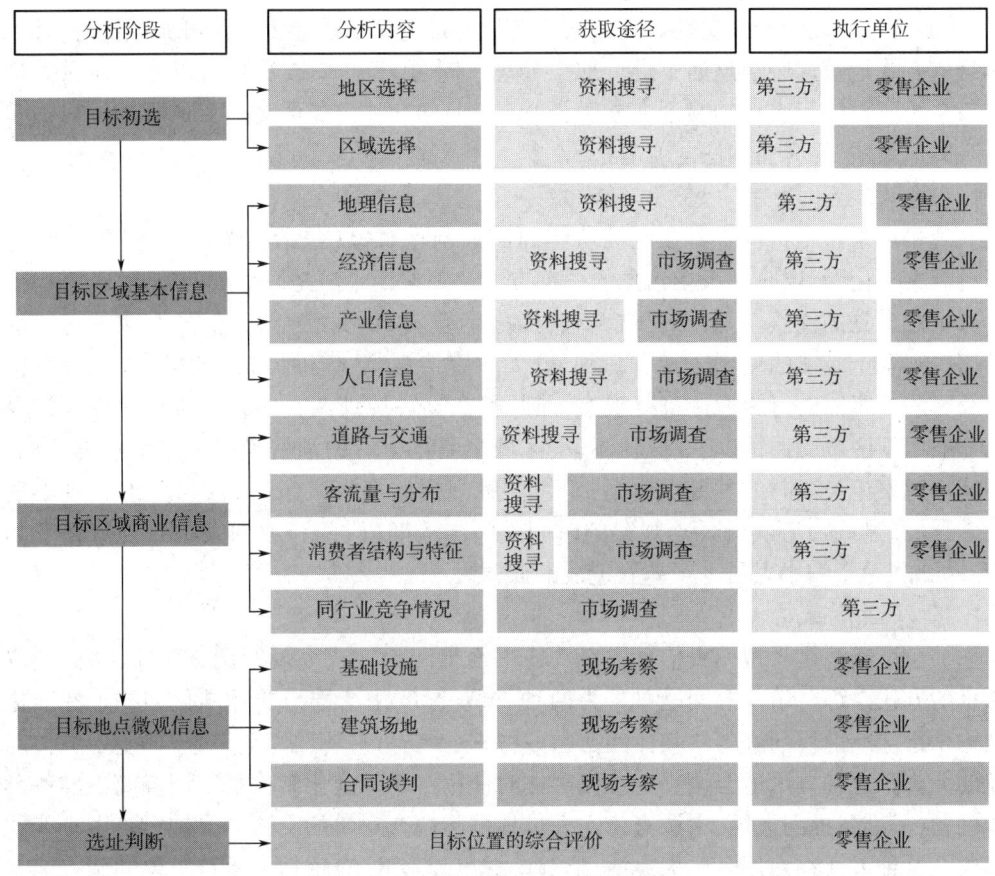

图 7-7 零售企业选址流程

过调研获取的信息,这些信息一般经过加工整理,信息量有一定的损失。二手信息的优点是可以快速获取且使用方便,信息的标准化程度与通用性较好。其缺点是信息内容不一定与企业需求相匹配,且信息量不可控(主要指加工过程有可能过滤了某些信息元素)。因此,企业一般在宏观层面的选址分析阶段使用二手信息。二手信息可分为免费使用与付费使用两种。免费二手信息主要是由政府部门及一些非营利机构发布的公开信息,可以通过网络或相关出版物获取。收费二手信息主要是由专业研究机构或公司进行采集、编辑、撰写、发布的信息,需要付费使用。收费二手信息一般具有较高的专业性与准确性,例如,各种区域分析报告、行业分析报告、指标与数据的汇编等。需要指出,如果能够综合利用好二手信息(如对信息进行筛选、关联与加工处理),可以使企业选址决策效率倍增。零售选址调研的执行可以由企业承担,也可以外包给第三方机构(如专业的市场调查公司或咨询公司),在宏观战略选择阶段以及具体的微观细节考察阶段,一般需要零售企业作为主导,而对于标准化信息的搜集可以交给第三方机构执行。

零售企业为获取特定市场信息需要使用实地调查法,即应用客观的态度和科学的方法,针对某种研究客体,在确定的范围内进行实地考察,并搜集相关资料进行统计分析,从而得出研究结论。实地调查法的首要目的是直接获取最为真实可靠的信息,并以客观的方式记录这些信息而不进行加工处理。同时,实地调查法也可以用于对某些理论与系统假设进行实地的验证。零售企业在选址过程中通常需要用到的实地调查法包括观察记录法、综合访问法与实验法。

(一) 观察记录法

观察记录法是指调查者在现场从侧面对被调查对象(包括消费者与环境)的情况进行观察与记录,以收集市场信息的一种方法。观察记录法是以静默的方式获取信息,具有不被察觉的优点,不会干扰被调查对象(消费者)的正常行为,信息获取的可信度较高。观察记录法的使用方式有三种,即人员直接观察、借助器材(如摄像设备)观察以及对调查客体的行为痕迹进行观察,前两种在零售选址调查中较为常用。观察记录法一般用于区域交通情况、区域客流量、区域主要竞争者的消费吸引力等信息的获取。在使用观察记录法时的关键点包括,组织何种规模的观察队伍(人数与分组),观察的覆盖区域(哪些街道或街区),观察的时间间隔与周期(时间跨度的大小),观察信息的记录标准(尽量缩小人员主观差异造成的误差)。

(二) 综合访问法

综合访问法是将拟调查信息以口头或书面提问的方式呈现给调查对象,从而获取信息的方式。综合访问的问题可分为两种类型:标准化结构与非标准化结构。标准化结构是指访问前罗列好各项具体问题,并对每位受访者进行无差异调查,如基于各类问卷的调查。这种方法适合调查大规模群体时使用。非标准化结构是指调查前不准备具体问题,只准备提问大纲,由调查访问人员根据与调查对象的交流情况进行自由交谈的方式。这种方式在使用时更为灵活,能够挖掘出较多的信息,适合重点对象的调查。

综合访问法具体可分为面对面调查、电话调查、邮件调查、网络调查。①面对面调查,属于直接调查方法,可以与调查对象近距离接触,理论上能够获得较多的信息,但使用时人力成本较高。零售选址调查中经常使用的面对面调查方式包括街头拦截访问,以及小规模的入户调查或小组座谈。②电话调查,属于准直接调查方法,与调查对象进行语言沟通,有一定的调查弹性。目前还有CATI技术(计算机辅助电话调查)可以使用。零售选址调查中可以适当使用基于固定电话(能够查明其所对应的地理位置)的调查,而对手机用户的调查意义不大。③邮件调查,属于间接调查方法,适用于标准化结构的问题,信息回复时间相对较长。美国的一些市场调查公司倾向于使用这种方法,可以根据居民邮编进行分区调查,调查数量与比例可控,且回收率相对较好(说明:为保障调查邮件回收率,调查公司会预先支付邮费,并在邮件中放一些购物优惠券之类的小奖品)。④网络调查,属于间接调查方法,具有投放范围广、传播速度快的特点,且使用成本较低。当前,网络调查的应用渠道越发多样化,包括浏览器页面、应用程序、手机App、固定终端设备(如一些商场设置的消费意见反馈屏)等。

零售选址调查问卷框架(示例)

(三)实验法

实验法是一种可控性较强的调查方法,在使用时可以根据调查需求,对调查环境进行严格的设定,并通过控制变量的变化与取值范围获取精确的实验信息。实验法常用于市场因果关系调查。从实验的使用方式看,可分为封闭实验、半封闭实验与开放实验,其中,封闭实验的成本较低且各类要素的可控性较好。当需要调查消费者某类行为的影响因素时,可以适当使用实验法。例如,分析消费者倾向于到哪些业态购买哪些商品,其影响因素可能有哪些,对于此类问题可以在观察研究的基础上部分结合实验法,从而全面了解相关信息。

零售企业在选址调研过程中,不仅需要调查消费者信息,还需要调查地区政府部门、供应商、相关商业服务提供商、主要竞争者方面的信息。对于这些信息的获取,可以根据调查对象的特点综合使用前述相关调查方法。

零售企业入驻选址的一些技术性标准

有些零售企业在选址时不具备新建建筑设施的条件(越来越多的零售企业在商业成熟区域将会面临这种情况),需要租赁商业空间,因此涉及相关的物业管理与技术条件,主要包括,建筑主体的规格、空间大小与质量标准,建筑内的供水供电系统,通信设施接入,货物装卸区与停车场,消防与安全设施等。同时,零售企业还对租赁合约有一定的要求,如最短出租年限与装修期间租金优惠比例。

一家快餐店的选址

一些连锁型零售企业在长期发展与经营过程中会形成一套符合本企业特点的选址标准,并且该标准能够保障企业在扩张中保持竞争优势。例如,沃尔玛(综合超市)的选址框架与标准如图7-8所示,包括三个部分,选址的基本原则、选址的标准以及最终的入驻标准。

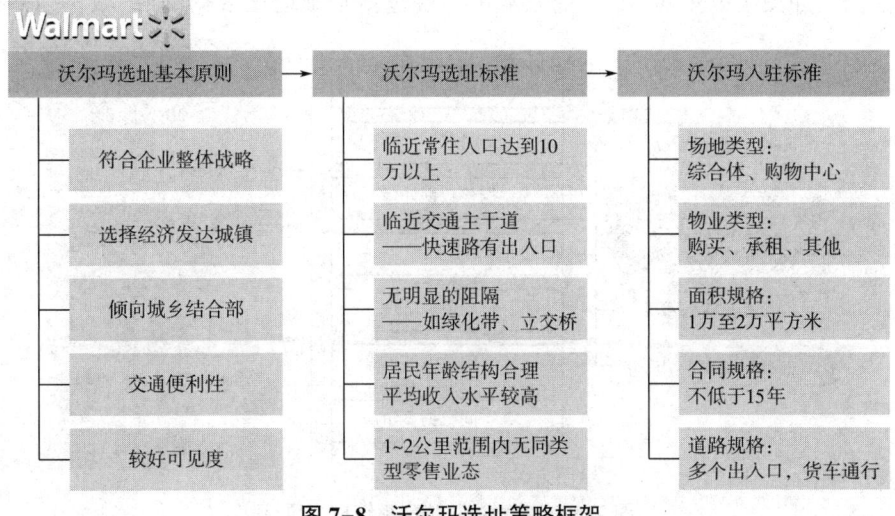

图7-8 沃尔玛选址策略框架

二、基于信息技术选址

当前,零售企业在进行选址时已有多种现代化技术可以使用,选址的流程可以极大缩短,压缩选址活动的人工成本,并且拥有极高的准确性与可靠性。现代化零售选址技术主要依赖以地理信息系统为平台的相关信息技术。

(一)地理信息系统

地理信息系统(GIS:Geographic Information System)也称为地学信息系统,是一种应用属性的空间信息系统。GIS 系统是在计算机硬件与软件系统的支持下,对整个或部分地球表层空间中的有关地理分布数据进行采集、储存、管理、运算、分析、显示和描述的集成技术系统。GIS 技术能够应用于科学调查、资源管理、空间发展规划、绘图和路线规划等。GIS 技术包含以下几个部分:①数字转化技术。采集实际地理数据,并将数据转换为数字化形式的技术。②数据存储技术。将海量地理信息以压缩的格式存储在磁盘等数字化存储介质上的技术。③空间分析技术。涉及方面较多,例如,对地理数据进行空间分析,完成对地理数据的检索、查询,对地理数据的长度、面积、体积等进行计算,完成最佳位置的选择或最佳路径的分析,以及其他诸多相关任务的方法。④可视化技术。用数字、表格、图像(二维与三维)等形式显示并表达地理信息的技术。⑤预测与模拟技术。进行诸项环境信息的设定,对环境的变化效果进行模拟与预测的方法。零售区位管理以及具体的选址过程中借助 GIS 技术,在收集信息的全面性与信息使用的效率方面都有了显著的提升。

地理信息与地理数据

零售企业应用 GIS 系统可以进行综合的空间区位管理,包括商圈分析、空间竞争态势分析、零售网点布局规划、门店选址决策、物流网络的优化,以及基于空间维度的营销计划、销售预测与业绩分析。GIS 系统在使用时需要有充足的信息,即各类参与运算的图层数据。如图 7-9 所示,零售企业常用图层包括基础地理数据图层、城市(区域)相

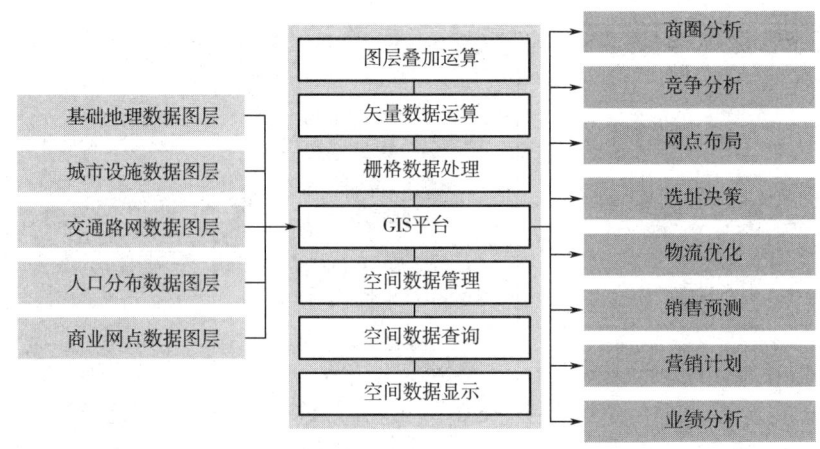

图 7-9 零售企业 GIS 系统应用框架

关设施图层、交通路网数据图层、人口分布数据图层、商业网点数据图层。各个图层还可以继续扩展,如人口分布数据图层除了包含人数与分布点之外,还可以关联人口的收入与支出水平、家庭规模、年龄结构等信息。GIS 系统提供了开放的平台,零售企业在使用时除了需要购买公共数据模块(或图层)外,还需要根据行业特点购买相应的基础数据,或者通过市场调查自建数据模块(如目标区域的消费者购买能力、消费习惯以及主要竞争门店资料等)。当前许多公司的 GIS 产品系统不断开发出许多新的应用模块,ESRI 公司罗列的 GIS 应用同零售业务活动的关联如表 7-5 所示。

表 7-5　GIS 系统在零售业务中的应用

固定资产与 店铺发展管理	零售运营管理	供应链运营管理	商品销售管理	市场营销与 广告投放管理	辅助设施管理
1. 选址评估 2. 竞争能力评估 3. 消费者描绘 4. 消费潜力评价 5. 店铺组合管理 6. 商圈分析 7. 空间数据管理	1. 区域管理 2. 辅助市场分析 3. 辅助市场渗透 4. 区域经营预测 5. 顾客行为分析 6. 顾客行为预测 7. 线上线下业务整合分析	1. 物流设施选址 2. 物流路线管理 3. 物流路线设计 4. 物流车辆管理 5. 物流时间规划 6. JIT 计划管理 7. 调度评估报告	1. 商品销售空间分析 2. 交叉区域商品销售竞争 3. 商品销售组合空间分布 4. 商品生命周期与区域匹配 5. 商品销售预测	1. 市场营销计划 2. 广告投放管理 3. 区域广告效用评估 4. 目标市场选择与评价 5. 消费群体识别与定位	1. 总店管理 2. 分店管理 3. 设施管理 ——会议室 ——货架 ——电梯 ——停车场 ——仓库 ——办公设备

资料来源:ESRI 公司网站(www.esri.com/retail)。

(二) 区域基础经济信息分析

详细掌握区域基础经济信息是进行科学选址的前提,当前许多 GIS 平台与地图系统(如 Google 地图)都可以进行各类公开空间信息的分析与显示。例如,企业要对区域的整体经济发展状况与分布进行判断,可以对空间各类经济数据进行绘图观察。如图 7-10A 所示,可以对区域内分散的居民收入水平绘制热度图。区域覆盖范围也可以灵活调整,如一些中小零售商关注具体的入驻建筑时,可以对楼宇的租金热度进行考察,如图 7-10B 所示。企业在具体应用时,可以根据需要向 GIS 系统导入多类基础经济信息图层,进行单一数据或复合数据的展示分析。此类分析可以帮助企业对区域进行宏观的识别。

(三) 消费者信息分析

消费者信息的结构最为复杂,不同类型的零售企业可根据需求选择重要信息。例如,对消费者的住房价格(包含自有与租用)分区进行展示,该信息能够在一定程度上反映消费者的支出水平与支出倾向,可以作为零售服务的参考,效果如图 7-11A 所示。此外,当零售企业调查数据较为丰富时,如掌握区域内消费者购物出行数据,可以绘制消费者主要访问的零售门店关系图,效果如图 7-11B 所示。使用消费者数据时,复合使用的比率较高,即需要把与某一消费群体相关的多类数据结合在一起,从而获得更有

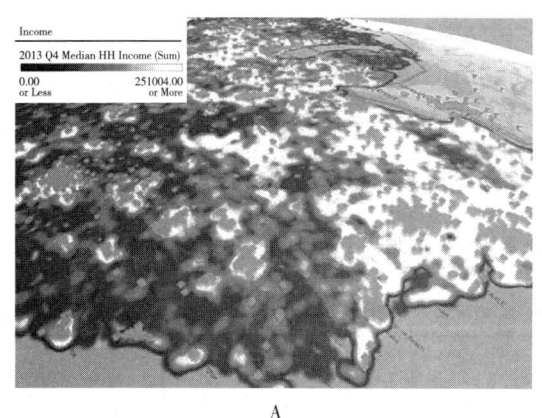 

图 7-10　基础经济信息热度分析

价值的分析效果。例如,评价消费者综合购买能力,可以将消费者的居住位置、收入水平、出行特征、购买特征等多组信息关联在一起,通过图层间运算获得相应的结果(如基于某种结构的综合评价得分),并将该结果存入分析数据文档作为参考。

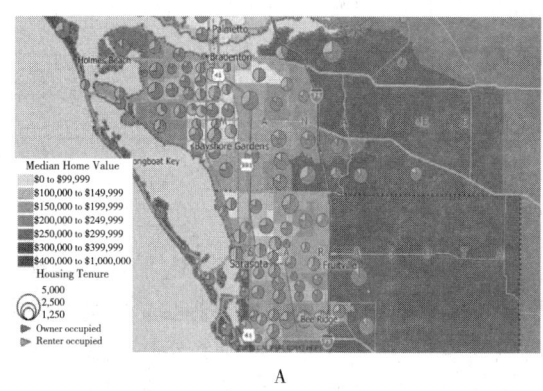 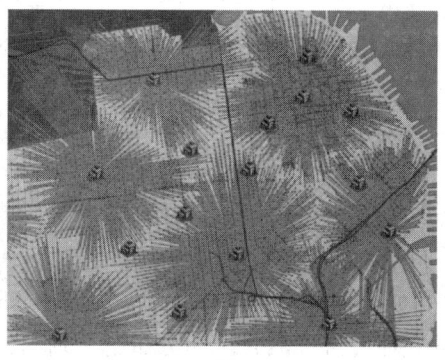

图 7-11　消费者相关信息分析

(四) 商圈辐射分析

商圈辐射分析可以帮助零售企业了解区域内现有商业资源(大型商业网点或商业集聚区)的零售服务能力与吸引力,便于确定区域(地段或街区)的商业价值,从而作为本企业选址与经营的参考。典型的商圈范围分析如图 7-12 所示,按照三圈层(圈层的半径与数量可根据需要调整)方式绘制某一商业设施的辐射范围。但此类商圈分析仅能够显示商圈的理论形态,并不一定精确地符合实际市场情况,当结合多图层数据后(如道路资源分布以及消费者出行时间控制),可以绘制出更为精准的商圈形态,如图 7-13 所示,该图显示了某一区域几个主要零售商的顾客分布范围,其形态与理论商圈有较大差异。如果零售企业进行了详细的消费者调查,还可以进行更为复杂的分析,如图 7-14 将商圈范围与重点顾客的分布进行关联分析与计算（如将商圈范围与消费者到店频率及购物金额进行关联，从而对商圈内不同区域的消费贡献进行分级排序）。

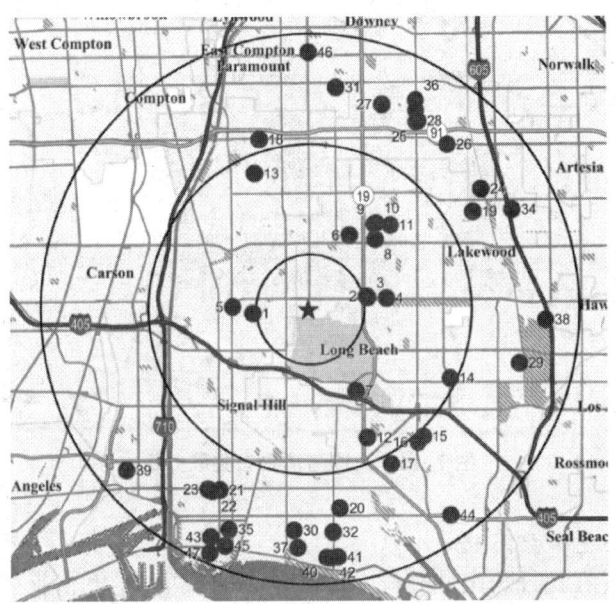

图 7-12　商圈辐射范围分析一

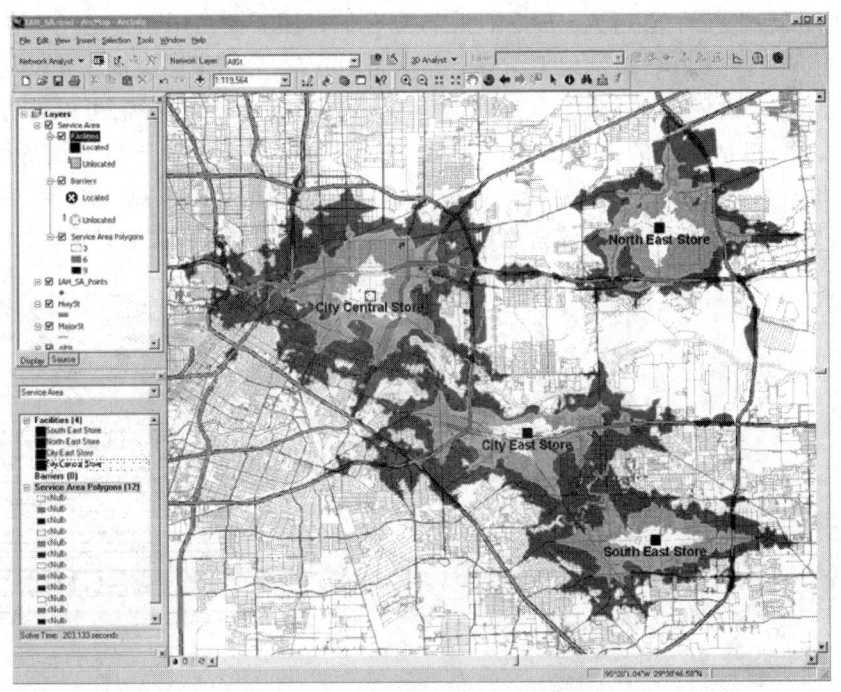

图 7-13　商圈辐射范围分析二

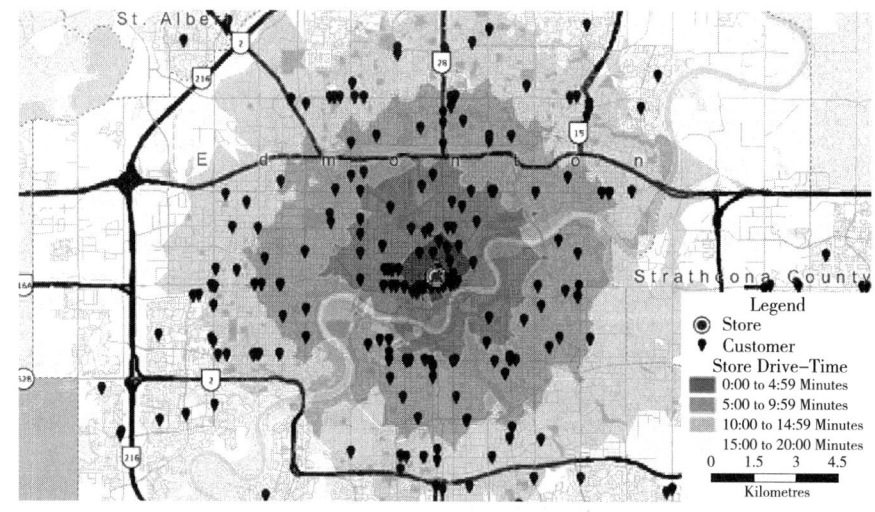

图 7-14 商圈与消费者关联分析

(五) 道路交通情况分析

道路交通情况在选址与区域分析中占有较高的权重,零售企业在分析区域及具体地点时均需要使用。道路交通信息(同其他信息类型相比)既包含静态信息,也包含动态或准动态信息,一条路线涉及的关联变量较多,如道路位置、等级、各时段流量、流量内容(机动车、非机动车、行人)等,因此在数据存储方面需要占用较多空间。在静态信息的应用方面,可以在各级别地理图层上显示路网分布,分析道路级别差异以及连接特征,从而计算区域交通的承载能力,如图 7-15A 所示。对于重点路线,可以处理相关的准动态信息,包括道路的铺设等级(质量)、车道数量、车速以及通行流量等数据,如图 7-15B 所示。对于动态交通信息,可以通过观测仪器记录某节点一周 24 小时的交通流量,如图 7-16 所示,并将这些流量信息同其他图层数据进行关联计算。

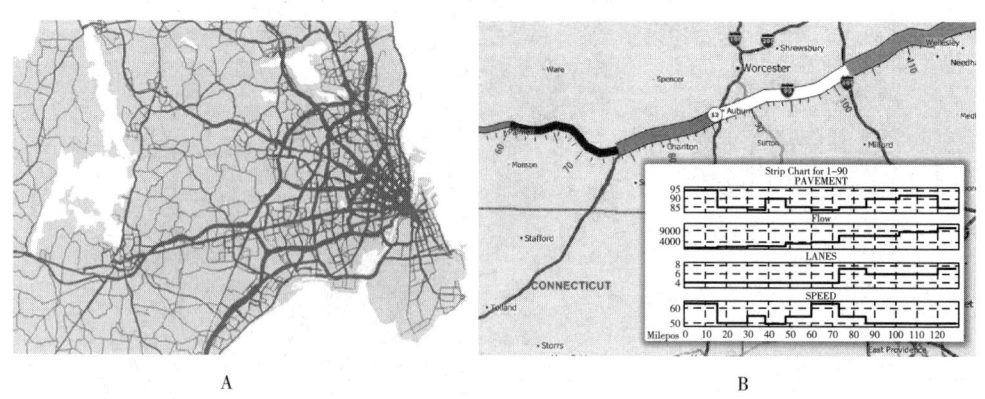

图 7-15 道路交通分析

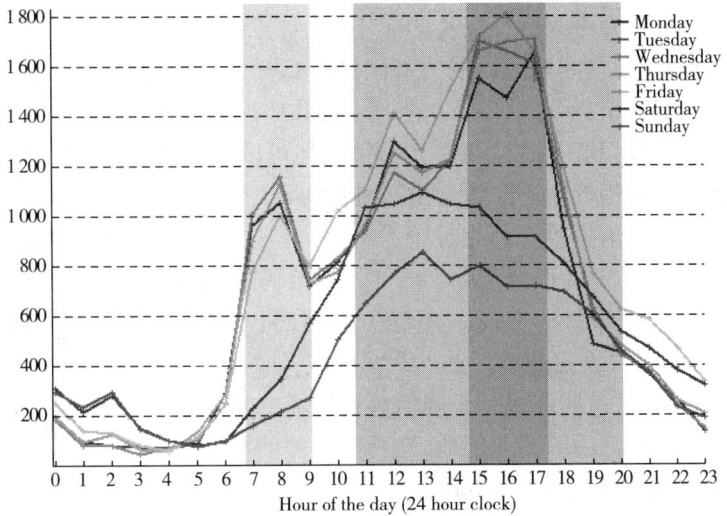

图 7-16　交通流量时段分析

（六）区域竞争识别分析

如果零售企业能够获得竞争对手的相关数据，可以对区域内某行业的竞争情况进行识别分析。关于竞争对手数据的获取，可以通过消费者调查取得。竞争识别分析可以对竞争对手的商圈范围、相互之间的商圈重叠、主要消费群体覆盖等信息进行分析，如图 7-17 所示。在区域竞争识别分析中，还可以将备选门店地址与现有竞争对手结合在一起，对未来经营业绩进行预测性分析。

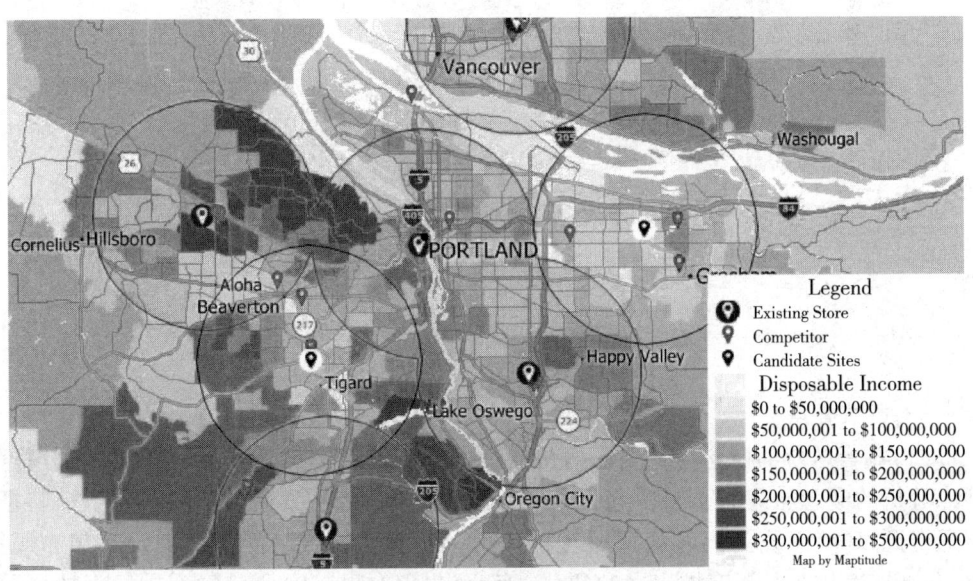

图 7-17　网点间竞争关系分析

(七)辅助选址分析

辅助选址分析是一种综合性极高的应用,需要将各类静态与动态的信息叠加在一起进行分析,包括基于空间位置识别的基础经济指标、地价租金指标、商业辅助设施指标、消费者指标、交通指标、已有门店指标等,如果对各类指标信息赋予权重,进行无量纲化处理,可以绘制出基于综合指标的等高线图(可以通过类似热度图方式呈现)。同时,在辅助选址时,使用者还需要定义出选址的标准,该过程主要是对权重的选择与分配。零售企业需要列出哪些指标相对较为重要,其重要性程度如何,例如,消费者密度(35%)、交通流量(20%)、租金水平(15%)、地点周边路网(10%)、场地面积与可用性(10%)、距竞争者距离(10%),GIS 系统能够根据用户设定的指标选出适宜区域,如图 7-18 所示。需要说明的是,这些区域是否确实可行还需要用户自行判断,例如,是否有可用的商业用地,是否有相关的城市规划限制等因素。因此,基于 GIS 系统的选址只是一种辅助选址,最终的决策仍需零售管理者做出。

ArcMap 的五步分析法

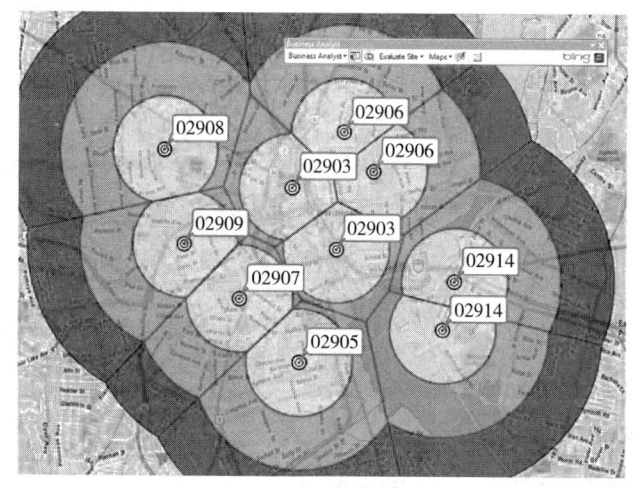

图 7-18 网点备选区域分析

章节练习

一、章节要点

(1)零售区位的概念;(2)零售区位选择的层次性;(3)零售地区分析、区域分析与地点分析的概念与范围;(4)零售区位环境要素,包括经济发展、产业特征、人口特征、交通资源、环境系统;(5)零售区域类型识别;(6)零售区域功能定位;(7)零售布局策略,包括广度扩张与深度扩张;(8)零售(商业)集聚布局;(9)零售梯度布局;(10)零售区域的培育与经营;(11)零售企业选址调研;(12)基于信息技术选址。

二、思考题

(1) 零售区位选择对零售企业经营有何影响？
(2) 零售区位管理的基本原则是什么？
(3) 零售区位选择的三个层次是什么？在选择中分别应关注哪些要素？
(4) 地区产业特征对零售区位选择有何影响？请详细说明。
(5) 不同业态类型的零售企业在区位选择时会优先关注哪些人口特征因素？试进行比较分析。
(6) 交通资源的动态性对于零售区位选择有何影响？请通过实例说明。
(7) 区域环境系统一般包括哪些要素？对于零售区位选择有何影响？
(8) 规划商业区有何特点？适用于哪些类型的零售企业？
(9) 非规划商业区可分为几类？分别有什么特点？
(10) 零售企业的总体布局策略是什么？
(11) 广度优先扩张策略与深度优先扩张策略分别适用于什么类型的零售企业？
(12) 商业集聚区的分布形式包括哪几种？分别有什么特点？
(13) 中小型零售店布局主要考虑哪些因素？
(14) 零售企业为什么需要对所在区域进行培育与经营？有哪些具体操作方式？
(15) 零售选址调研的一般流程是什么？
(16) 使用观察记录法应注意哪些问题？
(17) 综合访问法包括哪些内容？在实际应用中如何搭配？
(18) 基于实验法的选址调查需要注意对哪些变量进行控制？请结合具体实验设计进行说明。
(19) 地理信息系统中包含哪些对零售选址有价值的信息？

三、综合练习

(1) 假设某连锁经营的零售企业(如综合超市)欲拓展我国西南地区市场，请通过三层级分析法为其进行区位选择分析。分析过程中某些细节参量可结合我国地区特征自行设定。
(2) 自行设计调查方案，以团队方式对一个临近地区的人口特征进行详细分析，并将分析结果整理成研究报告。
(3) 结合具体城市的路网结构对区位价值进行判断，并分析其对于零售区位选择的影响，分析过程需要结合图示方法。
(4) 结合五类区域的功能定位，分析其与典型零售业态的匹配程度。并尝试通过具体实例证实分析结论。
(5) 通过具体实例分析并论述零售企业与所在区域发展的关联性。
(6) 安装并操作地理信息系统(如 ArcGIS)，对某区域的基础经济信息、消费者信息、商圈辐射状况、道路交通条件、区域竞争状况等内容进行分析。

第八章 零售商品管理

第一节 零售商品规划

商品是零售业务的核心,根据零售企业的价值链组成,其绝大多数的业务活动都是围绕商品展开的。零售企业的服务本质上是成为消费者信赖的商品渠道,在前端环节选择适宜的商品品类与品种结构,规划出适宜消费者需求的商品组合,并将各类商品经由复杂的物流过程摆置在货架上。现代零售活动在某种意义上已经扮演了部分消费者的角色,即先于消费者选购商品,替消费者对商品的各类属性(如品牌、品种、款式、质量、性能、价格等)进行判断,并对销售的商品进行整体的规划。有些零售学者也在思考,"究竟是消费者影响了零售商的选择,还是零售商引导着消费者的需求?"

不可否认的是,优质的商品规划服务能够使消费者极大减少商品信息搜寻的时间,简化商品挑选流程,并且降低消费过程中的风险。当前,许多零售企业将商品规划作为其竞争力的重要来源。

一、零售商品结构

零售商品结构管理是指构建符合零售企业市场定位及商圈内顾客需要的商品组合。零售商品结构管理应首先明确商品的分类。商品分类是指根据一定的管理目的,为满足商品生产、流通、消费活动的全部或部分需要,将管理范围内的商品集合,以适当的商品特征作为分类标志,逐次划分为若干范围更小、特质更趋一致的子集合,从而使商品得以明确区分并进行体系化管理的过程。商品分类的基本原则是:①必须明确分类商品所涉及的范围。②有适当的分类依据与标准。③分类有科学性与系统性。④商品分类要从有利于商品生产与销售的习惯出发,最大限度地方便生产者、经营者与消费者的需要。商品分类的意义在于,有利于国民经济各部门的统计与管理,有利于行业与企业的现代化管理,有利于商业企业的经营活动,有利于消费者对不同商品的识别。

零售领域的商品分类一般包括大分类描述、中分类描述、小分类描述、商品细目(品项数、品牌数、最小规格与包装等信息)、单品信息。常见的商品分类如表8-1所示。

食品超市的商品分类

表 8-1　商品分类层次

分类级别		层次描述	范围说明	示例
1	商品大分类	体现商品的生产与行业特征	如食品、电器、服装、五金等	服装
2	商品中分类	体现具有若干共同性质或特征商品的总称	如食品类别下包含果蔬、肉类、蛋类、奶制品等	运动服装
3	商品小分类	体现具体的商品名称	如肉类下包含牛肉、羊肉、猪肉等	男款运动裤
4	商品细目（分类）	体现商品具体的规格、等级、型号	如牛肉下包含上脑、牛腱、牛腩、眼肉等	175/90（黑色）男款运动裤
5	单品（SKU）	具体的一款商品，有明确的品牌、生产厂家与规格编码	如某肉联加工厂某批次牛腱	某品牌 175/90（黑色）男款运动裤（货号：KG0021）

（一）单品管理

单品表明了某个商品的唯一性。对一种商品而言，当其品牌、型号、配置、等级、花色、包装容量、单位、用途、产地等属性与其他商品都不相同时才可称为一个单品。单品在零售企业管理中对应的单位是 SKU（Stock Keeping Unit，库存量单位也称为库存控制最小可用单位），即库存进出计量的基本单元，可以以件、盒、托盘等为单位。现代零售企业在商品管理中都会为每种单品编制唯一的 SKU 编号。单品管理是零售企业的基本业务内容，在商品的结构配置、采购、销售、仓储物流、财务管理、信息管理等活动中，均涉及单品的相关信息。

在商品生产与流通的不同阶段，涉及的物品或材料不同，具体的用途有差别，其分类在层次性与标准方面也有所差异（如图 8-1 所示）。在商品生产阶段，厂商与供应商之间可以更多通过技术性分类标准进行对话；而在商品的批发与零售阶段，商品的分类标准逐渐偏向管理与市场的角度，尤其在零售阶段，商品的分类需要使消费者清晰理解并便于查找。从涉及的物品（商品）数量来看，从上游至下游逐渐增加。据估算，当前零售市场上流通的商品数量至少达到几十万种，因此商品零售阶段的分类与管理复杂程度更高。

商品分类的几种依据

对零售商品进行规划首先需要了解相关的分类模式与特点。零售业务领域的商品分类与商品本身的技术标准分类不完全一样，零售商习惯使用的商品分类更符合消费者对商品的认知、购物选择特征及对商品的关注程度，是一种侧重实践性的分类方式。以下分别列出了欧美零售商在（销售量较多的）大类商品方面的分类，包括食品、服装与鞋类、耐用消费品。

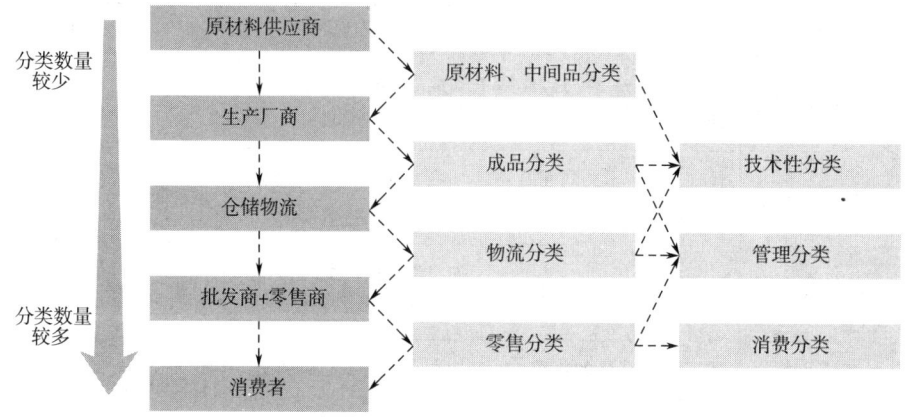

图 8-1　食品零售结构示意图

1. 食品商品的分类。食品是零售领域内的基础性商品。食品零售的形式主要包括两种,基于零售店的销售与各类餐饮服务(欧美研究中普遍将餐饮业划归零售行业),其详细分类如图 8-2 所示。经营食品的典型零售企业如沃尔玛、TESCO(英国)、Haldiram(印度);经营餐饮服务的典型零售企业如麦当劳、必胜客、星巴克。

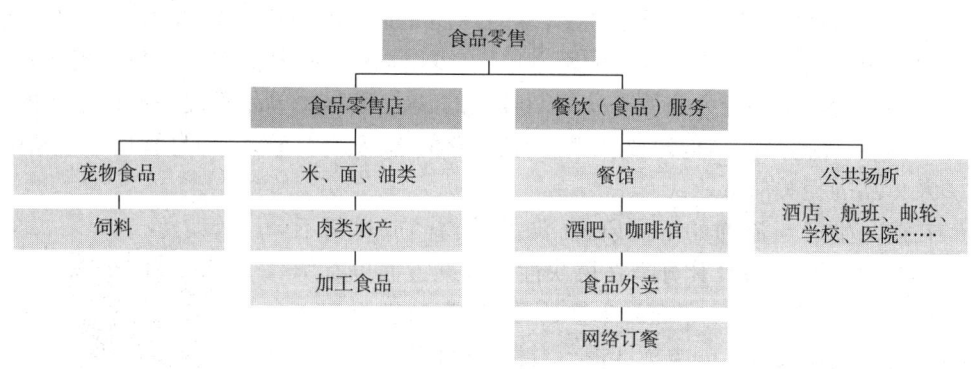

图 8-2　食品零售结构示意图

2. 服装与鞋类商品的分类。服装与鞋类商品是零售行业销量较高且季节性特征明显的商品,这两类商品有极强的关联性,许多制造商会同时设计并生产两类商品,相关零售商也会在相同或相邻营业区内销售这些商品。服装与鞋类商品在(欧美市场)销售中的习惯分类如图 8-3 与图 8-4 所示。当前销售纺织品与布料(半成品)的零售商类型相对较少,主要存在于某些专业店或专业市场内。大部分综合零售商与专业零售商只经营成品服装与鞋类,如梅西百货、Sears、Target、DSW(一家美国专营鞋类的连锁店),以及各类服装品牌专卖店。一些专业店主营运动与户外服装商品,如迪克斯(美国)。

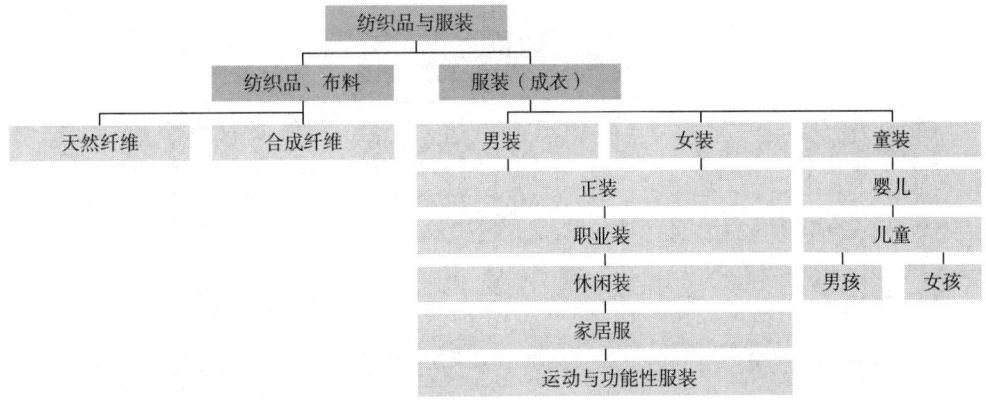

图 8-3　服装零售结构示意图

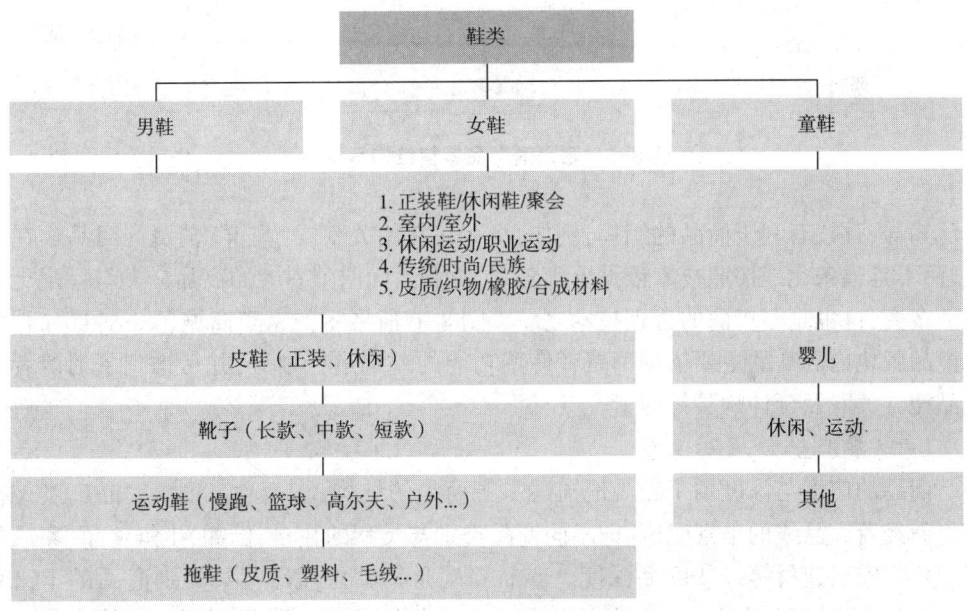

图 8-4　鞋类零售结构示意图

3. 耐用消费品的分类。耐用消费品包含的种类非常丰富，按照欧美习惯可分为电子产品、家用设备/器械及机动车辆三大类，其具体结构划分如图 8-5 所示。在消费结构升级的趋势下，耐用消费品占据个人消费支出的比例不断提升，此类商品的销售利润也相对较高，受到诸多零售商的青睐。典型的零售商诸如 BestBuy、亚马逊（网络零售），及各个品牌的车辆经销商（Dealer）。

一些大型零售商有可能拥有两套商品分类目录，前述分类属于零售商内部商品管理时使用的分类，这种分类有利于零售商设置相应的品类部门及具体业务单位，进行相关的商品类别与子类别的规划，以及具体商品采购活动的开展。当零售商将商品展示给消费者时，其分类模式有可能进行调整。调整的目的是使商品的分类更符合消费者

图 8-5 耐用消费品零售结构示意图

的认知与习惯,有利于商品的销售,例如,将存在使用关联或"集群"消费的商品放在一起,而不是教条化地按照技术依据分别陈列。因此,面向消费者的商品分类与呈现更为灵活多变,这也是零售商的管理技术之一。图 8-6 所展示的京东商城(www.jd.com)各个商品版块内的商品主要依据消费者使用功能的差别进行划分,并考虑到了消费者的商品搜寻关联及延伸购买等因素。

(二)商品的广度与深度

商品的广度与深度用于宏观地描述零售商品的结构:①商品广度。商品广度是指零售商经营商品线的丰富程度,即不同商品类别与类型的数量,例如,生鲜食品、家用电器、服装、家居建材等。②商品深度。商品深度是指零售商经营某类别商品的丰富程度,即同类商品下包含的具体型号、款式、组合、品牌、规格的数量,例如,冰箱商品线下的单门、双门、多门、对开、冷柜等(相应的品牌与型号还可继续细化至单品)。零售商经营商品的广度与深度组合构成了描述其商品结构的主要维度。依据商品的广度与深度,可以形成四种商品结构组合,如图 8-7 所示。

1."宽+深"的商品结构。该结构的特点是在广度与深度方向均进行扩展,商品的类别、种类与规格繁多,以极大地填充市场,使其在商品数量上达到某种程度的"饱和"(真正的饱和状态是无法达到的)。该商品结构策略对于辐射范围大、消费者资源丰富的大型零售业态较为适用,能够通过商品丰富度为其带来大量且稳定的客流。但是,由于其商品线规模过大,必然存在许多低周转率商品,乃至滞销商品,拖累企业多项经营指标。现今市场上能够接近"宽+深"商品结构的企业只有大型网络零售商,如亚马逊、京东等。

烹饪锅具	炒锅 煎锅 压力锅 蒸锅 汤锅 奶锅 锅具套装 煲类 水壶 火锅		大 家 电	平板电视 空调 冰箱 洗衣机 家庭影院 DVD/电视盒子 迷你音响 冷柜/冰吧 家电配件 功放/Soundbar Hi-Fi专区 电视盒子 酒柜
刀剪菜板	菜刀 剪刀 刀具套装 砧板 瓜果刀/创多功能刀		厨卫大电	燃气灶 油烟机 热水器 消毒柜 洗碗机
厨房配件	保鲜盒 烘焙/烧烤 饭盒/提锅 储物/置物架厨房DIY/小工具		厨房小电	料理机 榨汁机 电饭煲 电压力锅 豆浆机 咖啡机 微波炉 电烤箱 电磁炉 面包机 煮蛋器 酸奶机 电炖锅 电水壶/热水瓶 电饼铛 多用途锅 电烧烤炉 果蔬解毒机 其它厨房电器 养生壶/煎药壶 电热饭盒
水具酒具	塑料杯 运动水壶 玻璃杯 陶瓷/马克杯 保温杯 保温壶 酒杯 酒具 杯具套装		生活电器	取暖电器 净化器 加湿器 扫地机器人 吸尘器 挂烫机/熨斗 插座 电话机 清洁机 除湿机 干衣机 收录/音机 电风扇 冷风扇 其它生活电器 生活电器配件 净水器 饮水机
餐具	餐具套装 碗/碟/盘 筷勺/刀叉 一次性用品 果盘/果篮			
酒店用品	自助餐炉 酒店餐具 酒店水具			
茶具/咖啡具	整套茶具 茶杯 杀壶 茶盘杀托 茶叶罐 茶具配件 茶宠摆件 咖啡具 其他			
进口食品	饼干蛋糕 糖果/巧克力 休闲零食 冲调饮品 粮油调味 牛奶		电脑整机	笔记本 超极本 游戏本 平板电脑 平板电脑配件 台式机 服务器/工作站 笔记本配件 一体机
地方特产	其他特产 新疆 北京 山西 内蒙古 福建 湖南 四川 云南 东北		电脑配件	CPU 主板 显卡 硬盘 SSD固态硬盘 内存 机箱 电源 显示器 刻录机/光驱 散热器 声卡/扩展卡 装机配件 组装电脑
休闲食品	休闲零食 坚果炒货 肉干肉脯 蜜饯果干 糖果/巧克力 饼干蛋糕 无糖食品		外设产品	移动硬盘 U盘 鼠标 键盘 鼠标垫 摄像头 手写板 硬盘盒 插座 线缆 UPS电源 电脑工具 游戏设备 电玩 电脑清洁 网络仪表仪器
粮油调味	米面杂粮 食用油 调味品 南北干货 方便食品 有机食品		游戏设备	游戏机 游戏耳机 手柄/方向盘 游戏软件 游戏周边
饮料冲调	饮用水 饮料 牛奶乳品 咖啡/奶茶 冲饮谷物 蜂蜜/柚子茶 成人奶粉		网络产品	路由器 网卡 交换机 网络存储 网络盒子 网络配件
食品礼券	月饼 大闸蟹 粽子 卡券			
茗茶	铁观音 普洱 龙井 绿茶 红茶 乌龙茶 花草茶 花果茶 养生茶 黑茶 白茶 其它茶			

图 8-6 某电商商品销售分类示意图

		商品广度	
		宽	窄
商品深度	深	"宽+深"的商品结构 优势： 1. 商品填充饱和 2. 选择范围大 3. 整体吸引力强 劣势： 1. 经营分散 2. 占用资金 3. 边际收益下降明显	"窄+深"的商品结构 优势： 1. 深度填充饱满 2. 专业化程度高 劣势： 1. 管理成本较高 2. 边际收益下降
	浅	"宽+浅"的商品结构 优势： 1. 商品覆盖全面 2. 一站式购物 3. 管理成本可控 劣势： 1. 仅满足一般消费需求 2. 价值挖掘有限	"窄+浅"的商品结构 优势： 1. 商品精选度高 2. 管理简单 3. 成本较低 劣势： 1. 整体吸引力不强 2. 顾客重复光顾率低

图 8-7 商品广度与深度的组合

2."宽+浅"的商品结构。该结构的特点是突出商品广度的优势,而不在深度方面消耗过多精力。其效果是,零售商拥有较多的商品品类(或品种),整体上满足了大部分消费者一站式购物的需要,各类商品的平均经营指标相对较好。大中型零售业态较适宜采用此种商品结构策略,例如沃尔玛的山姆会员店,其商品覆盖了绝大部分消费领域,但每一个品类下仅有少量可选的品牌与具体商品型号(规格),这些商品均经过商品采购经理的比较与挑选,有较好的质量与口碑,销售风险极低,商品周转率与销售利润有保障。

3."窄+深"的商品结构。该结构的特点是仅经营少量或单一品类商品,但是在商品深度上极具竞争力。此类商品结构有较强的专业性特点,品类下的商品丰富度极高,能够迎合消费专业程度较高群体的需求,大部分专业店均采用此类型商品结构。但此种结构同样存在边缘商品较多的情况,其仓储与货架占用会增加企业的相应成本。

4."窄+浅"的商品结构。该结构的特点是仅选择少量商品进行销售,这些商品的精选度相对较高,配合适当的管理,其销售与利润贡献较好。例如,一些专卖店、精品店通常采用此类商品结构,有极低的管理复杂度与成本支出,适宜小型店铺使用。使用该结构过程中,由于商品数量有限,经营者需要经常关注不同商品的销售业绩并频繁进行调整,以适应消费者需求的变化。

商品结构在深度方面可进行多层级的切分,同广度视角的商品管理相比,深度视角的商品管理更加复杂。其主要原因是,现代商业社会商品数量极大扩充,商品更新与新品推出的速度不断加快,生产厂商对消费群体的细分不断深化,从而带来了商品总体数量的增加。以电器类商品中的电视机为例,其深度层次划分如图 8-8 所示,包括商品类型、分辨率、屏幕尺寸、品牌,以及具体的型号。零售商需要综合商品的技术规格以及消费偏好与定位,对所销售商品进行合理的深度分层。层级设定过少会使商品部门的管理相对杂乱,层级设定过多则会在一定程度上增加消费者的选择难度,适宜的层级设定对商品结构管理非常重要。

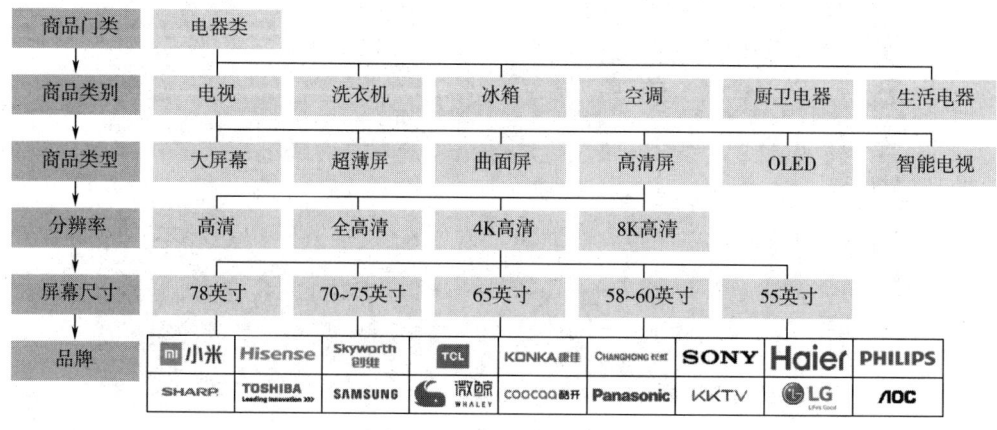

图 8-8　商品深度结构示例

二、零售商品组合

零售商品组合是指零售商根据业态与经营定位,在某种商品结构下选择具体商品(单品)的过程,该过程涉及零售商对各个商品(单品)的甄别与遴选,从而构建适合本企业的零售商品线。不同的零售商可能有相同或相近的商品结构,但其商品组合可能截然不同。例如,在同样的商品细目下,有些零售商在配置比例方面以中等价位的商品为主,有些则以高价位的进口品牌商品为主。如何管理商品组合,零售商需要根据企业经营的内外部条件以及整体策略方向,并结合与商品(单品)相关的诸项指标进行综合设计。

(一)商品销售指标

商品销售的相关指标能够较为直观地反映商品的经营情况,企业可根据此类指标对商品排序与更换做出判断。商品销售量可以通过销售单位(如件、套、公斤等)或销售金额进行统计,大部分企业从财务核算角度会选择金额统计法,而存货管理则倾向于销售单位统计法。销售指标主要关注(某一时间段的)总销售量、(每周/天)平均销售额、销售量走势、销售量的疏密分布等。商品销售量的变化特征包括:①销售量均匀稳步增长,处于销售成长期的商品较符合这种趋势,其销售量为一条呈上升趋势的曲线。②销售量变化不规则,但总体趋于增长,即表现为波动上升曲线,符合商品销售导入期的特征。③销售量整体平稳,有微小波动,符合成熟期商品的销售特征。④销售量呈现下滑趋势,符合衰退期商品销售特征。⑤销售量随季节变化明显,即存在一定的规律性,表现出较大幅度上升与下降的交替,例如,时令性商品、节日用品、旅游用品等。⑥销售量存在同其他商品的关联性,即互补商品之间或替代商品之间的销售走势存在联动关系。零售企业在分析商品销售量的变化时,主要考虑消费者需求变化、主要竞争者策略以及企业经营定位三方面的因素。从各影响因素的权重关系看,消费者需求变化的影响相对重要,因此,企业在进行商品组合管理时需要以消费者为中心进行设计。一些大型零售企业在使用商品销售指标时,会使用平均值计算法进行评价,即计算出平均货架单位(如平方英尺)上的商品销售单位或销售金额,以此作为销售排序指标,优化商品组合与货架管理,将更多、更优质的货架空间分配给排位靠前的商品,并逐渐淘汰或替换排位靠后的商品。

企业进行销售预测时,对商品销售量的考察有时需要一个较长的时间段,这是因为时间段过短存在不稳定因素,一般以多期的周、月为单位。常用的方法包括:

1. 算术平均法。其以过去若干时期的销售量或销售金额的算术平均数作为计划期的销售量或销售额,计算方法是:

$$销售量 = 往期销售总额 \div 销售期数$$

该方法的特点是便于统计、使用简单,缺点是会使各个周期的销售差异平均化,特别是没有考虑到近远期的变动趋势差异,测算的预计值与实际值可能存在较大误差。该方法一般适用于没有季节差别、销售量比较稳定的商品。

2. 加权平均法。其根据过去若干时期的销售量或销售金额,按其距计划期的远近分别进行加权,然后计算其加权平均数,据以作为计划期的销售预测数值。例如,以过去4个月的销售额为参考,赋予不同的权重,分别为0.1、0.2、0.3、0.4。该方法考虑到了不同时期数据对当前影响的差异,但具体权重的赋值需要有相应品类与单品管理经验的积累。该方法一般适用于销售量存在变化趋势的商品,如销量逐渐增加或减少。

3. 平滑系数法。其实质上是一种加权预测法,使用平滑系数作为调整变量。

$$计划期销售量 = 平滑系数 \times 上期实际销售量 + (1-平滑系数) \times 上期预测销售量$$

平滑系数的取值范围在0~1之间,选取的平滑系数越大,则近期实际数对预测结果的影响越大;选取的平滑系数越小,则近期实际数对预测结果的影响越小。平滑系数可以根据过往多期的经验数据不断修正,使其更符合实际市场情况。由于选取较小的平滑系数计算的结果能反映观察值变动的长期趋势,选取较大的平滑系数计算的结果能反映观察值变动的新近趋势,因此在使用中应结合具体商品的销售走势而定。

4. 回归分析法。其通过建立商品销售额同单变量或多变量之间的方程,根据往期数据进行回归分析,并确定各变量对销售额的影响系数。在实际分析中需要依据往期数据分布特征以及商品的销售形势,可以使用线性回归或非线性回归。使用回归分析需要有足够的数据量以保证回归的稳定性。例如,零售商的某种季节性商品在全年内的销售额存在某种变化趋势,对历史销售数据的回归分析结果如图8-9所示,分别使用了线性、二次、三次回归,拟合优度分别为20.5%、48.5%、49.8%,总体来看三次方程的拟合程度最好。这表明该商品全年销售呈现先下降后上升的特征,低温度月份是销售旺季。

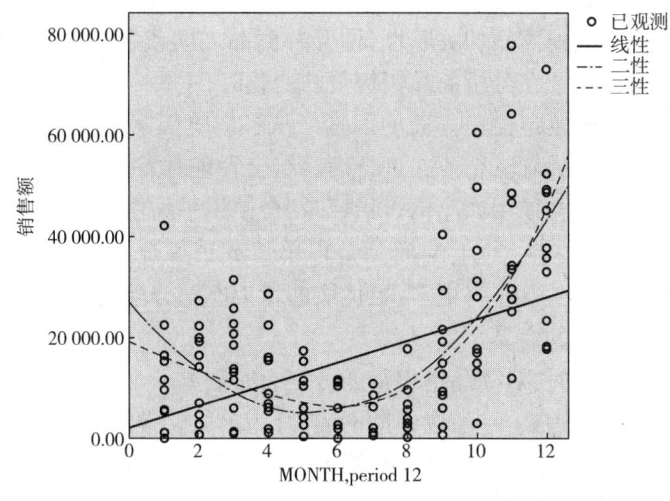

图8-9 商品销售曲线拟合

(二) 商品周转指标

商品周转指标用来描述商品从入库到售出所经过的时间,主要通过周转次数和周转天数进行衡量,能够反映企业在商品经营方面的效率。零售企业通常使用商品周转率指标,商品周转率的计算分为数量周转法与金额周转法。

1. 数量周转法：

$$商品周转率 = 商品出库总和 \div 平均库存数 \times 100\%$$

2. 金额周转法：

（1） $商品周转率 = 全年纯销售额（销售价）\div 平均库存额（购进价）\times 100\%$

（2） $商品周转率 = 总进价额 \div 平均库存商品购进价 \times 100\%$

（3） $商品周转率 = 销售总额 \div 改为销售价的平均库存额 \times 100\%$

在计算时需要根据需求使用不同指标，例如，用销售量计算便于管理商品的库存与货架，并对商品组合进行调整；用销售金额计算便于财务账面的统计，并合理安排企业的资金使用。商品周转率可以反映出商品的畅销程度，以及对库存的占用情况，该指标是零售企业进行商品组合管理的重要参考。

（三）商品损耗指标

商品损耗指标主要用商品损耗率表示，计算方法是：

$$商品损耗率 = 商品损耗量 \div 商品入库量 \times 100\%$$

$$商品损耗率 = 商品损耗金额 \div 商品入库金额 \times 100\%$$

早期，零售企业主要关注商品的自然损耗，主要用于那些易干燥、风化、挥发、失重或破碎商品的保管工作考核。当前，零售企业还面临商品货架损耗现象，如诸多人为原因造成的商品破坏、破损及(市场偷窃)丢失。为了核定商品在保管与经营过程中的损耗是否合理，一般对不同的商品规定能够承受的损耗率标准，又称为标准损耗率。若仓库或门店的实际商品损耗率低于该标准，则为合理损耗，反之为不合理损耗。商品损耗率是一个逆指标，企业应力争使商品的损耗率降到最低点。经验研究显示，零售门店的商品损耗率控制在 0.3%~0.5% 较为合理。例如，中国连锁经营协会于 2007 年 11 月至 2008 年 3 月期间，在全国范围内针对连锁企业的防损管理人员进行了问卷调查，来自全国各地的 86 家企业参与了调研，调查覆盖了 3 家专业店，83 家超市及大卖场。调查结果显示，全行业的平均损耗率为 0.31%，其中，超市的平均损耗率为 0.29%，大卖场的平均损耗率为 0.33%。被调查企业中，损耗率最小的门店平均损耗率为 0.16%，最大的门店平均损耗率为 0.76%。

（四）商品贡献指标

商品贡献指标用于评价商品门类及单品对零售商经营业绩的贡献情况。直接经济指标包括：

$$含税销售额 = 客户购买商品所支付的全部金额$$

$$销售毛利率 = （销售净收入 - 商品成本）\div 销售净收入 \times 100\%$$

$$销售净利率 = （去税销售额 - 去税成本）\div 销售净收入 \times 100\%$$

从直接经济指标容易看出零售企业经营状况，其关键点在于缩小销售净利率与销售毛利率之间的差距。例如，德勤中国(2014—2015 年)的研究显示，我国连锁零售业的毛利率在 20% 左右，而净利率仅为 2.08%，意味着大部分企业在相关成本控制与损耗管理方面仍需改进。同时，还有一些经营指标也可以反映出商品的贡献程度，如毛利率与周转率的

零售商销售指标分析

交叉比率,商品(二次)重复购买率,某单品在 POS 端的最近交易点、返修与退货率,某单品同其他单品的交易关联率等。

(五) 商品遴选与组合策略

1. 销售结构策略。销售结构策略是指根据商品的销售情况,如总销量、销售速度等,对商品进行结构划分,并确定不同(销售)类别商品的比例以及货架资源。销售结构策略可将商品分为试销商品、新品、一般商品、重点(主力)商品、清仓商品等。

2. 毛利率策略。毛利率策略是指根据商品的利润贡献情况对商品进行划分与组合,优化商品结构并改善销售业绩,使全货架商品的平均毛利率达到企业的经营定位目标。毛利率策略可以将商品分为正常毛利率商品、高毛利率商品、(略)低毛利率商品(也可称为平价商品)、低毛利率商品(促销商品)等。

3. 商品档次策略。商品档次策略是指根据商品的综合性能与质量情况配置组合商品的结构,使其整体上符合消费群体的需求。商品档次策略可将商品分为高档商品、中档商品、低档商品、处理商品等。

4. 商品品牌策略。商品品牌策略是指根据消费者的选择偏好搭配不同品牌结构的商品。商品品牌策略可将商品分为进口品牌商品与内资品牌商品,畅销品牌商品与非畅销品牌商品,或者知名品牌商品与无(弱)品牌商品等。

5. 销售功能策略。销售功能策略是指根据企业的销售与经营需要,从功能效果出发制定的商品组合结构。销售功能策略可将商品结构分为扩大市场份额的商品组合、锁定客流的商品组合、销量优先的商品组合、利润优先的商品组合、结构优化(升级)的商品组合、结构下沉的商品组合等。

(六) 新品上架

零售商保持一定的商品更新率对于其经营活动非常重要,不同业态类型的更新率差别较大,如服装饰品品类的零售店(专卖店、折扣店)更新率极高,而经营食品与日用消费品的零售店(以超市为主)更新率则很低。不论何种类型的零售店,对于新品上架都需要谨慎研究,并经过严格的管理流程,一般包括:

1. 分析阶段。该阶段主要从零售商视角对新品的定位进行总体研究,分析目标消费群体及其销售流量与利润创造的可能性。在同类型或近似类型商品之间进行比较,横向定位其竞争能力,确定新品的定价与营销策略。还需分析供应商的能力,如能否支持持续的商品供应,一些小规模供应商同连锁型零售商之间的供应匹配度不高,很难达成合作。

2. 准备阶段。该阶段需要进行新品的信息整理与发布,使相关的销售网点掌握新品的特征与卖点,如涉及技术含量较高的商品,还需对门店进行销售培训,确保其销售人员能够将新品信息告知消费者。最后,要对新品进行(试销)备货并派发至门店。

3. 试销阶段。为新品开辟少量的货架空间,检验新品销售的总体情况,包括顾客关注程度、购买率、问题率、日均流量及利润创造。需要指出的是,许多零售店在新品试销阶段都会给予一定程度的折扣,部分指标仅具有参考价值。

4. 决策阶段。根据试销阶段的业绩表现,由商品管理部门与门店经理给出相应的评价,并给出最终的决策建议。

（七）商品淘汰

淘汰销售业绩不理想的商品(主要指单品)能够优化有限的货架空间,提高门店的经营效率,并降低库存管理压力。商品淘汰的原因主要有:①滞销问题。滞销是商品淘汰较为常见的原因,商品在限定时间范围内达不到基本销量即需要对其进行审查并剔除。考察滞销的指标可包括商品周转情况、销售额(量)、利润贡献等。②质量问题。商品如果存在系统性质量问题,退换货率高于零售商标准,并导致较高的服务成本,零售商应果断对商品进行审查。③供应问题。由于商品供应造成商品销售不稳定时(如较高的缺、断货率),零售商应考虑是否继续销售该商品。④法律问题。当法律法规对某些商品的销售加以限制时,零售商应做出快速响应。商品淘汰的管理流程一般是,首先由门店销售经理根据业绩统计进行排序,并给出位于淘汰区间的商品列表。然后由商品经理或品类经理依据企业制定的相关销售标准,对多门店商品列表进行综合的评价,并协同营运部门与采购部门确定淘汰商品列表。

永辉超市的商品组合管理

三、商品品牌管理

现代零售企业在商品管理中对于品牌管理越发重视,主要原因是:①消费者在购买活动中的品牌意识逐渐提升,品牌的优劣已成为影响其商品选择的重要因素。②零售商与品牌供应商(厂商)之间的合作可以极大降低供应链中的不确定性,并简化商品的进货管理(优质品牌的供应商多具有丰富的产品线)。③品牌结构的选择与设计能够塑造零售商的差异化特征,帮助其建立竞争优势。因此,零售商在进行商品结构与商品组合设计时,还应密切结合商品品牌因素,构造适应企业经营定位的商品集合。我国一些零售商将商品品牌管理大类分为奢侈品牌、国外品牌、国内品牌、地区品牌、零售商品牌(自有品牌),其对应的特征描述、商品覆盖范围及配置方式见表8-2。零售商进行品牌管理需要结合具体的业态与品类,制定适宜的品牌分级与管理标准,例如,有些零售商将品牌简单分为知名品牌与非知名品牌,高价位品牌、中价位品牌与低价位品牌。同时,一些零售商还设置了品牌管理职位直接参与商品采购业务。

表8-2 零售商可选品牌的比较

品牌类型	特征	商品范围	配置
奢侈品牌	奢侈品牌属于设计与制作精良的知名品牌,通常零售价定位较高,其无形价值要高于有形价值。奢侈品牌也分为不同的等级	商品主要集中在服装、饰品、皮具、钟表、珠宝等领域	奢侈品牌一般拥有独立的专属渠道,即品牌专卖店,通常分布在高档商业街区、高档百货、购物中心

续表

品牌类型	特征	商品范围	配置
国外品牌	国外制造商品牌（本国制造或海外工厂制造）。级别分为一线一等、一线二等、二线一等、二线二等	商品涵盖各类消费品	对于进口国外品牌商品，由于受关税等因素的影响，零售价相对较高，中高端零售店会适量配置。对于非进口国外品牌商品，零售商可根据消费需求状况合理搭配
国内品牌	国内制造商品牌。也存在等级划分，如知名品牌、非知名品牌	商品涵盖各类消费品	国内品牌一般是零售商的主要商品配置来源。"当地采购、当地销售"已成为大部分零售商（包括外资零售商）的默认原则
地区品牌	地区（省、市）制造商的品牌，且销售范围主要在本地区	商品涵盖范围有限。如在我国主要是地区特产以及烟酒类商品	区域型中小零售商一般会配置适当比例的地区品牌商品。地区品牌商品更多会选择自营的终端渠道销售
零售商品牌（自有品牌）	零售商委托制造的商品品牌，通过 OEM 方式合作	商品涵盖范围有限。主要以销量大、销售速度快的商品为主，如加工食品与日用品	知名零售商会配置一定比例的自有品牌商品。在我国市场上，自有品牌商品的配置有逐渐增加的趋势

自有品牌（PB：Private Brand）管理是指零售企业通过搜集、整理、分析消费者对某类商品需求特征的信息，提出新产品功能、造型、成本等方面的开发设计要求，进而选择合适的生产企业进行开发生产，最终由零售企业使用自己的商标对新产品注册并在本企业内销售的一种模式。自有品牌的命名方式包括三种，直接采用零售商企业名称，采用零售商名称+店铺名称，不同的商品属类采取不同的品牌名称。自有

我国消费者品牌消费情况

品牌的实施途径主要有两种：①零售企业委托生产者制造。零售商与众多规模较小但符合生产标准的企业建立定制供应关系，采用的是一种松散的合作模式，稳定性方面有一定的风险。②零售商企业自设生产基地。零售商投资（参股或全股模式）建立生产线，拥有较强的生产控制权，但前期成本较高。零售商开发自有品牌可以获得多项竞争的优势，包括差异化优势、商品铺货速度优势，以及成本优势（进而转化为零售价优势），如图 8-10 所示。

根据一些超市的统计，在同级别商品（单品）之间，自有品牌在零售价方面（同非自有品牌相比）能够便宜 20%～30%，而净利润率则高出 10%～15%。例如，我国连锁经营协会统计，我国市场上销售的自有品牌商品近 70% 毛利率超过 25%，其余（大约 30%）

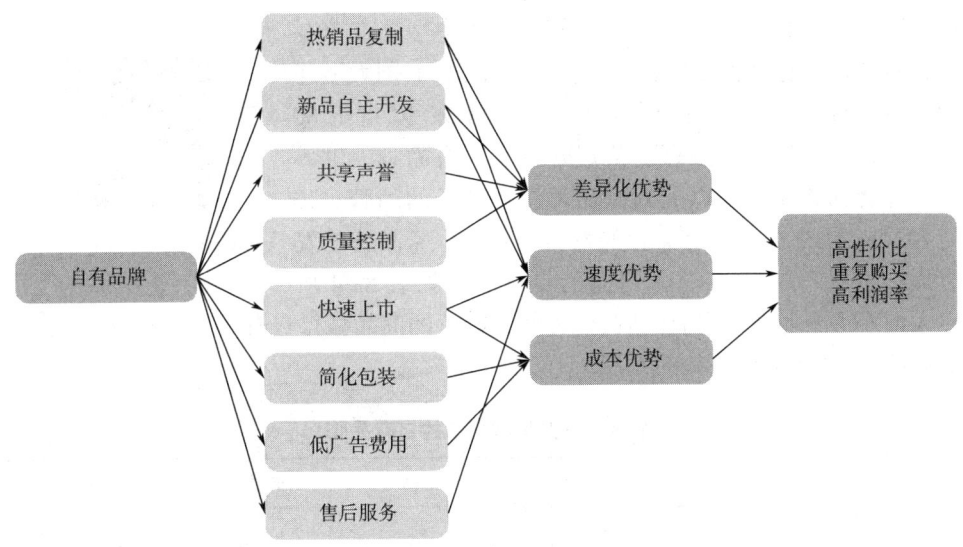

图 8-10 零售商自有品牌优势来源

也在 15%~20% 之间。在单品分布方面,企业自有品牌 SKU 超过 900 种以上的占 7%, 600~900 种之间的占 18%, 300~600 种的占 11%, 其余为 300 种以下的。由于具有明显的利润优势,越来越多的零售商(尤其是大型连锁超市)争相开发自有品牌,并对货架进行调整,为自有品牌开辟更多的销售空间,甚至有些零售商设置了自有品牌专柜或专架。AC 尼尔森(2015 年)调查显示,在消费者购买频率较高的多类商品中,零售商自有品牌均显示出稳定的增长,如表 8-3 所示。

表 8-3 零售商自有品牌市场概况(2015 年)

编号	商品类别	自有品牌占有率	自有品牌增长率
1	冷冻食品	23%	3%
2	冷藏食品	31%	8%
3	常温储存食品	18%	4%
4	小食品、糖果	8%	7%
5	婴儿食品	3%	12%
6	保健品	13%	3%
7	非酒精饮料	11%	4%
8	酒精饮料	7%	3%
9	宠物食品	22%	10%
10	化妆品	2%	22%
11	塑料、纸张、包装材料	30%	2%
12	个人护理	6%	2%

从国外零售商自有品牌发展来看,英国大中型超市 30%以上的商品为自有品牌,最高比例达到了 54%。美国大型连锁超市中 40% 以上的商品为自有品牌。日本在 20 世纪 80 年代末就有近 40% 的大型百货公司开发了自有品牌。世界百货联合会成员有 20% 以上的商品都使用自己的品牌。20世纪末以来,国外商业自有品牌的发展相对于厂家品牌的发展有加快的趋势,一些知名零售商的自有品牌如表 8-4 所示。大型零售企业使用自有品牌,能够使其经营的商品赢得自有品牌声誉,进而获得较高的利润,使企业得到更好的发展。

Aldi(阿尔迪)的自有品牌

表 8-4 典型零售商的自有品牌

编号	零售商	自有品牌	描述
1	Walmart 沃尔玛	GreatValue 惠宜	惠宜在中国的商品数量已超过 600 种,覆盖了糕点、饼干、大米、面粉、食用油、液体奶、果汁、纯净水、调味酱料、啤酒、白酒、冷藏面、坚果、凉果、肉干、冷藏冷冻食品等众多商品品类,现已开始向鲜食、快速消费品等品类拓展。惠宜品牌商品的价格要比卖场内同等品质的商品低大约 15%
2	COSTCO 开市客	Kirkland 科克兰	Kirkland 诞生于 1995 年,具有优质、高性价比的品牌形象,其产品线覆盖了食品、维生素、眼镜、服饰、家具、清洁用品、纸类用品。优势商品包括洗衣液、培根、蛋黄酱、电池、有机鸡汤等
3	Carrefour 家乐福	家优鲜	家优鲜是家乐福打造的可追溯农产品品牌,包括多个水果种类(如苹果、柚子、香梨等)和少量的肉类商品。家优鲜未来新增的 SKU 主要集中在两类,一类是蔬菜品类(如土豆、生姜、大蒜等),以及杂粮品类(如小米、绿豆、红豆等)
4	大润发	大拇指	大拇指品牌以追求市场最低价的日化用品为主,品项有近 2 000 种,比领导品牌便宜六成,和卖场内同等级最低价产品相比,也便宜一成
5	AEON 永旺	TOPVALU 特慧优	1974 年,AEON 创建自有品牌特慧优,2012 年特慧优进入中国。目前特慧优单品数量达到 1 000 多种,涵盖了食品、服装、家居用品等领域
6	METRO 麦德龙	AKA 宜客	AKA 宜客是麦德龙入门级自有品牌,具有很高的性价比,旗下共有约 400 种食品类和 300 种非食品类基础产品,可满足客户日常消费所需

资料来源:买购网(www.maigoo.com)。

第二节　零售商品供应

零售商为了保持货架的丰富度与充盈度,需要建立完善的商品供应体系。传统的零售商品供应仅关注采购环节,这对于大规模、高效率的零售活动已不适用。现代化的零售商品供应强调构建系统化的供应链,综合利用各种管理技术,使商品供应活动能够持续稳定进行。

一、零售供应链组织

现代零售企业经营的商品种类、品牌、规格数量繁多,在商品的供应管理中需要树立供应链管理思维,构建持续合作的上下游关系。供应链(SC:Supply Chain)是由直接或间接服务消费者需求的各方组成的关系链,包括制造商、运输商、仓储商、零售商,乃至消费者。供应链的职能是通过信息收集、产品开发、生产运作、分销零售、财务与客服等内容满足消费者的综合需求。现代零售商不再是简单地进行商品采购再设法将其销售出去,而是基于对消费者的需求管理,构建并协调全部产销环节,营造高效的供应体系。例如,许多零售商可以先于制造商了解到消费者的需求偏好,将相关信息传递给制造商,帮助其设计、生产适宜的商品。制造商可以实施精准的产量控制,承担库存管理职能,使零售商节约相应的管理成本。同时,运输商除了配送货品外,还兼具一定的售后服务职能(如商品维修与养护)。因此,在现代化供应链管理体系下,各角色的功能不是进行简单的线性划分,而是基于各自的能力与优势进行动态的匹配与互补。麦肯锡认为现代供应链的显著特征是综合的敏捷性,该特征寓于供应链的成本管理、资金管理与服务管理活动中,具体体现在供应链战略、计划过程、商品流动、绩效管理、订单管理、网络合作中,其价值驱动分解详见图8-11。

零售供应链需要解决的问题包括:①缩短反应时间。速度是现代商业竞争的关键,厂商将商品尽快投送到终端,零售商尽快完成销售,这能够极大减少相应的成本。良好的供应链体系能够通过全过程物流优化以及信息流的无缝对接实现这种效果,并借助资金流使各参与方及时获益。②精简组织设置。传统上下游企业间的合作模式存在诸多冗余设置,如厂商、批发商、物流服务商、零售商均设有仓库,这既增加了硬件建设费用与相关的管理成本,又增加了商品中转与运输的时间。在供应链管理体系下,提倡功能的耦合与互补,简化功能单位的设置,使多项业务能够并行。③改善客户服务。供应链管理体系使得更多的供应链成员开始重视客户服务与客户满意度,并意识到改善客户服务并非供应链终端的责任,各环节都需要承担相应的职责。例如,一项简单的商品返修业务几乎需要动用供应链各环节的资源,涉及零售客服、厂商客服、逆向物流,甚至仓储管理等部门。

供应链的权力分布结构有三种:①上游(制造业)中心供应链。即供应链的核心为制造企业,该企业具有较强的研发与生产能力,在组织各类资源及分销渠道管理中拥有较强话语权。一些高科技产品的供应链具有这种特点。②下游(分销)中心供应链。

图 8-11 现代供应链管理价值驱动

即供应链的核心为分销(批发或零售)企业,如果分销商掌握了下游渠道资源而上游企业不具有垄断能力,供应链的活动重心将向下游偏移。一些加工食品的供应链具有这种特点。③均等权力划分供应链。即上下游实力均等,或均不掌握某些核心或垄断能力,供应链的活动重心较为分散。沃尔玛与宝洁公司的供应链体系具有这种特点。因此,零售商在融入供应链组织体系时,不论是否能够成为供应链的重心,都需要明确自身的实力与位置,发挥企业在供应链中的功能。

供应链运行的机制保障

(一)供应链的两种响应模式

1. 快速反应(QR:Quick Response),即供应链中的企业不急于生产成品商品,而是准备好各类部件或要素,在获得客户需求后以最快速度完成生产与配送。该模式适用于多品种、小批量的商品市场,最早应用于美国的纺织服装商品领域。

2. 有效客户反应(ECR:Efficient Consumer Response),以满足顾客需求和最大限度降低供应链过程费用为原则,及时对市场变化做出准确反应,使提供的商品供应及服务流程最佳化的一种供应链管理模式。该模式适用于销量大、差异不显著的商品市场,如饮料与食品领域。

快速反应模式强调突出速度优势,以及对市场变化的适应性,重点在于对各类信息的收集与响应,管理成本相对较高。有效客户反应模式强调供应链的平衡与效率,并有效进行质量控制,重点在于对供应链的组织与管理方面的优化,管理成本相对较低。鉴于零售领域的宽泛,对于不同类型的商品,应结合商品特征以及消费者需求特征,选择适宜的供应链响应模式。从业态规模角度分析,大型零售业态由于经营的商品种类繁多,整体的管理复杂度较高,因此更倾向于采用 ECR 模式;而中小型零售业态涉及商品数量较少,便于突出服务优势,因此更倾向于采用 QR 模式。

沃尔玛的 ECR 管理

（二）供应链信息化管理

采用信息技术能够有效改善供应链的动态特性,便于企业针对各类波动做出及时有效的反应。在企业业务信息量剧增的背景下,只有依托以网络和数据库为核心的信息系统,才能保证信息的完整性、精确性和及时性。信息系统使信息的传递由原来的线形结构变为网状结构,使整个供应链环节实现信息实时共享,消除信息延迟,并缩短供应链长度。综合利用多类信息技术优化供应链管理能够带来显著的效率与效益提升。供应链信息化管理的作用领域主要覆盖商品上市时间、供应需求匹配、商品质量、库存管理、资源使用,各领域内容的展开以及大致的绩效改善如图 8-12 所示。供应链信

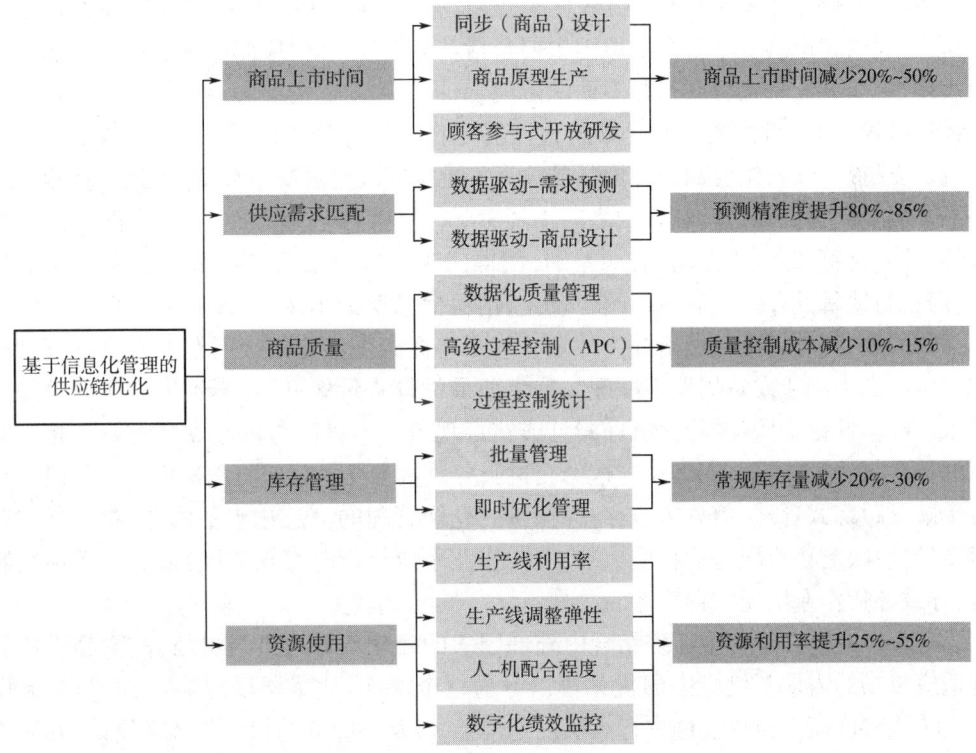

图 8-12 供应链管理信息化的绩效改善

化的实施要保障系统的可用性(信息系统是否有效作用于实际业务活动)、易用性(信息系统是否容易被业务人员掌握并使用)、稳定性(信息系统是否能长时间连续运行)、安全性(信息系统是否存在数据不同步或丢失的可能)、拓展性(信息系统是否设有开放的端口并增加新的处理功能)。供应链信息化管理的关键点在于:①有效保障物流、资金流、业务流同信息流的一致性,用信息的快速响应减少业务与物流活动的延迟。②利用信息化管理的信息量优势,以及准确性、有效性、及时性特征,对各级别管理决策形成有效的支撑。③通过信息纽带联系并整合设计、生产、仓储、物流等业务活动,提升供应链的集成化水平。

国外零售业供应链管理的现状

零售企业实施供应链管理能够分享供应链收益,切实解决经营业务中的诸多问题,例如,提高新品的铺货速度,保持商品的持续、稳定供应,降低商品供应的综合成本,提升客户购物服务体验等。

(三)缺货问题

缺货是许多零售门店经常会遇到的管理问题,对经营活动的主要影响是造成消费流失,包括单次消费流失与重复消费流失。据不完全统计,零售门店缺货率增加1个百分点,会带来2~3个百分点的营业额损失,同时损害门店声誉及可信赖度。我国许多零售商(尤其是中小型零售商)的缺货率普遍高于安全水平。根据中国连锁经营协会的研究,我国超市缺货率偏高的原因主要包括:①零售商和供应商缺乏协作与信任。主要表现在,双方经常在合同执行方面缺乏配合,拖欠账款的情况时有发生。由于合同条款描述模糊(集中于促销与退货方面),使得零售商的计划难以被供应商理解,得不到有效的支持。同时,供应商关于商品的信息变更未能及时通知零售商,导致收货延误或一品多码等问题。②运营和采购之间沟通不畅。在商品管理方面,总店采购部门难以掌握不同(地区市场)门店的需求差别,使得门店的货架格局并不适应所在区域的销售,滞销与缺货并存。门店执行纪律较差,销售信息反馈不及时,或存在数据陈旧或数据丢失问题,使总店难以做出补货计划。③零售商与供应商衔接问题。零售商订货周期与供应商生产或发货周期不匹配。零售商最优订货量偏低,达不到供应商规模经济需求。经验性订货操作导致少订、漏订或错订现象。零售商与供应商之间缺少相互监督的标准与约束能力。④物流配送的交付服务质量不高。总部与配送中心对各门店的订单缺乏跟踪式管理,信息响应存在滞后性;仓储管理的信息化水平偏低,收发货作业速度较慢;缺乏物流配送的相应标准,不同作业单位执行时存在差别;缺少配送预约制度,导致补货作业出现"拥挤"状况。

零售供应链在运行中还应结合内外部因素的变化不断改进与更新,使商品供应管理适应市场的需求。供应链的优化可以分为三个层次:战略层面、战术层面与业务层面。①战略层面。对供应链进行高层规划调整,涉及供应链的组织与体系设计,其调整的时间与成本较高,仅在供应链管理遇到难以克服的问题时使用。例如,变更供应链中参与企业的数量,重组供应链关系结构,新建某些供应链节点设施(大型中转-集散中心)等。②战术层面。对供应链进行局部的优化与改进,涉及供应链的某一功能组织,如采购系统的优化、物流配送网络的优化、库存动态管理的优化等。供应链战术层面的调整有诸多技术方法可用,例如,对于物流网络的优化,可用技术包括线性约束法、动态模拟法、基于遗传算法的优化法等。零售企业应用战术层面的供应链优化相对较多,尤其对于大规模连锁零售企业,当其进行网点扩张时,需要不断结合市场供需规模与成本约束进行相应调整。③业务层面。对供应链包含的具体业务活动与操作进行调整,属于供应链日常管理的一部分,拥有良好弹性的供应链可根据需求自动实现某些调整功能。业务层面调整一般包括人员岗位职责调整、业务表单流程调整、库存管理模式调整等。

零售供应链实施改进,首先需要明确相应的目标,可以是纯量化目标,也可以是量化目标与非量化目标相结合。其次,根据改进目标确定改进策略,使策略能够与目标相匹配,并结合改进目标对策略进行归类分组。再次,针对每一组改进策略选择适宜的评价与衡量标准。最后,设计具体的改进方案,并保证方案具有明确的责任业务单位以及较好的可操作性。零售供应链改进示例如图8-13所示。

改进目标	改进策略	衡量标准	改进方案
商品采购总量(+12%)	优化供应管理流程,强化流程的制度化与信息化建设	1. 采购合同管理流程 2. 供应商样品检验流程 3. 采购预算审批流程 4. 供应商管理流程 5. 应急采购管理流程 6. 供应商质量问题处理流程 7. 供应商违约处理流程	1. 程序文件处理 2. 工作流程优化 3. 管理流程的固化 4. 管理流程实施 5. 标准文件的修订
商品平均采购成本(-5%)	利用供应商过程控制,提升采购质量	1. 商品供应质量的提升 2. 易损商品配送破损率 3. 商品配送及时率 4. 商品(质保期内)退还率	1. 商品质量统计与分析 2. 质量保障协议 3. 入厂入库监督管理 4. 抽检制度实施 5. 经济性处罚
采购部门运营成本(-5%)	降低采购业务活动的综合成本	1. 一般性商务活动成本降低 2. 采购技术性活动成本降低 3. 管理结构性成本降低	1. 简化商务活动 2. 合同谈判管理 3. 建立采购资料数据库 4. 使用比价系统采购 5. 分析跟踪价格走势
商品问题率(-3%)			
商品退货率(-2%)	完善采购队伍建设	1. 采购人员入职标准 2. 内部岗前培训 3. 外部业务培训与学习 4. 岗位职责标准 5. 岗位晋升标准	1. 人力资源管理优化 2. 理论学习与案例学习 3. 技能矩阵的应用 4. 对培训效果的评估

图8-13 商品供应管理改善方案

零售供应链管理经常遇到两类问题：①计划性强而执行力弱。例如，零售企业对各类供应链业务活动有详细的设计，并进行了合理的流程安排，但是执行效果欠佳，未能达到预期的绩效水平。执行力不足的原因有两个方面：一是供应链建设投资不足，主要集中在硬件方面，例如，一些零售企业虽然有好的库存管理设计，但是各类库存设施相对陈旧，没有添置信息化终端与设备，致使各种库存业务活动的时间消耗仍旧较多。二是员工技能水平不足，难以适应供应链业务活动。例如，零售企业未能及时进行供应链业务培训，或培训不到位，员工缺乏业务操作经验。②执行力强而计划性弱。例如，零售企业进行了充足的供应链管理投入，各类资源配置合理，但是缺少合理的统筹安排，未能将资源的生产效能发挥出来。计划性欠缺主要涉及企业供应链的中高层规划，如有些零售企业虽然引进了供应链管理的硬件设施，但是管理模式与流程未进行更新，员工在业务操作中仍旧按照传统模式，使得供应链活动仅停留于形式。为保证供应链效能充分发挥，零售企业应使供应链管理与业务活动相匹配，计划性与执行力协调发展。

保持对零售供应链运行的关注度

二、商品库存管理

商品库存管理（Inventory Management）在零售供应链管理中占有重要位置，优质的库存管理能够降低仓储设施投资，减少流动资金占用，并维持门店销售的稳定。零售库存管理同生产库存管理不同，其以制成品管理为主，目标是供给零售门店以及保障售后服务。在现代零售供应链体系下，零售商库存管理与生产商库存管理紧密相连，甚至存在一定程度的重叠，为有效控制库存成本、提升库存管理效率，双方需要展开共享与合作。

零售库存管理的主要目的在于：①保持库存量的稳定，既防止库存不足，也防止库存过剩。②缩短商品供应期，减少商品订货、生产、运输与配送的时间损耗。③有效利用门店的仓储与货架空间，减少额外设置仓库的费用。④通过提前期控制，有效减少商品的损耗，尤其是针对一些易腐易变质商品。⑤追求较高的资金使用效率，并维持安全的流动资金保有水平。

零售库存管理涉及以下几种库存概念：①周期库存。正常补货产生的库存多用于满足确定市场需求条件下的销售活动，前提是零售企业能够准确预测销售量与销售周期。②安全库存。企业为应对市场需求波动（主要是短期需求增加）留存的额外库存量，也称为缓冲库存，不同类型商品有不同的安全库存比例，一般为周期库存的20%~50%。③季节调整库存。由商品具有的季节性生产或消费特征所引致的库存调整，多存在于季节性农产品及设计更新较快的商品（如时装）领域。④投资库存。不以近期销售为主要目的，而是为了预防中远期商品短缺或价格上涨进行的储备性库存。投资库存也是一种零售库存管理中的金融操作方式。⑤在途库存。已经发货但仍然处于运输途中的库存属于预期性周期库存，主要涉及距离远、运速慢的商品。在途库存的预期性表现为该库存尚不能使用,且存在一定的运输风险。⑥隔离库存。由于某种原因已经在库但无法使用的库存,如未获得销售许可或缺少相关检验凭证的商品存货。⑦闲置库存。即超出正常存放周期、销售存在困难的库存。

零售企业库存管理是一项需要持续进行的业务活动,总体上围绕商品管理开展,可分为商品入库管理、库存控制与出库管理,以及相应的盘点与核算,具体业务流程如图8-14所示。库存管理的核心是库存控制(Inventory Control),即零售企业需要维持何种程度的库存量才能够支撑所辖门店的销售活动。库存控制有三种思路:①冗余库存控制。库存保持超额的配置,除了满足正常营业需求外,还可以应对短期市场波动带来的风险。冗余库存控制是一种保守的库存控制策略,库存安全水平较高,但成本付出较大。②合理库存控制。库存保持在适应当前销售需求的水平,需要定期进行补货作业。合理库存控制是一种均衡的库存控制策略,管理复杂度与成本水平适中,适宜大部分零售企业使用。③"零库存"控制。库存保持在极低的水平,并非真正的无库存,通常与供应商共享库存资源,需要以较高频率向门店进行补货作业。"零库存"控制是一种激进的库存控制策略,能够节省库存成本,降低商品囤积的风险,但管理复杂度较高,一般仅适用于销售频率低且单价较高的商品。实施"零库存"控制需要有较强的物流能力作为保障,门店接受订单后能够在较短时间将商品配送至销售网点。

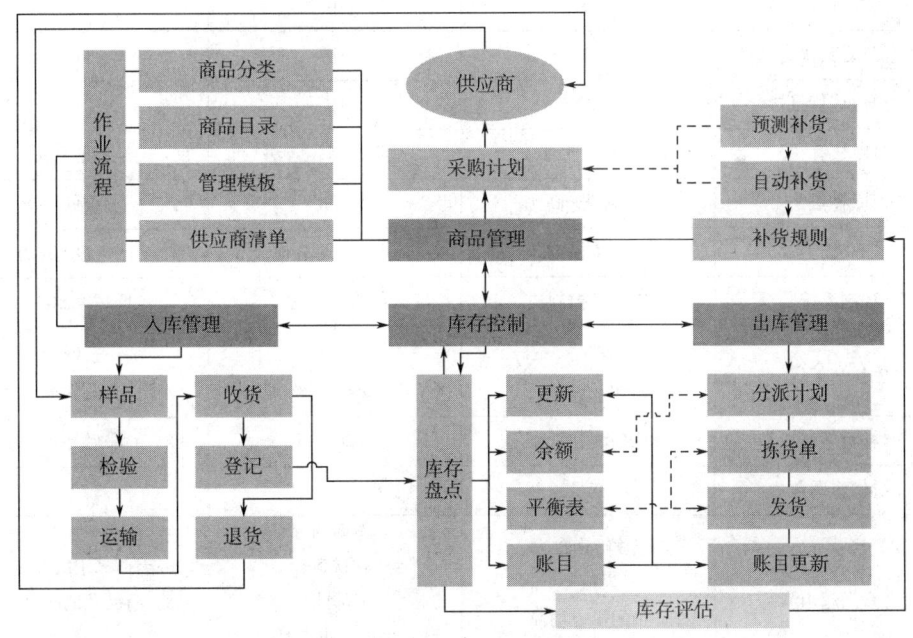

图8-14 零售库存管理流程

补货业务是控制库存流量的关键环节,不同类型的零售企业需要根据自身销售的特点确定补货管理方式。根据补货的时间点特征,可分为需求补货与预测补货。需求补货是零售企业根据实际需求量进行补货操作,许多企业将其设定为自动补货,属于滞后补货模式。预测补货是零售企业根据预期销售量进行补货操作,属于提前补货模式。从补货的控制系统看,可分为定量补货控制与定期补货控制。定量补货控制关注库存剩余量,当该指标达到补货标准时进行定量补货操作。定期补货控制设定库存监控期,按照固定的频率检查库存,并根据存量进行补货操作。同时,企业在常规库存管理之外还应设置库存预警管理系统,随时监控库存管理中的意外事件。补货业务通常采用ABC分类管理法。

ABC(Activity Based Classification)分类管理是一种基于百分比的分类管理方法,对商品的划分思路是依据其销售额或利润的累计贡献,常见的比例分配是A类70%、B类20%、C类10%。对于不同类别的商品采用不同的库存与补货管理策略。ABC分类的原则可根据企业需求有所变通,例如,考虑商品的营业额(市场需求原则);考虑商品的利润贡献量(效益法则);考虑商品的库存管理成本(成本控制原则);或综合考虑商品的销售额与利润(平衡性原则)。ABC分类的一般步骤是:商品盘点与清查,商品排序,绘制表格,计算累计比例,确定分级标准并分类。ABC分类管理早期多用于批发业与仓储管理中,后逐渐被零售企业采用。ABC分类管理的示例如表8-5所示。

表8-5 库存ABC分类管理表

管理项目	A类	B类	C类
在库价值	高	中	低
订货频率	高	中	低
单次订货量	多	中	少
订单核算法	批量经济法	往期平滑记录法	经验估算法
库存量	(优先)高	一般	较低
库存监控	频繁检查	月度定期检查	季度(或年度)定期检查
控制系统	连续型控制法	综合控制法	低频控制法
库存安全线	较高 35%~40%	一般 25%~35%	较低 10%~15%
补货策略	预测补货	自动补货	滞后补货
备选供应商数量	充足	一般	较少
示例(食品超市)	(生鲜)肉禽蛋、果蔬类中的重点商品	米面油、软饮料、奶制品中的重点商品	各类商品中的非重点商品及调味品

零售企业补货涉及订货-生产模式与订货提前期的控制。订货-生产模式有四种类型,参见图8-15。①按订单设计生产(ETO:Engineer To Order)。生产企业按照特殊的订单需求进行设计与生产,流程成本较高且耗时较长,此类订单生产批量一般较小,零售商需要预留足够的订货提前期。②按订单生产(MTO:Make To Order)。生产企业

按照订单需求生产产品列表中的商品,可直接进入生产环节,属于传统的订货模式,零售商需要预留适宜的订货提前期。③按订单装配(ATO:Assemble To Order)。生产企业提前完成各类产品部件的采购或生产,按照订单需求进行装配组合,适用于模块化特征明显的商品,零售商仅需预留较短的订货提前期。④库存生产(MTS:Make To Stock)。生产企业已完成产品生产,按照订单需求进行包装与发货,适用于差异极小的标准化、规模化商品,零售商的订货提前期仅需考虑发货与物流时间。

订货管理中的鞭子
效应与应对方法

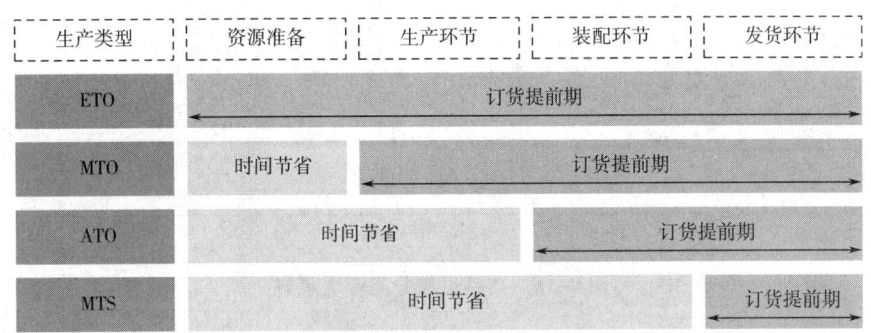

图 8-15　订货类型与订货提前期

三、供应商管理

供应商管理直接影响零售商的商品供应质量与商品供应服务,选择适宜的供应商并与之建立良好的合作关系,能够简化供应管理并显著提升效率。供应商管理包含的内容涉及供应商分类、供应商选择、供应商关系管理等方面。

（一）供应商分类

当零售商经营规模较大时,将面对大量供应商,需要对供应商进行分类管理。常见的供应商四分法依据商品供应的风险等级以及商品采购金额,将供应商分为战略型、杠杆型、瓶颈型、一般型,其划分如图 8-16 所示。

1. 战略型供应商。供应风险等级较高、采购金额也很高的商品供应商,此类供应商的业务活动关系零售企业的战略实施。对战略型供应商的管理应不计短期利益得失,以长期合作共赢为出发点,构建联系紧密的伙伴关系,注重零供关系的培育与发展。

2. 杠杆型供应商。供应风险等级较低,但采购金额较高的商品供应商,其商品特征是标准化与较小的差异化,此类型供应商具有一定的可替代性。对杠杆型供应商应简化供应管理流程,利用供应商群体之间的竞争关系以及价格等杠杆因素,使供应商保持积极的合作态度,从而迎合零售企业的需求。

3. 瓶颈型供应商。供应风险等级较高,但采购金额较低的商品供应商,其商品特征是非标准化、销售频率低,此类型供应商多具有一定的垄断属性。对于瓶颈型供应商

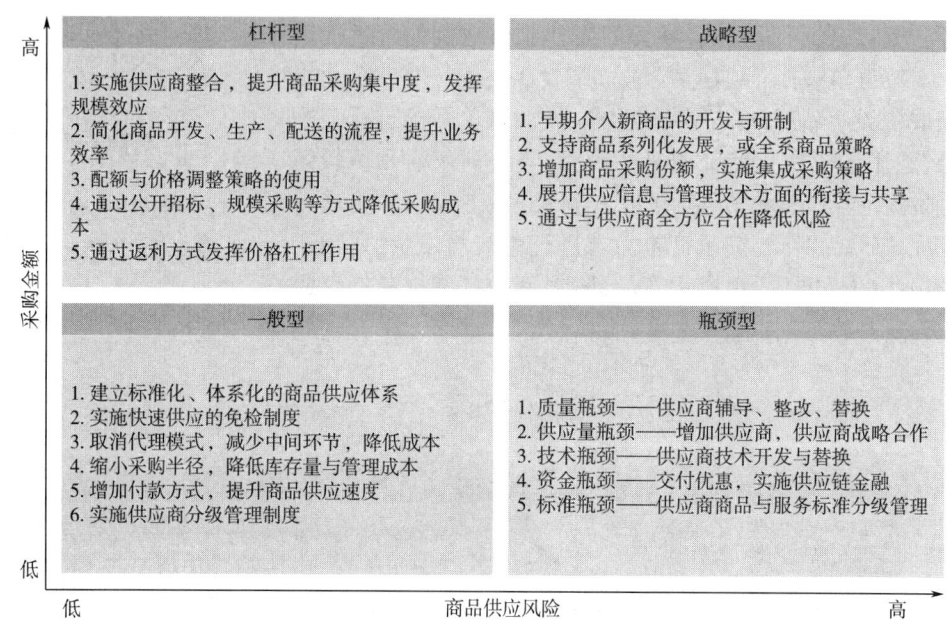

图 8-16　商品供应分类管理策略

应采取差异化管理,采用较为松散的合作模式,并选择适宜的激励策略,使供应商能够在关键时点配合并满足零售企业的需求。

4. 一般型供应商。供应风险等级较低,同时采购金额也较低的商品供应商,此类型供应商可替代性一般较强。对于一般型供应商应采用最简单的供应管理方式,以低廉的成本维系供应渠道,并激励供应商配合零售企业不断降低成本。对于大部分零售企业,战略型供应商与瓶颈型供应商占比相对较少,绝大部分供应商属于杠杆型与一般型。例如,某综合超市战略型供应商占 11%,瓶颈型供应商占 6%,杠杆型供应商占 53%,一般型供应商占 30%。

(二) 供应商选择

1. 供应商选择原则。零售企业供应商选择原则包括:①目标定位原则。零售企业应结合市场需求及本企业的优势,对供应商选择进行总体定位,合理把握供应商考察的广度与深度,避免过度的资源投入。②优势互补原则。零售企业应在本企业与供应商以及不同供应商之间寻求优势与能力互补,均衡供应链在商品设计、生产、仓储、物流、服务等方面的能力。供应商之间的优势互补尤其重要,零售商应避免使用大量特征雷同的供应商。③择优录用原则。零售企业应综合考虑供应商的报价、生产能力、商品质量、交付水平等因素,平衡利弊后择优录用。④共同发展原则。零售企业选择供应商后还应将其融入供应链体系,共同参与供应链的改进,建立深度合作关系并共同获益。

2. 供应商选择流程。供应商选择的一般流程是:①分析市场竞争环境。该步骤的目的在于将零售生产需求、经营商品的类型和特征,与不同类型的供应链模式结合起来,确认供应商评价选择的基本出发点。此外,还需要整体分析现有供应商群体的资源状况、能力劣势、竞争态势、议价能力等。②明确供应商选择目标。零售企业必须确定在供应链体系中需要何种类型的供应商,建立实质性、可量化的选择目标,并将目标与供应链进行有机结合。例如,降低成本是许多零售企业供应商选择的主要目标,但是降低成本并非一个简单的议价结果,而是对零售企业与供应商之间的业务流程进行重构,从而带来诸多附加收益。③建立供应商评价标准。综合评价指标体系是进行供应商选择的依据和标准,是反映零售企业需求以及供应链构成的复杂指标体系。评价体系应具有全面性、科学性、稳定性、辨识性的特征,主要涉及综合业绩表现、质量控制、成本控制、技术(创新)能力、交货协议、综合服务等方面。具体指标的采用因零售业态、企业规模、经营品类等因素的不同存在差别,评价示例如表8-6所示。④建立评价小组。零售企业需要建立评价小组,以控制和实施供应商评价,小组成员可包含本企业管理人员及相关领域外部专家。⑤供应商参与。评价小组初步选定供应商范围,并与供应商取得联系确认其是否有合作意愿。零售企业可以通过邀请的方式与部分供应商进行正式评审前的接触,与少数关键的供应商进行会谈沟通,该阶段参与的供应商不宜太多。⑥评价供应商。评价供应商的主要工作是调查、搜集有关供应商的全面信息,并在采集信息的基础上利用相应的工具和技术方法进行供应商(量化与非量化结合)评价。在评价后设置决策点,最终确定供应商是否入选。⑦实施合作关系。在实施合作关系的过程中,市场需求将不断变化,可以根据实际情况及时修改供应商评价标准,或重新开始供应商评价选择。在重新选择供应商的时候,应给予现有供应商足够时间以适应变化。

表8-6 供应商能力评价表

	项目类别	权重	项目分解	重要性程度
1	质量控制评价要素	20%	商品设计与生产	★★★
			质量管理体系	★★★
			过程控制与管理	★★
			监督、检测与相关标准	★★
			包装与标识	★
2	成本控制评价要素	23%	商品价格水平	★★
			生产成本控制	★★★
			折扣采购形式	★★
			支付期限(周期)	★
3	交付能力评价要素	18%	仓储能力与分布	★★
			物流配送能力保障	★★★
			配送时间与频率	★★
			交付质量保障	★★

续表

	项目类别	权重	项目分解	重要性程度
4	创新能力评价要素	15%	研发管理体系	★★
			流程管理体系	★★
			业务活动精益化	★
5	服务能力评价要素	17%	服务范围覆盖	★★
			增值服务项目	★
			服务反应速度	★★
			服务质量等级	★★
6	社会责任评价要素	7%	环境保护(绿色供应)	★★
			员工权益保障	★
			社区利益保障	★

3. 供应商选择方法。挑选供应商通常使用招标选择法。招标选择是一种面向众多具有资质供应商的公开、透明的选择方法，常见的招标流程如图8-17所示。招标选择的优势在于能够使备选供应商在价格与服务方面展开竞争，从而选出综合成本最低，或最具性价比的供应商。招标方法包括公开招标、选择性招标，以及定向邀标的方式。零售企业进行招标选择时需要注意的关键点包括：①应保证各类招投标信息的安全性，避免信息外泄，使招标过程失去作用。②一些企业的招标流程形式大于内容，各个招标步骤按部就班但缺乏实际的评价能力。③组织合理的评标团队，配置拥有不同专长与经验的专家，而不是诸多趋同的"挂名"专家。④避免单纯的低价中标模式，这会导致投标企业刻意进行价格竞争而影响后期合作质量。

供应商评价方法

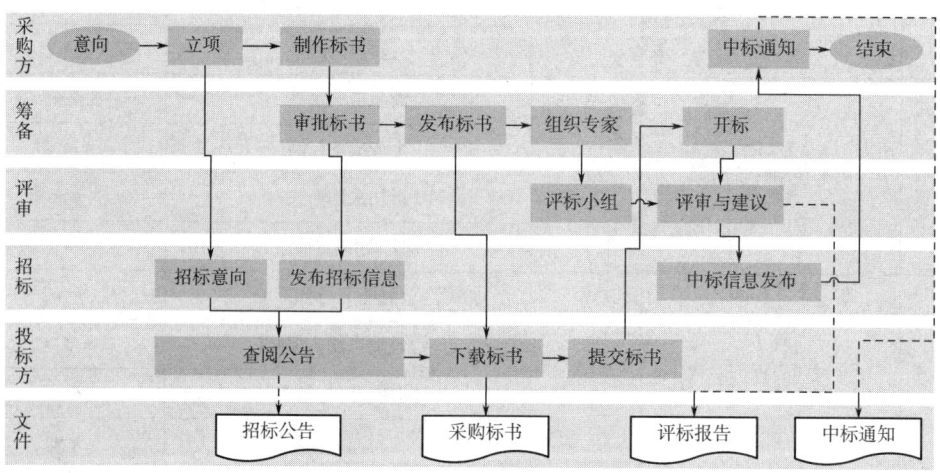

图8-17 商品供应招标管理流程

零售企业在选择供应商后,应对供应商进行细化分组,采取不同等级与模式的合作策略,注重关系的维护与发展,保持稳定的商品供应与服务合作。例如,一些零售商经营商品数量庞大,单纯依据供应商进行分类管理其细化程度不够,可以将供应商与具体商品(单品)结合起来分析并界定。根据舒和施特罗默(Schuh & Strohmer)关于商品供应管理的研究结果,可以将需求等级与供应等级进行交叉分析,共分为16组商品供应管理模式,相关的策略建议矩阵如图8-18所示。该矩阵显示,越靠近右上方区域,零售企业在供应商关系维护中的精力与成本投入越高,反之,靠近左下方区域对应的成本越低。

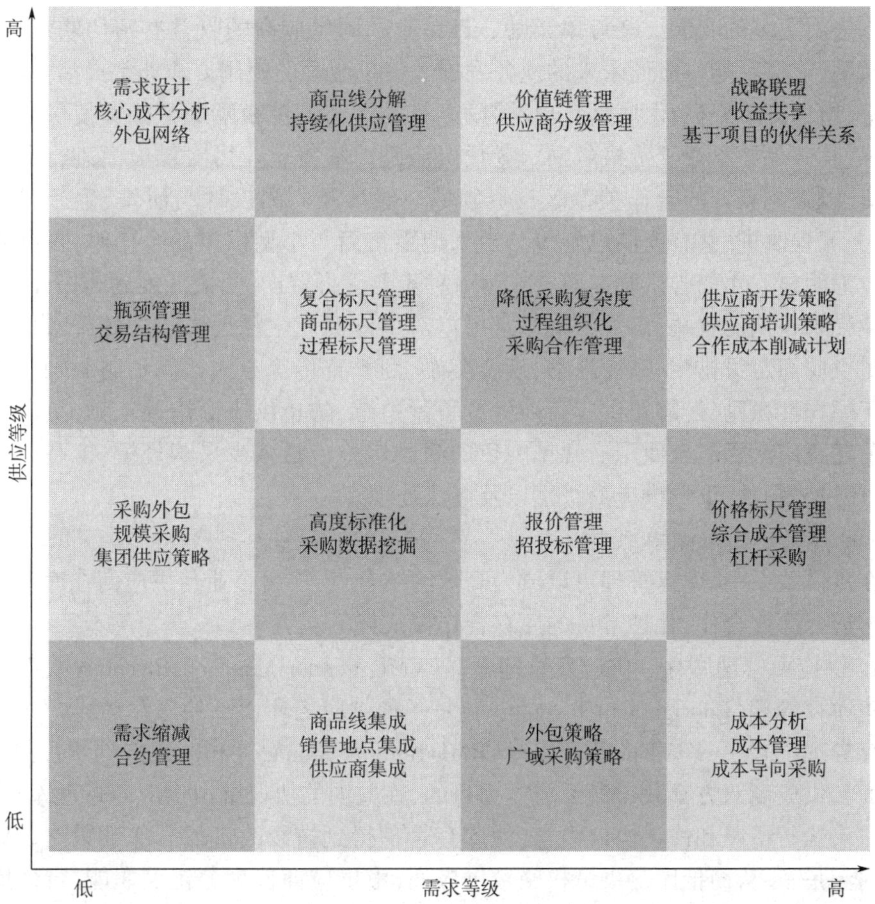

供应等级				
高	需求设计 核心成本分析 外包网络	商品线分解 持续化供应管理	价值链管理 供应商分级管理	战略联盟 收益共享 基于项目的伙伴关系
	瓶颈管理 交易结构管理	复合标尺管理 商品标尺管理 过程标尺管理	降低采购复杂度 过程组织化 采购合作管理	供应商开发策略 供应商培训策略 合作成本削减计划
	采购外包 规模采购 集团供应策略	高度标准化 采购数据挖掘	报价管理 招投标管理	价格标尺管理 综合成本管理 杠杆采购
低	需求缩减 合约管理	商品线集成 销售地点集成 供应商集成	外包策略 广域采购策略	成本分析 成本管理 成本导向采购
	低		需求等级	高

图8-18 商品供应管理矩阵

(三)供应商激励

由于零售商与供应商之间存在信息非对称,需要通过各类激励措施提升供应商改进业务活动的积极性,保持商品供应服务的质量。

1. 激励目标。供应商激励需要设定激励目标,主要包括:①质量目标。保障商品质量是采购管理的核心,关系零售业务的发展,不能因为其他效率方面的提升而牺牲商品质量。需要对供应商品设定相应的技术性条款,并通过量化指标进行检验。②成本目标。在保证供应质量前提下应鼓励供应商合理减少成本,包括压缩生产线成本,压缩仓储与物流成本,压缩环境治理(如污染排放)成本等。③服务目标。激励供应商不断提升与商品供应相关的各类服务,包括完善服务体系、优化重点服务项目、改进服务流程等。

2. 激励形式。常见的供应商激励形式包括:①价格激励。价格激励是最典型的显性激励手段,效果也最明显,较高的采购价格总能够得到大部分供应商的认可。价格激励的本质是供应链利益的合理分配,即零售商让渡部分收益与供应商分享。价格激励的目标是通过零供合作,提高商品供应乃至供应链运行的效率,压缩相应环节的成本,从而创造出更多的利润。②订单激励。订单激励同供应商的收益有密切联系,属于预期型激励,能够影响供应商未来的业务发展。订单激励的使用方式非常灵活,如提升订单频率、增加订单规模、保底型订单、奖励型订单等。订单激励通常能够使供应商产生安全感,其效果并不亚于价格激励。③投资激励。零售企业可对供应商进行资产专用性投资,以强化双方的合作关系。投资领域一般涉及商品设计与研发、生产线设备更新、业务流程改进、共有仓储设施等。当大型零售商与小型供应商合作时,投资激励的效果较为明显。④商誉激励。商誉作为一种重要无形资产,受关注度逐渐提升,且能够为企业带来长期的收益,商誉激励通常可以对供应商产生深远影响。商誉激励的方式包括对供应商定级排序、颁发证书、现金奖励、商誉宣传等方式。⑤负向激励。负向激励属于惩罚性激励,能够使供应商产生竞争紧迫感,防止供应商惰性依赖,负向激励需要与前述正向激励配合使用。常见的负向激励措施包括减少采购规模、提高质保金比例、责任过失罚款、下调供应商级别以及淘汰处理。

(四)供应商合作模式

在零供关系中,库存管理可以成为高效的结合点,零售企业与供应商在库存管理方面能够展开深度合作,几种常见的库存合作模式如下。

1. 供应商管理库存。供应商管理库存(VMI:Vendor Managed Inventory),有时也称为寄售库存管理(Consignment Inventory),是一种供应链环境下的库存运作模式。与传统库存管理模式——零售商管理库存(RMI:Retailer Managed Inventory)不同,VMI是以零售商和供应商双方都获得最低成本为目的,在共同的协议下由供应商管理库存,不断监督协议执行情况和修正协议内容,使库存管理得到持续改进的合作性策略。VMI的基本内涵是,零售商把库存决策权交给供应商,由供应商代理分销商职能,行使库存管理和订货决策的权利。该模式一方面实现了由终端销售资讯拉动的上下游资讯共享,使得供应商在下游用户的协助下更有效地开展生产计划,另一方面则是在合作协议下由供应商管理甚至拥有库存直到将商品售出。VMI本质上是将多级供应链问题变为单级库存管理问题,通过掌控销售和库存资讯,作为需求预测和库存补货的解决方法。相对于按照用户发出订单进行补货的传统做法,VMI是根据实际的消费需求做出补货决策。

VMI的实施价值包括两方面:对各级分销商(零售商)来说,能够降低库存管理和供应商管理的成本,集中发展核心能力;能够降低缺货率和积压率;供应链库存环节成本降低带来的最终产品价格降低,可以增强竞争力,并增加市场占有率。对供应商来说,能够掌控终端需求信息,进行更准确的预测,从而更有效地安排生产,增加生产的柔性;能够合理制定原材料采购计划,按顾客要求进行生产改进,消除预期外的短期产品需求导致的额外成本,并降低对安全库存的需求;能够与下游用户进行有效沟通,发展长期合作的战略关系,有利于供应商的长期发展。此外,VMI 能够同时降低双方采购订单、发票、付款、运输、收货等活动的交易时间和交易成本,加强双方的伙伴关系,提高供应链的柔性和持续改进能力,为双方长远发展奠定坚实基础。VMI 模式的实施需要上下游企业建立共同利益基础上的相互信任,并拥有良好的企业间沟通渠道。在技术条件方面,一是需要用户库存状态的透明化,即供应商对库存能随时跟踪调查。二是需要业务处理的标准化,主要指订单及相关业务流程的标准化。因此,VMI 的实施需要一些基础性技术条件,主要包括条码技术、条码应用识别字、ID 代码、EDI/Internet、连续补给程序开发等。实施 VMI 改变了传统供应链管理模式,必须依靠先进的信息技术,建立优质的运行平台,因此,VMI 的实施需要系统化的解决办法。

雀巢与家乐福的 VMI 解决方案

2. 联合管理库存。联合管理库存(JMI:Jointly Managed Inventory)是一种在 VMI 的基础上发展起来的上游企业和下游企业权利责任平衡和风险共担的库存管理模式。JMI 管理强调供应链中各个节点同时参与,共同制订库存计划,使供应链过程中的每个库存管理者都考虑相互之间的协调性,使供应链各个节点的库存管理者对需求的预期保持一致,从而降低供应波动现象。

JMI 模式的特点包括:①JMI 模式兼具传统的多级别、多库存点库存管理模式的分级特点,以及 VMI 模式短流程的特征。②JMI 模式使上下游企业共同参与库存层次简化与运输路线优化的改进,从而在减少物流环节、降低物流成本的同时,提高供应链的整体工作效率。③JMI 模式把供应链系统的管理集成为上游和下游两个协调管理中心,部分消除了因供应链环节之间不确定性和需求信息扭曲现象而导致的库存波动。通过协调管理中心,供需双方能够共享需求信息,从而提高供应链的稳定性。④JMI 模式能够较好地适应现代供应链的需求,如连续补充货物、快速反应、准时化供货等。JMI 模式实施的难点在于:建立有效的企业合作联盟存在难度,企业间协调成本相对较高,协调中心运作相对复杂,以及需要设计相应的管理监督体系。

3. 协同式供应链库存管理:协同式供应链库存管理(CPFR:Collaborative Planning Forecasting & Replenishment)也称为协同规划、预测与补货管理系统,是建立在 JMI 和 VMI 的最佳分级实践基础上,同时克服了二者缺乏供应链集成等缺点的供应链管理模式。CPFR 应用一系列处理技术和过程模型,使之覆盖整个供应链合作过程,并通过共同管理业务过程和共享信息来改善分销商和供应商的伙伴关系,从而提高预测的准确度,最终达到提高供应链效率、降低库存以及提高客户满意度的效果。

CPFR模式的特点包括：①CPFR模式需要高度协同性作为保障,企业间需要在战略层面以及业务层面进行广泛的对接与协调。同时,在细节层面涉及对接窗口(部门与职位)、保密协议、纠纷处理机制、供应链成本计量、供应链利益分配计算等。②CPFR具有较高的规划复杂性,涉及商品的分类、品牌、关键单品的规划,以及回报率、周转率、毛利率等财务方面的规划。③CPFR的关键点在于预测管理,涉及创建销售预测、创建订单预测、标识预测异常值、对预测方程与参数的修正、企业间预测的对接等。④CPFR需要具备高质量的补货管理,即基于协同运输使补货业务能够适应多种订单周期(或前置期)与订单规模,并具有较高的配送精准度与服务水平。CPFR模式遵循多赢的原则,具有全局管理的视角,有利于实现企业间更广泛深入的合作,共同制定面向客户的合作框架,同时消除部分供应链过程约束。在实施绩效方面,据美国CPFR理事会估计,CPFR模式的广泛使用能够使北美零售商品(供应链)库存降低15%~20%,供应链成本降低10%~30%,并在一定程度上改善供应链响应的有效性。

章节练习

一、章节要点

(1)零售商品规划的概念与内容；(2)零售商品结构；(3)零售商品分类；(4)零售单品与单品管理；(5)零售商品集群；(6)商品的广度与深度；(7)零售商品组合；(8)商品销售指标的核算与使用；(9)商品销售预测方法；(10)商品周转指标的核算与使用；(11)商品损耗指标的核算与使用；(12)商品贡献指标的核算与使用；(13)新品上架与商品淘汰；(14)零售商品品牌管理；(15)零售商自有品牌；(16)零售供应链；(17)零售供应链的响应模式；(18)零售供应链的信息化；(19)商品库存管理；(20)供应商管理方法。

二、思考题

(1)零售商品分类的基本原则是什么？

(2)通过哪些属性界定单品？请举例说明。

(3)不同商品广度与商品深度的组合形式分别适用于哪些零售业态？

(4)常见的销售指标变化趋势有哪些？零售企业应如何根据指标变化调整商品策略？

(5)比较各种销售预测方法的特点与适用性。

(6)商品损耗指标的合理限度是什么？企业应如何控制商品损耗？

(7)比较几类商品组合策略的特征及应用情境。

(8)零售商对于新品上架管理应注意哪些问题？

(9)具有何种特征的商品需要列入淘汰计划列表？

(10)不同业态类型的零售商倾向于使用何种商品品牌管理策略？请列举实例进行说明。

(11)哪些类型的零售企业适宜采用自有品牌策略？请说明原因。

(12) 完整的零售供应链一般包括哪些角色？分别承担什么职责？
(13) 不同品类商品的供应链价值驱动与权力分布有何差异？
(14) 比较供应链快速反应与有效客户反应的差别，以及在实施中的关键点。
(15) 供应链信息化管理的具体内容包括哪些？
(16) 零售企业如何通过供应链管理有效应对缺货问题？
(17) 零售供应链改善有哪些绩效标准？具体应如何参照或使用？
(18) 零售中的"零库存"管理是否是一种有效控制成本的方法？
(19) 如何通过ABC分类管理法提升库存管理的绩效？
(20) 零售商在计算订货提前期时需要考虑哪些因素？
(21) 零售商对于战略型供应商、杠杆型供应商、一般型供应商、瓶颈型供应商应分别采取何种策略？
(22) 如何根据商品供应等级与需求等级确定供应商管理策略？
(23) 零售商可通过何种方式激励供应商管理库存？

三、综合练习

(1) 基于实地调查方法详细考查某综合超市的商品分类方法，并尝试绘制商品分类结构图。
(2) 搜集零售企业销售数据，综合使用多种方法对其进行短期与长期的销售预测。
(3) 详细整理某零售企业的各项销售指标，并通过指标量化分析企业的经营绩效与竞争状况。
(4) 调查分析我国零售商自有品牌的开发与管理现状，并与国外零售商的自有品牌管理策略进行对照。
(5) 通过具体案例对比分析我国实体零售商与网络零售商的供应链结构差别，并讨论两类供应链的关键节点以及现存主要问题。
(6) 通过具体实例解析零售供应链的价值驱动体系，并尝试对其进行量化的分析（可参阅相关研究文献）。
(7) 详细研究某实体零售商的库存管理方法，分析其库存管理流程是否存在问题，并给出有效的改进方案。
(8) 尝试找到一个协同式供应链库存管理的实例，并对其运作模式、管理要点及应用效果进行分析。

第九章 零售门店管理

第一节 零售门店设计

零售门店设计是实体店经营的关键环节,良好的门店设计能够突出企业的经营特色与风格,为消费者营造优质的购物环境,优化消费者与商品的接触与互动,提升消费者的关注与购买率。现代零售门店设计具有很高的综合性,涵盖了建筑设计、商业设计、结构设计、平面设计、人体工程学、广告学等领域,是一种技术与艺术的综合,既需要依据相关的设计理论与设计框架,又需要借助一定的审美观点与视角,两方面实现有机结合才能够达到好的设计效果。门店设计的内容主要包括识别设计、布局设计、购物通道设计、商品陈列设计,以及空间导视系统设计。

一、门店识别设计

零售门店识别设计的目的在于塑造零售企业的差异化特征,使之有别于其他零售企业,从而便于消费者识别。现代零售门店识别设计需要有机地综合多类识别要素,具有较强的整体性,能够与企业战略定位相一致,并有较好的个性化特征。零售门店识别属于企业形象识别范畴,企业形象识别(CI:Corporate Identity)是指企业有意识、有计划地将自己企业的各种特征向社会公众主动地展示与传播,使公众在市场环境中对某个特定的企业形成一个标准化、差别化的印象和认知,以便更好地辨别并留下良好的印象。企业形象识别可分解为三个部分,即企业理念识别(MI:Mind Identity)、企业行为识别(BI:Behavior Identity)、企业视觉识别(VI:Visual Identity)。CI 作为一体化的设计系统,是一种建立和传达企业形象的完整和理想的方法。企业可通过 CI 设计对其生产系统、管理系统、办公系统,以及经营、包装、广告等系统形成规范化设计和规范化管理,通过一体化的符号形式来塑造企业的个性形象,能够使社会大众大量地接收企业传播的信息,为企业带来更好的经营效益和社会效益。

企业形象识别的元素主要包括:①企业名称。企业名称与企业形象有着紧密的联系,是 CIS 设计的前提条件,是用文字来表现识别要素。企业名称的确定要有独特性,易识易读,注意谐音的含义,以避免引起不佳的联想。②企业标志(Logo)。企业标志通过简练的造型、生动的形象来传达企业理念与产品特性等信息。标志的设计不仅要具有个性和时代感,有强烈的视觉冲击力,还需要适应各种媒体、材料及用品的制作与传播。③企业标准字。企业标准字根据企业名称、企业品牌等信息设计,标准字的选用要有明确的说明性,能够直接传达企业形象和品牌诉求。④企业标准色。企业标准色是用来象征企业并应用在视觉识别设计中的指定色彩,可体现企业属性和情感。标准色在识别符号中具有强烈的识别效应。⑤企业象征图案。象征图案用于配合企业标志以达到更好的宣传效果。企业可以通过象征图案的丰富造型补充现有的符号体系,使其意义更完整,更易识别,更具表现的幅度与深度。⑥企业标语口号。企业标语口号是对企业理念的概括,是企业根据自身的营销活动与理念而设计出来的一种文字宣传标语,能够表现企业发展的目标和方向。⑦企业吉祥物。企业吉祥物是能够提升企业公众好感的卡通或拟人化形象设计。这些元素可以附着在企业内外部建筑、办公用品、员工服装、广告媒体、商品包装、企业车辆、出版物与陈列展示品上。CI 的设计规划与实施导入是一项系统工程,包括企业实态调查阶段、形象概念确立阶段、设计作业展开阶段、完成与导入阶段几个部分。

（一）零售视觉识别系统

零售视觉识别系统(VIS)是企业形象识别系统中最具传播力与感染力的部分,能够将一些非可视化元素转换为丰富的静态与动态符号,并通过各种方式进行广泛的传播。零售 VI 设计应秉持忠实呈现企业的战略定位,与企业核心价值相匹配,富有美感与品牌气质,有较强的视觉冲击力,符合大众的审美偏好,具有显著记忆点与差异性,在传播方面具有可操作性。VI 系统的设计原则包括简化性、统一性、系列性、组合性与通用性,详见表 9-1。早期零售领域的 VI 设计主要限于一些企业标识或符号,其应用较为分散。现代零售领域的 VI 设计广泛借鉴了传播领域的研究成果与应用趋势,呈现出较强的体系化与层次化特征,高度集成企业的名称、Logo、标准字、标准色、象征图案等元素,向消费者及社会传递一致、协调的企业形象。例如,美国知名零

VI 设计与应用领域

售商塔吉特(Target)拥有完善且系统化的视觉识别体系,由企业 Logo 与标准色演化出多种应用与场景组合,如图 9-1 所示。

表 9-1　VI 系统的设计原则

	原则	说　　明
1	简化性	对设计内容进行提炼,使组织系统在满足推广需要的前提下尽可能条理清晰、层次简明、系统结构优化。在 VI 系统中,构成元素的组合与结构必须化繁为简,有利于标准的施行
2	统一性	为了使信息传递具有一致性和便于社会大众接受,应该把品牌和企业形象不统一的因素加以调整,给人以唯一的视听印象
3	系列性	对设计对象组合要素的参数、形式、尺寸、结构进行合理的安排与规划。对企业形象战略中的广告、包装系统等进行系列化的处理,使其具有家族式特征及鲜明的识别感

续表

	原则	说　　明
4	组合性	将基本设计要素组合成通用性较强的单元,在VI基础系统中将标志、标准字或象征图形、企业造型等组合成不同的形式单元,可灵活运用于不同的应用系统。同时,可以限定一些禁止组合规范,以保证传播的同一性
5	通用性	设计上需要具有良好的适合性,即标志不会因放大或缩小产生视觉上的偏差,图形之间比例适度,要保证大到户外广告,小到名片均有良好的识别效果

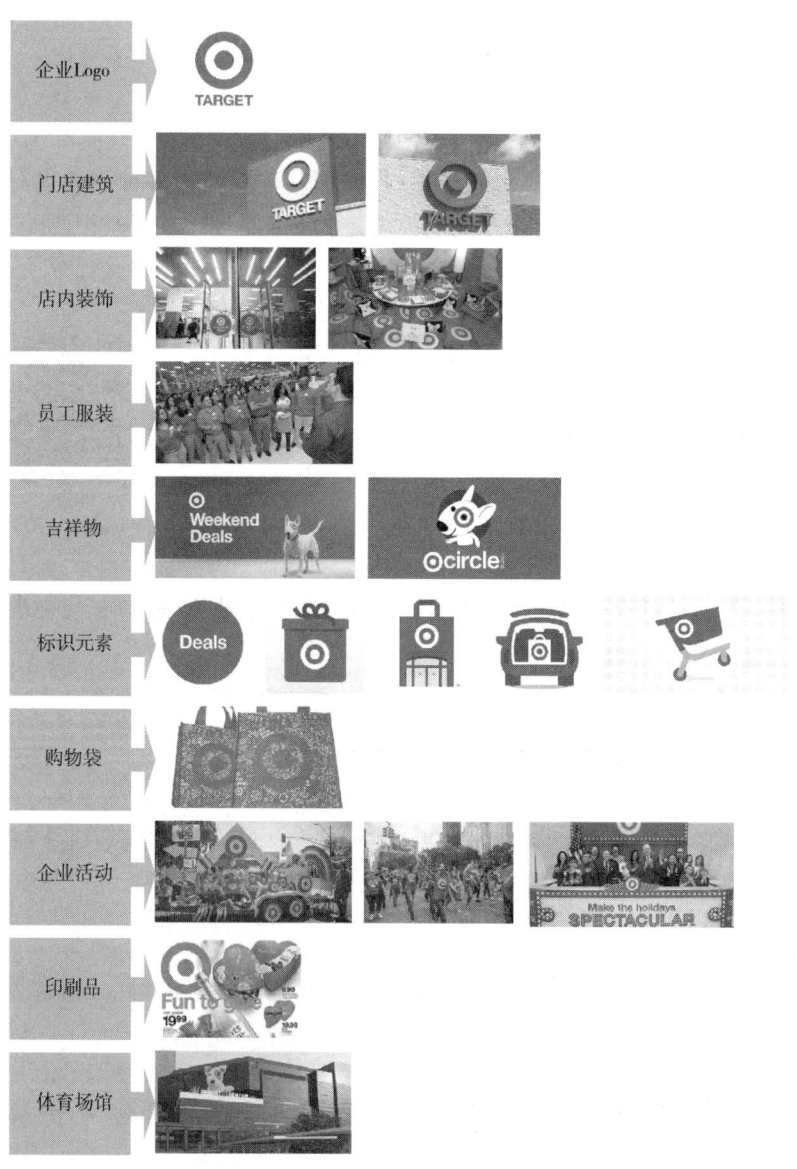

图9-1　塔吉特(Target)视觉识别体系

（二）零售门店外观设计

零售门店外观设计是指在建筑设计基础上进行的综合外观修饰与功能性设计，涉及招牌设计、橱窗设计、壁面设计、灯光照明设计等。其中，招牌设计与橱窗设计的可视性较强，企业尤其需要关注。关于招牌设计，应突出其可视性，需要综合考虑招牌的尺寸、比例、色彩、材质等因素，招牌内容可以是企业Logo，也可以是与经营内容相关的符号、文字或图形设计。关于橱窗设计，应突出其吸引性，除了一些技术性因素（如清洁度、防水性、安全性等）外，还需要进行整体构思，选择适宜的主题，并强化独有的风格。为了体现企业VI设计的原则，门店外观设计是VI体系的延续。为强化门店识别效果，还可以从门店风格的选择与设计着手，既包括店外装饰也涉及店内装饰。一些常用的风格包括古典欧式风格、新古典风格、美式乡村风格、地中海风格、现代风格、日式风格、东南亚风格、新中式风格，其各自特征如表9-2所示。进行风格化设计受到许多现代零售商的青睐，如一些专卖店、主题店、（主题型）购物中心，在装修与装饰设计中均采用了风格设计，并很好地将风格选择与企业VI体系结合在一起。

零售设计的发展概况

表9-2 常用设计风格

	类别	特征
1	古典欧式风格	古典欧式风格具有华丽的装饰，浓烈的色彩，精美的造型，从而达到雍容华贵的设计效果。古典欧式设计注重细节的雕琢、气氛的营造、材质的档次等
2	新古典风格	新古典风格是融合风格的典型代表，具有"形散神聚"的特点，在注重装饰效果的同时，用现代手法和材质还原古典气质，兼具古典与现代的双重艺术效果
3	美式乡村风格	美式乡村风格以舒适机能为导向，强调"回归自然"，整体呈现轻松与自由的感觉。美式乡村风格注重通过自然色调体现出一定的怀旧、厚重与沧桑感
4	地中海风格	地中海风格在组合上注意空间的搭配，在色彩选择上偏向自然柔和，充分利用每一寸空间，集装饰与应用于一体，并注重装饰细节上的处理，其设计风格呈现温馨、惬意、宁静的感觉
5	现代风格	现代风格提倡创新，多具有简洁的造型，无过多的装饰，推崇科学合理的构造工艺，并关注设计的功能效果
6	日式风格	日式风格源自日本和式建筑，元素主要来自日本庭院、佛教建筑以及中国唐代建筑，具有淡雅节制的"深邃禅意"特征
7	东南亚风格	东南亚风格注重取材自然、回归自然，多具有热带雨林元素的自然之美，以及东南亚地区浓郁的民族特色
8	新中式风格	新中式风格是将传统中式元素与现代手法相结合，摒弃过于复杂的机理和装饰，简化线条，具有较强的规格感与层次感

对于一些功能性零售店,在控制成本、追求简洁与实用性的同时也能够形成某种具有识别效果的特征。例如,国外许多食品超市在内部装修上并不做过多投入,但在色彩风格方面进行精心的设计,整体使用同一色系,对不同分类区域略作调整(但足以形成差别),并在线条风格上保持一致,具体示例如图 9-2 所示。

图 9-2　食品超市店内视觉识别效果

二、门店布局设计

门店布局构成了零售店内部设计的基本架构,是对零售业务进行内部空间分配、定位、规划的一系列过程,是现代零售经营较为关注的设计内容。门店布局结构体现了零售店在空间使用方面的思路,商品展示与陈列的需要,以及对消费者空间活动的干预。优质的门店布局结构能够有效利用店内空间,促进消费者与商品的"接触"与"互动",营造舒适的购物环境,提升消费过程的体验。零售门店的布局原则包括:①符合业态特征,与零售企业经营战略相一致,满足基本的成本与收益要求。②实现商品空间与顾客空间的平衡性,使两者在有限范围内能够相互协调。③静态与动态的结合,即关注固定的商品展示位置与移动的顾客之间的关联。④以顾客为中心,设计中需要考虑消费者对商品及空间区域的可识别性与可接触性,提升顾客的消费体验。

(一)门店布局分类

1. 网格式布局。网格式布局也称为规则式布局,是一种传统、经典的布局结构。网格式布局是按照某种规则,对货架(货架区)进行等间距(其疏密程度可根据需要适当调整)的排列,最大限度利用店内平面空间的布局方式。同时,在立体空间利用方面,可以通过提升货架高度达到更好的效果。该方式常见于使用空间有限,或需要大量陈列商品的零售店,如各型超市与便利店。一个中等规模食品超市的网格式布局如图 9-3 所示。

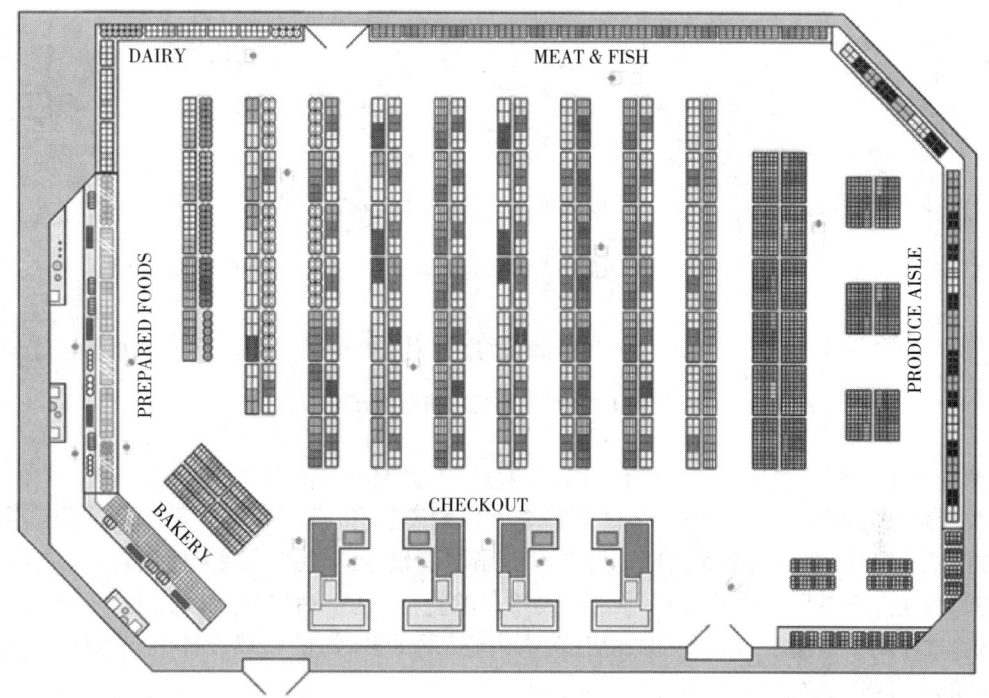

图 9-3 典型网格式布局(食品超市)

网格式布局的优点是:能够最大限度利用空间,使商品的陈列与堆叠达到极限;格局设计简单、严谨,商品分区明确,管理效率相对较高;采用标准化货架设计,购置成本较低。网格式布局的缺点是:格局相对单调,消费者(店内区域)识别效果不佳,需要相应的指示与引导;购物通道相对狭窄,客流密集时易发生拥挤,分流效果较差;不利于进行风格化设计与装修。

2. 岛屿式布局。岛屿式布局也称为精品店布局,最早是应用于(精品)百货店的一种布局结构。岛屿式布局的特征是在店内空间进行一定的空间区隔,形成互不相连的"岛屿",各"岛屿"拥有相对独立的空间,并且在装修与装饰方面可以有一定的自主权。岛屿式布局在现代百货店、专业店以及购物中心中较为常见,便于各品牌的商户进行独立管理,属于"店中店"模式。岛屿式布局在使用中较为灵活,"岛屿"可以有大、小之分,连岛与孤岛之分,并且能够随着建筑格局的变化调整"岛屿"的形态。例如,一家百货店(某一楼层)的岛屿式布局如图9-4所示。

岛屿式布局的优点是:区域区隔相对明显,便于品牌化管理;"岛屿"的形式与内容呈现多样性,购物空间富于变化;"岛屿"标识性强,便于顾客的记忆与二次消费。岛屿式布局的缺点是:空间利用率低于网格式布局,尤其体现在立体空间利用方面;商品展示空间占比较高,储物空间相对较少;由于每个"岛屿"的独立性,不利于店内整体风格的塑造。

3. 自由式布局。自由式布局也称为自由流动布局,是以便于顾客在店内的行进

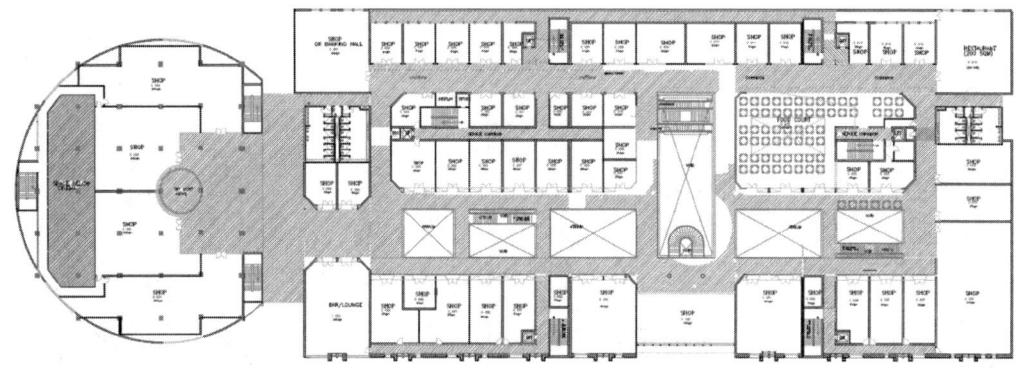

图 9-4　典型岛屿式布局(百货店)

(可获得不受约束、自由流动的感受)为出发点,不强调空间的利用率,突出格局变化性的一种布局方式。自由式布局关注商品全方位的展示,以及消费者对部分功能的试用与体验,并试图在有限空间范围内构造出商品与消费者的情境关联。使用自由式布局有时在局部会借鉴网格式布局与岛屿式布局的特征,是一种包容性较强的布局形式。自由式布局多应用于专卖店、主题店、购物中心(局部区域)的布局设计中。例如,一个互动式主题店的布局示例如图 9-5 所示。

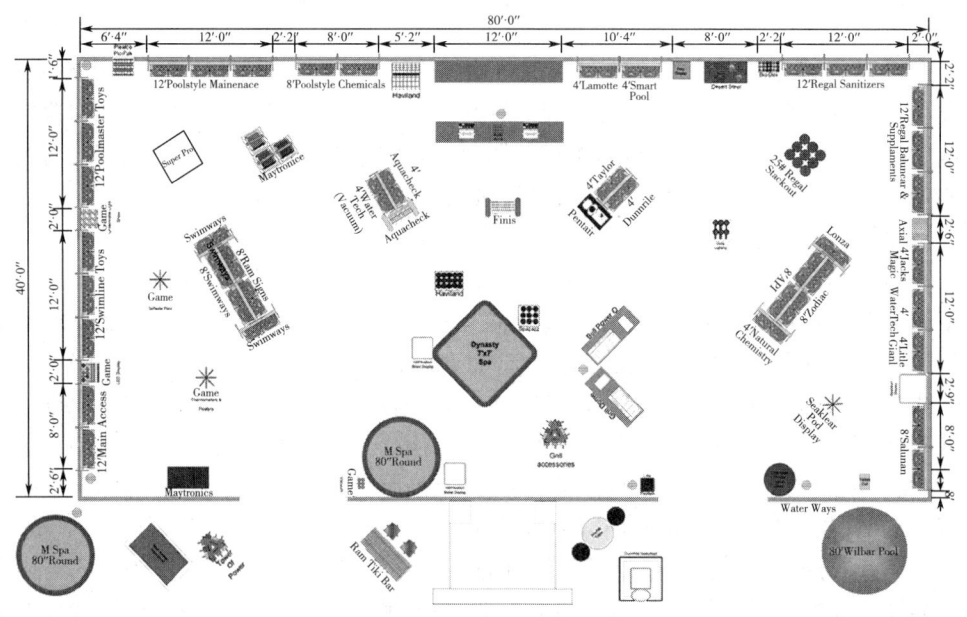

图 9-5　典型自由式布局(主题店)

自由式布局的优点是:店内布局灵活多变,设计(风格)特征鲜明,购物的体验性与趣味性较强;内部空闲空间占比较高,消费者享有更多的个人空间,行进浏览的选择性较强;该布局多提供顾客休憩区域与设施,顾客滞留率较高。自由式布局的缺点是:店内空间利用率极低,商品陈列数量有限;货架与展示台数量较少,需要经常根据销售业绩进行调整,管理难度较高;不同展示区易出现明显的顾客疏密差别分布,需通过店内引导进行"疏解"。

对于不同类型的业态,门店布局的划分具有层次性。例如,(大型)购物中心或商业综合体通常包含有多种零售业态或子业态,以及多类服务设施,在格局上划分为多个空间区域,包括水平层面的位置划分,以及立体层面的楼层划分。因此,在不同区域的布局结构,以及区域内的布局结构存在层次差别,具体的布局模式并不完全一样,部分区域可以由招商企业(店内零售店)进行二次布局设计。某购物中心的

零售空间设计法则

整体格局如图9-6所示,在区域划分中使用类似岛屿式布局的方式,在建筑体周边区域分布大型"岛屿",多出租给知名零售商,如梅西百货、Sears百货、BestBuy专业店。在建筑体中心区域分布小型"岛屿",由品牌专卖店与综合服务设施组成,小型"岛屿"群构成了室内商业街(区)的主要架构。在楼层划分中,不同楼层基于其功能定位与租金价位,能够形成不同主题与品类的零售与服务区域。图9-7所示(资料来自Google搜索)展示了美国一家设计中心策划的超级购物中心(Mega-Mall)在不同楼层的店铺与功能组合的比例关系。

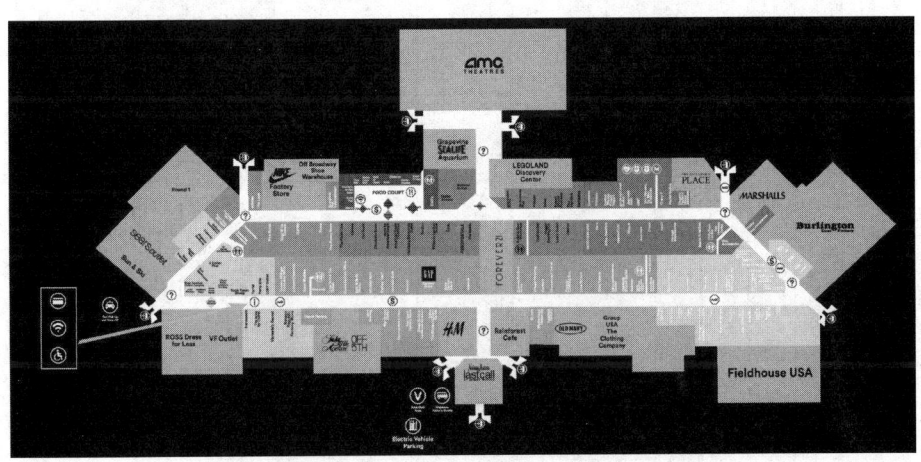

图9-6 大型购物中心布局图

(二)门店布局设计方法

现代零售门店布局设计通常需要借助专业软件实现,涉及店面设计辅助软件(用于辅助性运算及自动优化——主要呈现为数值结果)、CAD软件(用于对建筑与设施进行平面设计,尺寸精准,是后期3D设计以及施工的主要参考——主要呈现为设计图)、3D设计软件(用于构建立体架构,实现现场效果——主要呈现为效果图或效果视频),其基本流程如图9-8所示。设计的主要阶段包括,形成设计方案、CAD平面建模、立体

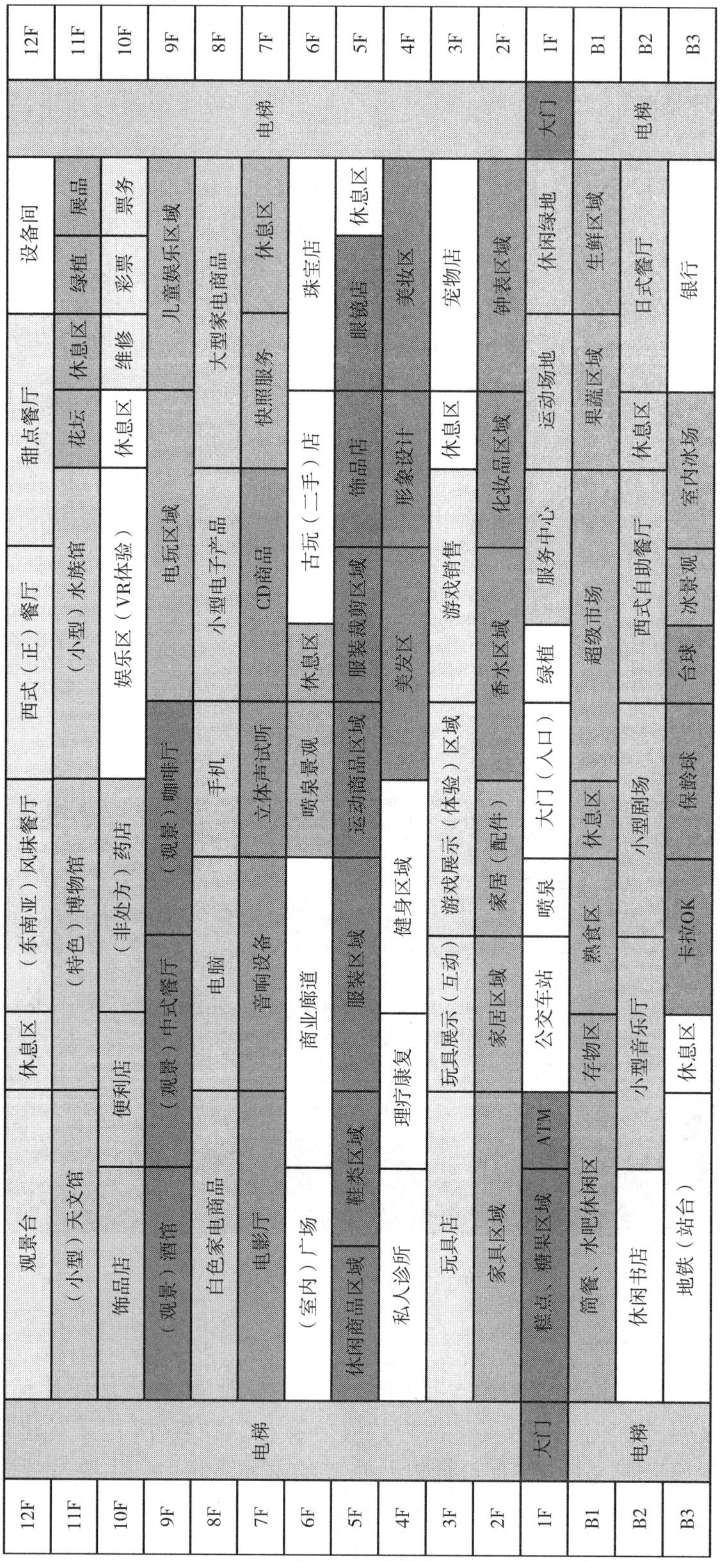

楼层								楼层
12F	观景台	休息区	（东南亚）风味餐厅	西式（正）餐厅	甜点餐厅	设备间		12F
11F	（小型）天文馆		（特色）博物馆	（小型）水族馆	花坛	绿植		11F
10F	饰品店	便利店	（非处方）药店	娱乐区（VR体验）	休息区	彩票		10F
9F	（观景）酒馆	（观景）中式餐厅	（观景）咖啡厅	电玩区域	维修	票务		9F
8F	白色家电商品	电脑	手机	小型电子产品	大型家电商品	儿童娱乐区域		8F
7F	电影厅	音响设备	立体声试听	CD商品	快照服务	休息区	电梯	7F
6F	（室内）商品区域	商业廊道	喷泉景观	古玩（二手）店	珠宝店			6F
5F	休闲商品区域	鞋类区域	服装区域	运动商品区域	服装裁剪区域	饰品店	眼镜店/休息区	5F
4F	私人诊所	理疗康复	健身区域	游戏展示（体验）区域	美发区	形象设计	美妆区	4F
3F	玩具店			家居（配件）	香水区域	游戏销售	化妆品区域	3F
2F	家具区域	家具展示（互动）	喷泉	大门（入口）	休息区	服务中心	钟表区域	2F
1F	糕点、糖果区域	ATM	公交车站	绿植	休息区	运动场地	休闲绿地	1F
B1	简餐、水吧休闲区	存物区	熟食区	超级市场	小型剧场	果蔬区域	生鲜区域	B1
B2	休闲书店	小型音乐厅	卡拉OK	西式自助餐厅	保龄球	休息区	日式餐厅	电梯 / B2
B3	地铁（站台）	休息区		室内冰场	冰景观	台球	银行	B3

图 9-7　某超大型购物中心（Mega-Mall）楼层功能设计图

建模及效果实现。通过这一系列过程,可以将布局思路清晰展示出来,并借用 3D 实景(漫游)模拟等方式观察到店铺实现的效果,以便进行评估或相应调整。

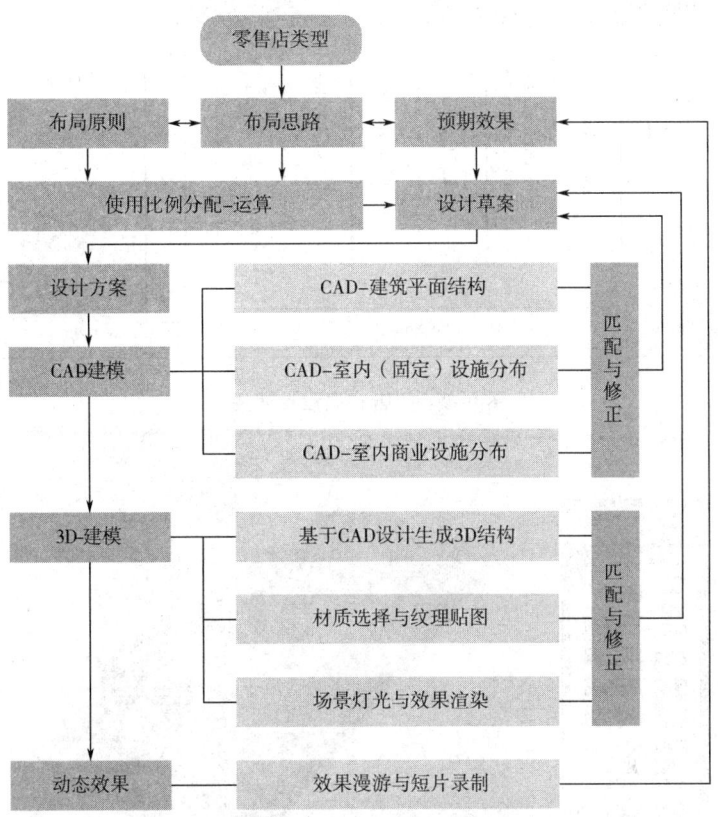

图 9-8　门店布局设计流程

1. 草图设计。草图设计是在设计初始阶段形成设计雏形,以思考为主,不追求准确性和效果。零售门店草图设计包括布局结构草图与效果草图,布局结构草图主要描绘店内各类元素在空间上的关系、商品的基本区域位置以及相应的设计批注,如图 9-9 所示。效果草图主要描绘建店后的场景概况,有了 3D 渲染与模拟技术后,效果草图使用频率逐渐下降。

2. 3D 建模。3D 建模是将平面设计转换为三维设计的过程,是进行效果预览的关键环节。许多 3D 应用软件可以将已有(通用)格式的平面结构,经过立体参数设定,转换为三维的模型框架,并赋予相应的材质效果,如图 9-10 所示。一些专业零售门店设计软件包含有常用元素库,如货架、收银台、服务台、品类标牌等,能够显著提升设计效率。

3. 实景效果实现。实景效果实现能够直观地看到店铺布局情况,从而得到设计与装饰方面的反馈。得益于计算机绘图技术的发展,3D 场景的材质越发细致,能够添加模型道具(如各型商品与顾客),光线渲染效果更为真实,如图 9-11 所示。借助实景效

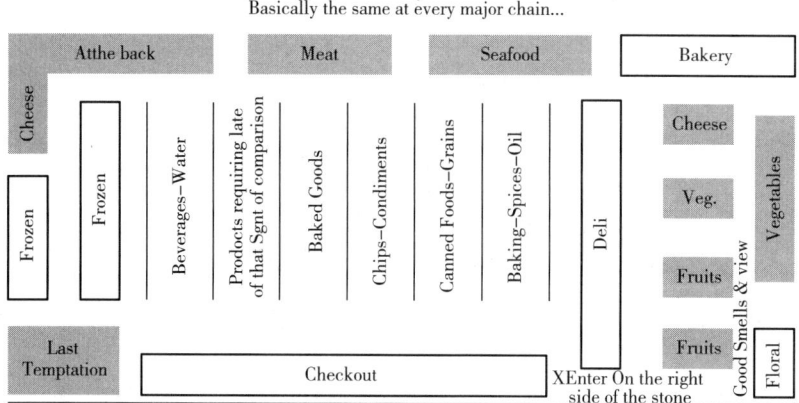

图 9-9 门店布局设计草图

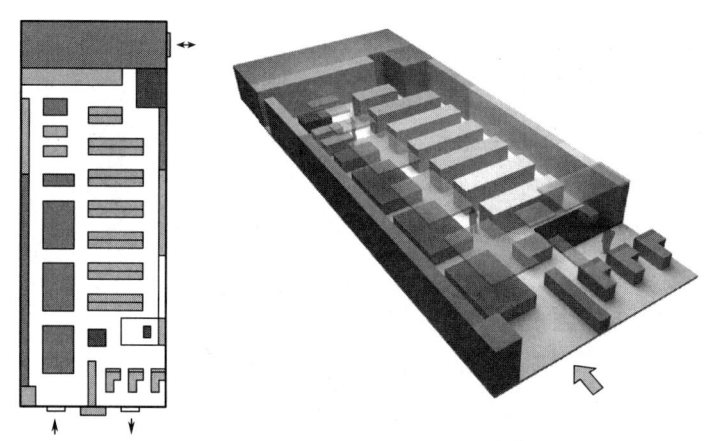

图 9-10 门店布局设计三维建模

果,不仅可以帮助设计人员完善布局结构,还可以进行色彩与灯光布置方面的优化。

图 9-11 门店布局设计效果渲染

三、购物通道设计

购物通道设计是指对零售场所内顾客通行区域进行的技术与功能层面的布置与安排。购物通道设计的目标包括：①满足店内客流量需求。②有效连接不同的功能区域。③提升商品的可见性，促进商品销售。根据零售店规模差异，购物通道可分为多个级别。两级划分较为常见，即主购物通道与副购物通道，主副通道宽度随着商场面积增加而增宽，以体现比例的协调，并增加客流容纳量，主副通道（宽度）比的范围在 1.2 倍至 1.5 倍之间。卖场主副通道宽度一个习惯性的设置如表 9-3 所示。对于一些大型零售店，如购物中心，主副通道的宽度还会适度增加。

表 9-3 卖场通道宽度设置

单层面积	主通道宽度(不低于)	副通道宽度(不低于)	主-副比
300 平方米	1.8 米	1.3 米	1.38
1 000 平方米	2.1 米	1.5 米	1.40
1 500 平方米	2.5 米	2.0 米	1.25
3 000 平方米	3.0 米	2.5 米	1.20
6 000 平方米	4.0 米	3.0 米	1.33

（一）磁石理论

磁石是指卖场中能够吸引顾客注意力的地方，磁石点就是顾客的注意点，创造磁石点需要通过商品的配置技巧实现。零售商在门店管理中应合理配置磁石点，引导顾客逛完整个卖场（死角区域控制在 5% 以下），提高顾客冲动性购买比例（理想的冲动购买比率约为 60%~70%），最大限度地增加顾客购买率与消费量（努力提升客单价）。磁石点共分为五级：①一级磁石点。一级磁石点位于主通路区域（及门厅），是消费者必经之地，可视性最强，能吸引顾客至卖场内部，是商品销售最重要的地方。一级磁石点主要配置主力商品，即消费频率较高、销售额贡献大的商品。一级磁石点由于其位置上的优势，不需做过多的修饰即可达到较好的引力效果。②二级磁石点。二级磁石点主要位于通道连接点（主通道之间、主通道与副通道），是引导顾客遍历店内各区域的节点。二级磁石点主要配置具有时尚特征、外表明亮华丽的商品，以及一些季节性商品。二级磁石点需要在一定程度上提升可视性，可使用标牌、造型、灯光等方式。③三级磁石点。三级磁石点主要指各类货架的架端位置，能够起到吸引顾客驻足浏览的效果。三级磁石点主要配置特价商品、促销商品，以及部分高利润商品。④四级磁石点。四级磁石点主要指各类副通道的中间区域。四级磁石点主要配置适宜大量密集陈列、价格相对稳定的中低价商品，以及不适合以商品群方式展示的商品。⑤五级磁石点。五级磁石点主要指顾客必经的狭窄区域，如收银台、服务台、电梯门，以及门店的次要出入口区域。五级磁石点主要配置试销商品、非主流商品，以及单价低但利润率高的商品。

(二)顾客动线

顾客动线(Consumer Path/Consumer Trace)是顾客在消费场所的行进路径,也称为客流动线。狭义的顾客动线是指在零售店内部的移动轨迹,广义的顾客动线则是指零售店(内部与外部)所在区域的移动轨迹,例如公共交通、停车场地、户外场所与零售建筑间的连接与顾客流动(一般称为外部动线)。同时,在零售建筑内,还可以分为楼层内的水平动线,以及楼层之间的垂直动线。顾客动线虽然是一种自发的行为特征,但是零售店可以通过规划设计对其施加影响,甚至引导顾客依照"期望"的路线浏览店铺。优质的顾客动线设计能够在错综复杂的零售空间内为顾客呈现清晰可循的行进脉络,使顾客浏览更多的有效区域,延长顾客的滞留时间,并使顾客保持兴趣与新鲜感,最终增加其购物的概率。

1. 顾客动线规划原则。顾客动线规划原则包括:①根据零售店需求合理控制顾客的流量,动线并非越长越好。②力求以最短动线路径达到最优效果,减少"死角"区域。③结合不同营业区域的可见性与可达性,有效设置识别点与记忆点。

2. 顾客动线类型。理论顾客动线包括四种类型,如图9-12所示。

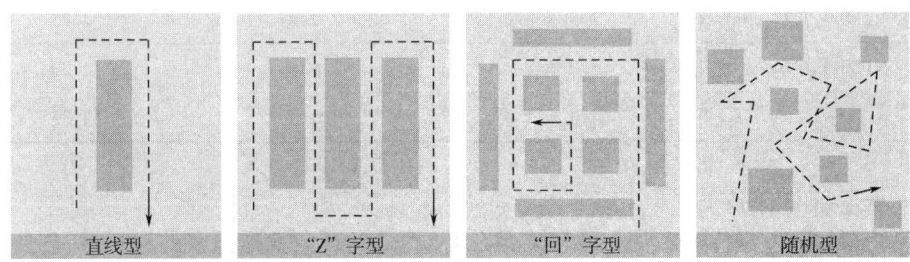

图9-12 顾客动线(理论)类型

(1)直线型。顾客以简洁、快速的方式直接找到想购买的商品然后结账离开,店内滞留时间极短。直线型动线多出现在店面规模较小、布局结构简单的零售店,如便利店与社区邻里店。对零售店来说,在商品陈列空间与顾客容纳空间有限的情况下,直线型动线能够提升单位面积的经营效率。

(2)"Z"字型。顾客以相对规则的方式,按照"Z"字型通过(所有或绝大部分)购物区域,有较高的商品浏览与接触率。"Z"字型动线多出现在网格式布局的零售店,以各型超市为主。对零售店来说,"Z"字型动线有较强的秩序性,能够达到较好的顾客遍历水平。

(3)"回"字型。顾客按照顺时针或逆时针方向,以环形路径由外而内浏览零售店。"回"字型动线多出现在"岛屿式"布局的零售店,如百货店与专业店。对零售店来说,"回"字型动线通常在副通道或支线通道出现分流(顾客一般在外围通道的浏览率较高,中间区域则有所取舍),需要通过标识等信息进行引导,才能提升顾客的浏览率。

(4)随机型。顾客店内浏览没有固定的路径,采取随意浏览的方式。随机型动线多出现在自由式布局的零售店,如专卖店与主题店。对零售店来说,随机型动线能够获得较长的顾客滞留时间,以及较高的重复浏览率,从而促进商品的销售。但是,随机型动线会导致店内客流杂乱无章或部分区域拥挤,需要通过设施布置与标识进行引导分流。

3. 顾客动线分析。顾客动线分析需要结合相应的指标,主要包括以下几个:

(1) 通过率,即顾客在特定区域、货架、通道经过的比例。

$$通过率=特定点通过的顾客数量÷门店全部顾客数量×100\%$$

(2) 停留率,即顾客在特定货架与柜台停留的比例。

$$停留率=特定点停留的顾客数量÷特定点通过的顾客数量×100\%$$

(3) 购买率,即顾客在特定货架与柜台购物的比例。

$$购买率=特定点购物的顾客数量÷特定点停留的顾客数量×100\%$$

对于零售店来说,

$$有效(实际消费)顾客比例=通过率×停留率×购买率$$

顾客动线分析方法包括:①人工调查法。人工调查需要成立调查小组,进行相关的培训,设计调查表与信息记录格式,选择样本点(区域)进行实地调查。人工调查多数时候是局部抽样,持续进行的成本很高。②视频分析法。现代零售店大多安装了视频摄像头,可以借助该工具进行分析,其优势在于可以持续录制客流情况,并提供人工或软件辅助的方式进行分析。③个体追踪法。个体追踪法是一种个案深度研究方法,即完整记录单个顾客在店内的浏览路线与行为特征。该方法在技术层面要求较高,需要能够精确识别某一个体,可用的技术主要有 Wi-Fi 识别与视频捕捉。④热度图分析法。热度图分析是一种后期分析,主要借助视频或顾客位置的记录信息,生成相应的色差图谱进行直观的分析。热度图可分为实景热度图(如图 9-13A 所示)与平面热度图(如图 9-13B 所示)。由于相关软硬件设备价格的下降,热度图分析法的使用越来越普遍。热度图分析还可以与一些动线分析软件结合使用(如图 9-14 所示),以获得店内顾客流动方向、不同区域及货架的吸引力、通道通行的拥挤情况等信息。同时,利用相关分析结果可以帮助零售店优化通道设计,并对区域与货架进行区别化管理。例如,许多零售企业都对货架区进行了价值区分,有商品销售较好的高价值货架区,也有商品销售欠佳的低价值货架区,并据此改善货架组合,或与供应商进行议价。

 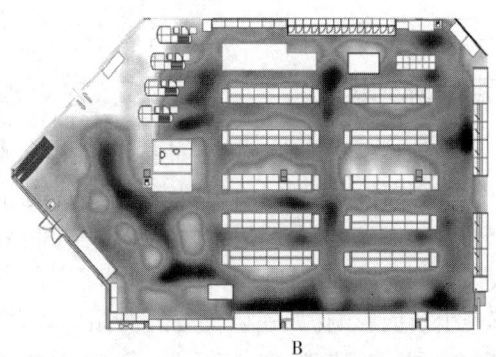

A   B

图 9-13 门店客流热度图

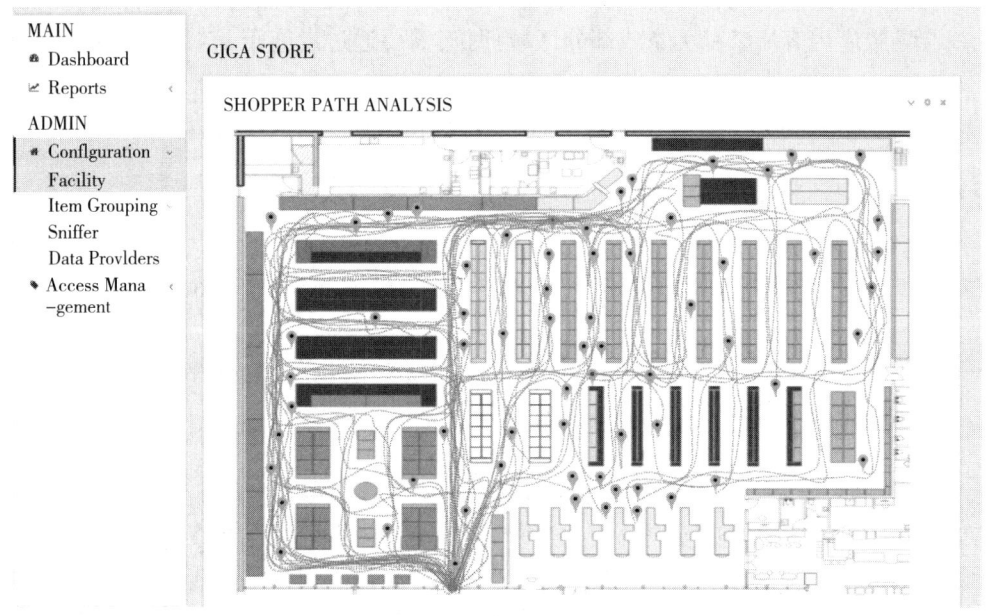

图 9-14 门店客流动线分析

通道设计与动线规划在实际应用中并无一定之法,需要结合零售企业的自身情况,配合其经营的总体战略,并很好地把握消费者心理与行为特征。只要能够促进商品的销售,便是有效的方法,例如,ALDI 的简洁与宜家的繁琐形成了鲜明的对比,但两家企业都是零售界的成功典范。

ALDI 的简洁购物通道设计

宜家(IKEA)的"强制动线"设计

四、商品陈列设计

商品陈列是指综合运用多种技术与技巧,并借助相关道具,将商品按照零售商的经营目标,以某种形式展示给消费者,以提高其店内销售的方法。有效的商品陈列可以起到全面展示商品、综合利用店内(货架)空间、引起顾客注意并刺激购买、改善店内环境等效果。商品陈列的原则有:①在技术层面,符合商品的分类标准,并保证商品相互之间不产生负面影响(如气味较浓的商品应与其他商品区隔开)。②应保证商品的各类信息(包括品名、产地、规格、质量、等级、价格、注意事项等)能够清晰准确地传递给顾客。③符合顾客的行为习惯(如购买顺序),且有较好的可见性与可接触性。④商品与货架形成有机的结合,使货架整齐有序,或有突出的视觉焦点,符合店内设计风格。

商品陈列是店内营销的有效手段,通常被称为"购买决策前的最后提示"。常见的商品陈列方式包括:①主题陈列。主题陈列也称为专题陈列,是将商品有机结合在主题情境中的陈列方法。在使用中通常借助宣传手段与陈列道具,以丰富的艺术形式烘托出相应主题并展示商品。主题的选择包括庆典活动、节假日、重要事件、娱乐活动等。②突出陈列。突出陈列是将商品超出通常的陈列线,面向通道(或开阔区域)突出展示的方法。突出陈列能够打破单调的货架节奏,吸引顾客注意力并提升销售量,多用于新品、促销品及低周转率商品的陈列。突出陈列要选择合适的位置(如狭窄区域并不适合),注意其空间占用的比例,且不宜过多使用。③端头陈列。端头陈列是指在货架两端陈列,是一种销售效果极强的陈列方式,尤其体现在规则式布局的卖场中。端头陈列在使用中需要注意商品的组合与搭配,通常的做法是以低价牺牲某一单品的利润,从而带动其他高利润商品或重点推荐商品的销售。④关联陈列。关联陈列是利用商品之间的互补功能,营造商品群组合,促使顾客产生连带购买行为的陈列方法。例如,家庭影院是一个关联性较强的商品群,包括多种主要商品及附属商品,使用关联陈列既促进了商户的销售,又简化了顾客的选择难度。⑤堆叠陈列。堆叠陈列是以规则方式大量陈列单品的方法,其应用比例较高。堆叠陈列适用于体积较小的商品,可以使其产生"放大"的效果,从而在宽敞的营业场所内提高其可见性。堆叠陈列经常用于包装食品、软饮料、清洁用品等商品的陈列。⑥悬挂陈列。悬挂陈列也称为挂置陈列,是利用垂直空间实现立体陈列的方法,主要适用于重量轻,没有固定包装形状,可视性较低的商品。悬挂陈列丰富了店内的空间利用形式,能够弥补一些"碎片"区域利用率不足的问题。

货架是商品陈列的主要载体,适宜的货架设计能够便于商品的陈列。货架设计的主要指标是高度、间距与进深,具体尺寸的选择受到商品规格、体积以及消费者身高的影响。一般零售店的货架设计需要考虑消费者的平均身高,在考虑身位与货架间距的情况下使商品"触手可及",按照地区成年女性平均身高进行设计通常是较为合理的安排。仓储式零售店的货架由于兼顾存货需求,其上层空间可在安全范围内适度延伸。货架不同位置的价值存在差别,根据消费者关注水平可分为多级视线关注区,其关注度与拿取率向上下两端呈现明显的下降趋势,具体数值如图9-15所示。

货架设计中还有一些细节值得关注:①按照货架的垂直间距差别,可分为等分货架与非等分货架。等分货架根据所需容纳商品的最大尺寸确定其间距值,整体规则感较强,适用于空间宽敞的大中型零售店。非等分货架密切结合消费者视觉关注的区间差别,以及各货架层陈列商品的差异,各层安排不同的间距,并摆放不同类别与尺寸的商品。非等分货架适用于空间相对狭小的零售店,可以在有限的地面面积内陈列较多的商品。②按照货架的摆放形式,可分为直排货架与斜排货架。直排货架是以边角对齐的方式进行整齐排列,空间利用率较高,多应用于规则式布局的门店。斜

超市的陈列方式

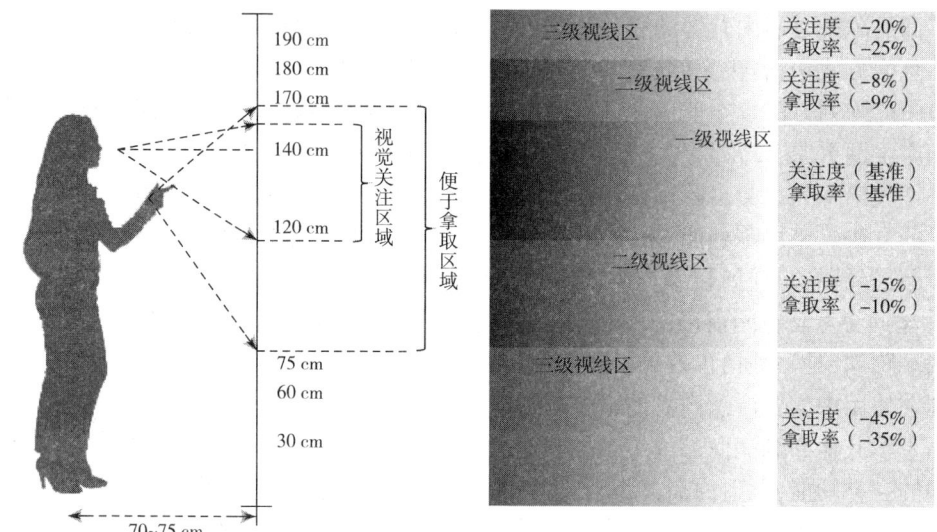

图 9-15　消费者-货架高度关联图

排货架是以一定的角度,对货架进行错落排列,其效果是使顾客在某一角度能够看到更多的货架内容,提升商品区域的可视性,多应用于自由式布局的门店。

五、空间导视系统设计

空间导视系统是连接建筑体与人的信息界面,包含了人性化设计思维,具有引导、说明、指示等功能。零售空间导视系统能够以醒目的外观吸引消费者注意,为其提供充足的环境信息,便于找到各个销售区域及商品,并促使其按照规划动线移动。零售店作为公共场所,其空间导视系统具有复合功能,包括营销导视功能、环境导视功能、必备导视功能、公益导视功能。导视系统应具备清晰性、准确性、简洁性,及与门店 VI 体系的一致性。零售店空间导视包括店外导视与店内导视两个部分。店外导视主要用于指引顾客进出零售店主体,例如,零售建筑的位置、出入口、外部人行道、停车场、地铁站点等。店内导视主要用于引导顾客在店内活动(包括消费、休息、寻求服务等),包括:①主导视信息。标识主要营业与功能区域信息。②次导视信息。标识具体的商品与服务分区信息。③位置导视信息。标明楼层、商铺(位)、货架、界限等静态信息。④方向导视信息。标识诸多静态点的方向,过长的路径需要持续性指引。⑤提示性信息。多用于警示与安全提示。根据导视位置可分为平面导视、高位导视、顶端导视、地面导视。一个传统的楼层导视图如图 9-16A 所示。现代零售导视系统除了静态平面信息外,还会综合运用声音与视频等方式,实现全面导视的效果。例如,现在一些大型零售店都提供了自助导视终端,顾客可以在电脑屏幕上快速查询目标位置及各种店内销售信息,如图 9-16B 所示。也有一些零售店提供了基于 Wi-Fi 的导视服务,当顾客进店并接入 Wi-Fi 后,可以便捷地下载门店的 App,可以自助查询信息或接收店内推送的信息,例如,哪些品牌的商品正在以什么样的折扣进行促销。

图 9-16 零售场所空间导视系统

第二节 零售门店运营

零售门店运营是指对经营过程的计划、组织、实施和控制进行综合统筹,是与商品进销服务关联密切的各项管理工作的总称。门店运营管理的范围因业态、企业规模、模式差别而异,其主要目标一般包括业绩指标、服务质量、成本控制等。以下主要介绍门店业绩、岗位职责设置、服务管理与风险管理几个方面。

一、门店业绩指标

零售门店运营管理需要时刻关注业绩表现,通过对关键指标的跟踪,了解门店运行状况,及时发现经营中的问题,并及早修正或改善。以我国零售业为例,中国连锁经营协会设计了连锁零售行业门店 KPI 指标体系,用于对便利店、超市、大型超市、百货、家电连锁五个领域进行评价。具体的 KPI 指标包括:①月度销售额。采集自企业的所有销售额数据,均为含税销售额。②总营业面积,指经营总面积,包括自营及租赁面积。③对外租赁面积,指收银线以外,出租给其他经营户的使用面积。对外租赁面积=总营业面积-自营面积。④员工总数,指直接为门店(或企业)工作的总员工数量,包括劳务派遣人员。⑤正式员工数,指与本企业签订劳动协议、劳动人事关系属于本企业的员工。⑥成本及费用总额,指门店运营过程中发生的所有成本和费用的总和。⑦工资总额,指直接支付给全部职工的劳动报酬总额。⑧单品总数,指经营的所有商品的单品数量,即 SKU 个数。⑨统一配送单品数,指由配送中心统一配送的单品数量。⑩平均日交易数,指平均每日实际发生的顾客购买次数。⑪库存周转天数,指库存全部周转一次所需要的时长。⑫营业外收入,指除商品销售收入外其他的收入来源,如罚没收入等。这些指标能够对门店或企业的经营状况进行基本描述。同时,中国连锁经营协会还对企业上报的基本 KPI 指标进行运算处理,一个中国部分零售商均值的示例如表 9-4

所示。相应业态领域的企业可以此作为业绩考查标准,衡量门店运营是否达到了行业平均水平,以及是否需要查找问题根源并改进。当然,在实际管理活动中,仅依靠标准化指标考查门店的运营状况是不全面的,还需要门店各岗位的当值管理人员对日常业务活动加以关注,并根据管理经验对业务表现进行判断。

中国零售企业运营的问题与对策

表9-4 零售门店业绩表现核算

门店分类	月度销售额(万元)	地效(元/平方米·天)	劳效(元/人·天)	客单价(元/单)	销售毛利率(%)	收银效率1(元/台·天)	收银效率2(次/台·天)	商品损耗率(%)	库存周转时长(天)	员工配置(平方米/人)
便利店	30	92	1 301	14.00	18.74	9 810	683	0.14	10	13.25
超市(300~999平方米)	110	67	1 500	30.35	14.70	9 001	344	0.20	20	21.00
超市(1 000~1 999平方米)	285	68	1 300	44.73	15.42	11 624	297	0.22	19	19.16
超市(2 000~3 999平方米)	613	73	1 475	47.57	14.07	14 139	307	0.20	34	20.30
超市(4 000~5 999平方米)	1 099	77	1 668	45.67	12.60	15 351	253	0.15	30	21.60
大型超市(6 000~9 999平方米)	1 276	54	1 431	57.40	12.45	11 635	149	0.23	23	26.50
大型超市(10 000~14 999平方米)	1 362	42	1 409	67.22	14.11	14 857	252	0.25	—	33.90
大型超市(15 000平方米以上)	2 285	40	1 485	81.12	11.49	15 425	200	0.23	23	36.80
百货店	10 299	110	2 184	470.45	16.85	52 235	118	0.13	63	19.80
家电连锁	6 125	131	5 453	1 572.67	—	116 896	75			41.58

二、门店岗位与职责

零售门店岗位设计与职责说明是运营活动的基本保障,其内容是根据门店业务需要划分不同的部门与岗位(包括管理岗位与业务岗位),对各岗位进行职责说明与工作内容描述,明确岗位任职资格及各岗位之间的关系,从而便于门店日常业务活动的开展。门店岗位设计应根据业务量与重要性程度进行合理统筹,避免出现局部"冗余"或"真空"。同时,需要协调好横向部门岗位之间的关系,避免权限的冲突。高质量的岗位与职责设计能够提升门店的工作质量与效率,并成为有效的考核依据。现代零售门店岗位的设计趋势是:①以实效性为导向,避免岗位数量过多。②结构趋于扁平化,避免层级过多。③纵向岗位之间向下兼容,管理岗人员在员工短缺时能够填补业务岗。④横向岗位之间设置缓冲空间,在业务繁忙时可以相互支援。例如,大型零售门店的主要管理岗位包括店长、副店长(多位)、财务主管、收货主管、品类销售经理、人事部主管、客服主管,其对应的职责说明如表9-5所示。

表9-5 零售门店岗位职责说明(部分)

岗位名称	岗位职责	主要工作	辅助工作
门店店长	1.维持店内良好的销售业绩 2.严格控制店内的损耗 3.维持店内整齐生动的陈列 4.合理控制人事成本,保持员工工作的高效率 5.维持商场良好的顾客服务 6.审核店内预算和店内支出 7.加强防火、防盗、防工伤、安全保卫等工作	1.全面负责门店管理及运作 2.制订门店销售额与毛利计划,并负责落实 3.传达并执行(总公司)营运部的工作计划 4.负责与地区总部及其他业务部门的联系沟通 5.负责门店各部门管理人员的选拔和考评 6.指导各部门的业务工作,提高销售与服务业绩 7.严格控制损耗率、人事成本、营运成本 9.监督库存管理活动 10.监督门店的促销活动	1.指导门店人员的在职培训 2.协助总部有关公共事务的处理 3.向总公司反馈有关营运的信息
门店副店长(助理店长)	1.关注店内销售业绩变动并及时向店长反馈 2.维持店内各部门正常运转,处理异常情况 3.协调与当地政府部门及社区的公共关系 4.严格规范员工管理,控制人事成本	1.制定各部门量化工作指标,追踪各部门报表完成情况,及时采取纠正措施 2.行使分管部门工作,或获得授权处理店长不在时的店内事务 3.对店内人员的合理定编、增编、缩编向店长提出建议 4.审查各部门员工业绩考评记录 5.检查各部门营运规范的执行情况并组织辅导与考评 6.辅助起草各项规章制度和通告,完善相关管理机制,并负责向下传达 7.负责店内各项费用预算及其送审、申报工作 8.做好各项安全工作,及时处理各项突发事件 9.加强各部门间的沟通与协调,及时了解情况并提出整改意见	1.监督检查店内清洁卫生情况 2.监督检查员工工作质量,做好后勤保障工作 3.监督检查店内设备维护及管理情况 4.监督检查店内各项安全防范工作情况

续表

岗位名称	岗位职责	主要工作	辅助工作
门店财务主管	1.负责店内的现金、支票,及各类票据管理 2.办理店内备用金清款工作 3.记录并分析店内日常收款与账务工作 4.协助整理预算编制与预算控制 5.监控销售与进货管理的资金,并对异常情况提出报告 6.负责制作收支票据、税务申报及财务资料存档 7.负责各类周转金使用的控制	1.监督并审核店内的现金、支票等票据的使用与存档 2.按照财务标准,为店内准备合理额度的各项短期资金 3.检查每天收银结款工作,分析结款差异 4.总体负责现金(办公室)的管理 5.与总公司财务部门保持工作联系 6.保持与银行等有关职能部门的良好关系	1.辅助各业务部门的现金与票据管理工作 2.传达公司财务政策、制度并检查落实情况 3.协助部门经理进行资金管理,共同达成部门目标
门店收货主管	1.严格遵守公司各项货品管理规定 2.负责检查收货员工的出勤与工作状况,并按收货流程执行验收工作 3.负责维持正常的收货秩序 4.负责调配收货员工的收货工作 5.严格控制收货管理质量 6.负责保管所有的收退货资料及单据 7.负责协调并维持与供应商及送货商的良好合作关系	1.维护整个收货工作正常且快速地按程序运作 2.保障所收的货物及时运送到各楼层相应位置 3.保障收货区与周转区整洁有序 4.杜绝无关人员进出收货区与周转仓 5.负责收货工作问题的快速解决,使其不影响销售工作 6.接受供应商、品类管理、财务管理的查单 7.检查周转管理,指导仓库货物的合理摆放 8.核对收货报表,并及时反馈进货中的相关问题 9.指导货物的分拆以及标签的正确粘贴	1.协助做好供应商联系工作 2.协助做好重点区域的安全、防火、防盗工作 3.协助做好日常盘点工作
门店(各品类)销售经理	1.严格管理员工的工作纪律并提高工作效率 2.负责销售区域的商品陈列与促销的实施,达到预期销售目标 3.负责商品的补货和库存的计划 4.控制与商品销售相关的各项损耗 5.组织实施相关盘点工作	1.促进本(品类)部门销售业绩,制订并执行促销计划,并将异常情况反馈至正、副店长 2.检查部门补货、理货、陈列等情况 3.检查部门商品库存,确保正常周转量和存放安全 4.制订本部门培训计划 5.严格控管本部门人事成本及费用 6.负责部门的排班工作与业绩考核 7.负责与其他横向部门及上级部门的沟通协调工作	1.监督销售区域的清洁卫生工作 2.加强对销售人员的培训与辅助 3.协调各岗位的临时人力调配 4.加强安全与防盗管理

续表

岗位名称	岗位职责	主要工作	辅助工作
门店人事部主管	1.负责店内员工招募工作,制定缺员岗位的招聘计划 2.负责规划及执行员工培训工作 3.考核员工绩效并提出改进的建议 4.负责员工档案的整理、记录、存档保管工作 5.确保有关人事规定遵循政府有关部门的劳动法规 6.落实员工薪资核发正确发放福利奖金等 7.负责监督店内各部门员工规范执行情况	1.检查门店员工出勤状况,督促员工遵守公司规范和人事纪律 2.向店内管理人员提供人事规范咨询与建议 3.负责店内各项人事制度的传达、实施和检查 4.负责店内员工的招聘与培训工作 5.负责店内全体员工的合同、档案和薪资管理 6.负责店内全体员工绩效考核的组织、实施和总结 7.与政府有关职能部门保持良好关系	1.监督所属区域的清洁卫生工作 2.协助各部门进行人事及预算的控管 3.协助门店各部门进行员工材料与报表的管理工作并定期检查 4.协助门店各部门进行员工绩效考查与改进
门店客服主管	1.重视部门员工的言行举止,维护公司良好的外部形象 2.维持良好的服务秩序,提供优质的顾客服务 3.提供完善的信息服务,成为顾客与公司沟通的平台	1.例行检查员工的礼仪服饰 2.检查员工的客服工作流程,确保服务质量 3.做好顾客投诉和接待工作 4.做好会员的招募和大宗顾客的拜访工作 5.指导赠品发放、顾客存包和退/换货工作的标准化作业 6.负责安排门店快讯的发放与追踪,确保执行商场的各种促销活动 7.与政府职能部门及社区进行协调与联系,并保持良好关系	1.负责责任区域的环境卫生,为顾客提供良好的服务环境 2.协助做好门店出入口处的客流疏导和安保工作 3.协助赠品等活动区域的商品理货与补货工作

三、门店服务管理

零售门店服务是零售企业为顾客提供与商品经营相关的,旨在增加顾客价值,并从中获益的一系列无形的活动。由于零售活动具有"高接触"特征,零售商仅提供优质的商品是不够的,还需要通过各类服务进行综合"包装"。零售门店服务具有无形性、适时性、不稳定性,以及(与销售的有形商品)不可分割性的特征,其管理与考评的难度相对较高。按照顾客的消费流程,可将零售门店服务分为三个阶段。①售前服务,指在顾客购买商品之前为其提供的服务,是一种超前的、积极的顾客服务活动。售前服务的目的是尽可能地将商店与商品信息迅速、准确、有效地传递给顾客,建立起有效的沟通渠道。同时,详细了解顾客的潜在需求,并通过经营策略调整、挖掘顾客价值。售前服务一般包括在线咨询、资料投递、样品展示、活动调查等。②售中服务,是对于进入销售现场或已经进入选购过程的顾客提供的服务。售中服务主要是为了使顾客进一步了解商品特点及使用方法,通过服务向顾客提供利益增值,以帮助顾客做出购买决策。售中服务一般包括现场导购、现场宣传、现场演示、协助选择、协助调试等。③售后服务,是指企业向已购买商品的顾客提供的服务。售后服务是商品销售的延伸,目的是增加商品实体的附加价值。售后服务用于解决顾客使用商品而带来的具体问题,降低其使用成本与潜在风险,从而增加顾客购买后的满足感,维系与顾客的良好关系。售后服务一般包括安装调试、退货换货、技术培训、上门维修、投诉处理等。零售门店提供服务的内容主要包括促销辅助类、质量保证类、综合营销类、便利类、维护与维修类、培训类、文化情感类,具体内容见表9-6。

表9-6 零售服务类别

	项目	内容描述
1	促销辅助类	为提高商品的销售率而设置的优惠与支持性服务,如额外包装服务、定制与修改服务、金融信贷服务、商品安装与调试服务等
2	质量保证类	由零售商提供的额外质量担保,包括(免费或限费用)延长质保期,以及涉及商品使用安全的各类保险
3	综合营销类	与营销活动外延相关的各类服务,例如,汽车零售商提供的关于安全驾驶与(免费)车辆保养的相关服务。又如,一些国外牙具与护理品零售商提供牙齿保健与简单医疗服务
4	便利类	便利顾客购物活动的相关服务,如储物、托儿、代收发快件等
5	维护与维修类	零售商提供的商品检查、维护与修理等服务项目
6	培训类	对经营范围的商品或相关商品举办的顾客培训,例如,摄影创作、垂钓技巧、电脑软件操作等培训课程
7	文化情感类	通过企业文化和公共关系进行营销服务,如主题演出、名人签售、文化艺术节等

零售门店服务管理需要考虑顾客对服务的期望,整体服务水平应处于顾客的"容忍区"以上,使顾客获得较好的服务感受。零售服务从设计到传递会经历多个环节,包括管理层对服务的期望与设计,服务计划的制订与说明,各个门店对服务的执行,零售商对顾客的服务效果宣传,顾客接受并感知服务。同时,顾客还会将服务感知与服务期望进行对照,而其服务期望主要源自广告宣传效应、自身主观需求,以及以往接受服务的经验。各个环节之间会存在不同程度的服务(判断与感知)差距,过于显著的差距累积会导致服务效果大打折扣,差距的累积如图9-17所示。对于服务差距的管理,零售商(总店)与对应门店应共同确认服务控制的关键点,将其分解为不同的服务"触点",通过沟通与调查了解顾客对服务的反馈情况,制定具体的执行标准并加以改善。提升零售门店服务绩效水平需要结合门店的经营目标与策略、经营商品的特点、门店的资金

与人力储备、服务投入与产出比例、主要竞争对手的服务水平等情况,找到合适的平衡点。零售门店可以根据往期数据,考查服务投入与销售额、利润率等指标之间的关联度,从而确定服务的范围、内容与具体细节。

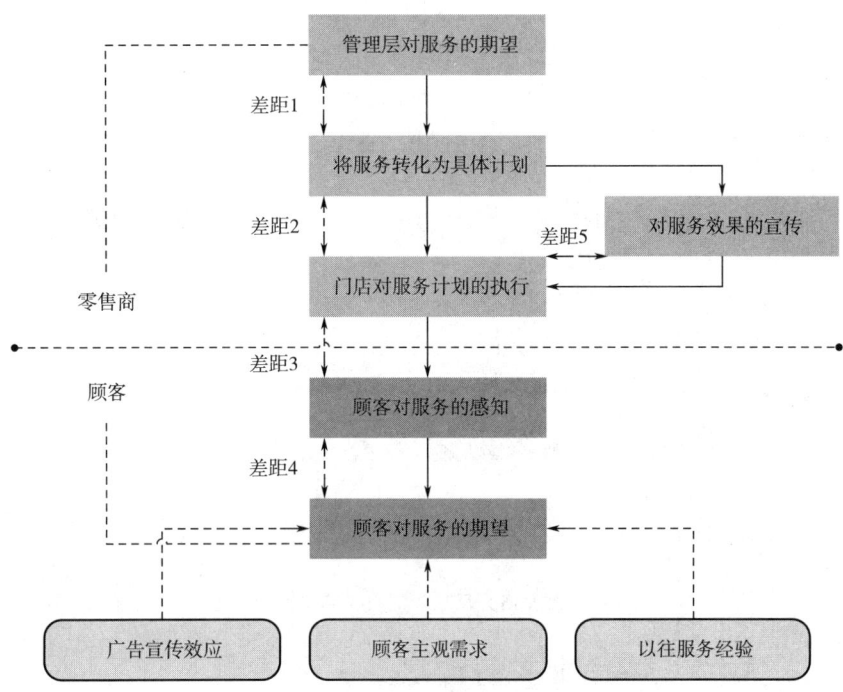

图9-17 零售服务感知差距的累积

投诉处理是现代零售企业需要经常面对的问题,投诉主体以顾客为主,也包括部分利益相关群体。顾客投诉的内容主要涉及商品质量、服务质量、店内环境、商业欺诈等。利益相关群体投诉的内容主要涉及零售经营对外部(主体或环境)的影响,如经营场所的污染排放或噪音扰民等问题。零售投诉处理的一般流程是:①投诉受理。客服人员详细记录投诉的相关信息与细节描述,并经投诉人确认。②投诉认

零售服务的内涵

定。根据相关法律法规以及企业规章,判断投诉是否属于受理范围。③投诉分级与派发。对于属于受理范围的投诉进行级别划分,可分为轻微、一般、严重等多个等级,并进入不同的处理流程。低级别投诉可由客服人员直接、快速处理,而高级别投诉需要安排部门管理人员负责处置。④制定方案与处理。根据投诉的内容、性质与级别,选择适宜的处置方式,并由相关人员负责实施。⑤跟踪与反馈。调查投诉人对投诉处理的满意度,对于未解决的投诉需要跟进并督促落实,尤其对典型或重要投诉。⑥归档整理。对投诉进行分类整理与分析,并帮助改进各项经营管理活动。投诉处理常见流程如图9-18所示。

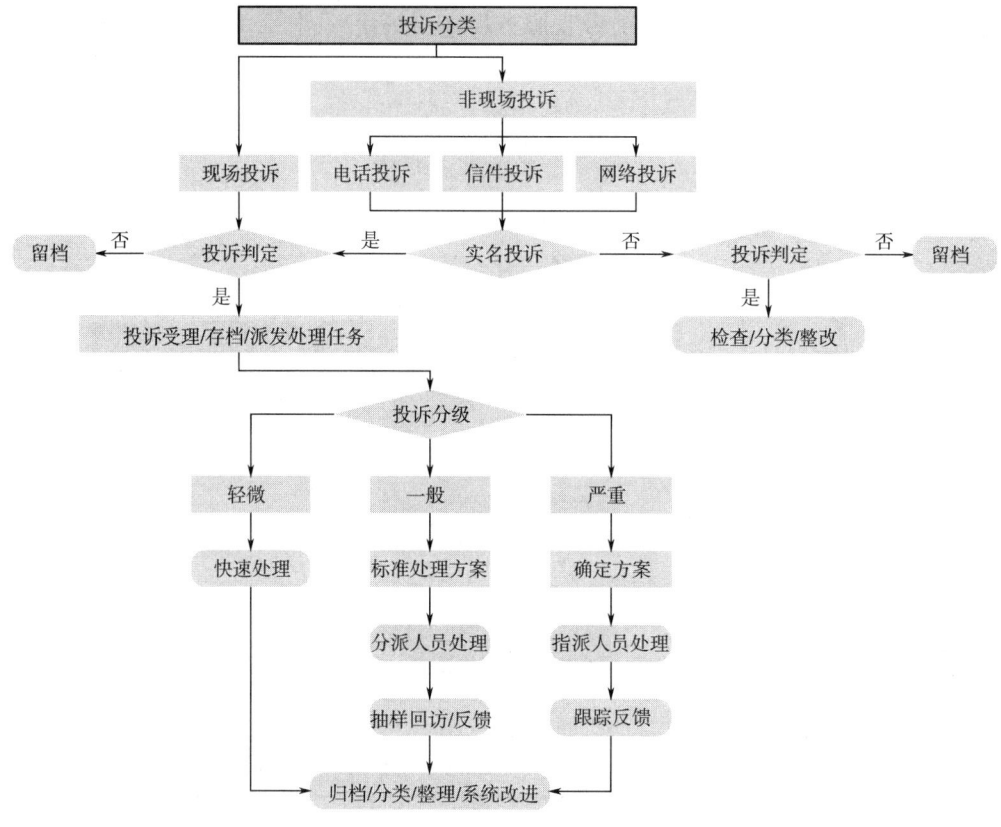

图 9-18 零售店投诉处理流程

四、门店风险管理

  门店风险管理是指对日常运营中可能存在的各类风险进行识别、衡量、监督、控制的综合管理过程。风险是不可避免的,相应管理部门需要将其控制在合理水平,不至于影响正常的营业活动,并降低其发生所带来的损失。门店风险可分为外部风险与内部风险。外部风险主要涉及宏观经济走势、(零售)行业政策、(商业)法律法规调整、季节性商品调整、同业竞争变化等。内部风险主要涉及门店的各类业务活动,如商品采购、供应商关系、仓储管理、店面管理、商品售后等。门店风险管理的总体策略是,在统一的风险标准控制下,业务部门各担其职,制订可行的风险控制计划,将风险管理融入日常业务,积极化解小的风险,避免风险的叠加。

  风险管理的目标是控制风险带来的损失,现代零售企业通常借助保险工具来实现。门店(投保人)在选择保险险种时需要综合考虑风险来源与覆盖范围,可以使用全覆盖策略(适用于大型零售店或资金实力强的零售店),也可使用重点覆盖策略(适用于中小型零售店或资金实力弱的零售店)。常见的零售门店险种如表 9-7 所示。零售企业还需要配套完善的保险管理制度,确定保险管理的部门、岗位与职责,使得投保、续保、理赔、检查等工作实现流程化,并提升保险管理的信息化程度。

表9-7 零售门店管理常用险种

	险种	保障覆盖范围
1	财产险	财产在持有阶段发生损毁、灭失的风险
2	现金综合险	现金在保管过程中或运输途中发生的损毁、灭失、盗抢风险
3	营业中断险	因突发事件、事故,导致营业中止,并带来营业额与利润损失的风险
4	雇主责任险	雇员在工作过程中遭受意外伤害,或罹患职业病症,雇主依法应承担医疗费用及经济补偿的风险
5	公众责任险	因投保人的过失,对第三方造成人身伤害或财产损失,而应承担赔偿责任的风险
6	建筑与安装工程(一切)险	主体建筑在建设、装修、设备安装与调试过程中发生损毁、灭失的风险
7	设备损坏险	各类营业设备与设施发生损毁、灭失的风险

章节练习

一、章节要点

(1)零售门店设计的概念与涵盖领域;(2)门店形象识别设计;(3)零售视觉识别系统的概念;(4)零售经典设计风格;(5)零售门店布局设计形式,包括网格式布局、岛屿式布局、自由式布局;(6)零售门店布局设计流程;(7)购物通道设计的概念与内容;(8)磁石理论的概念;(9)顾客动线的概念与类型;(10)顾客动线的相关指标与分析方法;(11)零售商品陈列设计;(12)货架设计与管理;(13)零售空间导视系统;(14)零售门店运营的内容;(15)零售门店业绩指标;(16)门店岗位与职责;(17)门店服务管理的内容与类别;(18)零售服务的感知;(19)门店投诉管理流程;(20)门店风险管理的内容。

二、思考题

(1)零售企业形象识别包含哪些元素?
(2)零售视觉识别系统的设计原则是什么?在实际应用中如何体现出来?
(3)试分析经典零售设计风格同零售业态、经营品类的对应关系。
(4)分析网格式布局的特点与适用领域。
(5)分析岛屿式布局的特点与适用领域。
(6)分析自由式布局的特点与适用领域。
(7)大型零售业态如何统筹门店布局?请通过实例分析。
(8)不同类型零售业态的购物通道设计思路是否存在差异?请进行比较分析。
(9)分析各级磁石点的特点与应用方法。

（10）常见的内部顾客动线有哪些类型？分别适用于何种类型的零售店？
（11）门店顾客动线的技术分析方法有哪些？
（12）商品陈列方式包括哪些类型？如何与门店总体规划相结合？
（13）比较便利店、综合超市与仓储超市在货架设计方面的技术差别。
（14）现代零售店的空间导视系统可以应用哪些新技术？
（15）常用的零售门店业绩指标有哪些？具体应如何计算与使用？
（16）零售门店岗位设置应如何避免横向之间的权力冲突？
（17）完整的零售服务体系包含哪些类别与项目？
（18）零售商可通过哪些方式或途径缩小顾客的服务感知差距？
（19）零售企业应如何分配客服资源对顾客投诉进行分级管理？
（20）除购买商业保险外，零售门店还有哪些应对风险的管理方法？

三、综合练习

（1）详细解析某国内大型零售企业的视觉识别体系，并通过图表方式呈现出来。

（2）尝试找到邻近区域内较为典型的网格式布局、岛屿式布局、自由式布局零售门店各一家，进行实地考察并绘制店铺布局图；并进行跟踪式调查，记录其顾客动线的特征。

（3）以小组方式详细考察某购物中心的楼层设计与功能区布局特征，并对其设计思路与实用效果进行讨论。

（4）以某大型综合超市为调查对象，通过小组方式实地考察其磁石点设计，记录不同磁石点的商品陈列及价格等信息；并对各磁石点的实际效果进行观察与分析。

（5）结合本章资料并搜集课外资料，进一步比较分析ALDI与宜家的通道设计与动线规划。

（6）详细考查超市内某一区域的货架设计与商品陈列，并基于实际观察分析其商品销售的效果。

（7）解析某零售门店的岗位设置与职责设计。

（8）基于消费者视角，讨论现代零售企业应如何完善门店服务体系。

第十章 零售营销管理

第一节 零售价格管理

零售价格管理是指零售企业根据顾客需求、竞争情况及综合成本分析,对销售的商品进行合理的价位区间选择,并结合不同的销售时点确定具体的零售价格或价格组合。零售价格管理需要较高的技术性与技巧性,能够对零售企业的销售额与利润产生直接的影响,是零售营销管理中最基础的部分。

一、零售定价目标

零售价格管理需要配合零售企业经营的总体战略,并符合企业营收与利润的基本要求。现代零售企业定价的目标并非单一考虑经济绩效,通常设有复合的目标体系,其体系结构如图10-1所示,涵盖了经营目标、绩效目标、竞争目标、发展目标及社会效益目标。①经营目标:与企业经营相关的基本目标,主要涉及上游供应商及消费者的基本情况。②绩效目标:相对具体的经营与财务目标,包括静态存量以及动态变化率。③竞争目标:为取得竞争效果而设定的目标,可分为长期目标与短期目标。④发展目标:涉及企业规模与业务领域的相关目标,包括积极(扩张)取向与保守(防御或收缩)取向。⑤社会效益目标:关注广泛社会群体福利的相关目标,具有准公益性或纯公益性特征。零售企业不同定价目标的权重各不相同,经营目标与绩效目标一般具有较高的优先级,其余目标在资源能力有条件的前提下适度兼顾。同时,在零售企业发展的不同时期,其定价目标也会相应调整。例如,零售企业起步阶段,需要快速扩大市场占有率,销售额(总量与增长率)目标要高于利润率目标。当企业的市场填充相对饱和时,利润率目标则更为重要。或者,当企业意识到潜在竞争威胁时,短期(牺牲部分利润)的竞争目标排序将获得提升。

二、零售定价权限

零售定价权限并不全在零售商,而是分布在全渠道,各环节掌握的定价权限的多少体现了其渠道权力,以及相应的利益分配能力。根据弗兰茨与雷文的研究,影响渠道权力分布的因素主要包括六个方面:①报酬力,指某渠道成员服从制造商的控制时,制造商回报渠道成员的能力,通常表现为直接的经济收益。②强制力,也称为惩罚权力,与报酬力相反,是指制造商可以在渠道成员不服从时对其进行制裁的能力。③合法权力,指制造商对于渠道公司有隶属关系且具备的合法控制力。由于很多渠道由独立的公司

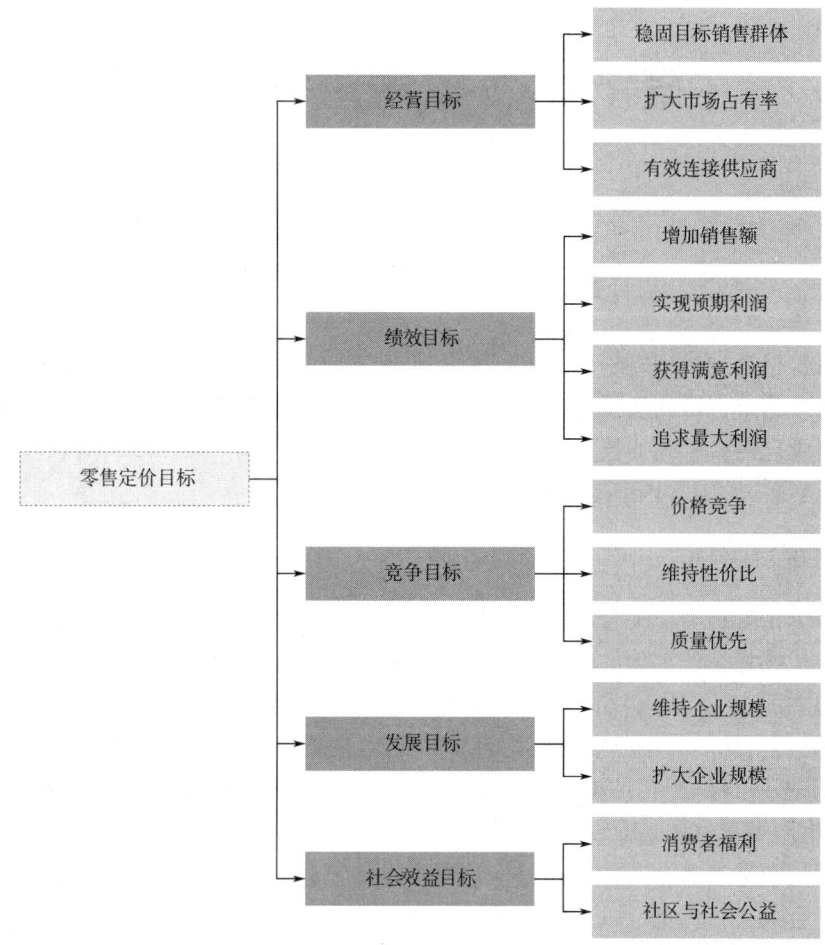

图 10-1 零售定价目标体系

组成,它们与制造商之间不存在上下级关系,没有明显的权力界限和命令等级,此时制造商并不存在(实际的)合法权力。④专业知识力,指渠道商出于对制造商专业知识的信服,往往接受其建议并做出改变。很多制造商对经销商或加盟商的业务开展培训,移植有效的管理模块,帮助它们提升经营绩效,这些都表现为某种专业知识力。⑤参照力,指渠道成员依靠企业特质获得的一种软控制力。企业特质包括企业的领导地位、悠久历史、可靠品质、服务声誉等。⑥信息力,是指由于一个渠道成员能得到真实市场信息资料而获得的控制力。信息力反映了渠道成员在市场信息收集、分析与判定方面的综合能力。

对于零售商定价权限的讨论应结合具体的业态与品类特征,一个概要的定价权分配如图 10-2 所示。一般来说,零售终端的规模与经营实力越强(即单店体量或连锁程度,以及对应的销售规模与市场占有率),其相应的价格控制力越显著。从上游制造商的情况来看,如果其拥有较强的技术优势或明显的品牌优势,则会相应抵消零售端的价格控制力。结合当前的渠道发展特征,中间批发环节在诸多商品领域的控制力逐渐弱化,价格控制力出现了两种演变趋势:①价格控制力上移。即生产商具有较强的控制力,甚至承担了部分或全部批发业务活动,直接与零售商对接或自设零售终端,在利益分配方面占据优势。一些高科技商品与优势品牌商品具有此类特征。②价格控制力下沉。即零售商具有较强的控制力,甚至将业务范围扩展至批发与物流领域,能够直接与众多供应商对接,获得环节中较高比例的利润。食品、日用品及弱势品牌商品均具有此类特征。

国美(电器)争夺终端定价权的策略

	百货店	超市	专业店	专卖店	便利店	工厂直营店	折扣店	购物中心	网店
生鲜	--	强	--	--	中	--	--	--	强
包装食品	--	强	--	--	中	--	--	--	强
饮料、酒类	--	中	--	中	中	--	--	中	强
服装	中	中	强	弱	--	弱	强	中	强
珠宝饰品	中	--	中	弱	--	弱	强	中	中
电器	中	弱	强	弱	--	--	--	中	强
电子产品	中	弱	强	弱	--	--	--	中	强
音像制品	弱	弱	中	--	--	--	--	中	强
家居商品	中	中	强	弱	--	--	强	中	强
小件商品	强	强	--	--	中	--	强	强	强

图 10-2 不同零售渠道的定价权能力

三、零售定价策略

零售定价涉及定价的基本导向与具体策略的选择。零售定价过程受诸多因素的影响,企业应根据不同的经营战略,不同市场环境与经济发展状况,以及竞争对手的不同策略,选择适宜的定价方法。

(一)定价方法

1. 成本导向定价。成本导向定价(Cost Oriented Pricing)是以产品单位成本为基本依据,再加上预期利润来确定价格的定价法,是企业最常用、最基本的定价方法。由于成本导向定价的各类(成本与利润)信息主要来自企业内部,因此,信息的完整度与准确度较高,使用较为方便。基于成本导向定价法衍生出了总成本加成定价法、目标收益定价法、边际成本定价法、盈亏平衡定价法等几种模式。①总成本加成定价法。把所有商品经营发生的耗费均计入成本的范围,计算单位产品的变动成本,合理分摊相应的固定成本,再按一定的目标利润率来决定价格。②目标收益定价法。目标收益定价法又称为投资收益率定价法,是根据企业的投资总额、预期销量和投资回收期等因素来确定价格。③边际成本定价法。边际成本是指每增加或减少单位产品所引起的总成本变化量。由于边际成本与变动成本比较接近,而变动成本的计算更容易一些,所以在定价实务中多用变动成本替代边际成本,而将边际成本定价法称为变动成本定价法。④盈亏平衡定价法。在销量既定的条件下,企业产品的价格必须达到一定的水平才能达到盈亏平衡、收支相抵。盈亏平衡定价法即以盈亏平衡点为依据确定具体价格。

2. 竞争导向定价。竞争导向定价(Competitive Oriented Pricing)是指在竞争激烈的市场环境中,企业通过研究竞争对手的定价,结合市场供求状况,并依据自身的经营条件、资金状况、服务能力、成本水平等因素确定商品价格的方法。竞争导向定价是一种外向型定价法,具体的策略选择需要视竞争对手的选择而调整,具有较强的动态性。竞争导向定价可分为随行就市定价法与产品差别定价法。①随行就市定价法。在竞争程度较高的市场结构下,任何一家企业都无法拥有绝对的定价权,且过于激进的价格(低价)策略又会引发行业的激烈反应,导致恶性的价格战。企业多倾向于作为价格接受者(Price-Taker),使同等级别商品的价格水平与其他企业保持一致,从而获得市场平均报酬水平。②产品差别定价法。企业通过不同的营销努力与品牌建设,降低消费者对商品与服务的价格敏感性,同时根据企业战略,采用低于或高于竞争者的价格,从而扩大市场份额或销售利润。产品差别定价法是一种进取型的定价方法,需要企业具备相应的竞争实力,并能够正确判断竞争者的行为。

根据零售业务的进销存过程,可将其成本与利润构成进行分解,如图10-3所示。零售成本可分为四个部分:①固定成本。与企业规模相适应的固定支出,是维持企业运营的基本保障。②可变成本——进货。与企业进货量相匹配的商品购进成本,包括合约谈判、商品检验、商品购买、进货流程等方面的费用支出。③可变成本——存货。购进商品存储与物流配送的成本,涉及仓库管理、运输管理、配送网络管理、自然损耗等。④可变成本——销货。销售商品过程中产生的各类成本,涉及门店管理、销售人员(包括稳定雇员与临时雇员)管理与激励、促销管理,以及各类辅助性业务的支出。在成本项以上是企业的利润空间,利润底线是企业经营的基本保障,利润顶线则受到市场竞争状况的影响。零售企业在实际定价过程中通常需要将成本导向定价与竞争导向定价结合起来。企业首先需要对各类成本项进行核算,并与自身的利润底线结合起来,该过程具有成本导向的特征。同时,企业还需要时刻关注竞争对手及市场行情,合理扩展或压缩利润水平,体现竞争导向的思路。

(二)定价策略

零售企业的定价管理主要在于对利润水平的调整,常见的价格策略包括以下几种。

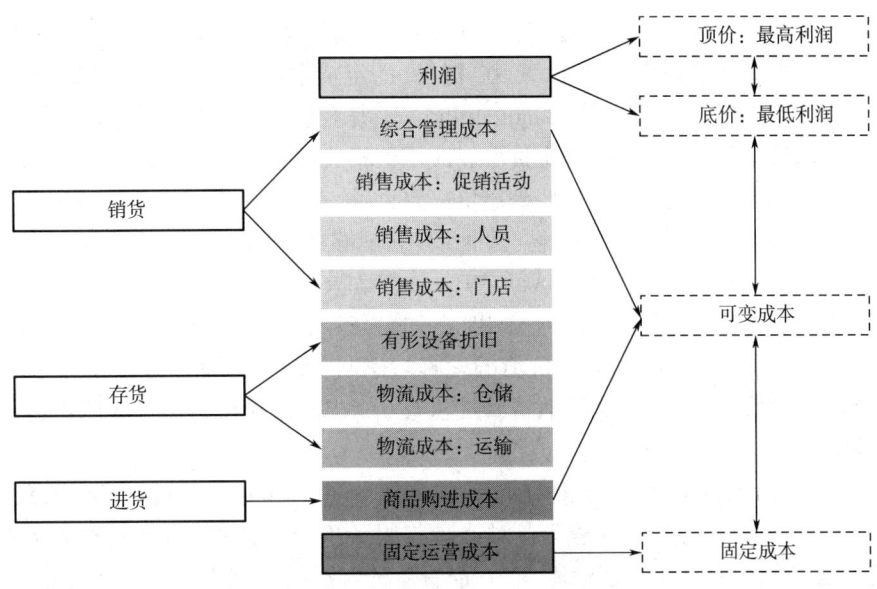

图 10-3 零售经营成本构成

1. 渗透定价策略。渗透定价(Penetration Pricing)是以一个较低的价格水平进入市场,目的是在短期内加速市场扩张,牺牲部分毛利以期获得较高的销售量及市场占有率,进而产生显著的成本经济效益,为长期经营奠定良好的市场基础。渗透定价策略多用于产品或业务进入市场的初期尽可能吸引大量的消费者,同时渗透价格的高低与产品周期密切相关。渗透定价一般应用于不同渠道的市场进入阶段。

2. 撇脂定价策略。撇脂定价(Skimming Pricing)是以较高的价格水平获取高利润回报,从而快速收回投资的定价策略。撇脂定价需要具备一定的条件,如应用于价格弹性较小的市场,面对价格敏感性不高的消费群体,产品或服务本身具有显著的竞争优势(短期内独有或难以模仿)。撇脂定价策略一般应用于专卖店渠道内的名牌商品或技术性较强的商品,且多为阶段性使用,当市场上类似商品与服务增加后,需要对价格进行相应的调整。

以顾客为中心的定价策略

3. 高价策略。高价策略(Premium Pricing)是以较高的利润水平制定零售价格,从而获得高于行业平均水平回报的定价策略。与撇脂定价策略不同,高价策略是一种相对稳定、长期的价格策略,不会因竞争对手的变化而轻易调整。高价策略的心理优势在于其高价位使消费者形成的"优质"印象,进而改变消费者的价格敏感性,并锁定消费者的重复购买率。使用高价策略,企业需要具备极强的品牌与品质优势,并且能够为消费者带来商品功能以外的效益,如体验感或炫耀感。高价策略一般应用于高端渠道的奢侈品与手工商品等。

4. 竞争性定价策略。竞争性定价(Competitive Pricing)是以仿效为主要手段,根据行业平均水平(或主要竞争对手)确定商品的价格,它是一种参照定价方法。竞争性定价多用于发展成熟的市场领域,已经存在众多类似的竞争者,企业使用参照方式便可以获得市场均衡价格。此外,竞争性定价也可应用于对竞争对手信息的了解相对匮乏的情况,难以预测竞争者的市场反应,使用"稳妥"的定价策略有利于维持现状。

5. 捆绑定价策略。捆绑定价(Bundling Pricing)是对组合销售的商品进行定价的方法,是一种微观的价格操作方式。捆绑定价可以应用于相关商品或无关商品,其中相关商品又可分为同质商品与互补商品。实施捆绑定价需要具备一定条件,如企业有较强的市场控制力,组合中的某件商品有明显的差异性,且捆绑销售能够给企业带来切实的业绩提升。

6. 价值定价策略。价值定价(Value Pricing)是指尽量让产品的价格反映产品的实际价值,以合理的定价提供合适的质量和良好的服务组合,这种方法兴起于20世纪90年代,是一种价格营销策略。对于价值的理解与挖掘,既来自商品,也来自相关的服务。沃尔玛的"天天低价"策略能够给消费者提供性价比较高的商品,并且保证自身的盈利水平,是使用价值定价策略的成功典范。

7. 认知价值定价策略。认知价值定价(Perceived-Value Pricing)也称为感受价值定价,或理解价值定价,是根据消费者对产品与服务价值的认识、感受或理解水平进行定价的方法。使用此方法的定价者认为,消费者的购买决策基于其对同类商品的了解、市场行情的判断,以及以往购物的综合经验。当某商品的价格水平与其主观理解的价值含量相一致时,便存在购买的可能性。使用认知价值定价的关键在于获取消费者的主观判断,可以使用直接评议法、抽样评议法、市场实验法等方式获得。

零售定价在应用中需要结合商品特征与渠道服务,选择适宜的策略或策略组合,使用中须具有极强的灵活性。商品特征与渠道服务的交叉组合如表10-1所示。

表10-1 零售定价策略组合

组合	渠道服务高	渠道服务中	渠道服务低
商品质量高	高价策略或撇脂定价策略。保障商品品质及高质量的服务过程。例如,奢侈品牌专卖店	认知价值定价策略。维持较好的性价比,服务内容适中。例如,品牌专卖店	认知价值定价策略或价值定价策略。以基本服务内容向顾客销售高品质商品。例如,高端仓储会员店(Costco)
商品质量中	撇脂定价策略或竞争性定价策略。注重体现服务的价值增值。例如,主题店与体验店	竞争性定价策略或渗透定价策略。维持适中的性价比。例如,各类专业店	竞争性定价策略或渗透定价策略。强调商品的高性价比。例如,各型超市
商品质量低	认知价值定价策略或捆绑定价策略。关注细分市场,将商品与服务结合在一起,强调服务内容与流程。例如,提供定制与现场服务的(非品牌)零售店	渗透定价策略或价值定价策略。提供性价比适中,但价位较低的商品。例如,杂货店	渗透定价策略或价值定价策略。关注基本的商品销售功能,满足低价市场需求。例如,折扣店

零售定价瀑布模型(Pricing Water-Fall)是一种较为实用的定价分析与营销工具,企业可以在列表价格的基础上逐项添加折扣与优惠,达到目标价格,并使消费者看到价格出现"实质性"的降低,从而帮助其做出购买决策。定价瀑布模型的概念模式如图10-4所示。零售企业可以根据不同的销售预期或市场行情,将价格定位在不同的阶梯上,越靠近瀑布下端的折扣,其使用条件越发苛刻,使用频率也相对较低。根据美国市场近些年的抽样调查研究,大部分商品的零售目标价格是列表价格的80%,而实际成交价格则为列表价格的70%左右,即在可接受价格线的上下浮动,其中大部分企业在可接受价格线上仍可获得一定的利润,统计结果如图10-5所示。

零售价格歧视策略

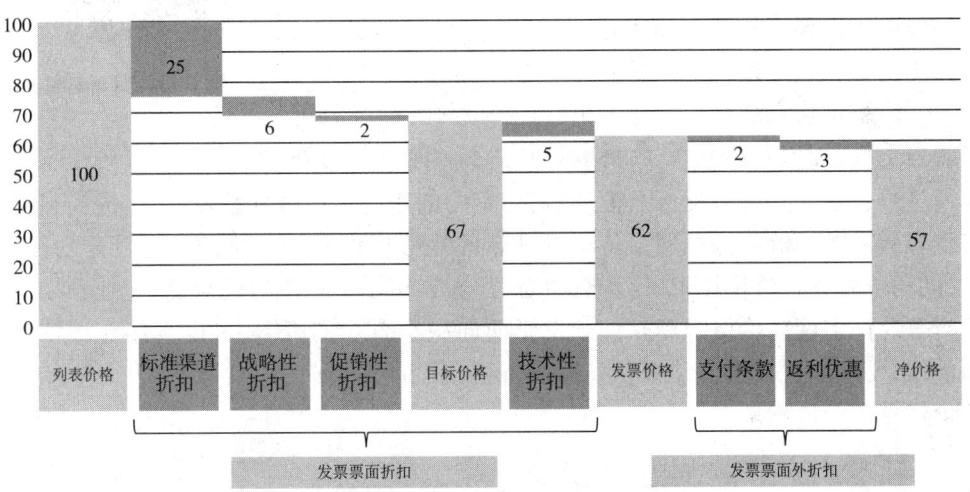

图10-4 零售定价瀑布模型

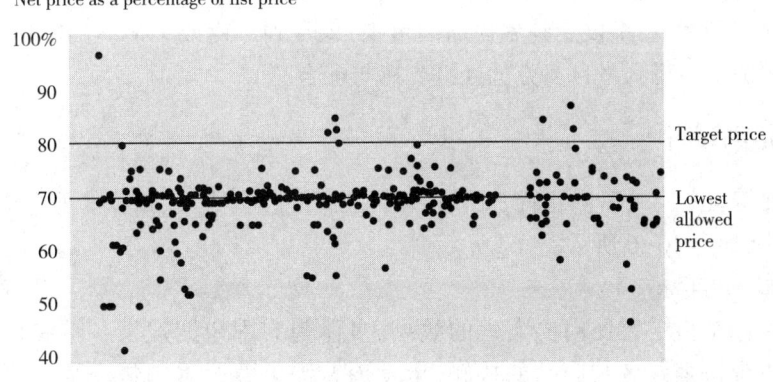

图10-5 价格瀑布的统计结果

零售定价技术的演进阶段包括:①手动价格计算,是较为原始的定价技术,需要人工对各类成本以及利润进行核算,对于部分变量指标还需要进行估算,整体效率较低且缺乏准确性。除一些个人经营的(小型)零售店外,在现代零售管理中已无人使用。②电子表格辅助价格计算。使用 Excel 之类的电子表格工具进行宏编辑,对大量数据进行批处理计算。此方法计算效率较高,但前期的数据准备工作仍需要依赖人工完成,包括对数据的采集与筛选、对数据格式进行统一、导入电子表格等。③单机价格管理软件。可以进行基于企业内部数据的价格管理与运算,具备综合管理(多个功能模块)能力,并包含多种定价运算模型。此类软件一般由用户界面与数据库组成,经长期使用可以积累起较为丰富的数据,对于企业价格管理的支援能力不断增强。④网络价格管理软件,是一种基于互联网的开放式价格管理系统,能够从网络平台获取数据资源,将企业内外部信息整合在一起进行分析及模型运算,定价的实时性与准确性较高,已成为当前价格管理软件的主流趋势。网络价格管理软件能够提供基于价格的综合管理功能,例如,同竞争者进行价格比较,市场竞争态势分析,市场价格走势的预测,企业预期利润分析等。许多网络价格管理软件开发了面向中小企业的版本,可以直接在浏览器界面使用,无须添置昂贵的计算与存储设备,而且可以根据使用量计费,显著降低了企业价格管理的成本。

BestBuy 价格瀑布模型的应用

零售价格管理软件

第二节 零售促销管理

零售促销(Promotion)是指零售商为实现某种业绩目标,通过告知、提醒、劝说等一系列方式提升目标顾客的购买率。零售促销被认为是商品促销的最后一个环节,也是效果较为显著的环节,不仅受到零售商的重视,也受到厂商或渠道商的关注。因此,许多零售促销活动会得到来自多方的经济支持与配合。

一、零售促销设计

零售促销有一定的时限,每次促销活动的目标、主题、方案、预算等内容均需要精心设计,其框架如图 10-6 所示。

(一)促销目标

促销目标是指零售促销要实现的效果,多体现为中短期效果。零售企业通过促销活动可以促进消费者与商品的接触,激发消费需求并改善销售业绩。促销目标可分为具体的、可量化的目标,以及相对抽象、难以量化的目标。常见的促销目标包括扩大销售额、吸引新客户、巩固老客户、树立企业形象、提升知名度、应对市场竞

图 10-6　零售促销总体设计

争等。

(二) 促销主题

促销活动需要一个明确的主题,这是整个促销活动的核心以及促销成败的关键。好的促销主题具备极强的说服力和吸引力,借助传播性与识别性有效连接消费者,并在一定程度上规避价格战。促销主题的选择应当从目标顾客的角度出发,挖掘富有冲击力的促销活动主题,并以此作为整个推广活动的核心,整合各种促销要素,在终端与顾客形成互动的氛围,最大限度拉近顾客与产品的心理距离,推动销售业绩的增长。

(三)促销方案

促销方案涉及促销的各项具体内容,包括促销目标群体的选择,即是否有明确的促销群体。促销活动的整体安排涉及促销的时间、地点与流程设计。促销商品的选择与准备涉及折扣商品与非销售商品(赠品)的搭配与组合。媒介工具的综合使用涉及现场宣传与非现场宣传两个部分。

(四)促销预算

促销预算与促销的规模、范围成正比,涉及商品的折让预算,以及各类宣传与人员方面的成本。

二、零售促销策略

零售促销策略在模式上可分为两大类:①"推"式促销。即采取直接方式,综合运用推销手段,把产品推向销售渠道终端。该方式常见的作用过程是,企业的推销员把产品或劳务推荐给批发商,再由批发商推荐给零售商,最后由零售商推荐给最终消费者。该策略适用于以下几种情况:企业经营规模小,或无足够资金用以执行完善的广告计划;市场较为集中,分销渠道短,销售队伍大;商品具有很高的单位价值,或为定制化商品;商品技术含量高,其使用、维修、保养方法需要进行详细说明与示范。②"拉"式促销。采取间接方式,通过广告和公共宣传等措施吸引最终消费者,使消费者对企业的商品产生兴趣,从而引发需求并主动购买商品。该方式的作用过程与"推"式促销相反,体现为下游需求向上游的传递。该策略适用情况有:市场范围广大,且类型较多的商品;信息简单且能够快速传递至消费者的商品;有一定销售基础且重复购买频率较高的商品;有充足的资金用于广告投放的商品。

(一)折扣促销策略

折扣促销是最基础、最常见的促销策略。由于价格是消费者最敏感的信号,价格折扣带来的促销效果非常明显。常见的折扣促销形式包括:①数量折扣。根据消费者的购买量给予一定幅度的价格优惠,优惠幅度同购买量成正比。②支付折扣。根据消费支付方式给予折扣,如现金支付优惠、刷卡支付优惠等。③季节折扣。根据不同的销售季节,对不同商品设定反周期折扣,达到减库存或清仓效果。④交易折扣。根据不同的交易方式给予折扣优惠,如预定商品通常比购买现货便宜。⑤身份折扣。根据消费者身份特征给予折扣,如年龄段差异(儿童优惠)、性别差异(女士优惠)、职业差异(军人优惠)等。⑥随机折扣。采取随机方式确定优惠对象及折扣比例,如根据结账时的小票序号、信用卡尾号等。

(二)赠送促销策略

赠送促销是免费为消费者提供商品或商品的试用,以带动商品销售的方式。赠送的主要形式包括:①无偿试用。主要通过免费样品发放的形式,将试用品(一般在规格与包装方面同正品存在差别)推送至消费群,使顾客了解商品特性。②无偿赠送。向消费群免费发放正式商品,以提升顾客对商品的认知与好感。③买赠形式。顾客购买某一产品即可获得一定数量的赠品,包括买 A 赠 A 与买 A 赠 B 两种类型。④免费抽奖。这是一种随机赠送的形式,有较好的娱乐性与参与性。

(三) 活动促销策略

活动促销是以各类公共活动吸引消费者注意并带动商品销售的方式。公共活动包括:①新闻发布会。利用媒体向目标顾客发布消息,告知商品信息,以吸引顾客积极消费的方式。②商品展示会。通过参加展销会、订货会,或企业自行召开产品演示会等方式来达到促销目的。当前,许多企业还可以借助网络平台进行商品展示。③制造事件。制造有传播价值的事件,使事件社会化、新闻化、热点化,并通过新闻炒作来达到促销目的。④娱乐与游戏。通过举办娱乐活动或游戏,以趣味性和娱乐性吸引顾客并达到促销的目的。

(四) 竞赛促销策略

竞赛促销是以竞赛模式带动消费者的参与度并达到促销效果的方式。竞赛促销包括:①征集竞赛。通过征集活动吸引消费者参与的一种促销方式,如征集商品名称、商标设计、广告语、吉祥物等。②竞猜比赛。通过举办某种主题的竞猜以吸引顾客参与的一种促销方式,如谜语竞猜、比赛结果竞猜等。③选拔竞赛。通过举办某种形式的比赛吸引爱

优惠券(Coupon)促销

好者参与,最后选拔出优胜者的促销方式。④印花积点竞赛。指定在某一时间内,目标顾客通过收集产品印花,在达到一定数量时可兑换赠品的促销方式,多用于高频消费领域。印花的形式包括商标、标贴、瓶盖、印券、票证、包装物等。

(五) 服务促销策略

服务促销是指为顾客提供某种优惠服务,便利顾客购买和消费的促销手段。除促销效果外,该策略还能够显著提升顾客满意度水平。服务促销包括:①销售服务。提供超过一般标准的售前咨询与售后服务。②承诺服务。对顾客给予一定的承诺,使顾客增加信任感,并协助降低顾客的消费风险水平。③定制服务。为顾客提供专项商品定制的服务,提升商品的差异化程度,改善顾客的消费体验。④培训服务。以消费附赠的形式,为客户免费提供产品使用知识与使用方法的服务。⑤金融服务。帮助顾客办理延期付款、分期付款,或金融信贷等方面的服务,支持顾客购买单价较高的商品。

零售促销策略的使用灵活多变,需要密切结合市场供需态势及消费者的选择偏好,对策略方法加以改进或创新。例如,某零售企业使用头脑风暴模式获得促销思维导图(如图10-7 所示),勾画出较为发散的促销灵感。

零售促销的实施涉及对商品管理业务、会计业务,以及税务的调整处理,常见促销活动的业务处理、会计处理与财务处理如表 10-2 所示。现代零售企业使用集成化的管理软件,里面多配备有促销管理模块,提供了多种标准化管理模板。

节假日零售促销活动

企业仅需要选择促销类别,并调整相应的参数(如价格折扣比例,或赠品金额与数量)即可快速完成后台业务。

零售学

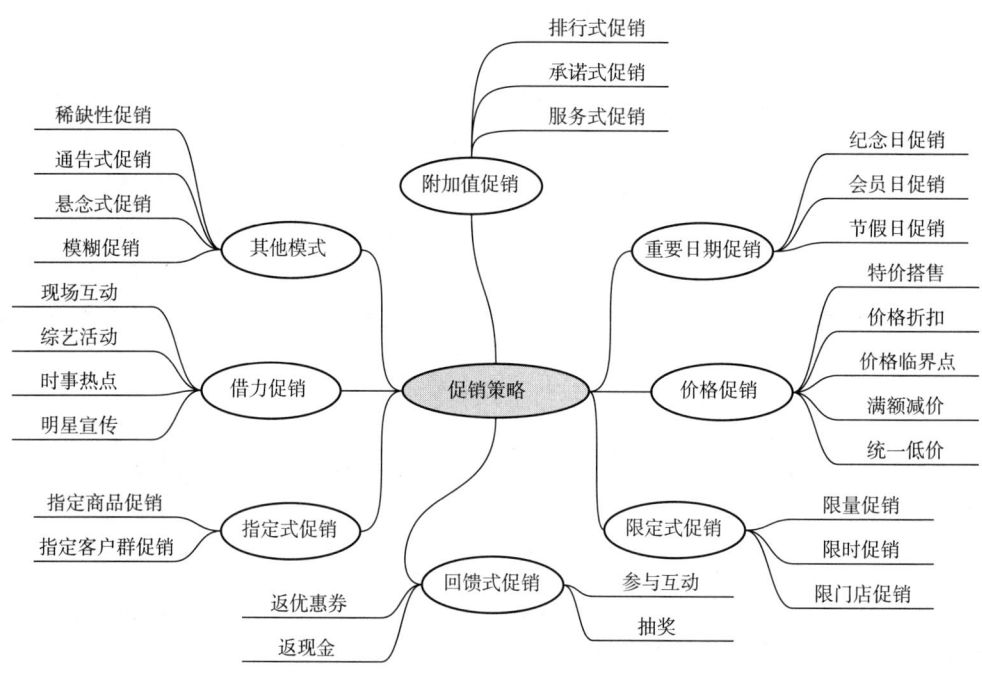

图 10-7 零售促销策略的思维发散

表 10-2 零售促销的相关业务处理

类别	业务处理	会计处理	税务处理
打折销售	在信息系统中，商品售价一般以合同约定的售价（折前标价）录入，在促销期间折扣销售，促销过后恢复原售价	根据折扣程度与一般商品的销售会计处理一致。"满减"方式按照类似原则处理	打折属于销售折扣。以折后价为增值税基。按折后价出具销售发票
买 A 送 A	将买 A 送 A 视为一个整体，属于捆绑销售，给予一个单独的商品编号（适用于长期的促销商品）。捆绑销售在信息系统中一般单独分配商品条码，直接将所捆绑商品作为不可分割的单位，录入业务系统。销售时单独统计其销售额	赠品的销售金额可以作为价格折扣在当期主营业务收入中抵减处理。将折扣额在主营业务收入科目下增设折扣与折让明细科目核算，同时，将赠品的成本与主产品一并结转	情况一：直接视同价格打折开具发票。情况二：将全部发出的产品（包括赠品）的数量与单价进行合计，并据此计算金额和税额

续表

类别	业务处理	会计处理	税务处理
买A送B	为简化信息系统和会计处理，一般按捆绑销售处理，单设条码，并作为一个基本单位录入存货系统	企业以赠送等方式组合销售商品，应将总的销售金额按各项商品公允价值的比例来分摊确认各项的销售收入	该种销售行为，按企业实际收到的货款申报纳税，同时应将销售货物和随同销售赠送的货物品名、数量以及按各项商品公允价值的比例分摊确认的价格和金额在同一张发票上注明
免费赠送	对于外购赠品，按照一般商品流程处理，并给以特殊编号。如该类赠品属于非外购，而是供应商或者生产厂家基于促销、返利等目的的赠品，供应链业务如何处理由企业决定	企业为促销目的无偿赠送的样品、试用装、礼品等，无须受赠方履行一定义务即可获赠，此时的赠品成本应确认为销售费用，不确认收入和结转成本	向不特定对象出于宣传目的随机发放的自产产品需要代扣代缴个税
满额送(返)现	在业务流程上，顾客先按标价购物并取得购物POS小票，再凭小票领取活动项目的现金。或者直接在POS系统中设置满额条件和打折条件	返送的现金应作为销售折扣处理，以不含折扣的净销售额为增值税基和开具发票的金额，或者将原价与返现额同时在发票上写明	按POS系统统计的销售额计入主营业务收入，实际送出的现金计入销售折扣与折让。对全部主营收入计提销项税后，再对销售折扣与折让计算销项税扣减主营销项税。即实际申报为按扣除"送"还款后的净销售额纳税
购物赠券	包括优惠券、返利券、现金券等多种形式，具有先行性和递延性的特点。在信息系统中，商品管理模式同一般商品近似	送赠券销售的实质是降价销售，在送赠券时，应将扣税后归属赠券的货款计入"递延收益"，待使用赠券消费时由"递延收益"转为收入	采取赠送购物券方式销售货物，所返购物券在购买商品时应在发票上注明商品名称、数量及金额，并标注"返券购买"，对价格超过购物券金额的部分，应计入销售收入申报缴纳增值税
奖励积分	企业在销售商品或者提供劳务的同时授予客户积分，客户在满足一定条件后将奖励积分兑换成企业或第三方提供的免费或者折扣后的商品或者服务。需要设定积分规则，并在信息系统中调整各类参数	在销售产品或提供劳务的同时，应当将销售取得的货款或应收货款在本次商品销售或劳务提供产生的收入与奖励积分的公允价值之间进行分配，将取得的货款或应收货款扣除奖励积分公允价值的部分确认为收入	对于主货物与积分赠品开在同一张发票的，或者分别开具发票的，应按发票注明的合计金额征收增值税。纳税义务发生时间均为收到货款的当天

续表

类别	业务处理	会计处理	税务处理
有奖销售	奖品类商品按照宣传活动的标准与流程处理,在系统中有特殊的编号标记	会计上对此类商品全额记为营业费用,属于企业经营与宣传的用途	对于抽奖赠送实物,如果不过POS机,则会计上在记录宣传费用的同时需要计提销项税

资料来源:根据财务管理资料及税收管理文件整理

第三节 零售传播管理

零售销售信息需要通过传播管理(Communication Management)投递至消费者,传播管理在现代零售营销活动中起着较为重要的作用。传播管理能够帮助零售企业建立起与消费者沟通的"管道",使双方借助"管道"进行信息的交互,使零售企业的商品、价格、地点、活动等信息被消费者获取。同时,也使零售企业及时掌握消费者的感知、需求、偏好、意向,便于及时调整策略并反馈至制造商。

一、零售传播渠道

(一)传播渠道概述

传播渠道(Communication Channel)是指各类能够实现信息传递的平台与载体。传播渠道的功能特征主要包括:①载体特征。信息传播需要切实的载体依附,大多是有形的物质存在,即使网络传播,也需要相关的硬件架构支持。②中介特征。传播渠道是沟通双方的桥梁,承担了信息接收、转换、发送、解读等一系列的功能。③还原特征。信息经过复杂的传播过程,需要保持极高的还原度,保证原始信息不丢失或扭曲。④扩散特征。传播活动需要使信息触及广泛的目标受众,具有明显的信息扩散效果。从传播渠道的技术特征看,可分为传统传播渠道与现代传播渠道。传统传播渠道主要指报纸、杂志、电视、广播等形式,现代传播渠道主要指基于通信技术与网络技术的各种信息传播形式。

1. 报纸。报纸是最传统的传播形式,有较高的权威性、新闻性及可信度,其发行量大且覆盖面广,受众类型众多。报纸发行速度快,有明显的时效性,信息密度较高。同时,报纸排版灵活、印刷简单,有明显的成本优势。报纸传播的缺点在于,对受众目标的定位很难控制,且单张报纸的传播寿命极短,传播延续性较差。同其他传播形式相比,其制作精良程度不足,对受众的吸引力相对较低。一些传统零售商仍然会选择性地使用报纸传播,主要集中在百货业态领域。

2. 杂志。杂志的平面设计较为精美,图文并茂,专业性较强,面向的读者群较为明确。杂志的受众多具有某些近似的特征,便于传播定位的管理,且具备一定的传播延续性。杂志传播的缺点在于,制作与发行过程较长,时效性不高,灵活性较低。其专业性程度限制了传播覆盖面,扩散程度较低。同时,杂志传播的综合使用成本较高。许多品牌专卖店倾向于使用内容相关的杂志进行信息传播。

3. 广播。广播以声音形式进行信息传播,其特点是制作流程简洁,成本相对低廉,传播时效性较好,且受众广泛。广播传播的缺点在于,难以全面地展示营销信息(如商品的形态、颜色等),缺乏直观性;信息消逝速度快,传播延续性较差;难以精确识别受众,传播的选择性较低。美国许多折扣型零售商倾向于使用广播进行营销,如连锁型折扣店与奥特莱斯等。

4. 电视。电视传播的内容形式丰富,兼具娱乐性,公众接触率高且覆盖面广。电视传播可以全方位展示商品或服务的信息,有较好的感染力与说服力。电视传播的缺点在于,播出成本极高,中小企业难以长期持续使用,没有较好的受众选择性。由于电视传播的综合效果较好,大部分零售商及绝大部分商品制造商仍然喜欢使用此种传播形式。

5. 通信与网络。通信与网络的相关技术发展迅速,并且应用的领域不断扩展,信息传播的能力与速度获得了极大的提升。尤其是网络传播以其交互性、持久性、多元性及密集性的特点实现了许多传统传播形式无法达到的效果。当前,通信与网络传播出现整合化的趋势,通过固定网络与移动网络获取信息更为便捷,且成本更为低廉,越来越受到大众的青睐。零售商与制造商可以使用各类通信与网络平台发布信息,既可通过中介也可直接与目标受众沟通。同时,随着智能移动设备与新媒体的出现,信息传播的形式不断丰富,传播效率显著提升。零售企业通过网络进行营销的模式分类如表10-3 所示。在线零售商大多很好地把握了这一趋势,许多传统零售商也在不断尝试新的传播方式。如梅西百货、沃尔玛、希尔斯等零售商,均设置了自己的主页,并不断扩充在各类新媒体中的传播内容。

表 10-3　网络营销分类

	类型	终端		说　　明
		PC 端	移动端	
网络营销	网站 (静态信息)	Web 页面	Web 页面 应用 App	企业形象宣传平台,包括公司简介、公司产品与服务、企业文化、企业荣誉等
	广告 (静态+动态)	Web 页面 小窗口	Web 页面 应用 App	对于特定商品与服务的宣传,包括商品名称、功能、特性、使用方法等
	促销 (静态+动态+推送)	Web 页面 客户端	Web 页面 应用 App	对于特定或全部商品的促销宣传,包括促销活动信息发布,促销活动邀请,优惠券(代码)发送等
	信息互动 (互动信息)	客户端	应用 App	以双向互动方式使消费者参与的营销活动,包括实时互动与滞后互动等类型

(二) 零售营销传播

零售营销传播在应用中需要综合使用各类信息传播形式，根据不同的传播需求进行筛选与组合。零售营销传播基于其目的属性可分为六大类，分别是广告类传播、促销活动类传播、公共关系类传播、事件类传播、信息互动类传播、直接沟通类传播，具体内容详见表10-4。

表10-4 零售营销传播分类

	类别	特征	示例
1	广告类	典型的单向信息传播模式，属于广泛传播，缺少对客户群的精准定位能力，且传播内容较为固化，缺乏弹性	印刷广告、广播广告、电视广告、外包装信息、内包装信息、宣传册、商品目录、展板（台）、显示屏、现场符号（标识）等
2	促销活动类	突出重点的信息传播模式，具有一定的互动性，短期效果明显	竞赛、现场游戏、抽奖、赠品、展销、现场（或电视、网络）演示、低息信贷消费（促销）、系列节目等
3	公共关系类	外延较为泛化的信息传播模式，兼具单向传播与互动传播的特征，见效的时间周期相对较长	公共印刷品（书籍）、公司（内部）印刷品、演讲、论坛、年度报告（如财务信息公开）、专题报告（如企业社会责任）、企业开放日、慈善活动、社区服务等
4	事件类	通过公共聚焦点的轰动效应与连带效应，实现信息传播的效果，以单向传播为主。使用中需要避免传播信息被公共事件弱化或覆盖	体育赛事、娱乐演出、名人演讲、大型节庆活动、艺术展览、主题游行宣传等
5	信息互动类	典型的信息互动传播模式，能够精准定位目标客户群（个体），并使其有较高的参与度。借助互动传播模式，能够实现多层次的信息传播效果	（传统）邮件沟通、电话沟通、电视销售、网页互动、电子邮件、语音信箱、信息留言板、博客信息、社交软件讨论等
6	直接沟通类	具有极强亲和力的信息互动传播模式，现场感能够使传播活动获得其他模式难以达到的效果。但此方式进行广泛传播的效率较低	（一对一、一对多）面对面交流、（现场）聊天室、专题讨论组等

社会化媒体营销（Social Media Marketing）也称为社交媒体营销或社会化营销，是利用社会化网络媒体（如在线社区、社交软件、博客、百科或者其他互联网协作平台）来进行传播、营销、公关、客户维护的方式。社会化媒体营销主要依托各类网络平台，业务的开展需要有社交思维而不是传统的思维模式。社会化媒体营销的特点包括：①传播的内容量大且形式多样。②传播的综合成本较低。③强调传播的内容性、互动性与技巧性。④便于对传播过程进行实时的监测、分析、管理与总结。⑤需要根据市场与消费者

的反馈及时调整策略与细节。社会化媒体营销的运作重点在于,增加企业信息的网络曝光量,提升相关搜索的排名,提升注册用户数量与站点流量,提高目标群体的交互参与度,促进具体业务的成交率,并不断扩充业务合作伙伴的数量。社会化媒体营销应注意的问题包括,避免过度的推送与推销,避免过度强调公众不感兴趣的主题,避免通过评论与转载等方式自我夸大,避免侵犯他人的知识产权。回顾社交媒体在我国的发展历程,其关键节点如下:2001年博客,2003年网络留言帖,2005年点评与评分类应用,2006年个人短视频,2008年微博,2011年社交App,2012年社交与公众平台,2013年各类直播。

网络社交传播媒介

(三) 整合营销传播

整合营销传播(IMC:Integrated Marketing Communication)是企业传播管理的高级阶段,其内涵是将与企业市场营销有关的一切传播活动进行一元化整合。一方面把广告、促销、公关、新闻传媒等一切传播活动都涵盖到营销活动的范围之内,另一方面则使企业能够将统一的传播资讯传达给消费者。IMC的核心是以顾客需要为价值取向,确定企业统一的营销策略,协调使用各种不同的传播手段,发挥不同传播工具的优势,从而使企业实现营销宣传的低成本化,并以高强度方式将信息推向目标受众,实现明确的、一致的、最大的传播影响力。IMC在应用中需要做到全方位的整合:①认知的整合。要求企业各层级的营销人员及相关管理人员认识并了解整合营销传播的重要性与业务内涵。②形象的整合。信息与媒体的整合,即各类信息符号与要素设计与投放层面需要保持一致。③功能的整合。不同功能的营销传播方案需要服务于统一的营销目标,各功能之间应相互匹配。④协调的整合。确保各类传播业务活动的协调,主要是人际营销传播与非人际形式营销传播的高度一致。⑤基于消费者的整合。营销传播策略必须紧密围绕消费者进行设计与实施,注重传播信息的完整性与表达方式的多样性。⑥基于风险共担的整合。有风险共担关系的主体都可以参与营销传播活动,如供应商与服务提供商等。⑦关系管理的整合。以关系管理视角,连通企业内外的相关单位或业务单元,充分调动可用的传播资源,使营销传播实现全方位的协调与整合。

二、零售广告设计

零售广告(零售商业主广告)是指零售商以付费的、非人员的方式,向最终消费者提供关于商店、商品、服务、观念等信息,以影响消费者对商店的态度和偏好,直接或间接地引起销售增长的沟通传达方式。

(一) 零售广告的类型

零售广告可分为声誉广告与商品广告两种类型:

1. 声誉广告。其是指零售商对本企业的宣传性广告,用于展示企业形象,显示企业的竞争优势,树立企业在消费者心目中的地位。此类广告并不特别强调某一类商品的信息,而是注重对消费者的潜在影响,多服务于零售企业的长期发展。零售商使用声誉广告时多借助传播范围广泛的媒体,如电视、广播、印刷品以及网络等。

2. 商品广告。其是指零售商对某些特定商品进行宣传的广告,多用于短期的商品促销,以提高商品周转率或降低库存。此类广告的目的性较强,有相对鲜明的主题,如强调商品的功能、质量、价格、相关服务等信息。需要指出的是,零售商推出的商品广告占比相对较低,大部分商品广告费用由制造商承担。零售广告的特点包括:①综合利用大众化媒体,注重传播的广度而非深度,最大限度地扩大受众的基数。②零售商需要对传播内容进行筛选,避免信息过于繁杂带来的传播效果削减。③零售商广告的市场效果反馈相对迟缓,需要较长时间的培育与积累。④传统广告整体投入费用较高,中小零售商难以承担长期的广告活动,可以借助网络与新媒体平台实现低成本的传播。

从使用频率看,电视广告仍然是大部分零售商的主要选择,尤其对于大型(连锁)零售商,使用电视广告能够获得较大的传播面积,使各门店共享广告带来的效益。许多知名零售商都有使用电视广告的传统,并且不断演化出不同的广告分类与主题,如表10-5所示。不同业态的零售商使用电视广告的策略有所差别。连锁超市一般倾向于持续的信息传递与综合的沟通。例如,沃尔玛在北美地区家喻户晓,其电视广告的整体设计风格不再需要过多宣传企业与门店的信息,而是以某项情感主题与消费者沟通,如热心公益或老年人关爱等。百货店与购物中心倾向于对销售活动的重点宣传。例如,梅西百货经常在临近圣诞季推出主题宣传广告,突出节庆氛围与折扣信息。奥特莱斯由于地域性较强,多倾向于使用分区广告。例如,美国许多奥特莱斯都以州为单位制作广告片,主要宣传品牌与对应的折扣信息。

沃尔玛推出的奥利奥广告

表10-5 典型零售商电视广告分类与诉求

零售商	广告类型	信息导向	诉求点
Target	一般广告	综合商品	品质与价格
	专题广告	服装品类	色彩与青年消费群体
		玩具品类	童趣与系列冒险故事
沃尔玛	一般广告	综合商品	价格节省与生活改善
	专题广告	综合商品	价格节省与老年人关爱
		儿童商品	开学季与价格节省
(连锁)奥特莱斯	一般广告	综合商品	品牌种类与时尚
	分地区广告	东部地区(州)	品牌种类与折扣程度
		中部地区(州)	品牌种类与折扣程度
		西部地区(州)	品牌种类与折扣程度

续表

零售商	广告类型	信息导向	诉求点
Meijer	一般广告	综合商品	便利与价格节省
	专题广告	综合商品	对普通劳动者的关注
		生鲜食品	服务质量
购物中心	一般广告	综合商品与服务	消费与生活体验
	专题广告	综合商品	商品质量
梅西百货	一般广告	综合商品	品牌与购物环境
	专题广告	综合商品	季节宣传(如圣诞季)
		部分商品	品牌与折扣
玩具反斗城	一般广告	综合(玩具)商品	丰富程度与价格
	专题广告	特定(玩具)商品	主题与价格

(二)零售广告的使用

零售广告的使用原则包括:①可行性原则。广告策划应从实际出发,慎重考虑主客观环境条件的限制,比如广告预算、媒体类型、广告制作水平等因素。广告设计与实施要建立在可靠的物质基础之上。②统一性原则。广告策略隶属于企业整体营销策略,制定广告策略时必须要考虑与市场营销各方面因素的协调,尽可能使策略方向统一、主次分明、突出重点。③具体性原则。广告策略的实施要具体化、数量化,如市场覆盖面、市场占有率、广告投资额、利润比率等,从而使广告管理活动更加精准有效。④集中性原则。广告策略不宜过于分散,需要集中优势资源,优先满足企业最紧迫的营销任务。⑤社会责任原则。广告策略的实施需要符合企业社会责任和义务,在实现经济目标的同时兼顾社会效益。

零售企业广告策略的层级可分为:①商品推广层级。旨在扩大商品的影响,希望通过一个阶段的广告活动使(企业所经营的)商品为目标市场的消费者接受,多用于新品或重点商品的推介。该阶段通常会伴随商品制造商的营销宣传,以及商品认知度的普遍提升。②销售增长层级。旨在促进

零售商 DM 广告

企业全部或部分门店销售额的增加,重在对零售门店及相关优惠活动的宣传,短期效应相对明显。③市场扩展层级。旨在扩大企业的市场占有率,或开拓新的区域市场,注重对潜在消费群体的挖掘,并尝试改变其消费偏好,广告策略具有较强的竞争性和战略性。④企业形象层级。旨在树立企业形象,扩大企业影响范围,进一步深化企业的知名度和美誉度。广告策略侧重与消费者之间的信息与情感沟通,使企业摆脱单纯的商业特质,维持良好的企业公众形象。当前,国外许多发展成熟的零售商在广告策略选择中通常以企业形象层级为主导,销售

增长层级与市场扩展层级广告仅作为补充。

零售广告的设计需要综合考虑多方面的因素。企业(或专业广告设计公司)需要了解消费者群体的特征、分类与偏好,本企业的业态类型,在市场中的竞争优劣势等因素,并据此设定广告的目标,设计广告的内容,选择广告的形式以及具体的广告传播要素。在广告实施过程中,还应分析其传播与销售的效果,以及相关的反馈与评价,并对广告设计进行修正。其关联关系如图10-8所示。

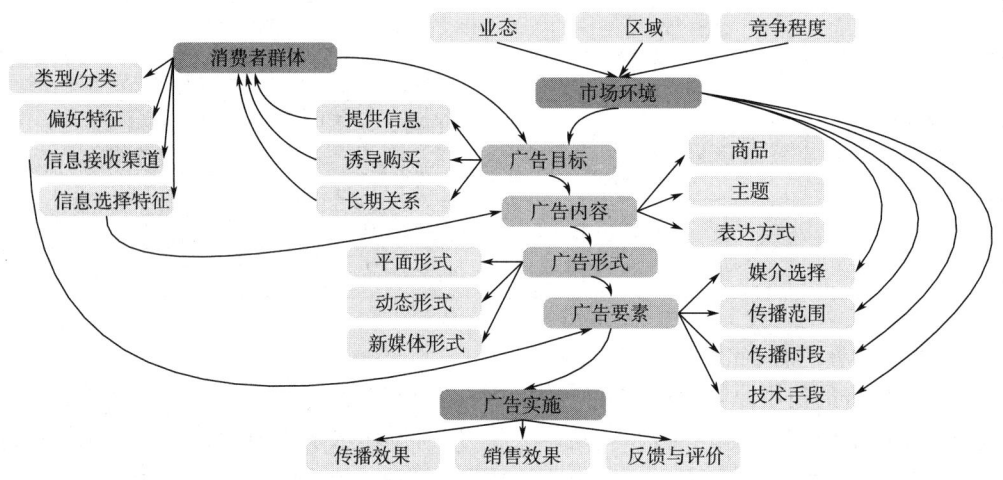

图 10-8 零售广告设计关联

(三) POP 广告

POP(Point of Purchase)广告也称为购买点(或销售点)广告,是指在商业空间与零售场所内部及周边设置的各类广告宣传。广义的POP广告形式多样,包括条幅、装饰、陈设、招贴、电子信息牌、店内刊物、服务指示,以及广播、录像、现场的广告表演等。POP广告是起源于美国超市的店头广告,1939年,美国POP广告协会成立,POP的概念正式确立。20世纪60年代后,随着美国零售企业的国际化,POP模式逐渐扩展至其他国家。POP广告的类型包括:①店面POP,包括招牌、橱窗、标识物等,常以商品实物或象征物传达零售店的特征以及季节感等。②地面POP,合理利用顾客店内浏览的平视与俯视视觉焦点,以平面方式进行广告信息展示。③壁面POP,利用墙壁、玻璃门窗、柜台等可应用的立面粘贴商品海报、招贴传单等,重视装饰效果与气氛渲染。④悬挂POP,以垂吊方式展示的商品标志旗、服务承诺语、吉祥物、吊旗等,覆盖顾客仰视视觉区域。⑤货架POP,利用商品货架的有效空隙,设置小巧的价目卡、商品宣传册、信息传单等,覆盖顾客近距离阅读区域。⑥指示POP,含有引发注意、指示方向、诱导等含义的视觉传达要素,多用于通道以及不同商品区域的衔接处。⑦视听POP,以音频、视频等方式展示立体性的信息,涉及商品广告、店面形象广告、本店商品介绍等。

根据实践效果,POP广告能够激发顾客的购买冲动,增加随机消费金额。据估算,POP广告引致的消费占比能够达到门店全部消费的30%~50%。POP广告效果的三个阶段包括：①诱客进店。POP 广告可以突出门店特征，强化销售与促销信息，增加客流进店的比例。许多零售门店的户外 POP 习惯使用"商品+折扣"的简洁模式，通常能够取得很好的效果。②关注商品。店内 POP 广告分布于展台与货架，用于营造消费氛围并捕捉消费者的兴趣点。店内 POP 通常可以与试用、品尝、互动等内容结合起来以达到更好的效果。③刺激购买。店内 POP 广告可以附加诸多优惠信息，以达到激励消费者最终购买的效果。因此，POP 广告也被认为是大众传播广告的终点站。POP 广告的设计特征与效果如图 10-9 所示。

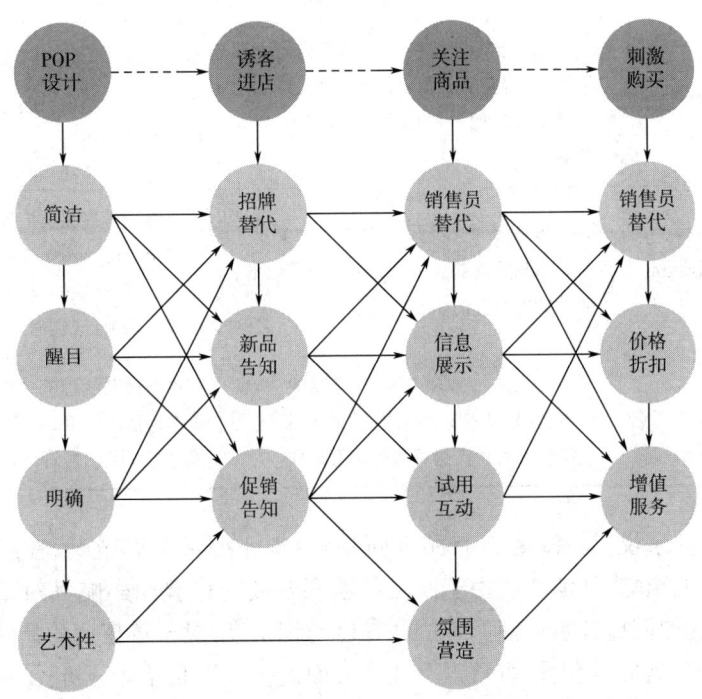

图 10-9　零售 POP 广告设计特征与效果

为适应现代消费者的特征，POP 广告也在不断革新，新的趋势体现在：①综合使用新技术。POP 广告的制作尝试使用新材质与新工艺，并与声、光、电、自动控制等技术结合起来，达到立体的宣传效果。②广泛借助新媒介。POP 广告借助门店提供的 WIFI 信号识别与手机 App，向消费者定向发布广告信息，使广告的实施更为可控。③POP 广告系列化。传统 POP 广告的使用较为零散，缺乏宣传的"合力"效果，因此，许多零售商尝试开发系列化的 POP 广告，明确宣传的主题与目标。

三、零售商品牌建设

品牌是一项重要的无形资产，能够为企业的发展提供凝聚力与扩散力，并带来收益的增值，现代零售商大多重视对企业品牌的建设。品牌建设涉及对品牌进行规划、设计、宣传、管理等各类经营行为。零售商品牌管理整体可分为四个阶段，包括品牌识别、品牌优选、品牌延伸与品牌资产管理,在零售领域的内容与表现如表10-6所示。

表 10-6 零售商品牌建设与管理阶段划分

阶段	主题	内容	具体表现
一	品牌识别	打造品牌外化形象,塑造差异化、易知感、清晰度,提升识别度(包括基本识别与扩展识别),并通过综合方式向消费者传递品牌核心理念与价值	零售商进行企业标识与品牌建设,并借助传媒实现品牌沟通效果。绝大部分零售商在经营中都已采取此种策略
二	品牌优选	涉及企业品牌战略与品牌架构的合理规划,协调子品牌之间的关系,并强化品牌价值的基础能力(包括软硬件方面)	零售商进行多业态扩张,并使用相同或近似的品牌标识,如利用同一品牌经营超市与便利店
三	品牌延伸	优势品牌的选项,可以使企业相关业务共享品牌优势,并据此获得溢价收益,并助力企业的多元化发展	零售商进行多元化扩张,包括纵向与横向两个维度。例如,零售商进行自有品牌商品开发(纵向),以及经营餐饮、电影等娱乐项目(横向)
四	品牌资产管理	基于强势品牌的知名度、忠诚度、联想度,积累品牌资产优势,并在此基础上围绕品牌资产进行投融资等运作	零售商借助品牌资产能力进行综合的资本运营与管理,如零售商借债、上市或进行多元的投资

对于零售商来说,品牌(除自有品牌商品外)属于服务品牌范畴,在经营中容易受到制造商品牌的影响,如消费者由于商品的购买与使用体验而影响其对于零售商品牌的认知。因此,如何提升零售商品牌的认知度与识别度,对于零售商的品牌建设至关重要。从品牌认知测量角度看,可从以下几个方面进行零售商品牌分析:①消费者基本品牌认知。消费者在无信息提示情况下能否优先想到本零售商,并区别零售商服务、零售商自有品牌以及所销售商品品牌。②品牌在消费者心目中的地位。消费者对零售商各类服务的综合评价,涉及本品牌与相关(竞争)零售商品牌的优劣势比较及差异的大小。③消费者对品牌的价值判断。对品牌价值高低的主观认知,主要基于零售商的规模、经营商品的质量、零售服务水平、商业诚信等级。④消费者的购物经验。消费者以往到店及消费额度,对应的消费满意程度,以及不满的主要来源及影响程度。⑤消费者行为表现。消费者实际的到店频率、单次消费额度、主要选择倾向,以及购买转移(到其他零售商购买)的比率。⑥消费者的口碑宣传。消费者对本零售商的推崇意向,以及是否会向熟悉的群体进行推荐。

下面分别从零售商品牌强度、零售商品牌能力、品牌价值这三个方面加以介绍。

零售商品牌强度表现为消费者对于零售商的选择偏好程度,是消费者对零售商服务行为、商品品质、价值内涵综合认知的体现。具有优势的零售商品牌强度可以使消费者降低风险知觉能力,提升消费的黏性。零售商品牌强度可划分为市场性质、稳定性、品牌所处地位、品牌趋势、品牌支持、销售范围、品牌保护七个影响指标,详见表10-7。

表10-7 零售商品牌强度影响指标

	类别	影响比例	描述
1	市场性质	10%	较为成熟的商品市场或业态类型通常较有优势。例如,销售大众化商品比销售特色小众商品得分要高
2	稳定性	15%	较早进入市场的零售商得分较高。例如,在百货业态领域,梅西百货要明显优于其他百货零售商
3	品牌所处地位	25%	品牌竞争处于领导地位则优势明显。例如,在综合超市竞争中,沃尔玛优势显著
4	品牌趋势	10%	品牌定位与发展是否符合消费者需求的变化。例如,在线零售商亚马逊(Amazon.com)在最近20年的发展中,更适合现代消费群体对价格以及便利性方面的要求
5	品牌支持	10%	获得持续投资和重点支持的品牌通常更具有竞争力。例如,许多新兴业态在融资方面优势显著,品牌成长能力较强
6	销售范围	25%	销售(业务)范围越广,相应得分越高。例如,连锁型、多元化零售商此项能力大多较强
7	品牌保护	5%	获得注册商标,享有商标专用权,从而受到商标法保护的品牌较具优势

零售商品牌建设需要围绕基础能力体系展开。零售商品牌能力体系主要包括六个部分(见图10-10):①质量能力。零售商质量能力包含所售商品质量以及零售服务质量。商品质量取决于上游制造商,零售商需要在采购活动中进行筛选与把关。服务质量需要零售商围绕经营的品类与业态进行综合管理。②创新能力。零售创新是零售企业的关键能力,其创新活动涉及技术创新与商业模式创新,现代零售企业通常需要将两者结合起来,更好地适应消费者的偏好。③市场能力。通过市场稳定性、市场占有率及

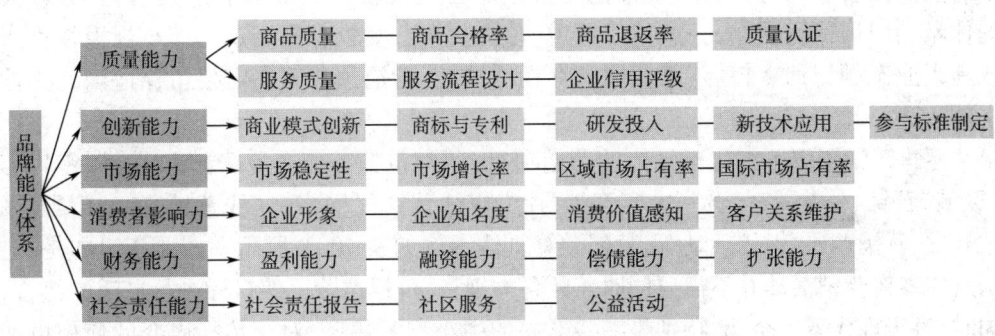

图10-10 零售商品牌能力体系

增长率指标,可以反映出零售企业整体经营状况,以及在市场中的竞争地位。④消费者影响力。零售企业需要通过直接服务以及间接的宣传,增强其对消费者群体的影响力。同时,消费者影响力能够转化为企业的长期获益能力。⑤财务能力。财务能力是零售企业运营的基础与保障,主要涉及盈利能力、融资能力、偿债能力,以及综合成长能力。⑥社会责任能力。良好的社会责任表现能够为零售企业带来泛化的价值增长,并改善其同消费者、投资方、社区、公众及政府的关系。

沃尔玛社会责任使命之一:女性经济自立

品牌价值是指品牌的属性、品质、特征、个性等综合性因素的价值体现,即在某一个时点,用类似有形资产评估方法计算出来金额数值,具有"财务价值"的属性。在品牌价值核算方面,其无形资产的属性不仅体现在品牌形成与发展过程中蕴涵的沉淀成本,还体现在未来为企业带来更高的溢价以及稳定收益的能力。同时,品牌价值不是孤立存在的,表现为企业与消费者的相互关联,没有消费者的感知与认可,也就无所谓品牌价值。零售商品牌价值的核算近些年逐渐兴起,典型企业排位的提升速度也很快。在我国评价的(国内)品牌价值榜单中,零售商品牌的数量不断增加,例如京东商城、万达商业、苏宁易购等。

零售商品牌价值排行(国际)

四、零售营销预算

零售营销预算是指对各类传播活动的支出进行总体安排,并对各分项活动的支出进行适当比例的分配。营销预算的设计需要依据零售企业整体的营销战略与发展方向,并根据企业的资金存量与流量进行筹划。零售营销预算服务于零售企业战略的细化项目,例如,支持企业整体宣传、销售收入增长、毛利率改善、市场占有率增加,或新开设网点的知名度提升等,预算结构应根据不同阶段(时期)的目标特征进行调整。一般来说,零售企业营销预算主要从资金流量中提取一定的比例,并以滚动方式进行相应的调整(增加或减少)。营销预算的使用通常需要同销售收入联系起来,而零售企业销售收入是极具变动性的。某些零售经营较为成熟的业态类型,拥有较大的体量,其日常营业收入一般偏于稳定,营销预算方案较容易制定。而小规模零售店或新兴业态领域的零售店,经营收入存在波动性,营销预算方案需要留存适当的弹性空间。

零售营销预算可细化至具体的营销项目,通常包括零售企业(全域)营销、零售店(区域)营销、公共关系营销、内容营销、社交媒体营销、(网络)在线营销、各类广告、网站开发、营销调研、促销活动等,营销预算具体示例如表10-8所示。需要指出的是,对于具体零售营销活动并不需要同时兼顾各类细目,可根据阶段性目标进行灵活的组合。同时,对于现代零售企业,特别是一些新兴的中小型零售商,对于传播媒介的使用更加均衡,一个基于美国网络调查的结果如图10-11所示。

表10-8　零售商综合营销预算示例

营销分类	数量	单次成本	成本汇总	
广域营销			SUBTOTAL $	3 600.00
标题广告	4	$ 900.00	$	3 600.00
地区营销			SUBTOTAL $	6 200.00
报纸	6	$ 600.00	$	3 600.00
店内营销	4	$ 400.00	$	1 600.00
POP广告	2	$ 500.00	$	1 000.00
公共关系			SUBTOTAL $	16 600.00
公共事件	1	$ 3 000.00	$	3 000.00
捐赠活动	2	$ 1 000.00	$	2 000.00
出版发行	2	$ 1 300.00	$	2 600.00
组织会议	1	$ 4 000.00	$	4 000.00
客户活动	1	$ 5 000.00	$	5 000.00
内容营销			SUBTOTAL $	4 600.00
内容赞助	3	$ 1 000.00	$	3 000.00
皮书	2	$ 500.00	$	1 000.00
电子书	1	$ 600.00	$	600.00
社交媒体			SUBTOTAL $	5 880.00
Twitter	20	$ 120.00	$	2 400.00
Facebook	15	$ 80.00	$	1 200.00
Pinterest	10	$ 75.00	$	750.00
Instagram	8	$ 100.00	$	800.00
Google+	3	$ 110.00	$	330.00
LinkedIn	4	$ 100.00	$	400.00
在线内容			SUBTOTAL $	7 580.00
博客	4	$ 800.00	$	3 200.00
网页	3	$ 600.00	$	1 800.00
移动端 App	12	$ 90.00	$	1 080.00
电子邮件	5	$ 300.00	$	1 500.00
广告类			SUBTOTAL $	17 900.00
电视广告	4	$ 2 500.00	$	10 000.00
印刷广告	6	$ 850.00	$	5 100.00
户外广告	1	$ 1 800.00	$	1 800.00
广播广告	2	$ 500.00	$	1 000.00
网站建设			SUBTOTAL $	3 200.00
网页开发	1	$ 3 200.00	$	3 200.00
市场调研			SUBTOTAL $	5 800.00
分类调查	6	$ 800.00	$	4 800.00
数据分析	1	$ 1 000.00	$	1 000.00
促销活动			SUBTOTAL $	22 900.00
有奖销售	1	$ 5 900.00	$	5 900.00
折扣销售	3	$ 4 000.00	$	12 000.00
主题销售	1	$ 5 000.00	$	5 000.00
其他			SUBTOTAL $	1 800.00
会员卡发行	6	$ 300.00	$	1 800.00

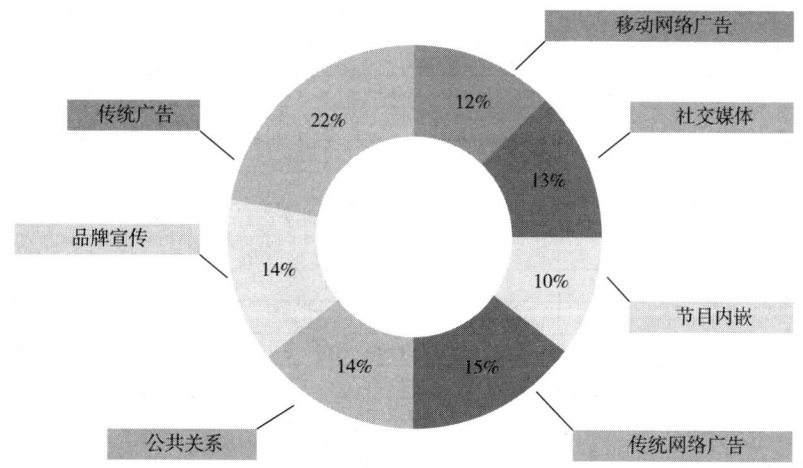

图 10-11 零售营销传播渠道费用比例

章节练习

一、章节要点

(1)零售商品价格管理;(2)零售企业定价的目标体系;(3)零售定价权限;(4)成本导向定价与竞争导向定价;(5)零售商常用定价策略,包括渗透定价策略、撇脂定价策略、高价策略、竞争性定价策略、捆绑定价策略、价值定价策略、认知价值定价策略;(6)零售定价策略组合;(7)零售定价瀑布模型;(8)零售定价技术的演进;(9)零售促销的概念;(10)零售促销设计;(11)常用零售促销策略,包括折扣促销策略、赠送促销策略、活动促销策略、竞赛促销策略、服务促销策略;(12)零售促销业务的会计与税务处理;(13)零售传播的概念;(14)零售传播渠道的类型与特点;(15)零售营销传播的分类;(16)社会化媒体营销;(17)整合营销传播;(18)零售广告设计;(19)零售企业广告策略的层级划分;(20)零售广告设计关联;(21)零售 POP 广告的概念与特征;(22)零售商品牌建设;(23)零售商品牌强度;(24)零售商品牌能力体系;(25)零售营销预算规划。

二、思考题

(1)零售定价目标体系如何分解?分解后子目标的重要性程度应如何排序?
(2)零售定价如何同社会效益联系起来?两者之间是否存在冲突?
(3)哪些因素会影响零售商的定价权限?
(4)基于零售业态与商品品类视角分析终端零售定价权的差异。
(5)比较分析哪些市场情境适宜采用成本导向定价,哪些则适于竞争导向定价?
(6)零售商实施渗透定价策略时如何避免引发价格战?
(7)使用撇脂定价策略应具备什么条件?在使用中有何注意事项?

(8)零售商实施认知价值定价策略时需要进行哪些前期准备?

(9)对于商品质量及渠道服务均处于中等水平的零售终端来说,可选择哪些类型的定价策略?请通过具体实例说明。

(10)如何根据零售定价瀑布模型理解零售商的价格策略?

(11)思考网络价格管理软件的优势及应用扩展性。

(12)比较分析几类常用零售促销策略的特征与适用领域。

(13)零售企业开展促销活动时应注意哪些会计与税务问题?

(14)当代零售商应如何挖掘传统传播渠道的优势?

(15)网络营销传播对于零售商的价值主要体现在哪些方面?

(16)哪些类型的零售商适宜使用整合营销传播策略?请说明原因。

(17)现代零售商在使用电视广告时有何特点?请进行国内外对照分析。

(18)零售商可以从哪些方面提升自己的品牌强度?

三、综合练习

(1)分析我国零售商同外资零售商在终端定价权方面的能力差别,并就哪些因素影响其定价能力展开小组讨论。

(2)详细分析某零售企业的经营成本构成,估算各部分比例,并分析其对于定价管理的影响。

(3)尝试找到零售商渗透定价策略、撇脂定价策略、高价策略、竞争性定价策略、捆绑定价策略、价值定价策略、认知价值定价策略的应用实例,并对其应用特征与效果进行比较。

(4)使用价格瀑布模型分析我国典型专业店的定价策略,并对其价格管理的细节进行考查。

(5)以我国零售市场为样本,比较典型零售业态在节假日期间使用的促销策略组合。

(6)通过具体案例分析现代零售商如何使用社会化媒体进行营销活动。

(7)以小组方式实地考察零售门店 POP 广告的设计形式与特征。

(8)参照本章示例设计一个详细的零售营销预算方案,可自行设定市场环境、竞争状况、企业类型、目标群体等基本信息。

第十一章 零售组织结构与人力资源

第一节 零售组织结构

企业组织结构是指为实现组织目标,在企业战略的整体框架下,对组织的部门、层次与排列进行综合的设计与安排,从而形成企业管理系统与执行系统的框架。组织结构设计涉及职务范围、责任与权力,是一种动态的分工与协调体系。企业组织结构经过长期的发展与演化,已形成多种经典模式。零售企业在开展业务时,应根据自身的业态与规模选择适宜的组织结构模式。

一、零售组织设计原则

零售企业在进行组织结构设计时应考虑如下原则。

(一)分工与专业化

分工与专业化源自现代工业领域,专业化(Work Specialization)通常能够带来显著的效率提升。自20世纪中后期开始,服务业中的诸多行业开始仿效工业模式进行分工与专业化,并取得了明显的经济效益。在该阶段,零售活动在大类分工基础上逐渐细化。例如,销售活动分解为销售设计、理货、导购与促销、收银等业务单元。零售活动中的许多业务基于个体能力,分工与专业化有利于个体的快速学习和经验的累积,并且能够体现在相应的工作业绩中。分工与专业化程度需要根据行业及企业情况合理把握,过度细化的分工会导致业务执行的僵化及管理成本的增加。

(二)部门化

企业在分工基础上可以根据业务活动的相近性进行部门化管理,从而对分工内容进行协调。零售企业部门化有多种划分方式:①根据职能活动进行划分,例如,采购部门、营销部门、财务部门等。②根据业务地区进行划分,例如,东北地区部门、东南地区部门等。③根据经营品类进行划分,例如,食品部门、服装部门、电器部门等。④根据顾客类型进行划分,例如,普通顾客、VIP顾客、企业顾客等。大型零售企业在部门化时通常会综合使用多种划分方式,例如,先进行地区划分,在区域内再进行职能活动划分。

(三)管理跨度

管理跨度也称为管理幅度或管理宽度,是指一位管理者直接管辖的人数。管理跨度与管理层次(从最高管理者到最后的作业者之间的级数称为管理层次)密切相关,两者呈反向变化。管理跨度越大,企业管理层次越少。反之,管理跨度越小,则企业管理层次越多。宽管理跨度有利于节省管理职位,但管理的精细程度不高,缺乏对下属进行的针对性指导。窄管理跨度有利于上下级的信息沟通,但是会导致组织层次过于繁杂。零售企业不同业务领域的管理跨度需求存在差别,例如,简单重复性工作岗位(理货)倾向于使用较宽的管理跨度,而技术性工作岗位(财务)则倾向于使用较窄的管理跨度。

(四)指令链

指令链(Chain of Command)是一种权力与信息路线,具有权威和命令属性,是企业组织日常运转的基础。指令链具有不间断特性,能够将信息自上而下传递至微观业务单元。组织中各层级的管理职位有各自的职责与任务,合理的指令链设计可以保证指令的严谨对应关系,以及符合逻辑的优先次序。指令链在设计中需要避免"多重管理",这会导致下属处于无所适从的状态。传统零售企业的指令链设计相对简单,现代零售企业随着组织结构的灵活化与动态化,指令链设计需要考虑的问题相应有所增加。

(五)标准化

标准化是指组织管理中业务工作的统一与规范,通常涉及对工作内容、工作时间、工作方式的具体说明与指导。标准化能够降低员工工作的不确定程度,保证稳定一致的产出结果。标准化的实施需要有明确的工作说明书,以及系统的组织规章制度。标准化程度的提高意味着执行人员自由度的降低和相应权力的减少,过度的标准化会使组织活动僵化。现代零售企业的标准化程度逐渐增加,尤其体现在基础业务活动中,但企业的中高级别职位仍倾向于保留较好的弹性。

(六)集权与分权

集权与分权描述的是组织内权力在纵向层面与横向层面的分布状况。传统组织倾向于集权化模式,其特点包括:①易于协调各职能部门间的决策;②有规范严谨的信息传递形式;③便于同企业战略目标达成一致;④危急情况下能进行快速决策;⑤促进企业资源的集中使用。随着时代的发展,集权模式在现代商业竞争中逐渐显现出了劣势,如决策信息不充分、管理"迟钝"等问题。因此,现代企业越来越倾向于采取分权模式。例如,美国大型零售商 J. C. Penny 在商品采购中授予地区经理更多的自主权,可以灵活调整各类商品的比例、品牌与型号,使其能够更好地适应差异化需求。

二、零售组织结构类型

零售业务活动需要建立在适宜的组织结构基础上,不同业态与业务类型的零售企业所需的结构各具特色,以下对几种经典的零售组织结构类型进行说明。

(一)直线制

直线制是最简单的一种组织结构形式,其特点是企业各级行政单位从上到下实行垂直领导,下属部门只接受一个上级的指令,各级主管负责人对所属单位的一切问题负责。一般无须另设职能机构,各类管理职能基本上都由行政主管执行。直线制组织结构的优点是结构简单、责任分明、命令统一。缺点是需要行政负责人具备多种管理知识和技能,并亲自处理大量业务。因此,直线制一般只适用于规模较小、技术水平比较简单的企业,对规模较大的企业并不适宜。单店或小规模连锁零售企业多使用直线制结构,其示例如图 11-1 所示。

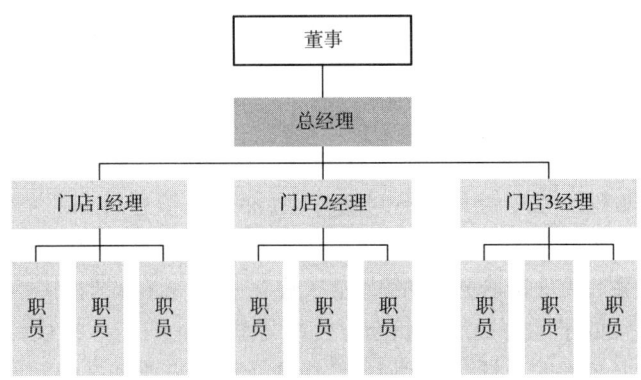

图 11-1 零售企业直线制结构示意图

(二) 职能制

职能制组织结构是指行政单位除主管负责人外,还相应地设立了一些职能机构。如在总经理下面设立职能机构和专业人员,协助经理从事职能管理工作。这种结构要求行政主管把相应的管理职责和权力交给相关的职能机构,各职能机构有权在自己的业务范围内向下级行政单位发号施令。因此,下级行政负责人除了接受上级行政主管人指挥外,还必须接受上级各职能机构的领导。职能制的优点是能适应技术含量高的复杂管理活动,管理过程易于精细化,并充分发挥职能单元的专业优势,减轻直线经理的工作负担。其缺点是,影响了指令链的一致性,容易形成多头领导,不利于建立和健全各级行政负责人和职能单元的责任制。此外,在上级行政部门和职能机构的指导发生矛盾时下级无所适从,易影响业务的正常进行,引发管理秩序的混乱。其示例如图 11-2 所示。由于职能制模式的缺陷,现代企业已较少采用该模式。

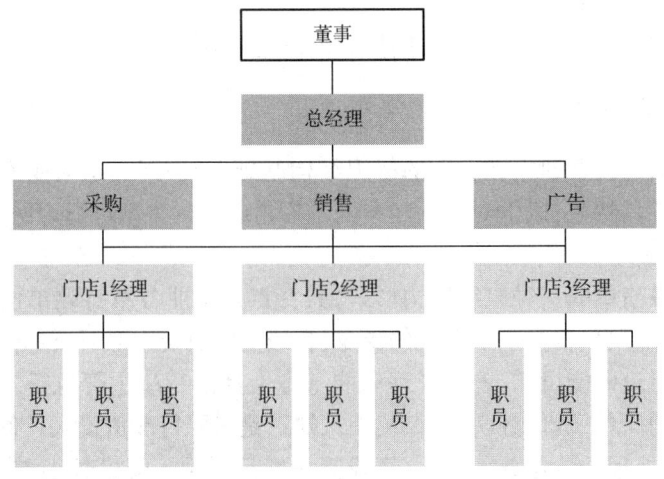

图 11-2 零售企业职能制结构示意图

(三) 直线职能制

直线职能制也称为直线参谋制,是在直线制和职能制的基础上取长补短,吸取两种模式的优点而建立起来的。这种组织结构形式把企业管理机构和职员分为两类,一类是直线领导机构和职员,在纵向层面进行管理与业务的执行。另一类是职能机构和相关人员按专业化原则从事企业的各项职能管理工作。直线管理机构在自己的职责范围内有一定的决定权和对所属下级的指挥权,并对自己部门的工作负全部责任。而职能机构和人员只是直线管理人员的参谋,不能对业务部门直接下达指令。直线职能制的优点是,既保证了企业管理体系的集中统一,又可以在各级行政负责人的管理下,充分发挥专业职能机构的作用。其缺点是,职能部门之间的协作和配合性较差,横向信息沟通不充分,导致管理效率较低。其示例如图 11-3 所示。

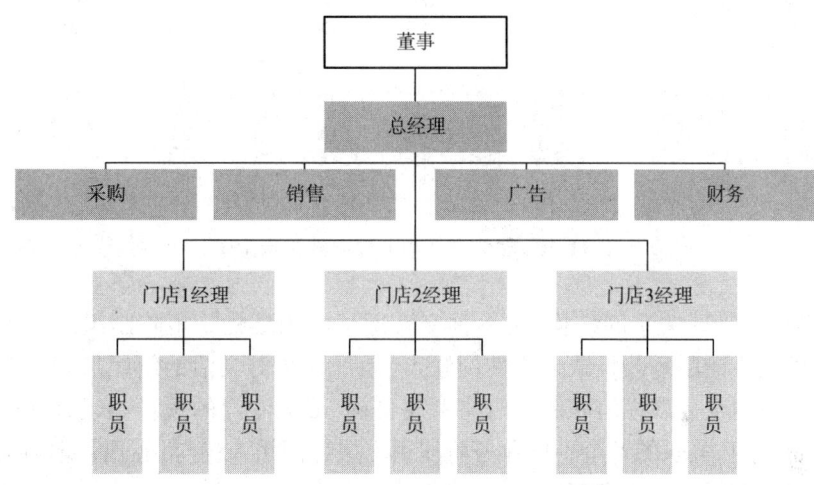

图 11-3 零售企业直线职能制结构示意图

(四) 事业部制

事业部制最早由美国通用汽车公司总裁斯隆于 1924 年提出,也称为斯隆模式,是一种多层级结构下的分权管理体制。事业部制一般适用于规模庞大、经营品种多、技术复杂的大型企业,例如,集团化公司通常采用此种组织形式。事业部制是分类管理、分类核算、自负盈亏的一种组织形式。即一个公司按产品类别或业务地区分成若干个事业部,具体的经营业务均由事业部及所属部门负责,实行单独核算,公司总部只保留重要的人事决策权,以及预算控制和监督权,并通过利润等指标对事业部进行控制。零售企业在采用事业部制时,上下层级间的权力分布可根据管理需要灵活调整。例如,许多零售(集团)企业在总部层面对企划、营销、财务等事项进行统一管理,而将具体商品品类的(进销)经营权交给事业部,人事管理采取汇报审批模式,其示例如图 11-4 所示。

(五) 矩阵制

矩阵制是指在组织结构上既包含按职能划分的垂直管理系统,又包含按产品(项

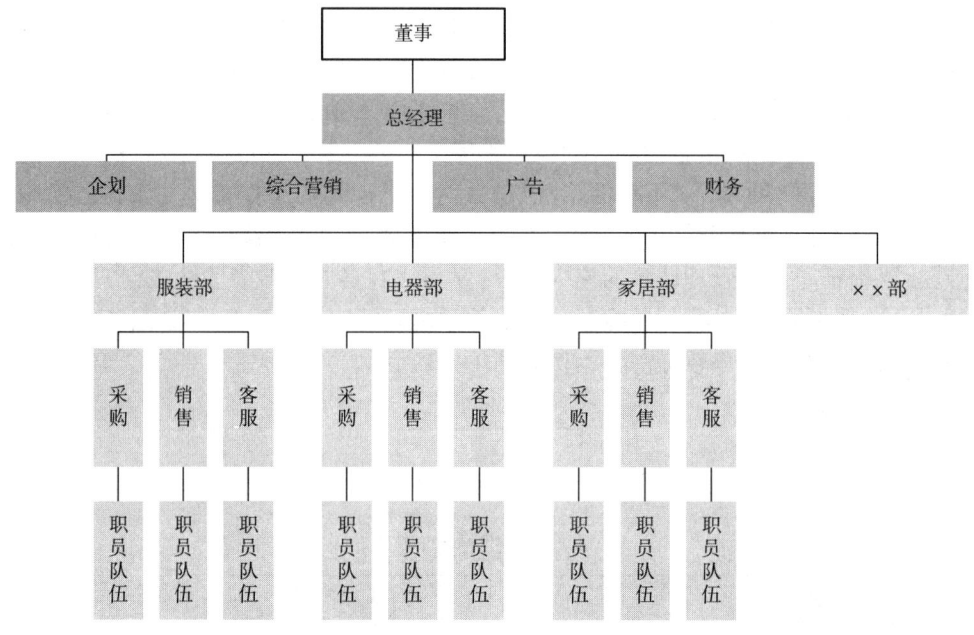

图 11-4　零售企业事业部制结构示意图

目)划分的横向管理关系的结构,是一种交叉网格组织结构。矩阵制组织纠正了传统直线职能模式横向联系差且缺乏弹性的缺点,是一种相对灵活的组织形式。矩阵制能够围绕某项专门任务成立跨职能部门的专属机构,形成专门的项目小组去从事具体的业务工作,在相互关联的各个不同业务阶段由上层部门派人参与,实现管理活动的有机组合以及有关部门活动的高度协调。

1. 矩阵结构的优点包括:①有较高的机动灵活性,可随项目(业务)的开发与结束组织或解散,有利于企业内资源的充分使用。②由于这种结构是根据项目进行组织的,具有任务清楚、目标明确的特点,并便于获得在各领域有专长的员工。③具有完备的横向沟通机制,有利于不同部门之间的配合和信息交流,克服了传统模式中各部门互相脱节的现象。④以工作组为单位集中力量完成任务,可较好激发员工的责任感、信任感与荣誉感,促进业务的高质量实现。

2. 矩阵结构的缺点包括:①项目负责人与参与人在横向与纵向层面的权力与责任难以平衡,大部分仍然基于原隶属"部门",需要依托良好的协调机制。②负责人在项目层面缺少足够的激励手段,尤其是负向激励手段,人员双重管理是矩阵结构的先天缺陷。③由于项目组成队伍有较高的弹性,短期效应显著,而持续能力较低。矩阵结构多适用于一些多业态(或多元化)经营的零售集团,尤其是业态间关联度较低的情景,其示例如图 11-5 所示。此外,一些零售企业集团除了涉及多种零售业态外,还会进一步拓展与零售相关的产业链环节,如生产、物流、商业地产、商业金融等,也适于采用矩阵结构。

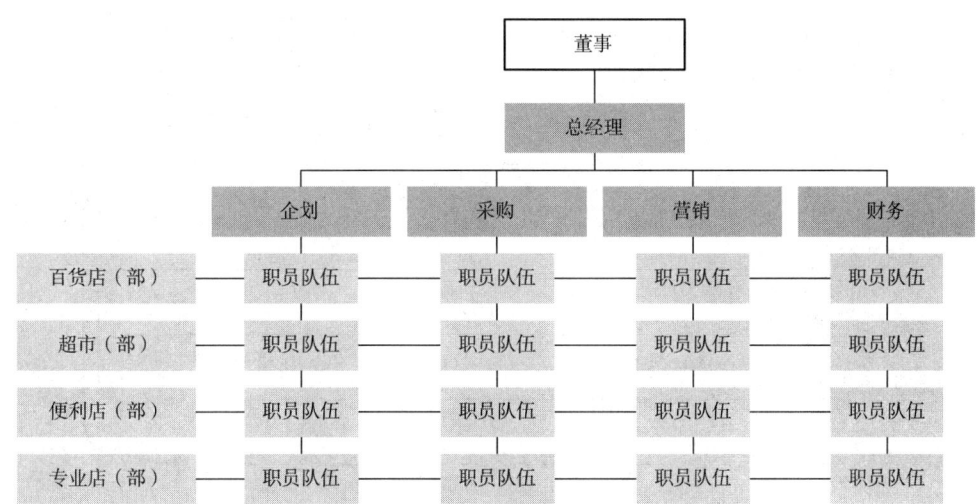

图 11-5　零售企业矩阵制结构示意图

（六）多维立体结构

多维立体结构是事业部制与矩阵制组织结构的有机组合，多用于产品线宽且跨地区经营的大型企业组织。多维立体结构的优点是具有清晰的管理结构，便于对复杂组织进行精确的管理细分，包括按照产品线、区域、目标群体等多种方式。但多维立体结构的缺点也相对明显，即容易形成庞大的管理机构，难免存在冗余的部门，同时导致管理成本增加，组织内信息沟通效率下降。对于零售企业，多维立体结构实际上在管理权限分布中也有一定的次序关系，一般来说，在总部层级下地区市场的级别要高于商品（品类）部门级别，不同区域的管理者有较高的自主权安排各类业务，公司总部仅在必要环节给予指示与管理支援。其示例如图 11-6 所示。

组织结构的发展趋势

三、零售组织管理层级

零售组织管理层级是指在基本的组织结构基础上，对于各层次职责、权力、利益，以及上下层之间约束关系的界定。经典管理层级大多呈现金字塔式结构，上层集中了大部分重要决策权，不同层级之间以直线方式进行指令传递，下层负责执行指令，而上层对指令结果负责。金字塔模式的优点是权责划分相对明确，指令具有较好的传递与执行效率，并能够适应大部分企业的管理需求。同时，为了更好地适应现代企业管理环境的变化，金字塔模式也呈现出某些转变，包括中间层级的压缩、管理跨度适度放宽、权利与责任的下沉等。这些变化有利于企业管理与决策弹性的提升，避免上层管理机构涉及过多琐事，并有效激发大部分员工的工作积极性与创新能力。以大型零售企业集团为例，其管理层级宏观上可分为集团总部、集团部门、分支机构或子公司，其对应的管理倾向与管理内容如图 11-7 所示。这种划分方式便于厘清集团化企业的层级功能，明

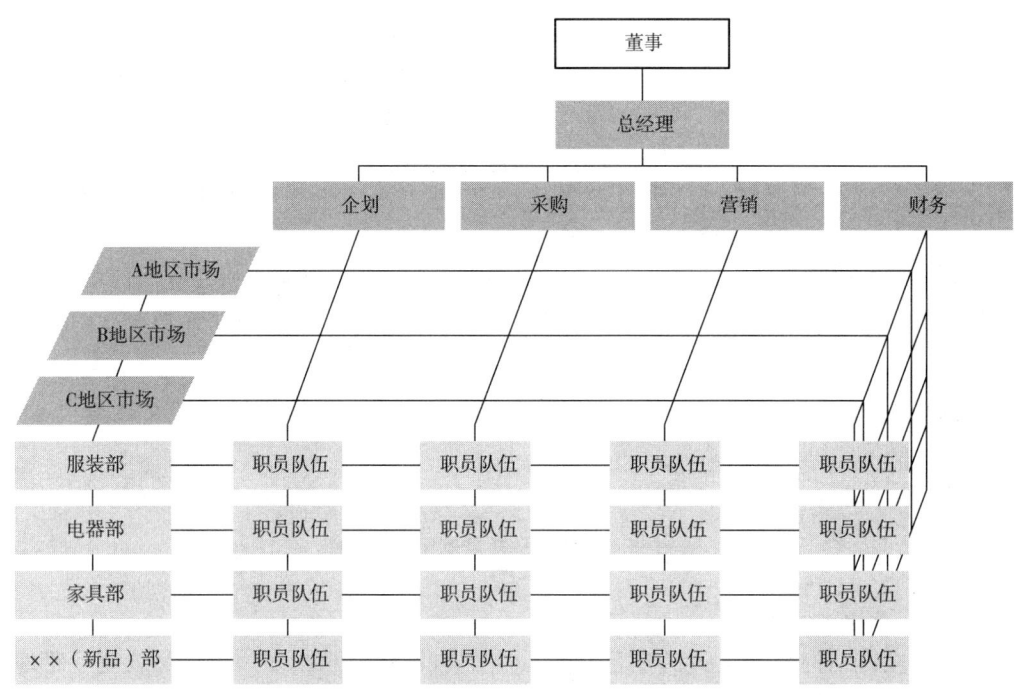

图 11-6 零售企业多维立体结构示意图

确各层级的主要管理内容与业务着眼点。需要指出的是,企业管理层级划分属于静态设计模式,在执行过程中有可能出现变化。常见的变化包括:①实际执行中管理层级有所增加。基于人员或小群体之间的关系,出现隐形的层级,导致管理活动受到更多限制。②平层级之间关系的异化。本属于平等层级之间的部门由于功能、贡献、业绩方面的差别,导致一些部门的地位隐性地高于其他部门,并在横向业务合作时体现出权力差别。③层级之间指令路线的复杂化。原本清晰简洁的树形指令路线变为存在交叉或并行的复杂模式,并导致权力争夺或指令冲突等情况。对于这些问题,企业在实际的管理活动中需要避免发生。

零售集团总部决定并影响企业的战略发展方向,应根据企业内外部要素特征,明确总部在管理层级中的定位,并配置合理的权力范围。现代企业总部主要关注核心价值领域的管理,包括:①战略管理。制定集团宏观发展战略,优化配置集团业务组合,培育企业核心价值文化,实施重要的投资与并购活动,制定企业的政策、标准与关键流程。②资源使用与调配。控制并管理重要的企业资源,诸如资金、核心技术、关键人员、渠道与供应链等。③参与关键业务活动。如与股东、顾客、供应商、政府、第三方机构等的业务活动,并在关键事件上发挥重要作用,如企业危机管理。④总体绩效管理。制定与战略目标相匹配的绩效管理目标,将其分解为可量化、可测评的具体绩效指标,并监督下属部门(公司)的执行。⑤提供综合的支持性服务。此部分包含内容较为宽泛,例如,信息服务、综合培训、人事服务、资源共享服务等。

常见的零售集团总部职能分为四种(见表 11-1):①指导型。集团管理层级分明,

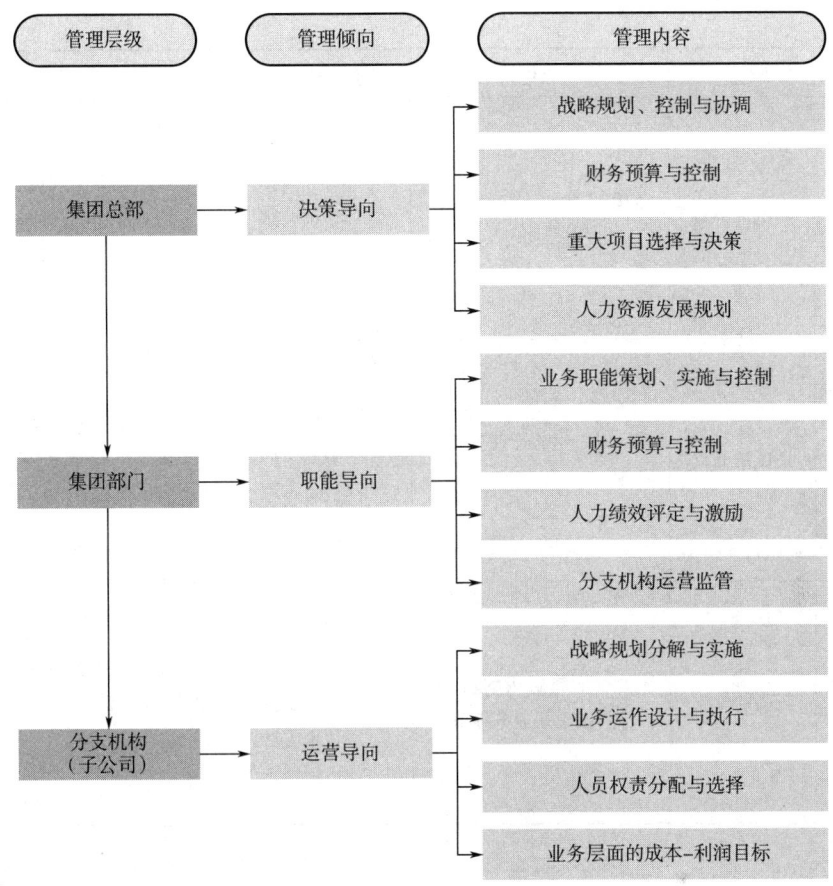

图 11-7 零售集团管理层级

集团总部拥有关键管理权限,对下层业务单元有充分的放权,总部的管理职能以指导为主。②控制型。集团管理权限相对集中,集团总部不仅承担制定宏观战略的任务,还向具体业务层面延伸,下层业务单元的主要内容是执行并接受监督。③经营型。集团管理层级具有一定弹性,集团总部的管理虽然呈现下沉状态,但仍为下层业务单元保留了部分权限,并提供适度的综合支持。④协调型。集团管理层级呈现分权模式,集团总部仅保留较少的管理职能,下层业务单元有较大的自主空间,总部以提供资源保障,协调各类业务活动为主。

表 11-1 零售集团总部职能

类型	权力分配	角色描述	主要职能	备注
指导型	较高的分权	指导并执行集团总体战略	战略设计 市场评估 资源分配 财务监督 兼并与扩张	适用于业务操作简单,风险可控性较好,且发展相对成熟的零售企业(集团)

续表

类型	权力分配	角色描述	主要职能	备注
控制型	极低的分权	直接控制子公司(或部门)的具体业务	战略设计 计划流程 职能管理 财务管理与监督 人力资源管理	适用于业务规模适中,业务相对复杂,或处于初创期的零售企业(集团)
经营型	适度的分权	提供集中化的管理与综合服务	战略设计 职能计划 财务支持 技术支持 法律支持	适用于业务复杂度适中,且业务单元需要较高自由度的零售企业(集团)
协调型	较高的分权	注重对下属层级的协调,而不直接干预业务细节	资源统筹 资金支持 信息支持 技术支持 培训管理	适用于业务单元发展较为成熟,经营风险度较低的零售企业(集团)

第二节　零售人力资源管理

零售人力资源管理是指根据零售企业(集团)发展与战略目标,有计划、有目的地对企业人力进行规划、招聘、遴选、培训、考核、激励等一系列管理过程。人力资源管理旨在为零售企业选择并保留适宜的员工队伍,使其具备层次性与发展性,并能够在实际管理中充分激发员工潜力。同时,现代人力资源管理还包括照顾员工合理利益与诉求,体现人性化管理等要素。

一、零售人力资源规划

人力资源规划(HRP:Human Resource Plan)是指根据企业发展环境,运用科学系统的方法对企业人员需求与供给进行整体分析,并对人员的获取、配置、使用、保护等各个环节进行职能性策划。人力资源规划通常带有一定的预测性,需要对企业未来某一阶段可能面临的人员供需情况进行判断,并针对关键问题(如人员缺口,人力成本上升等)进行预案设计。合理的人力资源规划能够支持企业目标的实现,促进企业组织配置合理化,帮助企业适应竞争环境的变化,提升人力资源使用效率。

人力资源规划的主要内容包括:①人力资源开发。涉及员工队伍结构设计、员工供需的平衡、员工招聘与升迁通道设计、员工职业生涯发展规划、员工文化建设等内容。②人力资源组织。涉及组织结构的调整与优化、横向与纵向组织关系的协调、组织的弹性管理等内容。③人力资源预算。涉及人力资源管理的资金来源、资金支出计划、预期资金投入绩效等内容。④人力资源制度。涉及人力资源管理体制、职位权责体系、各类人力管理活动的标准流程等内容。人力资源规划需要遵循一定的顺序,包括总体规划方向的确定(总体计划)、规划概要的编制(包括员工配置与职务编制)、规划的分析与执行(包括员工供给与需求分析,内外部培训方案),以及完善规划的必要保障(包括预算计划与人力资源计划调整),常见步骤如表11-2所示。

现代零售企业人力资源规划面临的一些问题

表11-2 人力资源规划步骤

步骤	类别/内容		说　明
规划方向	人力资源总计划		整体陈述,确定总原则、总方针、总目标
规划概要	框架设计	员工配置	陈述企业每个职务的人员数量,人员的职务变动,职务人员空缺数量等信息
		职务编制	明确职务设置、职务描述和职务资格要求
规划分析与执行	供需分析	员工需求分析	根据前述内容进行核算,明确各职位人员类型、属性、数量、培训时间、到岗时间等
		员工供给状况	人员供给的来源,人员获取途径和获取实施计划,人员内部流动(升迁)政策,人员外部流动政策等
	员工培训计划	内部培训	培训需求、培训内容、培训形式、培训考核等
		外部培训	培训承包方、培训主题、培训成本、预期培训效果等
规划保障	预算计划		总预算水平、支出类别与比例、预算控制方式等
	人力资源计划调整		信息反馈渠道、评价标准、调整原因、调整步骤和调整范围等

零售企业人力资源规划可分为整体人力资源规划与部门人力资源规划。①整体人力资源规划。企业人力资源开发与使用的整体方案一般涉及较长的时间跨度(如10年至20年),主要考虑企业人力资源的总量、结构、薪酬等问题,并体现为企业发展的政策与策略。②部门人力资源规划。部门人力资源开发方案的时间跨度相对较短(如3年至5年),主要以部门现实业务需求为导向,涉及具体的专业、技术、性别、年龄等比例结构。具体示例如表11-3所示。

表 11-3 某零售企业人力资源规划(需求部分)

需求类别	职位内容	规划跨度	需求说明		
			专业	学历/经历	年龄
经营决策人员	企业总部中高级管理岗位,参与综合或专业决策分析与制定	长期	经济、管理、营销、专项技术类,并具备综合知识背景	硕士及以上学历,海外学习背景及相关领域工作经验优先	年龄结构偏向稳重型,多在35~45岁及以下
业务管理人员	门店与专职管理岗位,正职、副职或高级助理	长期	经济、管理、财务、营销等	硕士及以上学历,具备管理工作经验优先	年龄结构适中,多在30~35岁及以下
职能专业人员	专职财务、人力、库存、营销等职位	中长期	职能领域的相关专业	本科及以上学历	年龄结构偏向年轻化,多在30岁以下
技术专业人员	(门店)专职采购、销售分析、货架管理、营销等职位	中长期	技术领域的相关专业	硕士及以上学历	年龄结构偏向年轻化,多在30岁以下
基本业务人员	(门店)理货、销售、收银、售后服务等职位	中短期	无特殊要求	专科及以上学历	年龄结构偏向年轻化,多在35岁以下,女性比例适度偏高
其他人员	卫生、安保、短期兼职等职位	短期	无特殊要求	具备基本工作能力	无年龄结构要求,多在50岁以下

二、零售人员招聘与遴选

零售企业人员招聘与遴选工作一般由人力资源部门承担,主要目的是规范公司的人员招聘行为,保障公司及招聘人员权益,具体流程包括招聘计划、招聘信息发布、招聘测试、人员录用等几个阶段:①招聘计划。招聘计划需要依据职务编制与人员配置计划,确定各岗位招聘的基本资格条件和工作要求。如现有人员队伍或结构未能有效满足岗位需求,则需要进行人员的更新与补充。计划阶段需要设计好招聘渠道、招聘范围、招聘信息(广告)发布、招聘测试等相关内容。同时,应准备好企业宣传资料、应聘登记表、考试(笔试、面试)资料、评价标准等文件。②招聘信息发布。依据招聘计划向目标群体发送招聘信息,需要选择适宜的途径并保证信息量的充足。企业可选用被动式的信息发布,如公告栏、招聘会,以及基于网络平台的多种方式。也可选用主动式的信息发布,如校园宣讲、聘用猎头等方式。国外一些零售企业在店内设置了自助应聘机,及时更新空缺岗位的信息,应聘者可以自己填写申请,零售企业能够以极低成本获得大量应聘信息。③招聘测试。招聘测试需要由用人部门与人力资源部门共同设计并参与,对应聘人员进行综合测评,从而判断其是否符合招聘职位的需求。完整的招聘测试包括信息筛选、笔试(含复试)、面试(含复试)多个步骤,但是在使用中可根据岗位重要程度进行灵活组合。例如,普通零售业务岗位可使用信息筛选+笔试或面试,而一些重要岗位或技术性岗位则需要使用笔试与面试的组合,并且有可能进行多轮次测试。④人员录用。对测试结果进行综合评价与排序,结合用人部门的具体意见制定拟录名单,并呈交总部或门店(根据录用人员级别或业务领域)相关负责经理审阅批准。集团化零售企业的人事权一般不采用集中管理,门店经理(或专职副经理)拥有较大的人事决定权。人员录用名单决定后,需要以正式方式(电话+信函,电子邮件)通知被录用人员,通知其准备办理各项入职手续,同时人力部门需要备好登记表等文档。招聘工作在执行时还需考虑各步骤之间的关联,具体流程如图11-8所示。

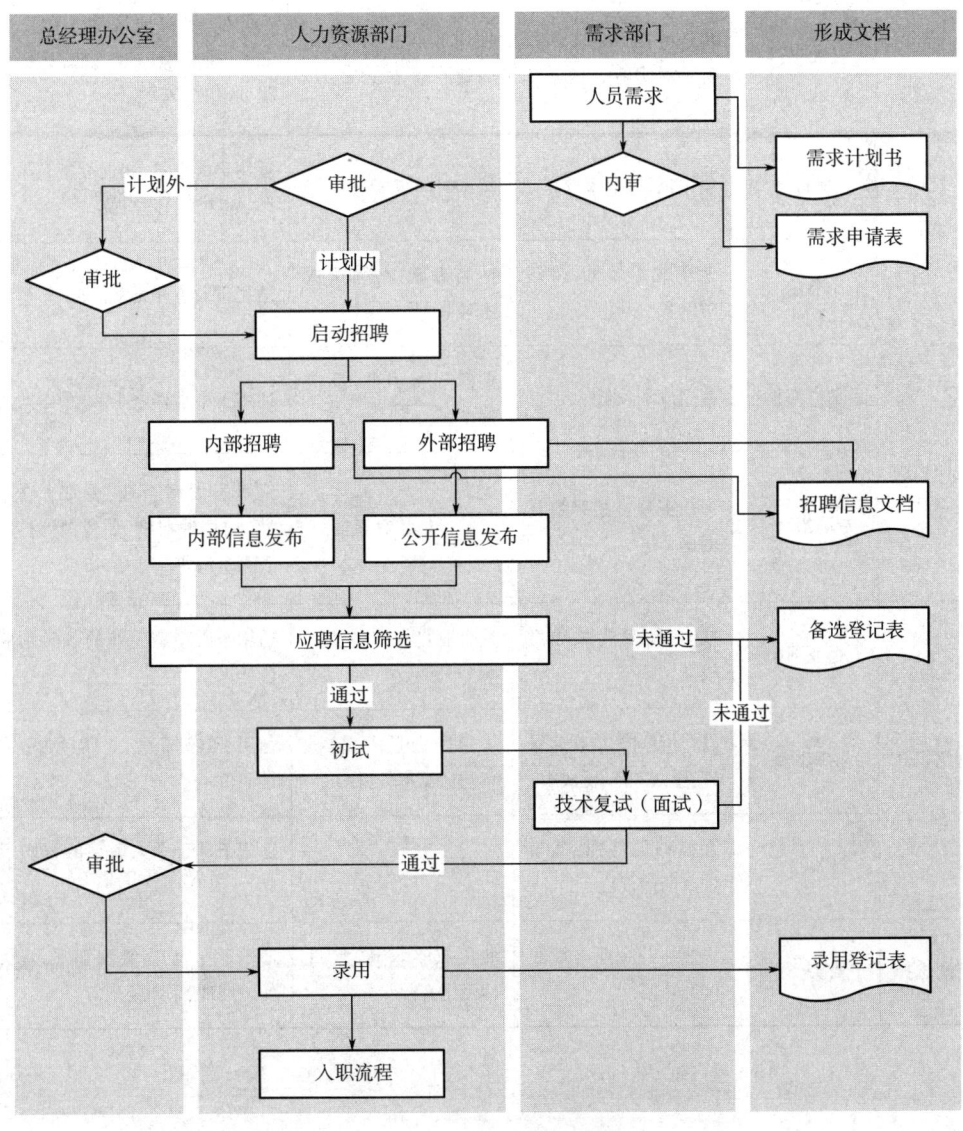

图11-8 招聘操作的一般流程

招聘信息发布需要选择适宜的渠道,零售企业可选择单一渠道,也可选择多渠道组合。如使用组合模式,需要根据不同渠道之间的优缺点进行选择与互补。常见招聘信息发布渠道的类型与特征如表11-4所示。

表11-4　招聘信息发布渠道

信息发布渠道		特点		适用情况
类别	类型	优点	缺点	
传统媒介	电视、广播	传播范围广,传播速度快	使用成本高	(目前)使用概率极低
	报纸、杂志	传播范围广且受众目标相对明确	使用成本相对较高,时效性短	(欧美)多在地区性刊物上发布,职位级别一般较低,如销售员、收银员等
人才市场	招聘会	集中招聘,效率较高	持续时间短	适用于大批量、相近类型人员招聘,如物流管理岗位
	中介组织	使用成本较低,持续时间长	应聘者繁杂,筛选成本较高	适用于人员补充型招聘
校园招聘	信息海报	使用成本较低	信息影响力低,反应速度慢	适用于中小型企业
	专场招聘会	形式正规且招聘目标明确	组织过程相对复杂	适用于大型企业、专职(技术性)岗位的招聘,如营销、财务、人力资源等
网络媒介	企业网站	成本低,且受关注度较高	受企业自身知名度影响	适用于大中型企业的各类别职位
	招聘网站	发布信息快,委托化管理,受众广泛,低成本	人员筛选量大,合格率与应试率较低	适用于各型企业,长期且非急需性职位
	社媒平台	人群特征性强,基于较高的信任度	非正规性渠道	适用于基于个人联系的招聘活动
定向选择	猎头公司	快速弥补企业高级职位的缺陷	使用成本较高,且目标范围有限	适用于专职、高级别管理人员,如总经理、采购经理等

> **知识拓展**
>
> **人力资源外包管理**
>
> 外包(Outsourcing)模式是一种经济、高效的现代管理模式,由于零售行业内大部分人力需求没有特殊要求,外包管理是一种可行的选项,且风险等级较低。对于许多中小型零售企业,独立设置完整的人力资源管理体系成本较高,且利用率极低,因此可以采用人力资源外包管理,帮助其规避(市场与政策)风险并减少相应的成本。人力资源外包管理可分为全面外包与部分外包两种。当前,许多使用人力资源外包的零售企业多选择部分外包模式,将人员招聘与培训环节外包,而保留薪酬管理等内容。同时,部分外包模式也是一些大型零售企业的选项。
>
> **人才租赁模式**
>
> 人才租赁是一种派生的人力资源服务项目,指企业根据短期需求向人力资源中介提出具体的需求与待遇水平,由中介组织平台进行筛选并建立有限期的劳务合同,并将人员派遣至企业。人才租赁的主要形式有两种,一种是按一定期限租赁人员,另一种是以完成某个工作项目为目标租赁人员。现代零售企业在某些技术或管理环节可以采用人才租赁模式。例如,零售企业进行综合配送管理,对动态配送模型进行设计与优化,该项工作短期内需要大量专业技术人员参与,可以采用基于项目的租赁方式补充人员队伍。

招聘遴选与测试的目标包括:①使所有员工符合企业的底线标准,如年龄、学历、专业等方面。②帮助测试达标的员工找到适宜的工作职位或工作内容,使其能够发挥自身的特长。招聘遴选与测试一般分成两个部分:

一是初步遴选。企业人力管理部门根据基本招聘标准对应聘者进行筛选,筛选资料包括个人简历(履历)、照片、学历证明、职称证明、应届毕业生成绩单等。初步遴选的工作量相对较大,对于不同职位的应聘者一般会数倍于需求量(多至几十比一)。同时,人力部门需要根据随后测试需求确定适宜的复试与录取比例,中高级别职位一般控制在1∶2至1∶3之间,低级别职位可适当降低。初步遴选结束后需要向进入下一轮的应聘者发出通知,并确保其能够收到。

沃尔玛(中国)的招聘信息发布

二是遴选测试。遴选测试的原则有:①采取标准化模式,保证测试条件和程序上的连贯性与一致性。②合理控制与主观性测评的比例关系。客观性测评能够保证测评结果的公平性与可比较性,主观性测评则能够从发展角度更为全面地了解测评对象。③控制测评的有效性,即测评结果能够较为准确地预测测评对象未来适应工作的情况。遴选测试包括笔试与面试。笔试标准化程度较高,多安排在前面进行。笔试可分为一般化测试与专业化测试。一般化测试主要用于测评应聘者知识的宽度,专业化测试主要用于测评应聘者知识的深度。对于特殊技术与技能职位，需要侧重专业化测试，并可以适当结合实际操作的考查（如基于工作设备的测试）。通过笔试的人员由人力管理部门向用人部门推荐进行面试，面试由人力部门负责人配合用人部门负责人进行，主要考察求职者能力与职位的匹配程度，面试通常采用立体化的方式进行，力求对应聘者进行综合全面的测评，并填写面试评定表格。对于企业关键职位（如分店店长、品类经理等），还需要由公司相关高层管理者主持复试，并最终决定是否聘用。

招聘管理工具箱

三、零售人员培训

零售人员培训是基于教学场景或工作场景的知识传授过程，其目的是使员工掌握工作岗位所需知识与技能，使其胜任职位。现代企业培训不仅要及时地把新信息、新技术、新技能和新程序介绍给员工，还要更新员工的现有技能。人员培训可划分为岗前培训与在职培训阶段：①岗前培训。作为新员工职业生涯发展的起点，岗前培训旨在帮助员工了解企业基本的业务、结构、场所与环境，以及理念、价值观念和行为方式等，帮助其建立起归属感并快速融入工作团队。同时，需要结合不同的职位特征向新员工传授基础知识与技能，使其顺利进入工作角色。②在职培训。为在职员工提供持续学习的机会，帮助其获取、更新知识与技能，提升员工的工作效率，并为其职业发展提供支持。零售企业在职培训的层次性较明确，例如，对高层管理人员注重领导能力、分析能力、决策能力的提升；对中层管理人员注重管理执行能力、全方位沟通能力、专业领域学习能力的提升；对基层业务人员注重工作能力、技术学习能力、理解能力的提升。

现代企业大多重视员工培训，尤其是一些大中型企业，年均培训支出长期保持增长，其比例可占到雇员平均工资收入的3%~5%。零售企业培训科目的示例如表11-5所示。

表11-5 零售培训科目支出（示例）

培训内容		培训支出科目	说明
类别	分项		
岗前培训	岗前培训课程	室内课程或在线课程	内部讲师或外聘讲师费用
	团队建设	参与户外拓展训练	聘请教练费用，食宿与差旅费用
	专职上岗培训	考试与证书获取	如安全证、卫生证、资格证等。费用标准参照发证机构
	自主学习培训	相关资料阅读	书籍、资料、光盘制作费用
在职培训	普及型培训	本领域业务知识更新	内部讲师或外聘讲师费用
	技术岗位培训	参与外部（专业）课程与实习	学习班及相关食宿费用
	中高层管理岗实训	参与国内外交流、参观与学习	差旅与交流支出费用

（一）零售门店员工培训

零售门店作为业务执行单位，员工队伍的表现对于企业经营至关重要。零售企业需要根据业务活动特征，对具体（终端）岗位的从业人员进行综合性与专业性的培训，更好地将岗位职责信息传递给员工，培训既包括管理岗也包括（基本）业务岗。培训的内容与时间根据零售企业的实际情况而定，一般来说，大型零售企业培训的系统性更强且相关投入更多。从培训形式来看，可以由企业的人力资源管理部门全部承担，也可以由人力部门协同各职能部门共同完成，后者的业务培训效果较好。同时，零售门店基层员工培训存在诸多关键点，如对于物流、理货装卸设备的操作等内容涉及员工安全，不当或违规操作易发生工伤事故，此类内容的培训还需与严格的考核标准结合起来实施。

零售门店员工培训说明

（二）在岗培训

在岗培训（OJT：On Job Training）是指员工不脱离岗位而进行培训的方式，在零售领域多用于各级管理人员的职务培训。其优点是避免业务受到影响，且能够实现"干中学"的效果。OJT 在实施中将培训对象放置于真实业务环境中，使其不单能够了解所辖业务，还能够掌握多项业务之间的关联，获取直观经验，因此较为适合职务培训（通常关注制度、方法与沟通）。OJT 的关键点在于业务导师的支持，其本身应是资深管理人员，熟悉相关领域业务，有丰富的应对例外事件的经验。导师在 OJT 活动中应能够清晰地表达训练的期望，给出明确的评价标准，定期提供培训与帮助，愿意花时间倾听学员意见，经常对绩效进行观察，给予有建设性的反馈，并对成绩进行表彰和奖励。

我国零售企业培训中的问题

四、零售薪酬管理

薪酬管理是企业依据组织战略目标，对薪酬体系与制度进行综合管理，在合理控制总薪酬水平前提下实现管理效率的提升，并保证薪酬管理的三方面公平，即分配公平、过程公平与机会公平。薪酬是企业向员工提供服务而进行的支付总和，薪酬包括经济性薪酬和非经济性薪酬两大类。经济性薪酬是指能够直接以货币方式衡量的部分，又可分为直接经济薪酬和间接经济薪酬。直接经济薪酬可以直接发放给员工，包括工资、福利、奖金、津贴等。间接经济薪酬主要为企业代缴的相关费用，包括养老保险、医疗保险、失业保险等。非经济性薪酬包含的内容较宽泛，如公司职位、个人发展、工作价值实现等内容。

（一）薪酬管理模式

薪酬管理一般围绕三个核心变量，即岗位（职位）、业绩、能力。薪酬管理活动围绕三个变量可演化为三种模式：岗位薪酬模式、绩效薪酬模式和能力薪酬模式。

1. 以岗位（职位）为基础的薪酬模式。岗位薪酬模式即通过对岗位的职责、劳动强度、劳动条件等因素的测评，按岗位相对价值的高低来决定员工的工资水平，以岗定薪，易岗易薪。公司通常会成立专门的岗位测评小组,或聘请咨询公司来对内部的所有岗位进行评估,得出每个岗位的薪点,并按薪点数的大小对岗位进行排序与归类,形成岗位工资等级体系。很多零售企业都采用岗位工资制度,其优点是模板化管理非常方便,但缺乏激励效果。

2. 以绩效为基础的薪酬模式。绩效薪酬是指通过对员工的任务完成情况、工作行为、工作态度等一系列的考核指标评价来确定其薪酬。绩效薪酬管理的关键在于确定合理的绩效考评方式及标准,并使绩效能够与薪酬等级逐级对应。在实践中经常使用分解法,即绩效可由企业整体绩效逐级分解为部门绩效与个人绩效,从而对个体贡献进行评测。绩效付酬导向的员工行为非常直接且具有动态管理效果,员工会围绕绩效目标开展工作,为实现目标会竭尽全力,有较好的激励效果。零售企业的业务部门(如销售部门)可以使用此种方式,并配合岗位薪酬一起使用。

3. 以能力为基础的薪酬模式。能力薪酬模式是指企业根据员工所具备的能力或任职水平来确定其基本的薪酬标准,员工能力的高低和薪酬、晋升挂钩,其设计的前提是假设员工能力高低会直接影响其工作效果。现代员工能力是体系化、立体化的,包含广泛的知识、技能、自我认知、人格特征、动机等综合因素。使用该种薪酬模式的企业更加注重对员工能力的培养与挖掘,在员工成长方面会拥有更长远的视野。能力薪酬模式多适用于技术型、知识型企业。对零售企业来说,有可能仅在某些技术岗位或部门使用,同时,能力薪酬还会同其他薪酬模式结合起来使用。

岗位薪酬目前还是绝大部分零售企业薪酬体系的核心,占比相对较高,是薪酬设计与管理的重点,许多企业会制定自己的薪级表作为管理的参照。岗位级别薪酬示例如表11-6所示。

表11-6 零售岗位/级别薪酬标准(元/月)

岗位/级别		资深	高级	中级	初级	储备
管理类	综合管理	6 000	5 500	5 000	4 500	3 500
	市场拓展	5 500	5 000	4 500	4 000	3 200
	财务管理	5 500	5 000	4 500	4 000	3 200
	人力管理	5 500	5 000	4 500	4 000	3 200
技术类	管理系统	6 000	5 000	4 000	3 500	2 000
	物流系统	6 000	5 000	4 000	3 500	2 000
	数据库(维护)	5 500	4 500	3 500	3 000	2 000
业务类	门店综合	—	5 000	4 500	4 000	1 500
	销售/促销	—	4 800	4 200	3 600	1 000
	收银	—	4 000	3 500	3 000	1 000
	客户服务	—	3 500	2 500	2 000	—

续表

岗位/级别		资深	高级	中级	初级	储备
作业类	进货/理货	—	3 000	—	1 500	—
	商品检验	—	3 000	—	1 500	—
	店面卫生	—	—	—	1 000	—

(二)薪酬管理中的权力分布

薪酬管理中的三个主要角色是:①(总)经理。负责审批薪酬管理办法与具体结构设计标准;审批职位级别薪点,以及津贴、绩效、提成的标准;审批各类调薪申请;检查薪酬档案体系。②人力资源部门。拟定公司薪酬发展规划,制定基本原则方案以及相关的实施细则;负责薪酬管理办法文件的起草与修订;负责设计并更新职位级别薪点表;及时关注

零售企业薪酬管理纲要

各部门薪酬制定的需求,收集相关的计算数据并汇总(后续提交财务管理部门);定期进行薪酬管理调查,检查工作中的问题;对薪酬管理执行过程中的问题进行解答,并处理相关争议。③财务部门。依据薪酬体系进行员工薪酬核算,并发放薪酬;将薪酬核算中的异议点提交对应部门复议;制作完整的薪酬管理记录信息并存档;定期对各类薪酬数据进行统计分析。

五、零售人力成本控制

由于零售的劳动密集型特征,人力成本控制是现代零售企业面临的管理难题之一,也是挖掘利润的主要领域。我国多家证券研究机构调查显示,自2005年以后,超过30%的百货企业人力成本复合增长率高于其收入增长,工资收入比普遍介于4.5%~5.1%之间。超过65%的专业连锁公司人力成本复合增长率,高于其收入增长,工资收入比普遍介于4.6%~5.2%之间。此外,部分批零兼营的专业市场有同样的业绩表现,工资收入比普遍介于5.4%~6.3%之间。另有调查显示,许多处于零售行业中游的企业在最近几年明显感受到人力成本的压力快速上升。

人力成本控制主要涉及对员工获取成本、开发成本、使用成本、保障(维护)成本、离职成本的综合管理,以及对无效成本的控制。其中,无效成本是指不能为产品或服务增值的人力成本。例如,不需要的职能、工作或程序所用到的人员;需要但工作量不饱和的富余人员或工作时间;成本投入与绩效产生比较低的人员(如试用期员工);以及遣散费用、招聘费用、伤病休假费用等。企业无法完全消除无效成本,只能在合理限度内对其进行控制。

(一)直接成本与间接成本

1. 直接成本。即员工的直接所得,如工资、奖金、加班费、红利、职务津贴、遣散补偿等。

2. 间接成本。即企业付出但员工未必能够直接得到的支出,如社会保险、商业保

险、住房公积金、通信与交通补贴等。此外,还包括人员开发成本,如为增加员工数量、能力而支出的成本(招聘费用与培训费用)。

(二)固定成本与变动成本

1. 固定成本。即长期或中长期相对稳定的支出,如固定职位的工资,以及必要的企业运转维护费用。零售企业固定成本中有一部分属于相对固定状态,会根据企业业绩有所变动,如高管(或店长)薪酬中的部分比例。

2. 变动成本。根据企业经营状况浮动变化的支出项目,如零售商品采购支出、促销支出、短期员工工作量的调整(包括轮班次数与临时岗位的增减)等。

零售人力资源管理中的关键成本问题包括:①人员闲置。企业在编人员不在岗位,或无有效岗位对应。例如,零售企业业务升级后,部分岗位需求减少,导致人员闲置,多属于短期现象。②人员错位配置。人员安排与人员专业或能力不符,未能有效发挥出人员工作潜力。例如,一些零售企业招聘的高学历员工有过长的时间滞留在低级别工作职位。③人员高消费。员工(尤其是高级别员工)业务活动支出未受到合理控制。例如,企业差旅、宴请、会议等活动存在

零售企业如何应对
人力资源过剩

职务消费现象。④人员流失。员工流动性高于行业平均水平,或难以留住关键职位人员。例如,许多零售企业门店业务员(主要为销售员与收银员)平均工作年限过短(小于一年)。⑤内耗与排斥。企业内部矛盾过于激烈,致使内耗等隐性成本快速增长。例如,采购部门与销售部门相互制约,导致各部门人员工作量不饱和,并带来无形业务损失。

章节练习

一、章节要点

(1)零售组织结构;(2)零售组织设计原则;(3)零售组织结构的类型,包括直线制、职能制、直线职能制、事业部制、矩阵制、多维立体结构;(4)零售组织的管理层级;(5)零售集团总部职能;(6)零售人力资源规划的主要内容;(7)零售人力资源规划的步骤;(8)零售招聘管理流程;(9)零售招聘信息的发布渠道;(10)人力资源外包管理;(11)人才租赁模式;(12)人员招聘遴选与测试的主要内容;(13)员工培训的分类与内容;(14)零售企业薪酬管理的内容;(15)薪酬管理中的权力分布;(16)零售人力成本的控制,包括直接成本与间接成本、固定成本与变动成本。

二、思考题

(1)零售组织设计的基本原则是什么?

(2)现代零售组织设计如何体现分工与专业化?

(3)不同规模的零售企业如何设计适宜的管理跨度?

(4)大型零售企业应如何避免指令链出现交叉与多重管理?

(5) 小型零售企业是否适宜采用分权管理模式？请说明理由。
(6) 比较直线制与职能制在中小规模零售企业中应用的优缺点。
(7) 直线职能制为什么具有较好的组织适应性？
(8) 事业部制适合哪些类型的零售企业？
(9) 矩阵制组织结构的弹性特征在实际应用中如何体现？
(10) 多维立体结构是否是大型零售企业集团的最佳选择？请说明理由。
(11) 不同的零售集团总部职能类型具有哪些特点？各自的适用性如何？
(12) 分析零售企业人力资源规划的步骤与关键节点。
(13) 零售企业如何协调统筹整体人力资源规划与部门人力资源规划？
(14) 零售企业如何进行人力资源需求分析？
(15) 分析零售企业校园招聘的特点与流程。
(16) 哪些类型的零售企业适宜采用人力资源外包管理？请结合实例进行分析。
(17) 如何设计零售企业中层管理人员招聘的测试内容？
(18) 分析零售企业实施在岗培训的利弊。
(19) 对于不同的零售业务岗位，应如何平衡薪酬与绩效之间的关系？
(20) 试分析薪酬决策权部门化存在的管理问题。

三、综合练习

(1) 讨论集权模式与分权模式对现代零售企业经营管理的利弊。
(2) 尝试找到典型零售组织结构类型的实例，包括直线制、直线职能制、事业部制与矩阵制，并讨论其适用性与优缺点。
(3) 结合消费者行为的变化以及网络与相关技术的发展，讨论零售企业组织结构的发展趋势。
(4) 详细分析某零售企业集团的管理层级，并绘制相应的结构图。
(5) 设计一个完整的零售企业（技术类）岗位的员工招聘计划。
(6) 以小组方式进行数据搜集整理，分析我国零售领域人力成本的现状，并在微观层面讨论人力成本控制存在的主要问题。

第十二章 零售技术与网络零售管理

第一节 零售技术基础

零售业发展一直受到技术变革的影响,零售效率与盈利能力均受益于此。尤其是现代零售业的发展轨迹,整体上与现代技术体系的变革相一致,新技术或新应用模式的出现能够直接或间接对渠道环节带来影响。技术对零售的影响是广泛的,从零售商业模式、零售管理、零售营销、零售服务,乃至与零售相关的业务活动,如批发、配送、仓储管理等。进入 21 世纪,新技术的出现正在深刻地改变零售业务,与零售相关的角色,包括生产企业、批发企业、零售企业、金融机构、消费者等,都在改变传统的思维与行为模式。

一、零售技术的演进

从历史层面看,技术演进对零售商业活动的影响经历了由外生至内生的变化过程。外生性是指技术的产生与革新是一种偶发现象,其结果能够改变商业活动,而技术创新本身不受商业活动的影响,两者间是一种单向关系。内生性是指技术创新与商业活动能够相互影响,商业主体在认识到技术的重要性后,也会有目的地进行技术方面的投入并从中获益。

(一)宏观技术演进历程及其对商业活动的影响

具体来说可分为以下四个阶段:

工业化 1 期(18 世纪 70 年代至 19 世纪 50 年代):代表性技术革新是蒸汽化与机械化技术的出现与发展,受其影响,制造业产出能力快速提升,尤其体现在单一化商品的产出方面。在生产能力的推动下,渠道"通行"能力被迫同步提升以适应商品销售的要求,批发与零售职能的重要性得以显现,当时批发业务的效率相对更高。在消费群体方面,人口的集中分布以及大规模、同质化消费需求的出现是主要特征。

工业化 2 期(19 世纪 60 年代至 50 年代):代表性技术革新是电气化技术的出现与发展,以及运输能力的显著改善。此阶段商品生产能力进一步提升,较容易实现规模经济,且逐渐具有较多的差异化特征,因此渠道宽度随之拓展并体现在终端零售环节,零售业务的丰富度以及重要性稳步增长。同期,消费群体向大(特大)城市集中的趋势明显,消费分层与消费差异化成为主流。

工业化 3 期(20 世纪 60 年代至 90 年代):代表性技术革新是计算机技术的出现与发展,不仅改进了工业活动效率,也显著提升了诸多服务业的效率。在生产方面,因需生产的模式逐渐受到关注,并为企业带来了可观的收益。同期,渠道模式更加多样化且成本快速下降,批发业务在某些领域逐渐萎缩,零售的渠道控制力明显增强。消费群体不再单一地选择集中化迁移,而是出现了更多的选择,消费活动的追求也向多样化发展,如个性化、时尚化、低价格等。

工业化4期(20世纪90年代至今):也称后工业化阶段,代表性技术革新是计算机网络与信息技术的全面发展。该阶段生产过剩是许多厂商面临的难题,生产企业需要有较强的灵活性,并与下游各类服务业形成有机的体系,从而获得及时的市场信息反馈。在渠道方面,渠道长度显著缩短,终端类型深度分化,基于网络与信息化平台运作业务成为普遍的趋势,给消费者提供了丰富的选择。对于消费群体,分散化居住、郊区化居住成为新的选择,消费活动更加注重便利性、实用性、时效性等。

(二)技术对零售效率的影响

传统观点认为服务业属于技术非累计型部门,其效率受技术的影响有限。但随着服务业门类的不断丰富,一些技术累计型行业逐渐出现,其效率受技术的影响是持续的。以零售业为例,受到运输技术、信息技术等的影响非常显著。美国零售行业数据显示,自1995年起,行业生产率增长保持在2%以上,并保持了较高的就业吸纳能力。另据我国学者测算,在1995—2000年,信息技术对零售业的贡献度为4.93,批发业为7.84,而一般制造业为4.34,运输业为1.72,通信行业为2.66。

零售领域的技术应用多为舶来品,这些技术并非零售企业原创,而是在应用方面进行了适应性调整或二次开发。例如,沃尔玛在(实体领域)零售技术应用方面一直处于领先位置,由于资金方面的优势,敢于尝试新技术或对技术进行相关的应用转化。沃尔玛零售技术应用的关键节点包括:①1969年开始使用计算机进行(单机)存货管理。②1980年开始使用条形码技术,将其应用于库存管理、订单管理及终端零售业务。③20世纪80年代中期开始使用电子数据交换(EDI)技术,在区域层面实现了业务数据的快速汇总。④1986年应用电子台账管理,借此缩短订货与送货管理周期。⑤80年代后期开始使用卫星定位技术,主要用于配送网络的监测与优化。⑥90年代初,采用实时销售数据分析,减少供应链管理中的误差。⑦90年代中后期开始普及使用实时数据管理,进一步完善供应链的响应速度与准确性。⑧90年代后期与宝洁公司联合开发有效顾客反应系统,优化供应链管理模式。进入2000年后,沃尔玛在网络领域的应用创新有所滞后。而自2010年开始,沃尔玛在O2O领域应用创新的步伐再次加快,如实时订单管理、无人店铺、冷链生鲜快速配送等。

自20世纪50年代开始,零售领域受信息技术的影响越发深刻,从效率提升到经营模式转变,引发了一系列的零售变革。信息技术首先改变了零售的基本价值活动,使商品进销存的成本快速下降,并且在多种业务环节实现了自动化。同时,信息互联互通使供应链的集成化成为可能,并在此基础上实现了多种供应链管理模式。最后,得益于数据量的增加,在更高的集成层面能够进行管理决策与支持,以及商业活动的智能化。零售领域信息技术演进图谱如图12-1所示。

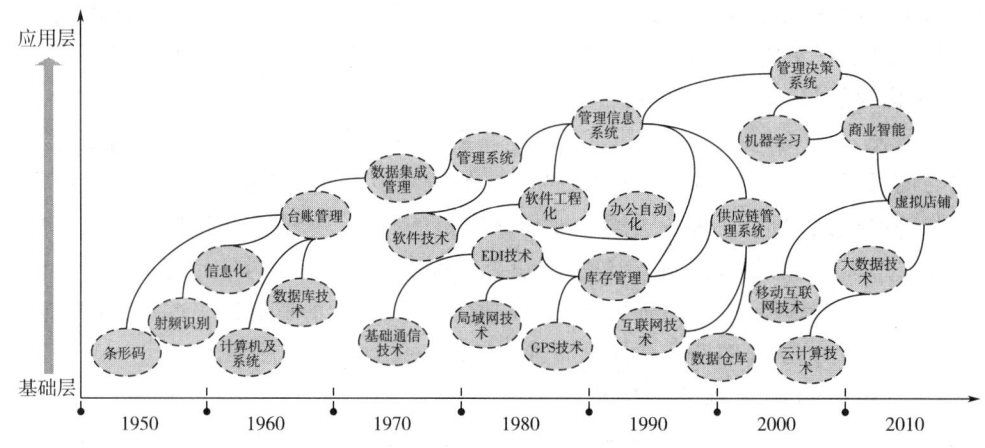

图 12-1 零售信息技术演进示意图

零售领域技术应用的典型特征是"搭便车"。由于新技术应用普遍具有一定程度的风险,技术应用初期的投入相对较高,因此中小零售企业缺少应用与创新的动力,而是等技术模式较为成熟后再以较低的成本引进。从微观层面看,零售企业选择新技术的时点具有较高的管理难度,管理者可以参照某些技术管理工具并结合自身技术应用的经验。

加特纳(Gartner)技术曲线

二、标准化管理

标准化是指对科技、管理等活动中的重复性事务或行为进行一致化的安排,对其制定并实施某种标准公约,从而获得最佳的秩序性与经济效益。根据我国《标准化工作指南》,标准化的含义是:"对现实问题或潜在问题制定共同使用和重复使用的条款的活动,标准化的主要作用在于为了其预期目的改造产品、过程或服务的适用性,防止贸易壁垒,并促进技术合作。"标准化是实施现代技术活动与技术管理的重要前提,由于现代技术研发与创新难以在单一组织内完成,需要不同主体间的合作,乃至社会层面的支持,因此相互之间的协调与互通至关重要。标准化的特性包括技术性、经济性、抽象性、连续性、继承性、约束性、政策性。受标准化特性影响,现代技术应用的趋势表现为产品(或相关服务)的系列化,组件的模块化与通用化,以及技术构建的组合化。该趋势有效促进了原发技术向应用领域转化,并且更易于使新技术有效融入原有技术体系。

标准化的功能包括:①简化功能。为了服务于经济目标,对标准化对象的结构、形式、规格或其他性能进行筛选提炼,剔除其中多余、低效能、可替换的环节,精炼并确定能够

我国网络零售的
标准化建设

满足业务需要所必要的高效能的环节,保持整体构成精简合理,使之功能效率最高。②统一功能。为了保证业务活动所必需的秩序和效率,对事物的形成、功能或其他特性,确定适合于一定时期和一定条件的一致规范,并使这种一致规范与被取代的对象在功能上等效。③协调功能。目的在于使标准系统的整体功能达到最佳并产生实际效果,主要处理的是系统内因素之间的关系,以及系统与外部相关因素的关系,使其相互间达到适应与平衡。

三、仓储物流技术

仓储物流是商业活动的基础,商品的交易最终要通过实体的转移实现。早期商业活动效率的提升主要受益于仓储物流技术与模式的升级,能够显著促进业务成本的降低。现代仓储物流技术逐渐泛化,不仅仅是单一的设备升级,而是仓储与物流全流程的技术革新与优化。

(一)包装技术

包装技术包括包装材料、包装设计、包装工艺、包装测试等。包装是为在物流过程中保护产品、方便储运、促进销售,按一定技术方法而采用的容器、材料及辅助物的总体名称。当前包装技术的发展方向是简洁与环保,许多企业推出了绿色定制包装技术。例如,亚马逊拥有一项独特技术,所有商品在入库的时候都会由Cub-Scan 3D测量仪读取商品的尺寸并存储入数据库,在消费者下单之后,系统就会根据该商品的尺寸推荐最合适的包装箱,并进行运输组合的优化,从而节省资源。

(二)装卸技术

装卸技术是指在同一地域范围内进行的,以改变物品存放状态和空间位置为主要内容和目的的活动,具体包括物品装载、卸除、移送、拣选、分类、堆垛、入库、出库等活动。装卸技术直接影响物流管理中的成本、效率和质量水平。装卸技术优化追求的目标是省时与省力,但在具体实施时需要因地制宜,不能够照搬现有模式,通常具有较高的个性化特征,需要与管理过程结合起来。

(三)自动识别技术

自动识别技术是指由设备自动对货物信息进行读取与存储,主要包括条码(Barcode)技术与射频识别(RFID)技术。①条码技术。条码是由一组按一定编码规则排列的条线符号,用以表示特定的货物信息。条码技术系统是指由条码符号的设计、制作及扫描阅读设备组成的完整自动识别系统。条码技术由于其便利性与低成本,应用已经极为广泛,从物流领域一直延伸至零售终端。②射频识别技术。通过无线射频方式进行非接触双向数据通信,利用无线射频方式对记录媒体(电子标签或射频卡)进行读写,从而达到识别目标和数据交换的目的。其主要应用于物资管理、出入库自动化、门禁与防盗领域。

(四)配载技术

配载技术是在完成一个或者多个运送目标的前提下,将时间、成本、资源、效率、环境约束集中整合优化,实现现代物流管理低成本、高效率的关键技术,也是物流运营计划与实际运营之间有效结合的关键。配载线路优化技术是现代配载技术应用的重点，包括集货线路优化、货物配装及送货线路优化等内容。其操作层面的技术包括车辆路径问题（VRP：Vehicle Routing Problem）、车辆调度问题（VSP：Vehicle Scheduling Problem）、多路线配送问题（MTSP：Multiple Traveling Salesman Problem）。解决相关问题需要运用到运筹学、应用数学等知识，从不同执行角度支持和实现配送的优化。配载线路优化技术的实际运营效果显著，以亚马逊"物流+"为例，配送站大多围绕各大运营中心而建，运输网络极其便利，通过大型货车将包裹配送到各配送站，而配送管理部门通过对路线及实时路况的掌握，提前为配送部门的快递人员规划好路径，并在实际配送中提供信息的动态更新。另一类配载优化技术是MilkRun循环运作技术，多用于供应环节。MilkRun循环运作是一种相对优化的物流操作，属于闭环拉动模式，其特点是多频次、小批量、及时介入。

（五）GPS技术

GPS技术是全球定位系统（GPS：Global Positioning System）的简称，主要包括三个部分，空间部分——GPS卫星网络，地面控制部分——地面监控系统，用户设备部分——GPS信号接收机。通过GPS技术，企业可以实时了解车辆的位置和货物状况信息（例如车厢内温度，空载或重载），真正实现在线实时的监控，避免货物运输途中管理的灰色区域，提高货物管理的精准性与安全性。同时，用户也可以主动、随时了解货物的状态以及货物运达目的地的整个过程，增强买方和卖方相互之间的信任度。

（六）过程控制技术

过程控制的概念源于工业领域，是指通过多变量与模型化方法，对业务活动进行预先、实时及反馈控制的方法。现代物流活动由于具有高度的复杂性与系统性，在综合管理中也可借鉴过程控制的技术与方法。例如，一些仓储物流企业（或部门）通过构建现代化物流中心、信息处理中心，使商流、物流和信息流在信息系统的支持下实现互动，从而提供准确和及时的物流服务。在物流管理过程中，过程控制已经

自动仓储技术——
自动化仓库

是物流透明化管理的必需环节，也是效益提升的核心环节，有业内人员预测此领域将是未来行业发展的重点，具有高度的战略价值。

四、信息管理技术

信息管理技术是现代零售业升级发展的核心，最近30年的零售效率提升主要依靠信息技术的提升。信息管理技术是涉及多领域的完整体系，包括信息的采集、存储、传递、管理，以及加工、使用等方面。

（一）POS系统

POS是一种多功能终端，可以将信用卡、商户网点、后台管理等业务活动产生的信息通过计算机网络连接起来，能够实现电子资金转账与结算，且具有支持消费、预授权、余额查询等功能，具有安全、快捷、可靠的特点。POS系统即销售时点信息系统，是指通

过自动读取设备(如收银机)在销售商品时直接读取商品销售信息,包括商品名、单价、销售数量、销售时间、销售店铺、购买顾客等,并通过通信网络和计算机系统传送至数据部门进行分析加工以提高经营效率的系统。POS系统最早应用于零售业,之后逐渐扩展到其他商业服务业,并从企业内部扩展至整个供应链。

(二) EDI 技术

电子数据交换(EDI:Electronic Data Interchange)技术是由国际标准化组织(ISO)推出使用的国际标准,是指一种为商业或行政事务处理,按照一个公认的标准,形成结构化的事务处理或消息报文格式,从计算机到计算机的电子传输方法,也是一种计算机可识别的商业语言。EDI是组织间通过电子手段进行的最常见的业务文档结构化交换形式之一。EDI包含多种模式,许多大公司采用混合式EDI解决方案,根据交易的规模、重要性和频率,与业务合作伙伴建立联系。常见EDI的技术与管理模式有:①点对点EDI(Direct EDI/Point-to-Point)。该模式在两个商业伙伴之间建立单一的直接联系,当涉及多个合作企业时,需要分别进行连接设置,常用于拥有大量日常交易的大客户和供应商之间。早期沃尔玛的大宗采购多使用该模式。②基于VAN的EDI(EDI via VAN or EDI Network Services Provider),也称为基于增值网络(VAN)的数据交换,该模式依托电子数据交换网络服务提供商,同点对点模式相比应用更为简单。许多企业倾向于采用这种网络模式,可克服不同业务伙伴所需的不同通信协议产生的复杂性问题。③基于AS2的EDI(EDI via AS2)。AS2是通过互联网较为安全可靠地传输数据的方法之一,尤其是EDI数据。AS2在使用中需要配置客户机与服务器。在数据传输时,AS2对EDI数据进行封装,使用数字证书和加密技术保证其在互联网传递中的安全。④基于多种传输协议的EDI(EDI via FTP、SFTP、FTPS)。FTP、SFTP和FTPS是通过互联网交换EDI文档的常用通信协议,其中任何一个都直接或通过EDI网络服务提供商连接到业务合作伙伴。⑤基于Web的EDI(Web EDI)。与通过AS2进行的EDI不同,Web EDI使用标准的互联网浏览器环境进行EDI,企业可以使用不同的在线表单与业务合作伙伴交换信息。Web EDI使中小型公司能够轻松负担EDI,这些公司只以极低的频率使用这种服务。⑥移动模式EDI(Mobile EDI)。通过专用网络访问EDI的便利性不高,移动电子数据交换可有效弥补这一缺陷。随着移动网络传输带宽的提升,移动EDI的应用(终端程序)逐渐普及。移动EDI应用的关键问题在于保障交换设施中移动设备的安全性与信息的保密性。移动EDI正处于快速发展阶段。⑦托管EDI(EDI Outsourcing),也称为EDI外包,是一种EDI管理模式,是指将EDI业务交由外部专业公司进行管理,该领域市场正在快速增长。许多公司由于缺乏相应的内部资源,或内部EDI成本较高,便可以采用托管模式,从而避开EDI软件开发、维护与运营的繁琐过程。

(三) 数据库技术

数据库技术是研究数据的结构、存储、管理以及应用的基本理论和实现方法,实现对现实中的数据进行处理、分析和理解的技术。数据库技术是信息管理技术的重要组成部分,是一种计算机辅助管理数据的方法。数据管理活动主要是对数据进行分类、组织、编码、输入、储存、检索、维护和输出,数据管理技术的发展包括三个阶段:①人工辅助管理阶段。20世纪50年代以前,数据管理依赖于特定的应用程序,缺乏通用性,且处理的数据量小,无特定的数据结构,数据管理效率极低。②文件系统阶段。50年代后期到60年代中期,随着数据处理规模的增加,数据组织成为独立的数据文件。文件系统实现了记录内容的结构化,表达了记录内各种数据间的关系,但是文件从整体来看仍然是无标准结构,其数据只能面向特定的应用程序。因此数据的共享性、独立性差,且冗余度高,管理和维护难度较大。③数据库系统阶段。60年代后期,系统化的数据库技术逐渐出现,数据在管理活动中拥有了独立性,数据存储具有标准化格式,有极高的通用性。其中,数据存储格式标准化需要基于数据存储模型。常见的数据模型包括层次模型、网状模型以及关系模型。关系模型的应用最为普遍,目前流行的绝大部分数据库系统都是基于关系模型设计的。

数据库技术发展趋势

(四)管理信息系统

管理信息系统(MIS:Management Information System)是一个以使用者为主导,利用计算机硬件、软件、网络通信设备以及其他办公设备,进行信息的收集、传输、加工、储存、更新、拓展和维护的系统。信息管理活动由信息的采集、信息的传递、信息的储存、信息的加工、信息的维护和信息的使用六个方面组成。完善的管理信息系统具有以下四个特征,确定的信息需求;信息的可采集与可加工;可以通过程序为管理人员提供信息支持;可以对信息进行综合管理。同时,具有统一规划的数据库是管理信息系统应用成熟化的重要标志。现代管理信息系统的使用大多处于开放环境下,需要互联网技术以及多学科的支持,涉及计算科学、运筹学、管理学以及模拟仿真技术等。管理信息系统的核心功能包括:①计划功能。根据现有条件和约束条件,提供各职能部门的计划,如采购计划、促销计划、财务计划等,并按照不同的管理层次提供相应的计划报告。②控制功能。根据各职能部门提供的数据,对计划执行情况进行监督、检查,比较执行与计划的差异,分析差异及产生差异的原因,辅助管理人员及时加以控制。③辅助决策功能。采用相应的数学模型,从大量数据中推导出有关问题的最优解和满意解,辅助管理人员进行决策,以期合理利用资源,获取较大的经济效益。④预测功能。依据历史数据的积累,运用统计或模拟方法,对各类业务活动进行长短期预测。

零售管理信息系统在使用中可分为系统基础、基础数据、功能模块、应用模块、用户接口五个部分,其结构如图12-2所示。①基础系统。各类数据与应用的承载主体,即应用、数据库、Web页面等各类服务器。这些服务器是概念层面的,可以独立存在也可以安装在同一主机上。例如,数据库服务器一般独占一台主机,应用服务器与Web页面服务器可共享主机。②基础数据。信息系统管理的对象,包括与商品相关、供应商相关、客户相关以及内部业务活动相关的所有数据。由于数据格式与规模方面的差异,这些内容需要单独设置数据库文件。③功能模块。存储并管理各类程序组或程序函数,如商品信息管理、库存管理、销售管理、客户管理等。这些程序组或程序函数具有较好的通用性,可以被上层应用调用。④应用模块。系统化、规模化的应用群一般能够实现系列化的管理功能,如商品进销存系统模块、自动补货系统模块、客户服务系统模块。⑤用户接口。用户的登录与操作界面同时限定了不同用户的级别与权限,接口管理的身份识别与安全性十分关键。目前,大部分用户接口都是基于 B/S 结构的,需要相应的 Web 服务器支持。

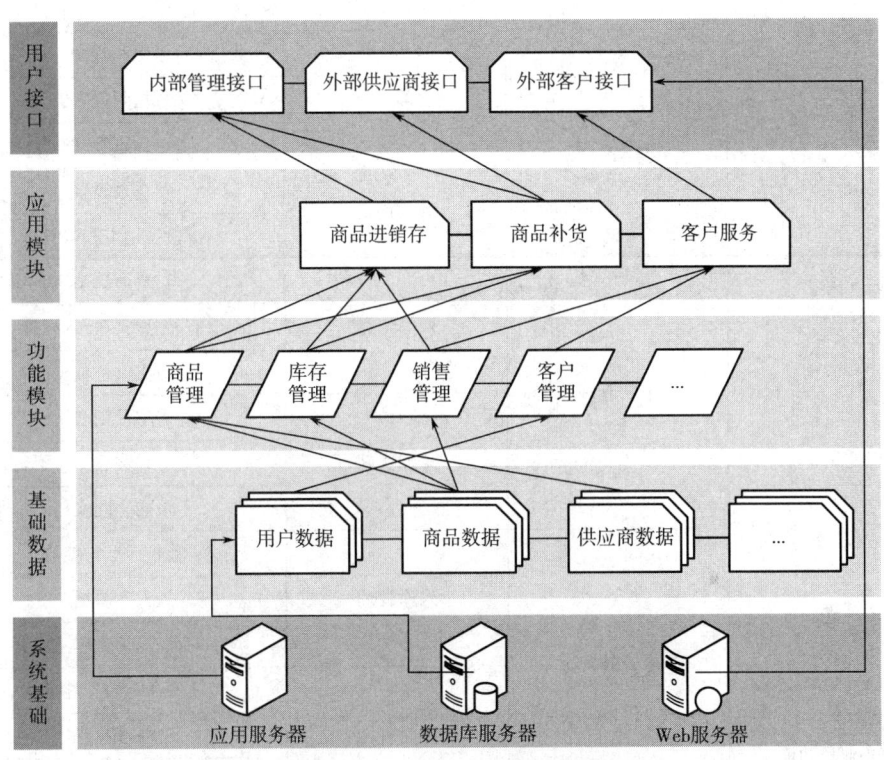

图 12-2　零售管理信息系统层次结构

零售管理信息系统一般包括三个主要功能组,具体细目见表 12-1 所示。①系统功能。其主要涉及系统基本运行与维护的管理功能,是管理信息系统必备的功能组。其中,根据用户数据量的多少以及对系统安全性的要求等级,系统功能可做相应的调整。②核心业务功能。零售管理核心业务主要围绕进销存管理,其中,库存管理的模式化程度较高,而采购与销售管理通常需要根据企业需求定制,各类电子表单也需根据企业标准设计。同时,核心业务功能组的逻辑复杂度较高,尤其在对数据库进行访问时,同步性与一致性需要得到保证。③辅助业务功能。其主要涉及财务管理、人力业务管理等支持性业务,可根据企业需求进行增减。有些零售企业的辅助业务使用独立应用程序(如独立的财务管理系统),不一定同管理信息系统整合在一起。

表 12-1 零售管理信息系统功能分解

功能组	功能	功能项目	
系统功能	系统维护	系统安全检查	
		系统更新升级	
		系统防火墙设置	
		数据备份与更新	
		网络接口管理	
	系统管理	内部用户	密码管理
			权限设置
			日志管理
		外部用户	登录设置
			身份识别与权限管理
核心业务功能	采购管理	商品信息	货商档案
			商品分类与技术指标
			历史价格数据
		采购实施	需求计划表单
			采购表单
			采购合同文档
	库存管理	入库管理	验收标准与签收
			入库单据
			退货流程
		出库管理	库存查询与盘点
			存货位调整
			出库单据
	销售管理	门店管理	门店基础信息
			门店数据传输
			门店仓储配送
			门店人员授权
		商品管理	商品品类管理
			商品货架管理
			商品定价与促销管理
			销售单据管理
		客服管理	会员管理
			售后管理

续表

功能组	功能	功能项目
辅助业务功能	财务管理	基本收付款管理
		业务单据管理
		结算与平衡管理
	人力业务管理	员工档案管理
		员工排班管理
		员工绩效与福利管理

五、数据分析决策技术

现代零售企业数据积累速度快速提升,合理有效地利用好数据资源能够带来显著的收益。从数据源角度看,零售企业不仅能够从内部业务活动中采集连续性极好的数据,还能够从外部环境中提取格式丰富的数据与信息。在拥有数据后,企业可以在不同层面加以使用,包括基础层面应用、场景层面应用、自动化层面应用、执行层面应用及智能层面应用,详细划分如图 12-3 所示。

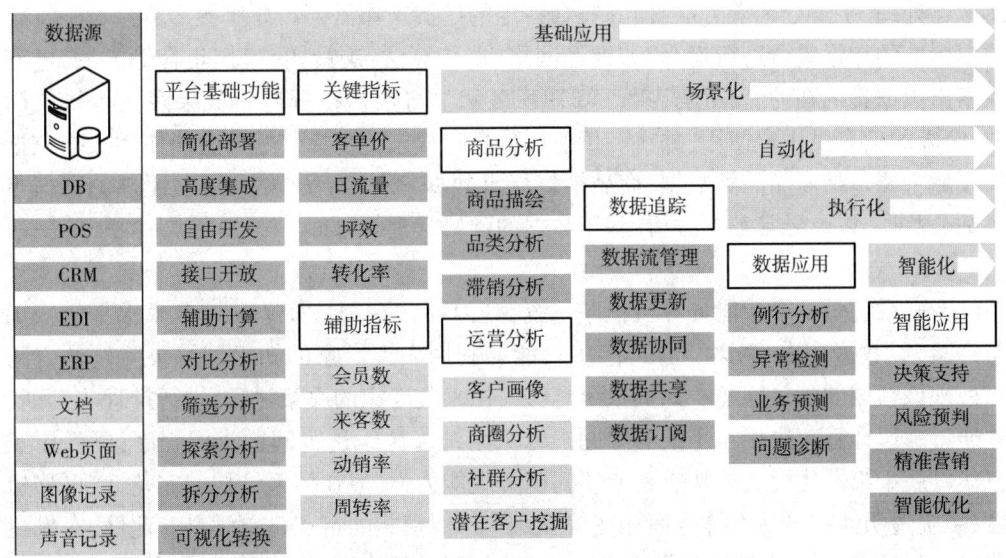

图 12-3　零售数据分析决策层次框架

（一）数据可视化

数据可视化(Data Visualization)是一种直观便捷化的数据查看与分析技术,其核心是以视觉形式概括、抽象庞大的数据信息。数据可视化的目标是通过数据过滤、钻取、关联、互动等方式,使用户能够快速掌握信息、发现问题并得到答案。数据可视化的基本步骤包括：①定义数据空间。对数据空间的维度进行划分，设置相关变量的格式与属性。②数据分解。利用数据处理工具对数据进行切片、旋转、对比，从多角度对数据进行观测。③数据加工。利用相关算法对数据进行计算与推演，将其转化为某种期望的、精简的形式。④可视化生成。利用可视化技术与工具将数据转化为各类图形或图像。目前可用的可视化技术包括基于像素的技术、基于几何的技术、基于图标的技术、基于层次的技术、基于图像的技术。数据可视化是一个处于不断演变之中的概念，其边界在不断扩展，该领域技术的发展方向包括可视化算法、立体可视化、多分辨率方法、可视建模技术、可视交互技术等。数据可视化工具分为两大类，一是报表类工具，如 JReport、FineReport 等；二是专业化 BI 工具，如 Style Intelligence、BIEE 等。

(二) 数据挖掘

数据挖掘(Data Mining)是指通过信息检索、统计分析、模式识别等算法，从大量数据中探索有价值信息的过程，是大数据背景下的常用分析技术。数据挖掘的主要流程包括：①数据采集与集成。通过广泛的来源采集数据，对不同格式、特征的数据在物理层面与逻辑层面进行归纳与集中，并保存至数据仓库。②数据清理。数据库中经常存在一些不完整的数据(如缺失值、含有噪声)或非一致性，在使用前需要进行清理工作。③数据规约。用于得到数据集的规约表示，从而提升数据挖掘的运算效率，对于海量数据处理尤为重要。④数据变换。数据挖掘前的预准备工作可以使用分层化处理、离散化处理、平滑处理等方法，使其符合特定的挖掘工作需要。⑤挖掘运算。对于符合挖掘标准的数据集合进行运算，如神经网络、遗传算法、决策树、模糊集合等方法，进而探索出数据集内在的特征与规律。⑥知识表示。将数据挖掘所得成果表达为格式简洁、清晰的信息供用户使用，并将有价值的信息存放于信息库。零售企业使用数据挖掘的领域主要包括商品品类数据、商品销售流水数据、商品市场情报数据、用户侧写与市场细分数据，以及异常数据分析、基于数据的预警管理等方面。

(三) 专家系统

专家系统是一个智能计算机程序系统，其内部含有大量某个领域专家水平的知识与经验(以数据结构、算法等形式存在)，能够利用人类专家的知识和解决问题的方法来处理该领域的相关问题。此类系统能够模拟人类专家的决策过程，进行推理与判断，并通过高速计算解决相对复杂的问题。专家系统起源于逻辑问题求解程序，已经历了三代发展。第一代模式的特点是专项问题解决能力强，但在体系结构的完整性、可移植性、系统透明性和灵活性等方面存在缺陷。第二代模式的特点是单学科专业性，在人机接口、解释机制、知识获取技术、不确定推理方面有所改进，但在横向跨接方面存在局限。第三代模式的特点是多学科高度综合，构建于人工智能语言、骨架系统及专家系统开发环境基础之上，推理机制与控制策略得到极大提升。专家系统的核心是知识库与推理机：①知识库。知识库是用于存放专家知识的区域。专家系统的问题求解过程是通过知识库中的知识来模拟专家的思维方式，知识库是专家系统是否优质的关键，即知识库中知识的质量和数量决定着专家系统的总体水平。②推理机。推理机用于模仿专家解决问题的思维方式，具有相对复杂的逻辑结构。推理机能够根据已知信息与设定条件自动匹配知识库中的规则,并通过正向策略或反向策略两种方式得到推理结论。专家系统的分类方式如表 12-2 所示。

表 12-2 专家系统分类

分类标准	类　　型	应用说明
技术结构	基于规则的专家系统	较为简单的专家系统设计实现
	基于逻辑的专家系统	基于推演模式/逻辑的专家系统设计实现
	基于语义网络的专家系统	基于模糊运算处理的专家系统设计实现
任务类型	解释型	处理符号与数据分析问题,如买家留言解释
	诊断型	根据已有信息查找问题节点,如销售下滑诊断
	规划型	根据给定目标拟定行动计划,如促销方案制定
	控制型	保障设计过程实现,如物流配送控制建议
	教育型	培训与考核功能,如数据库维护培训

第二节　网络零售管理

网络零售是当代零售发展的焦点,也是零售模式创新的主要领域。我国网络零售的发展尤为迅速,网购人次、交易额、交易频率等指标均处于世界前列,其直接与间接带动的生产与就业人员规模也非常庞大,对于社会经济发展有重要影响。同时,网络零售也成为吸纳投资的热点,除了新兴网络业务投资主体外,近些年,许多传统零售商也将业务拓展至网络领域。

一、网络零售发展

网络零售发展融于电子商务整体发展过程之中,从网络零售在我国的发展历程看,其特征可归纳为"技术先行、市场增长、政策跟进"。

(一)技术积累阶段(1995—2000 年)

20 世纪 90 年代中期被普遍认为是电子商务发展的起点,该阶段电子商务所需的各类技术均已具备,但在应用层面尚不完善,许多在线业务的先行者经历多次尝试,探索出了可行的方法与模式。我国 1995 年已接触互联网技术,一些具备实力的商业企业开始了简单的信息搜寻与商业电邮的应用。随后,一些网络交易的专职企业逐渐出现,如当当网、阿里巴巴等,其业务的发展速度吸引了更多的投资者进入电商领域。但是,随着 2000 年互联网泡沫的破灭,互联网经济受到了质疑,有相当比例的互联网企业倒闭,电商发展进入了低谷期。

(二)市场完善阶段(2000—2010 年)

市场完善包含两个层面,一方面是在技术体系完备的前提下,对在线业务的综合支持能力获得提升;另一方面是在线业务应用模式逐渐专业化,应用领域细分度显著提升。此阶段,国内电商领域的竞争程度较高,例如,在零售业务方面,大量内资电商企业需要同亚马逊这样的国外电商企业同台竞技。激烈的竞争促使国内电商在模式方面不断模仿与创新,从而更好地适应消费市场的发展。在消费者方面,由于终端设备价格的下降,应用普及度的提升,对在线业务的认可度与接受度稳步提高,使用在线零售业务的群体比例快速提升。

(三)快速发展阶段(2010年之后)

该阶段我国电商业务加速发展,电商企业的规模不断扩张,多家领先企业先后在纳斯达克挂牌上市。围绕核心电商的周边生态不断完善,包括第三方支付、电子认证、电子保险、数据托管服务、各级物流配送、在线运营咨询服务等。其中,物流体系的完善是促进我国电商业务增长的关键环节,标志性事件是2013年由阿里巴巴牵头组建的"菜鸟"网络,其在构建智能物流网络方面取得了显著成效。在需求方面,

我国电子商务领域的政策发展

消费者在线购物的理性程度随之提升,更加注重对于商品质量与价格信息的筛选与过滤,各种在线比价工具应运而生。同时,电子商务交易法律法规体系也在此阶段逐渐完善,使在线交易中存在的各类问题有了明确的界定、解释与规范。

二、网络零售模式

从电子商务大类别看,模式分类的视角很多,包括基于原模式的分类、基于价值链的分类、基于控制方的分类、基于互联网商务功能的分类、基于新旧模式差异的分类,以及混合分类,具体分类方式如表12-3所示。从这些分类可以看出,现代电子商务涉及的领域非常宽泛,在横向层面既包括商品交易也包括服务交易(其中包含商务服务与政务服务),在纵向层面可以向产业链上游不断拓展。网络零售是电子商务的下属类别,主要指为终端零售客户提供服务的各类商务活动,包括商品零售以及与之相关的配套服务。

表12-3 电子商务分类方式

分类标准	代表学者/主体	分类说明
基于原模式的分类	彼得·韦尔 (Peter Weill)	基于电商原模式的扩展,可分为内容提供者、直接与顾客交易、全面服务提供者、中间商、共享基础设施、价值网整合商、虚拟社区、企业/政府一体化
基于价值链的分类	保罗·蒂默斯 (Paul Timmers)	基于价值链整合程度与功能丰富度,可分为电子商店、电子商城、电子拍卖、虚拟社区、协作平台、第三方市场、价值链整合商、价值链服务供应商等形式
基于控制方的分类	麦肯锡咨询公司	基于渠道控制能力,分为卖方控制模式、买方控制模式和第三方控制模式

续表

分类标准	代表学者/主体	分类说明
基于互联网商务功能的分类	克里斯特尔·德雷斯巴赫和斯达夫·赖特（Crystal Dreisbach & Staff Writer）	基于网络商务实现功能，分为基于产品销售的商务模式、基于服务销售的商务模式和基于信息交付的商务模式
基于新旧模式差异的分类	保罗·班伯瑞（Paul Bambury）	基于商务模式的对照，分为两种：①移植模式，是指在真实世界当中存在的，并被移植到网络环境中的商务模式。②禀赋模式，是指在网络环境中特有的、与生俱来的商务模式
混合分类	麦克尔·拉帕（Michael Rappa）	基于多种特征与视角的层次分类方式，主模式可分为九大类，每一类别下又可继续分为多种具体形式。该分类法覆盖全面

注：根据百度搜索整理

（一）网络交易模式

从渠道角度分析，交易模式主要是指商业企业运用互联网的形式与方法，及其所体现的在线渠道结构特征。由于在线业务能够极大缩减中间环节，因此其交易模式大多可以归纳为精简的形式，主要包括：①B2B（Business to Business）。其指在企业之间进行的电子商务活动，是最传统的网络交易模式。B2B 模式可以使用整合度极高的形式，如通过关联企业间的 VPN 网络实现；也可以使用开放网络环境，企业间可以自由选择，如阿里巴巴的电商模式。从业务规模看，B2B 仍然是现有电子商务活动的主要组成部分。②B2C（Business to Consumer）。其指企业对终端消费者的电子商务活动，是网络零售的重要部分，也是近十余年电子商务持续增长最快的领域。B2C 模式以商品销售企业为核心，通过网络平台为消费者提供了解商品、购买商品的渠道。使用 B2C 模式的可以是零售企业，也可以是具有一定垂直化能力的制造企业。③C2C（Consumer to Consumer）。其指存在于消费者相互之间的电子商务活动，是灵活度极高的在线零售交易。C2C 模式可以通过点对点方式实现，也可以通过平台化方式实现。后者符合 C2C 模式发展的趋势，能够克服 C2C 交易中的信息非对称问题，并为交易提供某种形式的担保。同时，C2C 也是众多个人创业者及中小企业进入电子商务活动的首选模式。④C2B（Consumer to Business）。C2B 是一种衍生的电商概念，是指在互联网环境下，以消费者为核心引导生产的商业模式。C2B 模式提倡先有需求而后进行设计与生产，消费者融入设计乃至生产的过程中，使商品最大限度地贴合消费者需求。C2B 模式可分为聚合定制、模块定制、深度定制三种形式。⑤O2O（Online To Offline）。O2O 是线上与线下业务整合的模式，通常指以线上业务为前端，达到信息宣传与吸引客户的效果，并通过线下部分充实渠道，最大限度地扩充业务的覆盖面。O2O 模式的特点在于线上与线下的互补与配合，充分发挥线上信息、效率与价格的优势，以及线下接触性、服务性与体验性的优势。与网络零售相关的模式主要是 B2C、C2C、O2O，模式特征的比较如表 12-4 所示。

表 12-4 典型网络零售交易模式的比较

模式特征	B2C	C2C	O2O
业务规模	整体交易量大,单笔交易均值较高	整体交易量一般,单笔交易价值差别明显	同线下业务结合,交易量处于快速增长期
定价模式	企业(零售商)定价模式	单方定价与协商定价并存	企业(零售商)定价模式,存在价格双轨模式
业务过程复杂性	下单、付款、发货可同步进行	付款—发货—收货—结算存在序列关系	下单、付款、发货、服务之间存在并行及制约关系
业务处理时间	单向业务处理速度较快	由于担保机制的存在,最终完成时间较长	线下业务是制约其速度的主要因素
业务领域覆盖	几乎涉及所有品类商品及服务	品类覆盖广泛,优势体现在某些稀缺商品领域	目前主要应用于个性化、定制化及高卷入度商品
业务模式延伸	可扩展为 B2B2C	可扩展为 C2B2C	可扩展为 ITM(Interactive Trading Mode)互动交易模式

(二)交易系统结构

在线交易系统结构包括四个层次:①网络层。网络层是在线业务运转的基础条件,用于实现物理层面的连接。网络层既包括所需的硬件设施、设备,也包括各类底层的传输标准与接口。网络层可分为企业内网与外部互联网,内网建设由企业根据需求定制,外网由专业的接入服务商提供。②传输层。传输层主要指各类网络通信协议,即依据何种标准或格式进行信息交互,如 TCP、UDP 等。传输层主要提供传输连接服务与数据传输服务,以实现网络会话及数据的传递。③服务层。服务层主要指保障在线业务的各类支持性应用,包括认证服务、加密/解密服务、签名服务、电子结算、目录服务等。服务层的完善程度直接影响在线交易的模式、规则以及可靠性等级。④应用层。应用层是在线交易的顶层,包含了所有同用户(企业、供应商、消费者)的接口。应用层表现为各类应用系统或软件的形式,如交易网站、应用终端(APP)、C/S 结构交易程序等。同时,还有部分应用,如数据库、邮件服务等,同这些系统或软件相连,而非普通用户直接可见。应用层实现的关键在于保证其通用性,如基于 JAVA、J2EE 等技术的网络应用有较好的跨平台特性。

移动电子商务的发展

(三)交易安全

保障交易安全是在线交易的基本要求,交易安全包括以下几个部分:①数据传输的安全性。对数据传输的安全性需求是指在公网上传送的数据不被第三方窃取,对数据的安全性保护是采用数据加密方式(包括私有密钥加密和公开密钥加密)来实现的。例如,数字信封技术是结合私有密钥和公开密钥加密技术实现的保证数据传输安全性的技术。②数据的完整性。对数据的完整性需求是指数据在传输过程中不被修改或调整,数据的完整性是通过安全的散列函数和数字签名技术来实现的。例如,双重数字签名可用于保证多方通信时数据的完整性验证。③身份认证。由于网上的通信双方(或多方)互不见面,必须在交易时(尤其在交换敏感信息时)确认对方的真实身份。在涉及支付时,还需要确认对方的账户信息是否真实有效。身份认证通常采用口令字技术、公开密钥技术、数字签名技术或数字证书技术来实现。④交易的不可抵赖。网上交易的各方在进行数据传输时必须带有自身特有的、无法被别人复制的信息,以保证交易发生纠纷时有所对证,通常可以通过数字签名技术和数字证书技术来实现。常见的安全交易协议包括 SET 协议与 SSL 协议。

1. SET 协议:SET(Secure Electronic Transaction)协议称为安全电子交易协议,是由万事达(MasterCard)和维萨(Visa)联合网景(Netscape)、微软(Microsoft)等公司于 1997 年 6 月 1 日推出的一种电子支付模型,主要用于保障即时电子支付的安全性。SET 协议是 B2C 模式基于信用卡支付需求而设计的,保证了开放网络上使用信用卡进行在线购物的安全。SET 协议涉及的证书包括银行证书、发卡机构证书、支付网关证书和商家证书。在完成一次 SET 协议交易过程中,需验证电子证书 9 次,验证数字签名 6 次,传递证书 7 次,进行签名 5 次,进行 4 次对称加密和非对称加密。SET 协议主要解决用户、商家、银行之间通过信用卡进行交易的信任问题,具有有效保证交易数据的完整性、交易不可抵赖性等优点,是公认的信用卡网上交易的国际标准。

电子交易中的"错价门"事件

2. SSL 协议:SSL(Secure Socket Layer)协议由 Netscape Communication 公司设计开发,用于在客户端浏览器和 Web 服务器之间建立一条 SSL 安全通道,提供对用户和服务器的双向认证。一份 SSL 证书包括一个公共密钥和一个私用密钥,公共密钥用于加密信息,私用密钥用于解译加密的信息。当浏览器指向一个安全域时,SSL 同步确认服务器和客户端,并创建一种加密方式和一个唯一的会话密钥,可以启动一个保证消息的隐私性和完整性的安全会话。SSL 证书一般包括域名验证型证书、组织验证型证书、扩展验证型证书。SSL 在工作中包含三种协议:①握手协议(Handshake Protocol)。握手协议是客户机和服务器用 SSL 连接通信时使用的第一个子协议,握手协议包括客户机与服务器之间的一系列消息。SSL 中最复杂的协议就是握手协议,该协议允许服务器和客户机相互验证,协商加密算法以及使用保密密钥,用来保护在 SSL 中发送的数据。②记录协议(Record Protocol)。记录协议在客户机和服务器握手成功后使用,即客户机和服务器鉴别对方和确定安全信息交换使用的算法后,进入 SSL 记录协议。记录协议提供保密性和完整性服务。③警报协议(Alert Protocol)。当客户机或服务器发现错误时,立刻向对方发送一个警报消息。如果是致命错误,则程序算法立即关闭当前的 SSL 连接,并删除双方相关的会话号与秘钥。当前 SSL 协议已普遍应用于主要的浏览器和 Web 服务器程序中,并成为全球性标准。

三、B2C 模式

B2C 模式是当前电商领域发展速度最快的领域,其建设与运营模式日趋成熟,同时具有良好的信息搜寻、商品展示、用户交互、快速配送等方面的特点,在消费群体基数、消费客单价以及消费频率方面均显示出优势。典型的 B2C 交易模式如图 12-4 所示。B2C 的核心环节在于在线页面的设计,相关的设计原则包括:①易用性。基于 Web 的软件操作简单实用,且在功能方面没有缺失,能够适应网站管理人员、供应商、消费者等不同角色的需求。②通用性。Web 信息能够适用于不同的终端以及不同的操作系统与浏览器,使客户可以通过桌面电脑、平板电脑、智能手机等设备进行操作。通用性的保障通常是基于 Java 技术实现的。③结构层次性。Web 页面的结构层次清晰,符合使用者习惯,尤其对消费者来说,其能够便利地浏览商品信息,并通过高效的导航设计快速找到所需信息。④可扩展性。Web 服务需要考虑到业务未来发展以及软件使用的阶段性问题,预留充足的接口,便于功能模块的增加与调整。Web 页面设计应遵循一般的软件工程标准,合理判断软件的生命周期,定期进行版本升级与更新,并与基础支持组件(如 Flash、Java script)的升级相协调。⑤并发性。充分考虑大量终端同时访问页面的情况,支持不同功能模块的同时运行,有较好的抗压能力。例如,许多商务网站被诟病的主要原因就是高峰期响应速度慢,甚至出现无法访问等问题,这会导致消费者的流失。⑥安全性。Web 服务需要搭载可靠的安全组件,如前述的认证机制以及多类安全协议,保障商务平台本身以及外部来访者的信息与交易安全。⑦互动性。互动性是现

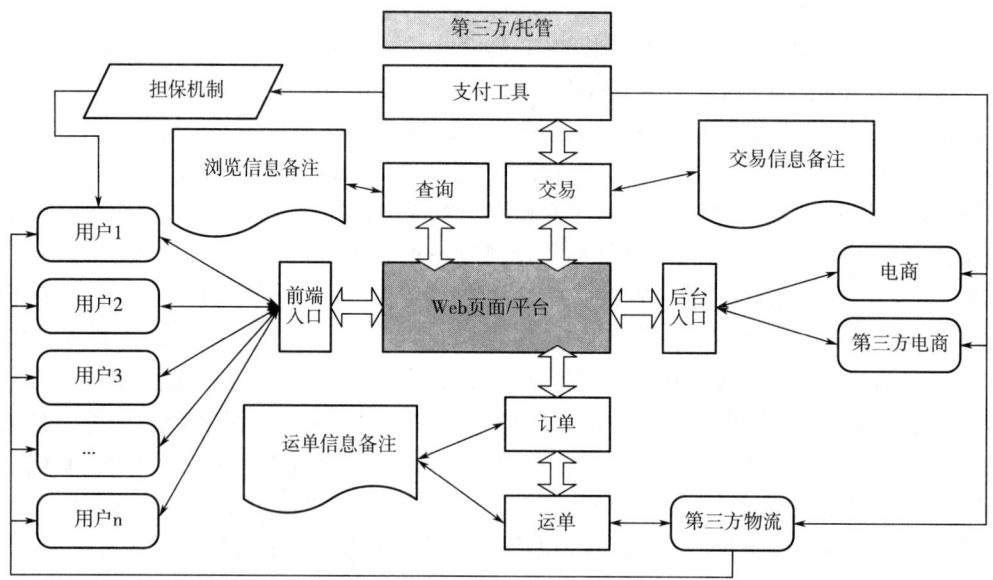

图 12-4 B2C 交易模式示意图

代在线商务活动的主要特征,能够使商户快速获得用户的各种反馈。可基于 Web2.0、cookie 等技术,以及各种在线通信服务实现互动。

B2C 模式通常包括多层次的功能模块群。①基础平台支持。其主要对各类在线交易业务提供管理或运算支持,主要包括商品管理、信息内容管理、交易财务信息管理以及各类(如访问量、交易量)实时监控。②核心业务群。它是在线交易的主要功能承载,可分为交易管理、物流配送管理以及售后服务管理三个部分。交易管理能够为用户提供从商品浏览、选择,一直到结算的全流程服务。物流组件主要提供下单后对运单数据的跟踪与管理,直至客户签收为止。售后服务需要有较宽的覆盖面,能够根据客户线上及线下的反馈提供必要的服务支持。③前端业务群。其集成了对用户在线购物进行引导的各类功能。平台门户部分主要承担基本信息发布的任务,包括企业信息、行业信息,以及对客户有价值的商品信息等。平台门户部分可以同在线交易部分编辑在同一Web 结构下。用户管理部分主要为用户合法进入购物流程提供支持,通过立体化信息对用户进行身份设定与身份识别。即时通信部分提供多类可用的通信方式与相关软件,如页面留言、页面会话窗口、短信发送、电话回拨等。用户接入部分用于在技术层面保证用户对 B2C 业务的可用性,主要包括网页 Web 接口以及各类 App 应用接口。④第三方软件。第三方软件能够在多方面支持 B2C 企业的运转与扩展,主要涉及搜索插件、比价插件、支付插件等部分。B2C 功能模块如图 12-5 所示。

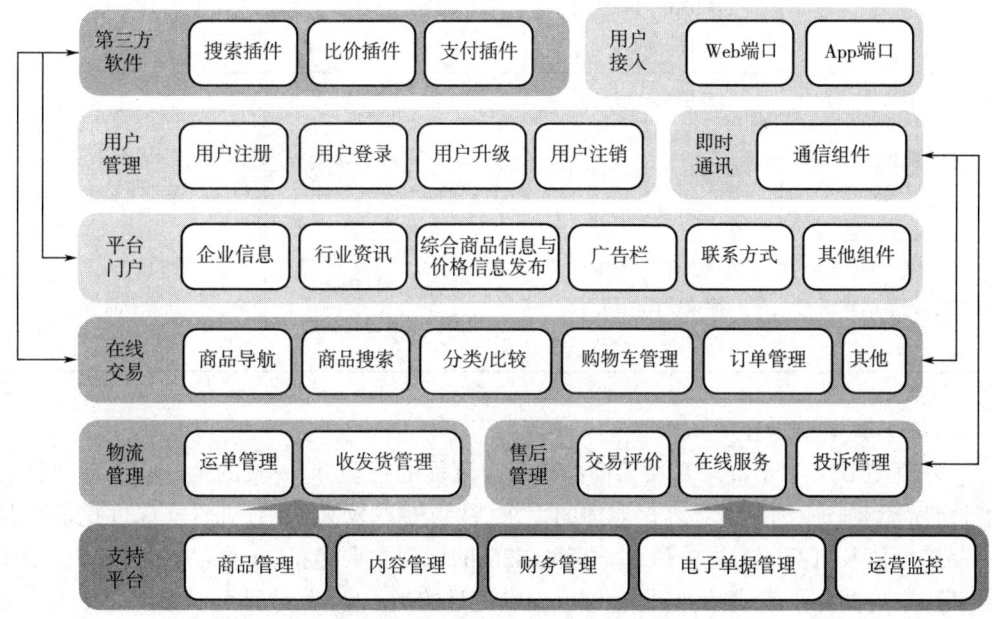

图 12-5　B2C 模式功能模块示意图

B2C 模式可以分为几种类型:①综合购物型。这种类型的 B2C 模式多以中间商形式出现,网店本身不具备生产能力,通过买断或代理模式销售综合品类的商品,典型企业如 Amazon.com 与京东商城。这种模式是当前 B2C 领域发展最成熟、最完善的模式,也通常是消费者网络购物的首选。②平台型。即网站以平台形式存在,本身不直接经营商品,而是由进入平台的商户从事具体业务。网站平台的主要职责是设定准入门槛,对商户与交易过程进行监管,并承担相应的交易保障责任,典型模式如天猫商城对第三方商户的管理。③制造商垂直模式。制造商通过自建网站在线销售商品,该模式便于商品渠道的管理与控制,缩短与消费者之间的距离,为消费者提供高附加值服务等。该模式多应用于优势品牌企业,典型实例如戴尔(Dell)、苹果(Apple)和盖璞(GAP)。④信息门户兼购物模式。一些传统信息门户网站利用自身品牌与知名度优势,进行业务领域延伸,挖掘在线销售的利润,典型网站如网易严选。这四种 B2C 模式的设计特征、应用特征以及优势领域如表 12-5 所示。

表 12-5　几种 B2C 模式的比较

类型	设计特征	应用特征	优势领域
综合购物型	完整的基础架构 高效的导航能力 存储空间充足	提供丰富的货架空间 实现低成本运营	综合品类商品 高流量商品 供给与需求量大
平台型	完整的基础架构 严谨的接口与准入机制 较高的可靠性 存储空间充足	交易安全保障 可靠的售后与追溯机制	低销量单品 供给与需求相对分散
制造商垂直模式	简洁高效的结构 较强的商品展示能力 有效的客户互动能力 完整的服务配套	独立化管理 在线体验感的强化 品牌管理的一致性	高端商品 优势品牌商品 定制化商品
信息门户兼购物模式	共享门户资源 简单便捷的使用 可扩展的空间	综合的信息传递 同消费者丰富的触点	新上市商品 小众化商品 代拍商品

（一）垂直型 B2C

垂直型 B2C 以电商平台覆盖商品渠道全流程的管理,该模式的重心在于专业性与专注性,能够适应细分市场客户群体的需求,注重获取较高的用户信任,深度挖掘商品的品牌价值及自身的渠道价值。垂直型 B2C 的优势主要包括:①商品展示优势。由于经营较窄的商品品类或品种,平台可以提供充足的展示空间,并且可以提供商品生产流程展示,使消费者深入了解商品,获取全方位信息。②流通管理优势。由于在纵向层面覆盖全流通过程,能够有效控制渠道,保证商品的供应质量与速度,避免多类渠道冲突问题。③综合服务优势。在整合管理体系下,可以为供应方(原始生产商)、消费者、物流服务方提供可靠服务及衔接的便利性。当前,垂直型 B2C 主要集中在品类层面,涉及的分类包括服装服饰、数码产品、化妆品、特产食品、家居商品、汽车用品等领域。垂直型的极简形式是 F2C(Factory to Consumer),即从厂商直接到消费者的电子商务模式。F2C 通常是品牌设计公司将方案交给代工厂,商品出厂后直接配送至消费者,以获得最短的商品流通路径。目前,F2C 模式仅能够应用于少数品类,如部分家装商品、定制化商品及高价值商品。一些业内人士看好 F2C 模式的前景,认为在供应链管理参差不齐的环境下,F2C 可以充分发挥其线上过程控制、精准质量监督、快速生产响应的优势,在细分市场领域取得快速的发展。

(二)比价型 B2C

比价型 B2C 属于 B2C 业务的前端,主要为消费者提供同款商品价格信息的搜寻与比较,并提供商户价格排序的服务,如国内的"慢慢买"网站。比价服务应用横向的网页搜寻技术以及精准的信息抓取技术,获得商品在同一时间截面的价格信息及相关参数(如运费、保险费、数量折扣等),为用户选购商品提供更多的选择,其本质上是一种导航服务。比价平台运营的核心在于高效的搜索引擎,能够从海量商品价格信息中筛选出对消费者有价值的信息,并自动过滤无效或虚假信息。当前比价平台的管理模式主要是预先进行信息的搜索,提取关键字并存储于数据库,消费者的搜寻结果其实是来自数据库,而非直接从网络获取。今后,实时化、开放化的搜索比较将成为应用的趋势。

B2C 模式的成熟以及交易规模的增长吸引了不少实体零售商的转型或业务拓展。以我国零售市场为例,许多实体店在近些年纷纷开设网店并将部分线下业务转至线上,迎合了消费需求并获得了理想的业绩。一些实体零售商业务拓展示例如表 12-6 所示。这些网店虽然和主流 B2C 平台在业务与技术层面存在较大差距,但能够对实体店业务形成有效支持,扩展商品展示与销售空间,并且在一定程度上减少客户流向其他网店。

我国 B2C 市场的特点与发展趋势

表 12-6 实体零售商开设网店列表(部分)

编号	实体零售商	网店	网址
1	苏宁电器	苏宁易购	www.suning.com
2	国美电器	国美商城	www.gome.com.cn
3	(沃尔玛)山姆会员店	山姆会员商店(在线)	www.samsclub.cn
4	百佳超市	百佳网上超市	www.parknshop.com
5	欧尚集团	欧尚网上购物板块	www.auchan.com.cn
6	天虹百货	天虹(在线)	www.tianhong.cn
7	宁波三江	三江购物	www.sanjiang.com
8	广百百货	广百荟	www.gbhui.com
9	百联集团	百联网上商城	www.bl.com
10	中百集团	中百商网	www.zon100.com

四、C2C 模式

C2C 模式主要用于衔接广大中小规模的买家与买家,以信息平台的形式服务于分散型交易。C2C 模式存在的主要价值是能够极大缩减分散交易者之间的信息搜寻成本,扮演"网上集市"的角色。现代 C2C 交易平台在功能层面进一步扩大,除了供需对接以外,能够为交易提供一定程度的担保,实现对稀有商品的拍卖交易,促进跨境电商的低成本运作等。同时,买家还可以在 C2C 网站上找到许多主流 B2C 网站上无法找到的商品,如一些纪念版服装、停产多年的数码设备、部分收藏品等。C2C 交易平台可以赋予商户较多的经营自由,有利于其设立个性化店铺。商户可自行调整的内容包括店铺风格、商品分类、商品推荐、主题宣传、友情链接等,从而更好地为买方服务。此外,C2C 的交易流程更为灵活多变,买卖双方通常可以直接沟通,提出具体需求并讨价还价,具体流程如图 12-6 所示。

C2C 交易平台的收益模式与直接销售商品的 B2C 模式不同,主要包括:①会员费。C2C 平台的本质是网上店铺出租与管理,商户通过付费方式租赁网页空间,并接受平台提供的相关服务。会员费在使用中有多种模式,如一次性缴纳加盟费、年度固定租金费用、基于不同服务组合的阶梯付费等。会员费的收入虽然稳定,但一些大型 C2C 平台不需要依靠此项费用作为收入来源,并向中小商户提供免费空间。②交易提成。交易提成是指按照商户成交金额提取一定比例的利润,可以采用固定比例也可采用阶梯比例,这是当前许多 C2C 平台的主要利润来源。③广告费。在 C2C 平台页面设置广告空间,根据网站使用群体类型以及网站流量进行定价并出售。在应用中,C2C 平台广告位的吸引力呈现明显两极分化,大型平台较容易受到广告用户的关注,并对广告位进行竞价。④支付收费。第三方支付服务能够解决买卖双方收付款的安全问题,从而可以按照一定比例提取转账的手续费。如该项服务由 C2C 平台提供,则可以作为其收入来源。⑤竞价排名。C2C 平台存在大量的商户经营同类或近似的商品,竞争非常激烈,其搜索显示排序对受关注度、成交可能性有明显影响。因此,许多商户愿意通过支付一定费用获得排名的提升,具体的排位操作可以通过竞价方式实现。

除了使用 C2C 平台外,小型电商及个人商户还可以选择 SaaS(Software as a Service)模式参与交易,SaaS 提供商为企业搭建信息化所需要的所有网络基础设施及软件、硬件运作平台,并负责所有前期的实施、后期的维护等一系列服务,企业无须购买软硬件、建设机房、招聘 IT 人员,即可通过互联网使用信息系统。SaaS 的服务模式包括托管管理与定置管理,托管管理可以满足大部分企业信息化与网络管理的需求,而企业特殊需求则可以选择定置化管理。目前,SaaS 已具备较为成熟的交付使用模式,用户可以快捷地部署并接入。SaaS 通常以租金方式收费,包括年度租金与月度租金,费用中包含了硬件租用费、软件使用许可证费、软件维护费以及相关技术支持费用。随着网络使用成本的下降,以及移动互联网的成长,SaaS 在商务活动中的便利性优势更为明显。一些 SaaS 服务商也在标准部署架构基础上开发了可配置模块、伸缩化架构管理,以及特殊需求定制开发等内容。这些变化不仅能够吸引广大中小型用户,并且受到了许多

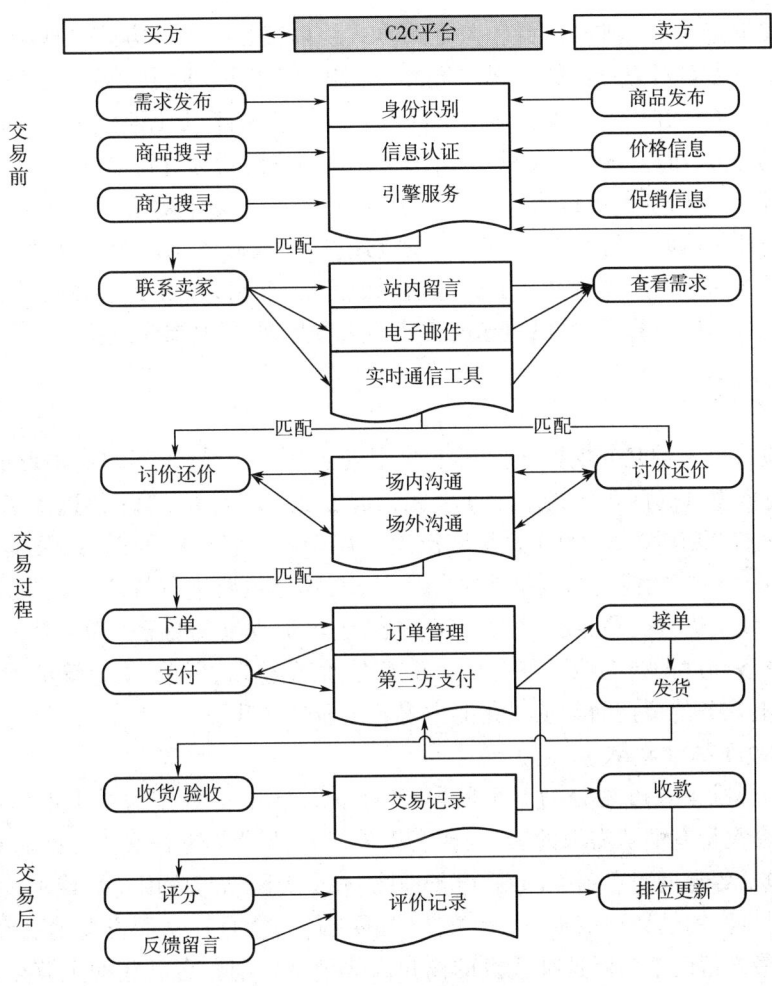

图 12-6 基于 C2C 模式的交易流程

大型商业企业的关注。

(一) 虚拟交易

虚拟交易(Virtual Trading)是电子商务发展的自然衍生品,是指关于各种虚拟商品、网络信息、虚拟空间等标的物的交易,主要活跃于各类 C2C 交易平台。早期的网络虚拟交易主要应用于网络游戏领域,其后虚拟交易的内容与范围不断扩大,并成为网络交易中较为活跃的部分。伴随虚拟交易活动的增长,又出现了网络虚拟货币,以便利交易活动的发展。

网络虚拟货币

虚拟交易能够良性发展的关键在于对交易标的物的相关法律界定,涉及相应的产权、所有权、收益权等,并需要在此基础上设定合理的定价以及交易保障机制。该领域相关的概念、法律、执行规则等内容仍有待进一步研究与完善。

（二）信用评价体系

信用评价体系是一种利用群体监督的方式约束交易行为的方式。理论上，信用评价是指买卖双方对对方行为的主观评价，但在实际应用中，主要是买方对卖方的评价。信用评价体系能够在一定程度上缓解交易双方的信息失衡，是保障C2C平台生态环境的重要组成部分，可以同平台管理方配合，对大量商户的行为进行监管。当前的信用评价主要以打分方式进行，可以进行总分评价，如在一次交易中对某商户行为的评判；也可以是分类评价，如对商户的商品质量、发货速度、在线服务态度等分别评分。信用评价体系则是在大量信用评价基础上通过指标模型的建立以及相关参数的计算，对商户信用程度进行排序与管理，并以清晰的方式向买方呈现，供其参考。

五、O2O模式

O2O模式是一种充分挖掘线上线下商业机会，使线上与线下的优势形成互补，实现资源与业务整合的商业模式。O2O模式兴起于2010年，在2013年进入了高速发展阶段，尤其是在我国市场，O2O大量广泛地应用于零售、餐饮、娱乐，以及其他服务领域。早期O2O模式的线上与线下业务相互分割，线上主要进行推广与汇集用户，然后将流量导入线下进行交易，线上线下交互内容较少，流程呈现明显的单向特征。当前的O2O模式具备高度的线上线下整合与交互能力，信息获取、下单、支付等活动可以方便地实现，线上业务的覆盖面与场景化能力得到了显著提升。

（一）O2O标准模式

O2O的标准模式可划分为五个阶段：①引流。线上平台作为线下消费决策的入口，可以汇聚大量有消费需求的客户，或者引发潜在消费者的需求。常见的O2O平台引流入口包括各类消费点评类网站、电子地图、社交类网站与应用。②转化。线上平台向消费者提供商铺的详细信息、优惠条件（如团购、优惠券），从而方便消费者搜索、对比商铺，并最终帮助消费者选择适宜的商户。③消费。消费者利用线上获得的信息到线下商户接受服务，完成消费。④反馈。消费者将自己的消费体验反馈到线上平台，有助于其他消费者做出消费决策。线上平台通过梳理和分析消费者的反馈，形成更加完整的本地商铺信息库，可以吸引更多的消费者使用在线平台。⑤存留。线上平台为消费者和本地商户建立沟通渠道，帮助商户维护消费者关系，增加消费者的重复购买。

（二）O2O引流管理

O2O实践的关键在于引流管理，可以通过以下几种方式进行：①本地广播电台。O2O有明显的地域化特征，广播电台这种传统信息渠道有时能够发挥更好效果。本地广播电台具有成本低、覆盖率高的特点，直达领域主要是私家车与出租车。②手机短信链接。手机短信形式也属于相对传统的渠道，由于其信息承载量有限，且缺乏表现力，当前的使用比例已较低。仅掌握客户手机联系方式的企业可以使用，并且通过附加链接实现引流效果。③网络媒体。网络媒体有极高的传播效率，且成本低廉，是引流管理的重要领域。网络媒体可进一步细分为主流页面与社区论坛。④移动应用终端。移动应用终端是极具挖掘潜力的领域，借助移动端App可以使引流更为精准、高效，甚至直接引发消费活动。⑤实体店引流。线下实体店可配合线上活动,通过现场展示或线下营销活动,达到承接引流的效果。

无印良品的O2O实践

(三) O2O 发展方向

O2O 模式的发展方向是营造线上线下融合的生态圈,非单一的"线下体验、线上购买",而是线上线下可以相互导流。消费者可以自由游走于线上线下,商户也可以最大限度捕捉交易机会。O2O 生态模式示意如图 12-7 所示。O2O 生态可分为三个部分:①信息生态。线上线下信息的生成、传播、接收、反馈共处一个大生态圈,信息使用各方有多种可选接口、工具与通道,信息流转处于有机整体之中,良性信息生态可以促进优质信息的生存并边缘化无效或虚假信息。②商业关系生态。其指在线与线下商业主体之间的协作与竞争关系,这些关系可进一步划分为直接关系与间接关系,以及强关系、普通关系、弱关系。良性商业关系生态可以维持合理竞争水平,促进商业主体改进服务,并获取正常利润。③支付生态。支付生态由支付端口、货币形式、支付服务、支付担保等要素组成,是连接各主体(包括消费者、电商企业、服务方)的纽带。良性的支付生态可以保证商业活动的顺利进行,以及利益的有效输送。

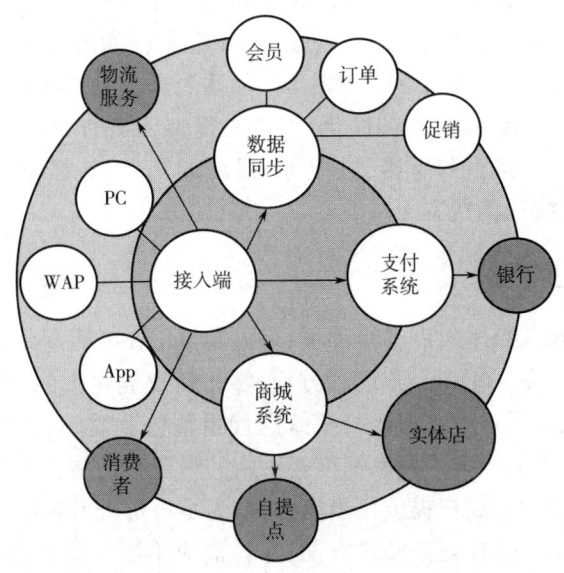

图 12-7 O2O 生态模式示意

(四) O2O 模式的优势

O2O 模式体现了全渠道融合的趋势,在应用中可以为多方带来便利。①对于 O2O 平台。O2O 平台的信息流量庞大,可以快速积累并转化为可用数据,供平台经营分析使用。平台的服务整合进一步降低了运营成本。O2O 平台给予顾客的便利性与安全性能够极大提升站点黏性,扩大消费者基数。②对于消费者。消费者获取信息更为完整、快捷,信息搜寻过程得到极大简化;消费者进行购买决策及获取商品或服务更为便利,不再受时间地点的限制,消费者可在低价格与性价比之间进行自由选择,而非单纯获得最低价格,却缺乏所需的服务。③对于商户。商户可以有效整合线上线下的宣传与商品展示机会,获得更好的营销效果;商户能够以更低的成本、更高的效率进行客户关系管理,并且可以跟踪客户的消费与成长轨迹;商户还可以对资源进行统筹管理,优化并简配实体店及仓储设施,有效控制成本。

(五) O2O 消费群体特质

O2O 模式的应用需要同消费者行为特征结合起来。当前 O2O 消费群体特质主要包括:①从年龄段看,18~30 岁是使用网上购物的主要群体,其中近70%经常或使用过 O2O 模式购物,并且会在需求触发、搜寻商品信息、商品比较、商品体验等环节以较高频率使用线上与线下两种方式。②零售渠道融合应用到的技术种类越来越繁复,消费者需要有较强的学习能力及接受新事物的兴趣,因此"90后""00后"逐渐成为此领域消费的先驱与主力,群体的标签化特征明显。虽然该群体目前消费能力有限,但是其参与比例最高,在未来10~15年有极高的消费增长潜力。③O2O 模式带动了消费群体的下沉,该领域的用户不再以一线城市白领为主,相关调查显示,部分二、三线城市的增速已经超过了一线城市。同时,三线以下城镇中"小镇青年"的消费潜力正在逐渐显现,许多中小品牌商品欲借助 O2O 平台在此领域发力。④消费群体的消费诉求更加综合化,在商品消费中不仅只关注商品品牌与质量,还会关注商品的个性化特征,是否能够与自身高度"结合",可以有效影响个体生活"品质",并且有较好的时间体验。⑤使用 O2O 模式的消费者行为选择更加理性化,不再表现为传统的"剁手族",而是在低价格基础上增加了许多个人的选择标准,并成为"品质族"。该特征主要体现在饮料、生鲜食品、个人护理等品类的消费方面。

六、网络零售应用趋势

在网络零售及相关技术发展的带动下,零售领域正在经历深刻的变革,一些研究将其定义为新的零售革命。①在经营理念方面,零售商以满足人的需求作为各项业务开展的核心,在此基础上通过业务深耕与模式迭代重塑行业效率与消费体验。②在功能定位方面,零售商需不断探索为商品销售提供新的渠道和通路;同时具备数字化能力与资源的零售商能够为中小商户提供输出能力,作为零售基础设施供应与服务商,通过零售赋能提升行业效率。③在业务模式方面,零售商应不断探索渠道融合与业态创新的可能性,能够为消费者提供更好的商品和购物体验;同时通过业务积累与技术研发,为中小商户提供更为全面的支持与系统化零售解决方案。

毋庸置疑,网络零售引发的新的应用趋势不仅影响到了零售本身,并且正在向零售外延拓展。新的应用趋势能够将技术有效转化为生产与服务能力,迎合新兴消费群体的需求,便利大众的生活,企业及个人都应关注该领域的发展。以下将对一些新概念或关键词进行简要介绍。

(一) 零售新物种

零售新物种属于零售业模式升级的范畴,主要是指零售业发展进程中的阶段性产物。零售新物种是以特定垂直品类切入,经由供应链重塑、渠道融合、业态创新、数据化驱动等环节的革新形成零售商业模式迭代单位。相较传统零售商业模式的创新,新物种从行业层面和需求层面改变了零售业的面貌,以更高的行业效率与更优化的成本结构重塑行业形态,以更好的产品与体验满足消费需求。从当前的发展情况来看,就研究范畴而言,零售新物种创新主要集中在生鲜、服装、3C、家居生活四大品类。零售新物种产生的主要原因包括:①流量红利衰退,线下价值重估,渠道融合趋势下重归商业本质。近十年来,网络零售得以经历快速发展的重要逻辑之一,在于其边际获客成本显著低于线下零售,随着线上流量红利的衰退,线上边际获客成本激增。就

零售新物种评选

行业层面而言,流量红利渐失削弱了实体零售与线上零售的获客成本差,这成为网络零售增速趋缓的重要原因之一。此外,由于实体零售边际获客成本增幅低于网络零售,实体零售再次获得关注,线下价值得以重估。②移动互联网基础设施与智能移动终端普及。线上线下融合意味着实体零售与网络零售原本割裂的消费场景被打通,移动互联网基础设施与智能移动终端普及率是其发展的主要推动力。就移动互联网基础设施而言,近些年国内移动电话基站数量与 4G 基站占比快速提升,移动网络覆盖范围与服务能力得到持续强化。就智能移动终端覆盖率而言,中国互联网络信息中心 CNNIC 数据显示,截至 2018 年 12 月,我国网民规模达 8.29 亿,普及率达 59.6%,较 2017 年底提升了 3.8 个百分点,全年新增网民 5 653 万;我国手机网民规模达 8.17 亿,网民通过手机接入互联网比例高达 98.6%。③核心技术应用落地。大数据与云计算的应用落地为零售新物种的产生提供了技术上的可能。在渠道融合背景下,线上线下消费行为产生的零售大数据同步至数据仓库,经由维度建模、机器学习等方式提取有效信息,并运用至个性化推荐、全链路营销、智能补货、销量预测等实际运营环节,从而提升了行业效率。

(二)智慧零售

智慧零售 2017 年首次在我国提出,是指运用互联网技术、物联网技术,感知消费习惯,预测消费趋势,引导生产制造,为消费者提供多样化、个性化的产品和服务。智慧零售的应用是一个大的概念范畴。①智慧零售需要具备极强的科技吸纳与转化能力,尤其需用到新的数据管理与算法设计,从而将商业智能有效运用到零售及其周边业务。②智慧

商业智能

零售应体现在渠道运转与管理模式中,除了以效率的提升改变传统渠道结构外,还能够赋予其"智慧"的能力,使渠道特征更加符合当代市场交易的需求。③智慧零售需要聚焦对数据的采集、存储、分析、挖掘与应用,通过数据管理提升业务能力并降低成本,将数据管理作为企业利润的重要增长点。④智慧零售需要为供应商、消费者提供更加精准与个性化的服务,展现出更具亲和力的社交特征,实现流通过程的柔性连接。相关学者指出,发展智慧零售是渠道融合背景下的必然趋势,能够促进新技术与新产业的高度

结合,营造更具生命力的零售生态圈。

(三) 社区零售革命

社区零售的发展有其自身的特征:①在消费总量方面,社区零售同居民收入增长基本同步,有较好的可预测性。②在消费结构方面,社区零售主要服务于基本生活类消费,结构稳定性较高,各类商品流量的波动性较低。③在消费频率方面,我国消费者普遍呈现低频、小量消费特征,有明显规律可循。社区零售一直是零售投资的洼地,也是零售现代化

社区新零售的要素

的短板。一些零售主体逐渐意识到这一商机,提出了社区电商的概念与模式,以 O2O 模式为消费者提供服务。电商在经营社区零售业务中可以充分发挥自身的优势,数据积累与分析能力能够帮助其更好地找到社区消费的规律性,例如,单日内不同时段的特征、一周内不同日期的特征、一年内不同季度的特征等,从而根据这些数据优化库存与配送管理,并及时调整社区内实体店或提取点的部署。

章节练习

一、章节要点

(1)零售技术的概念与范畴;(2)零售技术演进的阶段;(3)技术对零售效率的影响;(4)零售标准化管理;(5)仓储物流技术,包括包装技术、装卸技术、自动识别技术、配载技术、GPS 技术、过程控制技术;(6)零售信息管理技术,包括 POS 技术、EDI 技术、数据库技术、管理信息系统技术;(7)数据分析与决策技术,包括数据可视化、数据挖掘、专家系统;(8)网络零售发展阶段;(9)电子商务分类标准;(10)网络交易模式;(11)网络交易系统结构;(12)网络交易安全与相关协议;(13)B2C 模式的特征与功能;(14)垂直型 B2C 模式;(15)比价型 B2C 模式;(16)C2C 模式的特征与功能;(17)虚拟交易;(18)信用评价体系;(19)O2O 模式的特征与功能;(20)O2O 生态圈;(21)网络零售应用趋势,包括零售新物种、智慧零售、社区零售革命。

二、思考题

(1)宏观零售技术演进包括哪几个阶段?各阶段的代表性技术革新是什么?
(2)如何看待零售领域技术应用中的"搭便车"现象?
(3)比较分析标准化管理对于实体零售与网络零售的影响。
(4)仓储物流技术包括哪些内容?分别应用于哪些物流业务环节?
(5)比较分析各种 EDI 技术模式的特点与应用领域。
(6)分析移动化数据管理对于未来零售企业管理的重要性。
(7)现代零售管理信息系统的基本架构有何特征?
(8)完整的零售管理信息系统需要实现哪些业务功能?
(9)零售数据可视化有哪些类型的工具?
(10)零售业务数据挖掘包括哪些基本步骤?

(11)分析专家系统中知识库与推理机的关联。
(12)我国网络零售的快速发展受到了哪些因素的影响？
(13)电子商务的分类标准有哪些？
(14)分析典型的网络交易系统结构的组成。
(15)分析常用的网络交易安全协议(SET协议与SSL协议)的特点。
(16)分析典型B2C交易模式的流程特点。
(17)平台型B2C如何有效保障消费者权益？
(18)从渠道视角如何理解制造商垂直模式B2C？其成本与效率如何？
(19)信息门户网站开发B2C业务有何利弊？请结合具体企业进行分析。
(20)分析C2C交易平台的收入来源与利润结构。
(21)分析C2C交易平台使用第三方支付服务的利弊。
(22)为什么目前一些大型企业愿意通过SaaS模式介入网络交易？
(23)C2C交易平台如何构建完善的信用评价体系？
(24)O2O模式可通过哪些方式强化引流管理？
(25)制约线上零售商发展O2O模式的瓶颈是什么？

三、综合练习

(1)基于最新的加特纳技术曲线分析哪些技术可应用于零售领域,并讨论其导入的时间点选择问题。

(2)分析现代零售企业会产生哪些业务数据,对于数据管理有何需求,以及这些需求如何借助最新数据库技术实现。

(3)下载并试用某零售管理信息系统(基于Java技术架构),详细阅读帮助文档或使用说明书,了解其应用环境、层次结构、模块构成与具体的功能设计。

(4)结合具体零售企业的应用需求,讨论零售专家系统建设的内容与关键技术。

(5)通过行业宏观统计数据分析我国近年网络零售的发展态势,并对行业、地区、品类、群体等特征进行解析。

(6)系统总结网络零售交易可能存在的风险以及有效的应对方法,包括技术性方法与机制性方法。

(7)以案例方式研究我国典型B2C交易平台的结构、功能、支持业务与技术特点,并分析其在成本控制方面的优势。

(8)搜索并整理国内比价型B2C平台的资料,并进行横向比较分析。

(9)尝试分析某C2C交易平台的交易流程设计,并讨论其交易过程中的安全保障机制。

(10)结合本章节内容详细分析我国现有O2O领域的生态体系,并根据我消费趋势变化讨论O2O生态的发展方向。

参考文献

1. 黄国雄,王强. 现代零售学[M]. 北京:中国人民大学出版社,2008.
2. 罗格·贝当古. 零售与分销经济学[M]. 刘向东,等译. 北京:中国人民大学出版社,2009.
3. 巴里·伯曼,乔尔·R. 埃文斯. 零售管理:第11版[M]. 吕一林,等译. 北京:中国人民大学出版社,2011.
4. 绪方知行,田口香世. 零售的本质[M]. 陆青,译. 北京:机械工业出版社,2016.
5. 施炜. 深度分销:掌控渠道价值链[M]. 北京:企业管理出版社,2018.
6. 郭宇环. 分销渠道开发与维护[M]. 北京:化学工业出版社,2015.
7. 尹元元,朱艳春. 渠道管理:第2版[M]. 北京:人民邮电出版社,2017.
8. 洪涛. 流通产业经济学:第2版[M]. 北京:经济管理出版社,2011.
9. 阿瑟·奥沙利文. 城市经济学:第8版[M]. 周京奎,译. 北京:北京大学出版社 2015.
10. 孙久文. 城市经济学[M]. 北京:中国人民大学出版社,2016.
11. 高洪深. 区域经济学:第4版[M]. 北京:中国人民大学出版社,2014.
12. 苏曼·沙克. 供应链管理[M]. 杨建玫,等译,杭州:浙江大学出版社,2019.
13. 柳荣. 采购与供应链管理[M]. 北京:人民邮电出版社,2018.
14. 迈克尔·利维,巴顿·韦茨,张永强. 零售学精要:中国版[M]. 北京:机械工业出版社,2010.
15. 埃弗雷姆·特班,戴维·金,李在奎. 电子商务:第8版[M]. 占丽,等译. 北京:中国人民大学出版社,2018.
16. 邓顺国. 电子商务运营管理[M]. 北京:科学出版社,2011.
17. 郭锋,等. 中华人民共和国电子商务法法律适用与案例指引[M]. 北京:人民法院出版社,2018.